智能+绿色
“前港后厂”端到端集成

黄肖玲 著

科学出版社

北京

内 容 简 介

本书依循环经济的物质闭环流动规律，考虑技术配置与资源配置要素，运用控制论与系统工程思想，将单一“反馈回路”扩展成可处理的复杂“因果互动”和“递归组织”，提出“CPS+互联网”的工业互联网平台起步模式，构建“信息流”闭环 MES 控制系统，实现“CPS+互联网”“管-控”系统纵向集成。基于此，再构“前港后厂，两头在港”“供-产-销”一体化“业务流”闭环系统，对“综合预测→计划与采购→物流与库存→生产全过程→仓储与物流→销售过程”进行预测、控制及决策优化，其衍生的物“资”银行金融服务，形成“大手拉小手”共赢联盟，实现“前港后厂”端到端集成。同时，汽车入厂与出厂（场）物流，通过货运班轮航线网络规划与靠泊集成作业调度优化模型，使得港航纵向集成各类物流服务商，为横向集成的“矿石→钢铁→零部件→汽车”制造供应链提供服务的同时，实现“两头在港”的不同企业间社会化网状生态圈的横向集成。

本书诸多理论与探讨可尝试付诸产业实践，希望能为关注、参与管理学与工业变革的高校生、学者、工程师及企业家提供参考。

图书在版编目（CIP）数据

智能+绿色“前港后厂”端到端集成/黄肖玲著. —北京：科学出版社，2024.8

ISBN 978-7-03-078349-3

Ⅰ. ①智… Ⅱ. ①黄… Ⅲ. ①物流－物资运输－研究 Ⅳ. ①U

中国国家版本馆 CIP 数据核字（2024）第 070058 号

责任编辑：张 震 杨慎欣 孟宸羽 / 责任校对：何艳萍

责任印制：徐晓晨 / 封面设计：无极书装

科学出版社 出版

北京东黄城根北街 16 号

邮政编码：100717

http://www.sciencep.com

北京天宇星印刷厂印刷

科学出版社发行 各地新华书店经销

*

2024 年 8 月第 一 版 开本：720×1000 1/16

2024 年 8 月第一次印刷 印张：21 1/4

字数：426 000

定价：189.00 元

（如有印装质量问题，我社负责调换）

序　言

喜闻黄肖玲教授《智能+绿色“前港后厂”端到端集成》新书出版，甚感欣慰，这是我见到的第一本从理论上总结和提升港口与产业深度融合的新书，我十分乐意把此书推荐给广大读者。

公共码头作为服务业的重要链节，为产业服务是港口存在的天职，因为专业管理能力强，设备设施先进，同时为众多客户服务，效率高、成本低，资源配置相对合理。货主码头是产业自己建造经营的码头，自给自足，尽管综合效率较低，但能使企业更好地掌控原材料进口和成品出口的主动权，企业自建码头乐此不疲，当然货主码头也是服务业的重要组分。多年来，港口公共码头和货主码头犹如两条道上跑的车，很难走在一起。

众所周知，上海港缺乏深水岸线和与之相邻的土地。2005 年，为了把黄浦江内的码头、钢厂搬迁到长江口，上海港、宝山钢铁股份有限公司（以下简称“宝钢股份”）和石洞口发电厂都在争夺罗泾地区三公里深水岸线。经过不懈努力，三家企业在绿色发展理念的指导下，采用智能手段，实现了本书所述的“前港后厂”，上海港建设经营码头，宝钢股份在码头后面建设经营钢厂，石洞口发电厂将粉煤灰堆在码头前沿岸边，堆满后给港口建堆场，用来堆放宝钢股份的原材料和成品，实现了“一线三用”“无缝隙物流配送”。罗泾矿石码头工程的实践验证了港口和产业深度融合的可能性，引起了社会各界的高度关注。该工程实现了资源节约和环境友好，因此在 2009 年获得了世界工程组织联合会“阿西布·萨巴格优秀工程建设奖”，这是中国工程界首次获此殊荣，时任全国人大常委会副委员长、中国科学院院士**路甬祥**还专门发去贺信。可惜，当时碍于条件和能力所限，相关报道仅仅对工程做了叙述，并没有对其开展理论研究和提升，所以我认为本书很有价值。

当然，探索“前港后厂”这一跨界、跨域的复杂动态巨系统，以应对“港-钢”生产活动的复杂性和信息化社会“大用户、大系统、大数据”的挑战并不是一件轻松的事。港口系统和以钢厂为代表的产业系统想要深度融合，必须紧紧依靠自动化、数字化、智能化，而未来智能制造需要通过“人、机、物、务”的互通互联，才能实现对现代大型企业的科学化管理，这一点正是本书所长。

在绿色、智能理念的引导下，我们有需求也完全有能力通过“前港后厂”端到端集成，探索新的管理理念，以深化产业链上下游企业业务协同，实现资源复用，加速港口与产业的绿色化、数字化转型，以此构建以循环经济为主体的可持续发展的工业新生态，探索第三次管理变革。

——改革先锋、中国航海学会首届“最高航海科学技术奖”获得者、上海国际港务（集团）股份有限公司原副总裁 **包起帆**

推 荐 语

透过科技，我可以听到创新的呐喊；通过书籍，我可以看到智慧的光芒。黄肖玲教授的新书，为后疫情时代产业链和供应链耦合创新、融合发展，充分发挥港口航运业巨大支撑作用，提供了理论基础和技术支持。特别是在当今世界数字化技术推动的新一轮产业变革大背景下，中国港口和航运业的智能化技术和低碳绿色发展水平日新月异，领跑全球。本书运用控制理论和系统工程思想，为港口航运行业的数字化转型升级谋划了新方向和路径。

——天津港集团副总裁，上海洋山深水港四期全自动化码头工程建设部原副总指挥 **罗勋杰**

从某种意义上讲，数字化技术的本质是重构人机关系，让计算机更多地参与决策。数字化技术的成功，很大程度上取决于技术的经济性。而技术的经济性，首先取决于技术的应用场景。场景越复杂、经济规模越大、对决策效率要求越高，机器决策的优势往往越显著，其价值也越容易体现。企业的供应链管理，往往就是这样的典型场景。黄肖玲教授的这本书，用自己独特的视角，探讨了数字化技术在供应链领域的应用，值得一读。

——宝钢集团中央研究院原首席研究员，工业和信息化部人才交流中心科技专家，中国自动化学会工业大数据委员会委员，上海优也信息科技有限公司首席科学家 **郭朝晖**

万物互联互通，填沟拆墙，产业数字化潮流势不可挡。过去认为，工业实体，最硬数钢。“港-钢”模式，面向海洋。无数大港，努力走向“前港后厂”，实现“港-钢”共建，极大地缩短了物流距离，做到“两头在港”。今日实况，工业实体，最韧数钢。新一代 ICT 让“预测-决策-反馈-校正”闭环控制策略，不断融入“港-钢”管理，形成了抗击打、双循环的超级供应链网。未来发展，工业实体，最智数钢。“港-钢”“双脑”将协同作业，无人钢厂、无人港口将悉数上岗。港口这个复杂巨系统、超级物流输入/输出场，必将彻底改变模样。关注“前港后厂”，推荐阅读此书！

——中国发明协会发明方法研究分会会长，两化融合、智能制造与创新方法论专家，走向智能研究院执行院长 **赵敏**

智能制造，集成是基础，协同是关键。不仅要在企业内部实现“人、机、料、法、环、测”等工业要素的深度集成与协同，还要在价值链上的企业间实现集成与协同。本书创新地提出“前港后厂”端到端集成、“信息流”闭环的无缝 MES 集成，以及跨界“业务流”集成与协同，并对“前港后厂”复杂系统智能化的理论与应用进行了深入研究。这些前瞻性的理论与研究对钢厂与港口推进数字化转型，特别是实现两者集成与协同具有很好的指导作用，对制造业智能制造与工业互联网建设也具有很强的借鉴意义，非常值得一读。

——智能工厂领域专家，学者型企业家，中国机电一体化协会 MESA 分会副理事长，北京兰光创新科技有限公司、机智互联（北京）科技有限公司创始人 **朱铎先**

读了《智能+绿色“前港后厂”端到端集成》一书，作者作为一名大学教授，能够深入调研国内外各类工业企业，认真分析工业企业存在的问题，结合最新的数字化技术，提升到理论高度，并对工业企业提出了相应的解决方案，很难得。这是一部理论结合实践的好书。作为一名已经退休多年的船舶工业董事、飞机设计工程师，对供应链的复杂性有着极其深刻的认识，例如一架大型民用飞机，核心参研单位往往有几百家，国内外配套单位有数千家，供应链的难度和广度难于想象，因此这本书令我极为感动。在数字化时代，尤其在近几年国际合作背景风起云涌的环境下，如何保障中国工业和制造业国内外供应链的安全，是一个保障民生、保障就业、保障工业和制造业正常规范运行的核心问题。而本书给出了深入的思考，并提出了相应的解决方案，因此全力推荐工业和制造业的同仁们阅读学习。难能可贵，极为感动，推荐阅读，12 个关键字。

——中国船舶工业股份有限公司独立董事，中国航空工业集团有限公司信息技术中心首席顾问，工业和信息化部首批两化融合专家，国家科技进步奖二等奖获得者，第 15 届（2019）光华龙腾奖特别奖 • 中国设计贡献奖金质奖章、新中国成立七十周年中国设计 70 人获得者 **宁振波**

前　言

现如今，我国已迈入“大钢铁、大码头、大数据”时代，如何通过管理模式的创新，优化“前港后厂”业务链，汇聚“港-钢”产业链资源，最大化规模经济效益，推进全产业链业务智能化，助力制造强国、海洋强国共建就显得尤为重要。工业革命以来，企业管理模式经历了两次突破性变革：一次是以福特制流水线为代表的古典管理理论；另一次是以丰田制精益管理为代表的经典管理理论。这两次企业管理模式革命都发生在国外，但彼时的企业管理模式仅仅局限于工厂内的车间生产线上，已不能应对当今“大系统、大用户、大数据”的复杂巨系统时代。而今我们完全有能力通过“前港后厂”“两业融合”的创新模式，探索这一跨界、跨域、动态复杂巨系统的新管理理念，引领第三次管理模式与理论的变革。

兴起于 20 世纪 80 年代的复杂性科学，是系统科学发展的新阶段，也是当代科学发展的前沿领域之一。它不是一门具体的学科，而是分散于许多学科中。系统工程是反映多科学管理的概念，如何形成一个综合体系是非常复杂的问题。《控制论》是在运动和发展中考察系统，笔者也是创新性地将闭环控制原理应用于管理，以解决管理过程中的**时变性**问题；围绕着动态特性**“流”**（实物流、信息流、业务流、控制流）以及人在决策**回路**中的**闭环**，采取**“状态感知→实时分析→科学决策→精准执行→反馈校正”**的闭环控制策略；同时考虑系统内部各子系统之间相互作用、相互影响，根据系统工程思想，以系统整体的观点综合集成，建立基于**闭环管理新理论**的“供→产→销”“**业务流**”闭环管控系统，对“**供→产→销**”的实时快速感知、敏捷响应进行预测、控制及决策闭环优化，因系统只有闭合才能稳定，具有反馈自学习功能，可反复修正、不断寻优。

作为基础原材料工业，钢铁行业处于产业供应链的中间环节，与上下游产业联系密切，上游牵涉原料矿石、能源、铁合金等行业，下游覆盖汽车制造、船舶制造、机械工业、建筑业、交通运输业等行业。港口利用精益化物流服务体系，拉动生产要素向钢厂倾斜，有效集成钢厂上下游供应网络，打通供应链从原材料采购到产品销售的全流程关键节点，实现“港-钢”供应链、“链-链”业务流端到端集成，并以此推动产业链式发展的社会化网状生态圈的**横向集成**。

集成碎片化业务系统的核心是“联接”，信息互联互通将从企业内部延伸至全供应链乃至全产业链，让企业在人、财、物以及销售和服务的管理上有了信息化手段，使得企业把现代管理思想纳入信息系统之中。因此，为应对“前港后厂”业务与资源的碎片化，管理体系应从底层向上层梳理。

企业内“**信息流**”闭环**纵向集成**：为保证“CPS+互联网”系统内管理层（ERP）与控制层（DCS/PCS）间的信息传输不被阻断，以制造执行系统（MES）为集结点、“信息流”为载体，采取“状态感知→实时分析→科学决策→精准执行→反馈校正”的闭环控制策略，运用知识与数据融合的建模、控制及优化方法，构建含有指标递阶优化分解、预测、反馈补偿功能的“管-控”一体化无缝MES闭环控制系统，实现企业内生产与业务的**纵向集成**，同时打造精益+“前港后厂”集成工艺。

企业间“**业务流**”闭环**端到端集成**：基于“CPS+互联网”平台，构建“前港后厂，两头在港”集“供→产→销”“业务流”于一体的广义闭环系统。为提高系统智能化水平，搭建“数据+模型+算法”的决策机制，以数据驱动业务与管理，以建模满足个性化需求，以智能算法求解最优方案，实现“数据→信息→知识→决策”的转化，并对供、产、销业务进行预测、控制及决策优化，使业务链条具象化。针对“供-产-销”环境的随机变化，可通过修订模型参数来动态调整生产调度指令，实时快速感知以适应全业务流程的随机变化，推动企业外部供应与内部生产精准匹配、敏捷响应，促进“供应-产业-价值链”的协同优化，实现“前港后厂”**端到端集成**。

与此同时，“前港”不仅仅与钢厂端到端集成，还可与钢厂供应链下游的汽车制造厂、汽车零部件厂等“后厂”实现端到端集成，为**横向集成**的“矿石→钢铁→零部件→汽车”制造供应链提供高质量的物流服务。“前港”作为港口供应链（纵向）与制造供应链（横向）的交会点，可构建枢纽港与支线港双向互联互通的货物运输航运网络，纵向集成各类物流服务供应商（船公司、货运代理、运输服务等），实现纵向与横向的社会化**网状集成**。

综上，通过纵向、端到端、横向的三大集成可全面打通企业内（点）、企业间（链）、社会化（网）的信息壁垒，实现敏捷化、高效化、智能化、个性化、社会化的生产与服务，亦即构建不同企业间横向集成的社会化合作生态圈，拉动多家实体企业共赢发展、共建工业大生态。

本书综合计算机、互联网、信息与通信技术（ICT）、控制论、模糊集理论、机器学习、数据挖掘、生物学及音乐学等多学科理论与技术，以工程应用为研究背景，将管理、科学、技术三方面有机结合与运用，从战略、战术、执行三个层次对“前港后厂”运营管理模式进行研究。战略层给出需求目标，以便“做正确的事”；战术层将相应体系与对应的模型建立起**基于模型的系统工程**，以便“正确地做事”；最后，通过执行层“验证事的正确”。战略目标只有通过战术层、执行层的层层落实才能实现。

由于笔者水平有限，书中难免存在不足之处，恳请各位读者批评指正，以便在以后版本的修订过程中不断改进和提高。

黄肖玲
2023年5月7日

目　　录

第1章 “前港后厂” “两业融合”

1.1 “港-钢”“两业融合”的机遇与挑战

先进制造业与现代服务业融合是顺应新一轮科技革命和产业变革，增强制造业核心竞争力、培育现代产业体系、实现高质量发展的重要途径。2018年中共中央政治局会议提出，推动制造业高质量发展，推进先进制造业和现代服务业深度融合。2019年国家发展改革委、工业和信息化部、中央网信办等部门联合印发了《关于推动先进制造业和现代服务业深度融合发展的实施意见》，明确提出：①培育融合发展新业态新模式。优化供应链管理，提升信息、物料、资金、产品等配置流通效率，推动设计、采购、制造、销售、消费信息交互和流程再造，形成高效协同、弹性安全、绿色可持续的智慧供应链网络。②探索重点行业重点领域融合发展新路径。鼓励物流外包，发展零库存管理、生产线边物流等新型业务。推进智能化改造和上下游标准衔接，推广标准化装载单元，发展单元化物流。鼓励物流企业和制造企业协同“走出去”，提供安全可靠服务。③开展两业融合试点。鼓励重点行业和领域代表性企业开展行业、企业融合发展试点，探索可行模式路径，加快行业转型升级，建设世界一流企业。2021年工业和信息化部、中央网络安全和信息化委员会办公室、国家发展改革委等部门联合印发《5G应用“扬帆”行动计划（2021—2023年）》，出台并落实支持5G应用发展的政策举措。该行动计划提出坚持协同联动，发挥龙头企业牵引作用，推动上下游企业深度互联和协同合作，形成“团体赛”模式。《中华人民共和国国民经济和社会发展第十四个五年规划和2035年远景目标纲要》提出，坚持把发展经济着力点放在实体经济上，加快推进制造强国、质量强国建设，促进先进制造业和现代服务业深度融合。2023年《政府工作报告》建议：“加快建设现代化产业体系。强化科技创新对产业发展的支撑。持续开展产业强链补链行动，围绕制造业重点产业链，集中优质资源合力推进关键核心技术攻关，充分激发创新活力。加强重要能源、矿产资源国内勘探开发和增储上产。加快传统产业和中小企业数字化转型，着力提升高端化、智能化、绿色化水平。加快前沿技术研发和应用推广，促进科技成果转化。建设高效顺畅的物流体系。大力发展数字经济，提升常态化监管水平，支持平台经济发展。”由此可见，我国政府从提高本国产业竞争力的角度出发，重视并支持产业联盟，推动“两业”相融相长、耦合共生。

因此，在我国钢铁行业领先其他制造业，港口服务业飞速发展，“前港后厂”产业链合作联盟具有“两业融合”新模式的典型特征。通过加快工业互联网（industrial internet of things，IIoT / industrial internet，II）创新应用、优化供应链管理、推广柔性化定制等方式，培育融合发展新业态、新模式，是当前发展形势的必然结果。

1.1.1　钢铁制造业发展现状

钢铁制造业是指对黑色金属矿石进行开采、处理、冶炼或加工成材的工业行业，为国民经济其他重要行业（如汽车制造业、机械行业、建筑业等）提供原料，是支撑国家发展和经济建设的工业脊梁。中国钢铁制造业产量和规模稳居世界第一，是反映一个国家综合实力的重要标志。

中国钢铁工业在 70 多年的历程中，解决了有没有、够不够，甚至好不好的问题，逐步迈向引领世界钢铁发展的进程中[1]。19 世纪 70 年代，钢铁产量大国英国、德国、法国、美国、奥匈帝国以年产量 33.2 万 t、20.2 万 t、6.9 万 t、6 万 t、2.9 万 t 居世界前 5 位。1886 年，美国首次超越英国成为世界第一大钢铁产量大国，产量达 260 万 t；从 1890 年到 1945 年第二次世界大战结束，美国钢铁产量一直雄居世界第一，总产量达到 7000 万 t。自 1949 年中华人民共和国成立以来，在经历了对农业、手工业、资本主义工商业的社会主义三大改造和改革开放时期后，钢铁工业实现了产量与增速上的重大飞跃，跻身世界前列，总产量位居第 5；1996 年，中国首次步入亿吨行列，超越一直位居世界第一的美国，成为钢铁世界第一生产和消费大国。至 2020 年，中国粗钢产量达到 10.65 亿 t，同比增长 6.9%，生铁产量累计达到 8.89 亿 t，同比增长 10%，钢材产量累计达到 13.25 亿 t，同比增长 10%；2021 年，受疫情影响，我国粗钢、生铁产量分别为 10.33 亿 t、8.69 亿 t，分别同比下降 3%、2.2%，钢材产量为 13.37 亿 t，同比增长 0.9%，但仍蝉联世界产量第一，如图 1.1、图 1.2 所示。

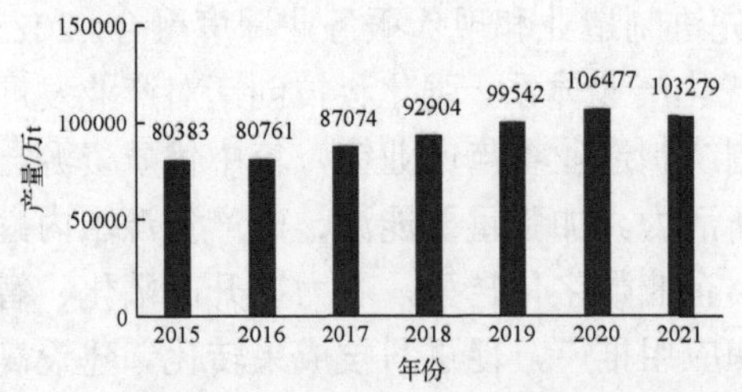

图 1.1　中国历年粗钢产量情况
（数据来源：国家统计局）

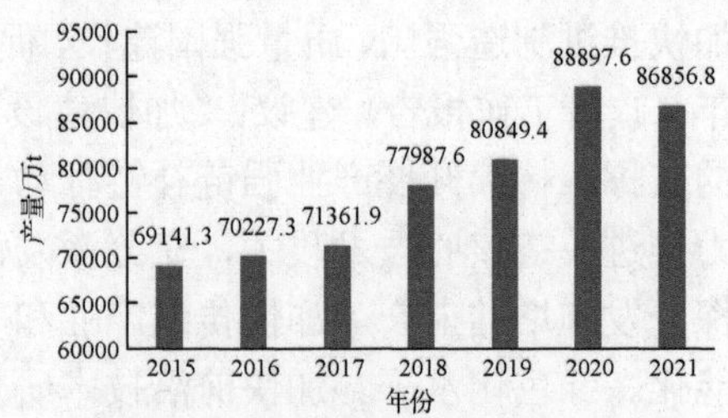

图 1.2　中国历年生铁产量情况
（数据来源：国家统计局）

从历史维度、全球视角来看，中国钢铁工业的发展、崛起及调整是一种必然，是世界钢铁工业发展规律与中国钢铁实际情况共同作用的结果。中华人民共和国成立以来，钢铁制造业的粗钢生产发展大体经历了 4 个过程：①1949～1977 年，处于“探索”期，呈现波动发展态势；②1978 年至 20 世纪末，处于“起步”过程，呈现稳定发展态势；③21 世纪初至 2014 年，处于“加速”过程，呈现跨越发展态势；④2015～2019 年开始处于“减能”过程，呈现创新发展态势。而今，国际钢铁工业已进入 2020+年代，从战略视野上看，其发展命题将是共同的，这就是向绿色化和智能化的方向发展。近年来，我国钢铁工业大力推进智能制造，在自动化、管理信息化、智能化上取得了一定成绩，促进了生产力的提升，为重塑传统产业、加快转型升级提供了重要的推动力。然而，在当前国际和国内大环境下，中国钢铁工业仍面临诸多挑战。

（1）原材料对外依存度高。由于我国铁矿石品位低，且采、选矿成本高（高能耗、高排放、高污染），从经济性来讲，自产远不如进口，故长期高度依赖进口高品位铁矿石。钢铁产量的持续增长使中国成为全球最大的铁矿石进口消费市场。2020 年我国累计铁矿石进口量为 11.70 亿 t，同比增长 9.4%；2021 年尽管受疫情影响，我国铁矿石进口量达 11.24 亿 t，同比下降 3.9%，但依然连续 6 年保持在 10 亿 t 以上，需求量约占全球总量的 61%，如图 1.3 所示。

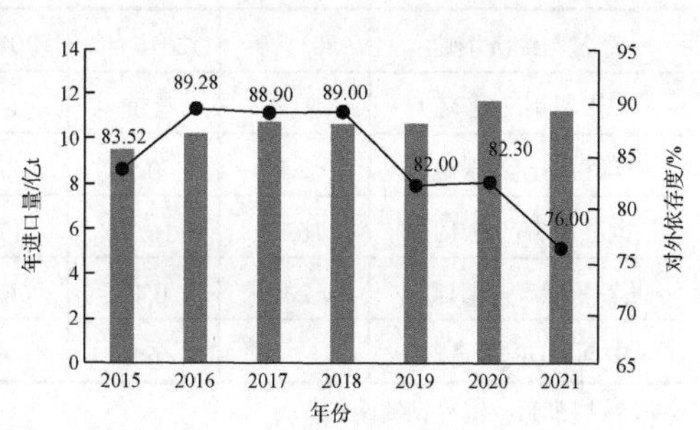

图 1.3 中国历年铁矿石进口量

（数据来源：国家统计局）

（2）国际市场议价权缺失。目前，我国已成为国际铁矿石市场上的最大买主，但铁矿石进口贸易却一直被“卡脖子”，因市场定价权被国外“四大矿商”所垄断。其主宰着 90%的铁矿石市场出口贸易，把控着我国约 85%的铁矿石进口市场，严重遏制了我国的议价权。铁矿石价格屡创新高，最高超过 230 美元/t，致使我国难以低成本“引进来”。2020 年我国全年进口铁矿石平均价格同比增幅达 7.2%，使我国铁矿石进口金额同比增长 17.4%，高达 1189.44 亿美元。而随着铁矿石进口价格大幅度上涨，钢材价格却呈现下行趋势，同年全年钢材价格指数均值较上年同比下降 2.24%；2021 年疫情环境下，我国全年进口铁矿石平均价格同比增幅达 55.3%，大幅缩减了钢铁企业的效益。如何避免铁矿石进口被“卡脖子”，已成为我国钢铁业亟须解决的难题。

（3）海外进口过程繁琐。中国钢铁企业在进口铁矿石时，传统方式是与国外铁矿石供应商和国内港口企业签订长期采购合同，当铁矿石运输船停靠到指定港口泊位后，需要钢铁企业自行租船/车或者找贸易代理，将铁矿石运至钢厂。这使得整个过程愈加繁琐，造成不必要的转运/装卸成本。

受上述因素的影响，我国钢铁企业经济效益出现大幅下滑。作为原材料的生产和加工部门，钢铁制造业处于产业链的中间环节，其利润的大幅降低，将连带钢铁产业链下游的汽车制造、船舶制造、机械、建筑等行业的利润下降，对我国经济大环境造成严重冲击。钢铁制造业的发展与国家基础建设及工业发展速度具有极强的关联性。从世界钢铁业和我国钢铁业的发展历史来看，钢铁工业受国际与国内经济的发展周期和市场供求关系变化的影响较大，总体上与经济周期保持同步态势。经济的增长必然带动钢材需求的增长，进而引发钢材价格的上涨。故经济增长的周期性将直接影响到市场对钢铁产品的需求和产品的销售价格，从而影响钢铁行业的盈利水平。我国的钢材消费与国民经济增长状况和国家宏观经济政策的关系如表 1.1、图 1.4 所示。

表 1.1　钢铁行业发展与经济增长状况的关系

产量与经济增速	2015 年	2016 年	2017 年	2018 年	2019 年	2020 年	2021 年
中国粗钢产量/亿 t	8.04	8.08	8.71	9.29	9.95	10.65	10.33
中国粗钢产量增速/%	−2.19	0.5	7.8	6.66	7.1	7.04	−3
世界粗钢产量/亿 t	16.22	16.29	17.32	18.17	18.7	18.78	19.51
世界粗钢产量增速/%	−2.93	0.43	6.32	4.91	2.92	0.43	3.89
中国 GDP 增速/%	7	6.8	6.9	6.7	6	2.2	8.1

数据来源：世界钢铁网。

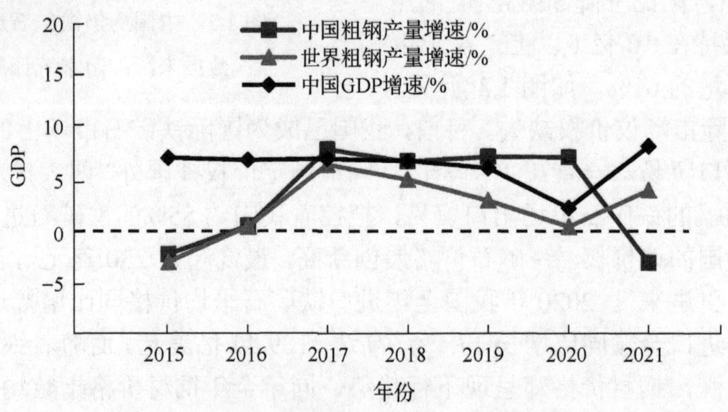

图 1.4　粗钢产量增速与中国 GDP 增速的关系

目前，中国经济正由规模高速度增长转向高质量发展的关键时期。传统制造业的转型升级成为推动经济变革的主力军。而作为传统意义上高投入、高能耗、高排放的钢铁制造业，在从“傻大黑粗”向“绿精富强”转变过程中，存在存量与增量的矛盾、产能过剩与市场选择性短缺的矛盾[2]、经济增长与环境污染之间的矛盾日益严重的现象。根据国际能源署（International Energy Agency，IEA）的报告，钢铁工业 CO_2 排放量约占全球 CO_2 总排放量的 5%～6%，而我国钢铁工业能源消耗、CO_2 排放量和污染物排放量分别占全国总量的 12%、15%和 10%，CO_2 排放量占全球钢铁行业 CO_2 排放量的 60%以上。随着环保要求日渐严格，排污收费也在逐渐提高，增加了运营投入与成本，钢铁企业的绿色转型任重而道远。同时，世界经济与科学技术的发展，对钢铁的需求日益增长，对钢材的质量要求越来越高；加上资源条件的变化，生产技术不断发展，存在于同行业中单个企业间的传统竞争，现已变为整个供应链之间的竞争，而传统钢铁制造业面临着“**供应-产业-价值链**”缺乏协同优化等严峻挑战，迫切需要其在生产、管理、商业模式等方面实现变革，以适应产业转型升级的需求[3]。

2022 年，工业和信息化部、国家发展改革委、生态环境部联合印发《关于促进钢铁工业高质量发展的指导意见》，进一步全面、密切衔接《“十四五”原材料工业发展规划》《中共中央 国务院关于完整准确全面贯彻新发展理念做好碳达峰碳中和工作的意见》，将推动钢铁工业进一步增强自主创新能力、加快绿色低碳智能发展、提升资源保障能力和有效供给水平，加快实现绿色低碳高质量发展，推动钢铁工业向全球产业链和价值链中高端迈进。

因此，钢铁企业欲获取最大收益，不应仅仅关注工厂内的生产线，还需建立与其他行业及社会**生态链接**的绿色发展的供应链，共同提高区域协同能力，对市场变化做出快速响应，提高供应链整体的敏捷性、灵活性及柔韧性，统筹运营采购、生产及销售的各个环节。国际钢铁工业特别是未来中国钢铁工业将如何发展，尤其是技术进步、结构升级的发展方向，这是一个值得持续思考的问题[4,5]。殷瑞钰对未来钢铁工业技术进步的战略思考如图 1.5 所示。

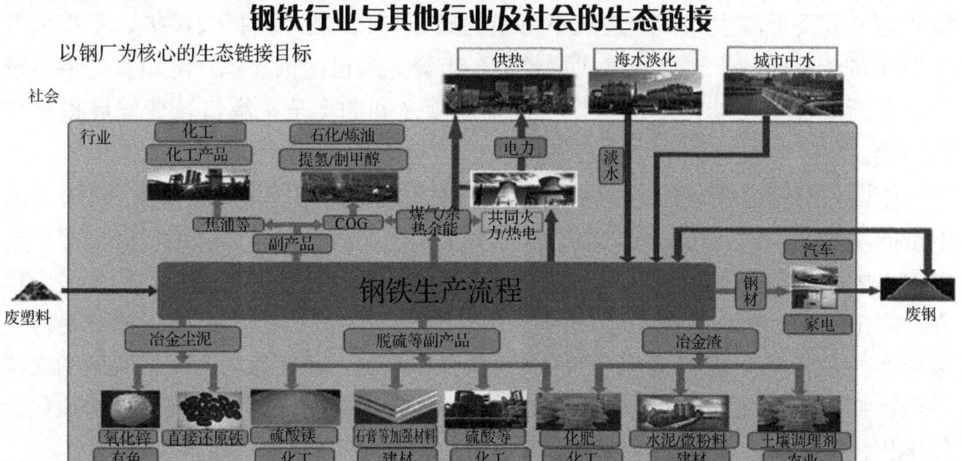

钢铁行业与其他行业及社会的生态链接

图 1.5　殷瑞钰对未来钢铁工业技术进步的战略思考[5]　（扫描封底二维码查看彩图）

1.1.2 港口服务业发展现状

在经济全球化时代，资源在全球范围内实现流动与共享，海运凭借其运量大、成本低的优势成为全球资源流动的支撑。港口作为水路交通的枢纽，是国际贸易货物换装、存储及集散中心，已成为全球**物流链**的关键节点和区域经济体系中的重要环节，在整合生产要素和催生产业集群效应上成为**资源配置**的枢纽。同时，在数字经济时代，港口现代化与智能化水平是促进和推动全球贸易持续发展的重要因素。

40 多年磨一剑，中国港口行业突飞猛进，已成为“链”接海洋运输、道路运输、内河运输、轨道运输以及航空运输的多式联运集散中心。港口发展正日趋“四化”（泊位大型化、深水化、功能多元化、管理信息化），全球前 10 大港口中中国占 7 个[6]。据统计，2020 年我国港口万吨级以上泊位已达 2592 个，较 2019 年增加 72 个，港口累计完成货物吞吐量为 145 亿 t，比 2019 年同期增长 4.3%；2021 年我国港口完成货物吞吐量为 155.5 亿 t，同比增长 6.8%。交通网络的完善和国内外贸易的发展，使我国港口的经济腹地逐渐扩大。中国港口已在传统的装卸、仓储、转运业务基础上向多式联运、保税物流、全程物流、供应链等增值服务延伸，正向以贸易和物流为中心的第三代港口，以及提供综合物流服务的第四代港口转型[7,8]。

同时，随着国际贸易与供应链物流的快速发展，港口数量迅速增加，港口间的竞争日益激烈，曾几何时港口企业通过扩建码头和堆场以确保业务的扩张，而过度依赖硬件资源的投入已无法适应当前的市场环境。由于深水岸线与临港土地是国家宝贵的战略性资源，具有稀缺性、不可再生性、不可复制性，以往的发展模式对港区及近海生态环境造成不可逆的破坏[9-12]。在“共抓大保护、不搞大开发”导向[13]及经济一体化的时代背景下，市场竞争已由依靠单一港口参与供应链竞争逐渐演变成全球网络及港口所处生态圈之间的竞争，港口转变发展模式迫在眉睫。

中国大陆海岸线总长约 1.84 万 km，包含岛屿在内的海岸线总长约 3.2 万 km。丰富的岸线资源为中国发展成港口强国奠定了坚实的基础。而以港口区域定位的中国五大各具特色的港口群，一边连着世界第二大经济体的中国，一边连着全世界。依托港口，中国制造走向了全球。新形势下五大港口群（表 1.2）应立足跨区域合作与发展，着眼全球港口合作，创新合作机制，建立有利于战略决策的支撑平台，打造以港口码头为根本，以港口服务体系为导向，致力于推进以知识化、数字化、生态化、金融化及智慧化港口为发展方向的港口产业链生态圈[14]。

表 1.2 中国五大港口群

港口群		核心港口	辐射地区
环渤海港口群	辽宁沿海港口群	大连港、营口港	辽吉黑、内蒙古东部区域
	津冀沿海港口群	秦皇岛港、天津港	京津、华北及其西向延伸的部分地区
	山东沿海港口群	青岛港、烟台港、日照港	山东半岛及其西向延伸的部分地区
长江三角洲地区港口群		上海港、宁波港、连云港	长江三角洲以及长江沿线区域
珠江三角洲地区港口群		广州港、深圳港、珠海港、汕头港	华南与西南地区（对港澳地区）
东南沿海地区港口群		厦门港、福州港	福建、江西等省部分区域（对台湾省）
西南沿海地区港口群		湛江港、防城港、海口港	西部地区与海南省

从信息港到数字港，再到现今的智慧港口建设，我国港口已进入关键的数字化转型时期。第四次工业革命加速了港口改革创新与转型升级的步伐，促使其与信息技术、网络技术融合，向着智慧港口的方向迈进。然而，由于国内港口发展的历史原因以及对智慧港口的认知不足，导致我国智慧港口建设存在的最主要问题是**重设备、轻管理**[15]。

（1）先进的装卸设备**控制系统**和**业务管理系统**缺乏**一体化**。对国内外港口企业而言，先进的港口装卸设备已不是难点，但**如何将先进的前端港口作业系统与后端人、财、物的业务管理相结合**，却是一个普遍存在的信息化难题。

（2）先进的硬件设备、滞后的**管理体系与管理信息系统**无法有效融合。港口企业属于资产密集型企业，随着信息与通信技术（information and communication technology，ICT）的发展，物联网已不再陌生，港口互联设备、互联事物产生的数据呈爆炸式增长，但大多数港口企业只是在收集和存储数据，而如何从这些数据中挖掘出有价值的信息，仍在探索与实践之中。

（3）强调“**全自动化**”就是无人现场机器设备自动化的概念是不科学、不精准的。制造业的“**全自动化**”亦称“**综合自动化**”，意为还包含人为参与业务管理的“**管控一体化**”。

这些问题制约了智慧港口的整体建设，致使其效率与效益无法有效达成[16]。随着业务的外延与快速发展，港口企业想要快速实现转型升级，必须进一步转变发展理念，从管理与业务流程协同、管理与数据融合入手，建立先进的一体化管理系统，与港口供应链上下游企业强化合作，创新发展业务模式，优化提升港口的基础设施和管理模式，实现港口企业的功能创新、技术创新及服务创新，让港口向数字化港口、智慧化港口转型[17]。

“前港后厂”“两业融合”共生模式强调建设满足客户需求的、具有第三方物流服务的综合性港口，实现港口物流链与钢铁生产链一体化，将港口的装卸工艺系统、生产管理系统、综合信息系统等与钢铁制造的生产作业计划融为一体，不仅可以满足钢厂的原材料、燃料、辅料需求及产成品运输，还能保持公共码头运营特点，节约物流货运成本、降低能源消耗、改善港口环境条件，提高企业综合经济效益。

1.1.3 物流业发展现状

物流业作为国民经济体系中的重要流通系统，是极为重要的基础性、战略性产业，涉及领域广，在促进产业结构调整、转变经济发展方式和增强国民经济竞争力等方面有着举足轻重的作用。近年来，国家不断出台物流相关法规以支持物流业的发展。自 2014 年 9 月国务院出台《物流业发展中长期规划（2014—2020 年）》以来，物流业整体运行效率显著提升。此外，在“互联网+”高效物流、“智慧物流”等发展政策的推动下，物流企业不断强化资源整合能力，加快跨界融合，服务范围逐渐向产业链、价值链高端延伸，已成为加速“两业融合”的关键[17]。中国物流行业不同阶段的发展状况如图 1.6 所示。

从 2012 年到 2019 年，我国社会物流总额从 177 万亿元人民币增长到 298 万亿元人民币，实现了 7.7%的复合增长率。2020 年全年物流运行实现了逆势回升、平稳增长，物流规模再上新台阶，全国社会物流总额达到 300.1 万亿元人民币，按可比价格计算，同比增长 3.5%。从构成上看，2020 年全国社会物流总额中包括：工业品物流总额为 269.9 万亿元人民币，按可比价格计算，同比增长 2.8%；农产品物流总额为 4.6 万亿元人民币，同比增长 3.0%；单位与居民物品物流总额为 9.8 万亿元人民币，同比增长 13.2%；进口货物物流总额为 14.2 万亿元人民币，同比增长 8.9%；再生资源物流总额为 1.6 万亿元人民币，同比增长 16.9%[17]，如图 1.7 所示。虽然我国物流业的发展进步较大，但现阶段物流成本仍占商品总价值的 30%～50%，物流业对降本增效的需求极为迫切，急需有效的手段提升资源利用率及设备工作效率，以降低成本；此外，2020 年全国社会物流总成本达到 14.9 万亿元人民币，占 GDP 的 14.7%，下降速度比较缓慢，与发达国家 8%～9%的水平相比，仍有非常大的差距[17]。中国与美国的社会物流总成本及 GDP 占比情况如图 1.8 所示。

在制造物流、港口物流等典型物流系统中，涉及存储空间和库存设备等作业资源，以及靠泊、装卸、运输、存储到多配载等多种作业过程，作业任务繁重，物流工艺复杂且相互制约。

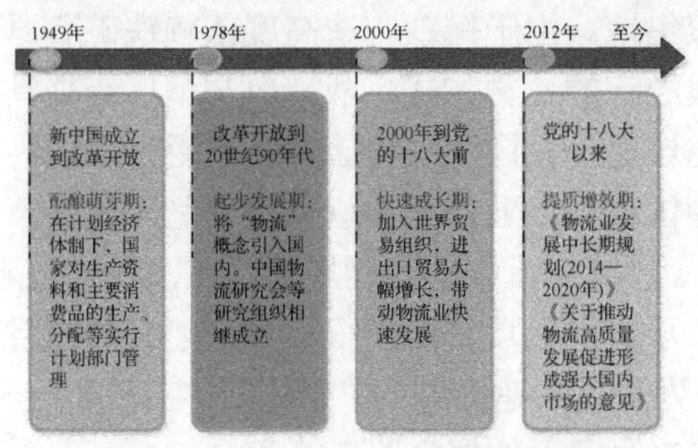

图 1.6 中国物流行业发展阶段[17]

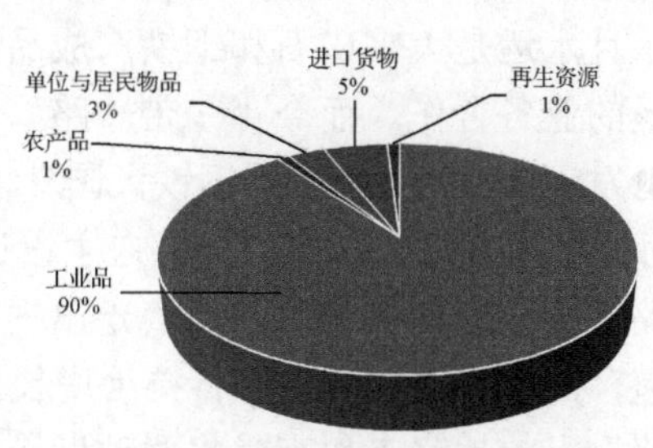

图 1.7 2020 年全国社会物流总额构成[17]

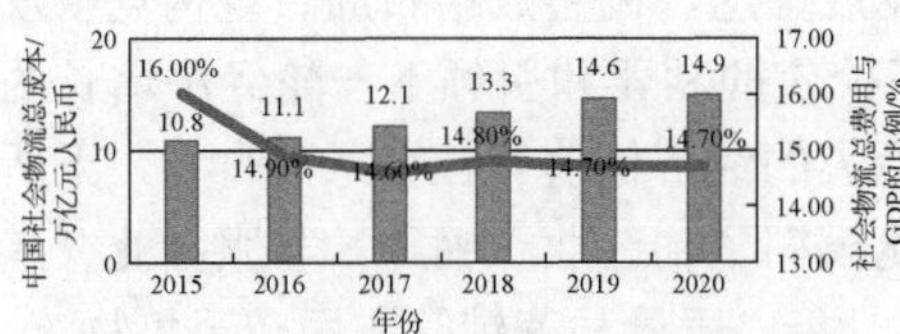

(a) 2015～2020年中国社会物流总成本及GDP占比

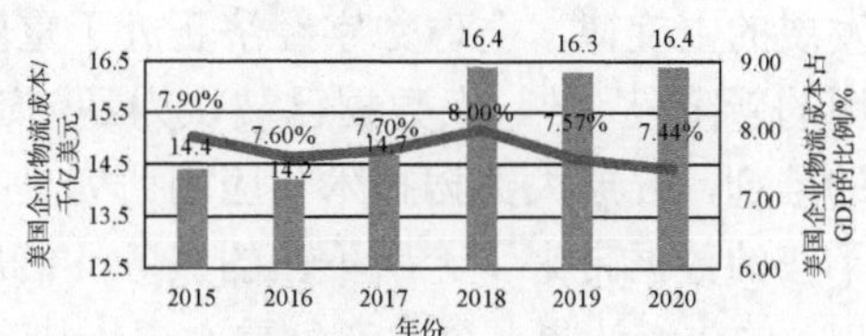

(b) 2015～2020年美国社会物流总成本及GDP占比

图 1.8 中国与美国的社会物流总成本及 GDP 占比情况[17]

钢铁厂制造与物流过程的原料场、铁水运输、板坯库及热轧板卷库等是连接上下游生产工序之间的物料流通转移的重要缓冲环节，涉及装卸、运输、存储、倒垛、配载等多种物流作业，对生产节奏的协调和物流的顺畅均衡起着重要的承接和调节作用[17]，如图 1.9 所示。

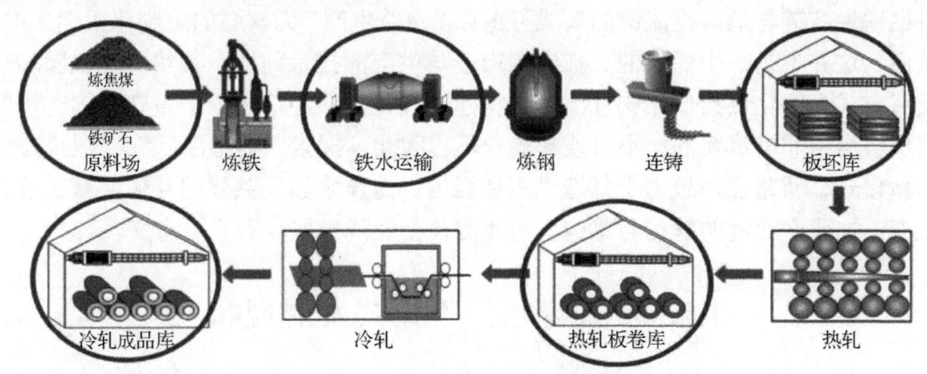

图 1.9 钢铁厂制造与物流过程[17]

1.1.4 “前港后厂”“两业融合”时代需求

向海而兴，大国航路，走向深蓝！21 世纪是人类走向海洋的世纪，世界经济的重心正在向海洋转移，海洋强国战略已上升至国家战略。港口作为国际物流链中的结节点，是货主、货运代理、船东、船舶代理、商品批发零售、包装公司、陆上运输公司、海关商品检查机构等的聚集地。由于钢铁制造高度依赖铁矿石原材料，且水运是大宗矿石和钢铁产成品最经济的运输方式，故港口与钢厂历来具有广泛的业务合作。而今“一带一路”倡议促使我国与共建国家联系更为密切，合作愈发深入[18,19]。作为“钢铁大国”，中国钢铁工业产量与规模不仅稳居世界第一，而且还是国际上少有的能够自主设计、建设全流程现代钢厂的国家，结合“一带一路”建设的步伐，有能力“走出去”承担国际项目的工程设计与建设的项目总承包，钢铁进出口贸易量将持续增长。为满足共建国家的“钢需”，港口这“一带一路”上的战略支撑点必将联动世界、书写海上丝绸之路新篇章。

随着第四次工业革命探索的不断深入，跨界、融合、创新、转型已成为产业发展的主旋律，全球数字经济正处于重塑发展理念、调整战略布局、重构竞争规则的新阶段[5,20]。大数据已被认为是创造新价值的利器和引领下一轮经济增长的助推剂，开展大数据技术与应用研究具有巨大的经济价值和社会意义[21,22]。无所不在的数据带来了无所不在的服务，信息化模糊了制造业（钢厂）与服务业（港口）的传统边界，企业竞争重心逐步从产品功能、质量与营销等方面转至集物流、资金流、信息流于一体的供应链。产业联盟正成为骨干企业（大钢厂、大码头）整合资源的新方式，通过打造循环经济、合作研发、资源共享、共同开拓市场，更快捷地响应和服务消费者，致力于“共生共赢”，被广泛应用于各国企业界[23]。智慧港口、智能制造作为我国未来发展的主攻方向，迫切需要决策、运营、生产以及商业模式上的创新[1-8,16,19]。

钢铁制造业不仅可以借助港口服务业的资源集聚功能获得规模经济，亦可通过钢铁生产链与港口物流链的集成打造以“精益生产”为核心的定制化柔性生产。然而，这并不是一个偶然的、孤立的产业与供应的技术问题，其实质是我国转变发展方式，深化供给侧结构性改革，构建现代化循环经济体系，重塑我国经济发展优势当中非常重要的、不可或缺的一环。因此，探索“前港后厂”“两业融合”的新模式、新路径，致力于打造“制造强国、海洋强国”共建的共生共赢工业大生态，加速产业链的解构与重构，对我国社会经济发展具有重要意义。

1.2　“前港后厂”模式发展现状

1.2.1　“前港后厂”理念

港口是临港工业的活动基地，没有港口就没有临港工业，而临港工业又促进港口经济的发展，二者唇齿相依、相辅相成[23]。新一代 ICT 的广泛应用，使制造业与服务业的发展边界日渐模糊。临港工业如何更有效地与港口融为一体，追逐共享、共生、共赢的可持续发展前景？现代港口需顺应制造业需求，不仅要提供船舶、货物装卸、堆存及集疏运等公共码头服务，同时，也要为制造业企业提供精细化、定制化全程物流服务，实现码头与制造业企业的业务协同，从而大幅度降低制造业企业的生产成本，提高岸线及土地资源的利用率。这种港口与制造业（如钢铁、石油、化工企业等）合作的创新发展模式即为“前港后厂”。

笔者对“前港后厂”一词最初的认知来自包起帆、罗文斌编著的《港口物流前沿技术研究与实践》[24]。该书将“前港后厂”模式概述为：在散杂货港区后方建有钢厂的专用铁矿石和煤炭等原料、辅料堆场用地，设置堆场专用线。作为整套钢铁工业物流配送系统的“前港”部分，港区通过物流配送系统定时向钢铁公司输送铁矿石、煤炭等原料、辅料。港区的皮带机转运输送系统与钢铁公司的皮带机转运输送系统相连，并延伸到对方作业的平台炉原料槽，在取料作业和调度方面，港区全部按照钢铁公司调度计划实施，如图 1.10 所示。

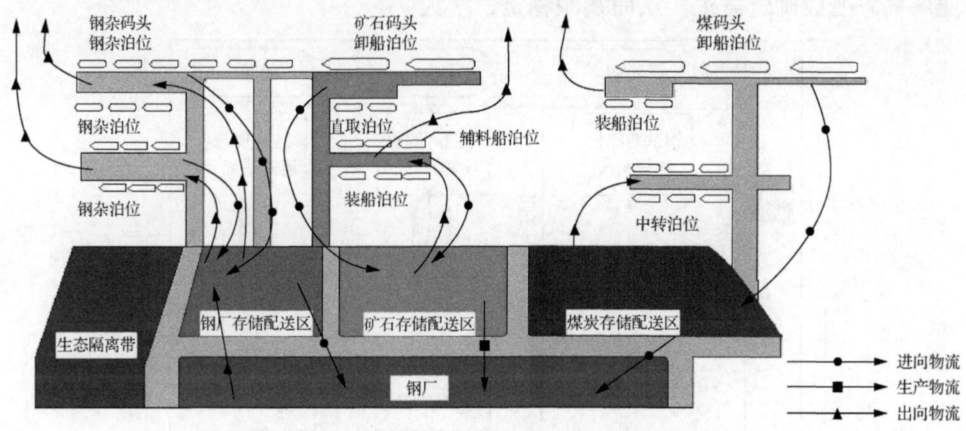

图 1.10　“前港后厂”物流模式平面布局[24]

在“互联网+”时代，“前港后厂”间信息可实现跨域对接，不再局限于“皮带机的距离”。笔者通过理论研究并结合“港-钢”实际运作特点，按需求地理位置将“前港后厂”物流运作流程定义为两种。一种是制造业企业位于港口的临港产业区域，原材料到达港口后，将其卸入港口的堆场，根据合作企业的调度指令，按时按量通过皮带机直接对接厂区的生产工序。而厂区生产出的待销售产成品可以直接通过皮带机运至港口堆场等待装船/车发运。另一种是制造业厂区远离港口，原材料到达港口后，卸至港口堆场，然后根据合同计划，通过二程运输方式把制造企业所需的原材料按时送至自有堆场或者生产工序。同样，待销产成品运至港口堆场装船/车出运。如此循环，形成了以采购物流和销售物流组成的“前港后厂，两头在港”闭环作业系统，而要完成此过程的根基是实现信息的对接。

本书以港口与钢厂开展“前港后厂”合作为例，来说明其进出口物流的运作流程。钢厂为保障日常生产的正常运行，需要保有 40 多天的原材料堆存，占用大面积土地，随着土地成本的急剧增加，如何减少原材料堆存占用的成本是高本微利的钢厂亟待解决的重要问题。

如图 1.11 所示，“前港后厂”充分“复用”港口丰富的堆场资源，改变钢厂原材料的传统流程。钢厂不需再自/扩建货主码头，也不需增加任何运输工具，而只要下达一个指令，港口就可将配载完毕的混匀矿转运输入钢厂生产线，船舶、码头与钢厂无缝衔接。港口物流、运输、供应链服务赋能钢厂制造，真正实现资源复用与优化配置，大大提高港口码头物流系统的运行效率、堆场利用率，同时降低能耗，使港口从提供装卸业务升级至综合增值服务。同时，制造企业将自己的原料堆存外包给港口，不仅降低了库存，节约了土地成本，还拥有了港口随需随取、高效化、精细化的物流配送等优质服务。此外，长期合作使得港口不确定业务需求变成确定需求，从而货源稳定、增大。

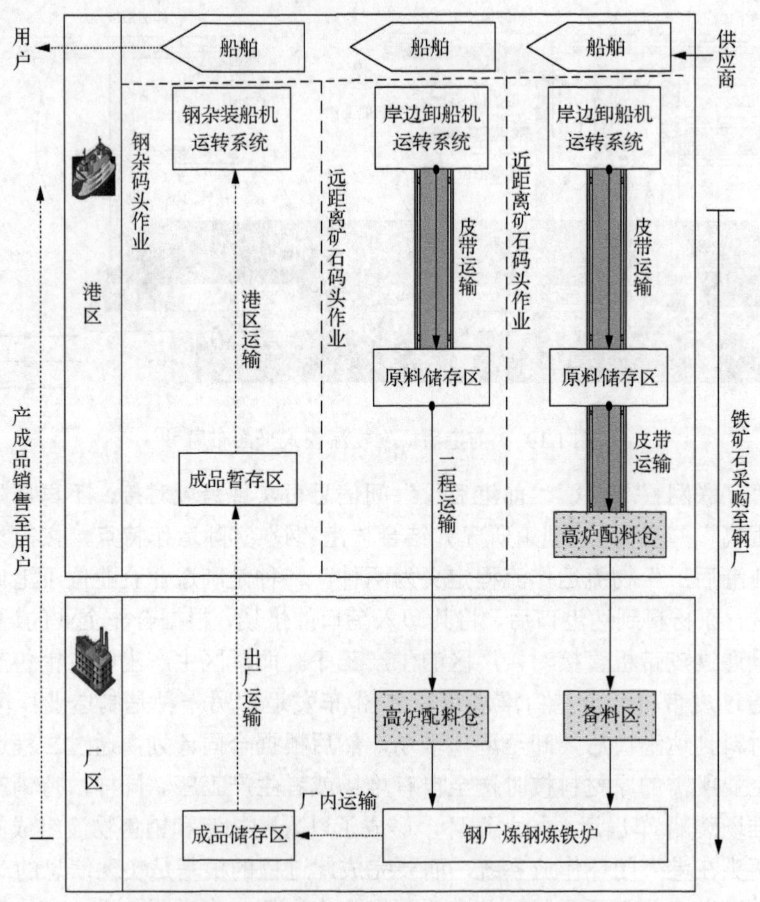

图 1.11 “前港后厂”模式下进出口物流运作流程

1.2.2 “港-钢”生产模式特征与变化

“前港后厂”模式下的港口企业已超越了以船舶、货物装卸及存储为单一盈利源的状态。通过将港口与港口客户的运输服务关系拓展到供应商和制造企业层面，制造企业得以专注于提升自己的核心竞争力，从而降低成本、缩短产品生产周期。“前港后厂”的港口作业生产以客户需求为导向，通过衍生的增值服务提高港口的经济效益，针对客户对原材料供应的多元化需求，从单一的港口装卸、存储及运输的生产模式向制造供应链结构下的港口生产模式发展，实现了多品种、小批量的高频率精准配送，满足客户精益生产以及准时制（just-in-time，JIT）交货的要求。其具有以下几个特征。

（1）通过“前港后厂”的构建，使港口与制造企业从相对脆弱的客户关系转变为稳定的合作共生关系，为港口与制造企业形成以港口为核心的港口供应链提供了生成基础，从而实现港口从单一的运营商向综合供应链提供商转变。

（2）“港-钢”稳定的固化关系，使港口营销的重点从维持客户关系转向为客户提供针对性的专业化服务，使港口资源得到优化配置，并从根本上避免了港口之间的“内卷”。

（3）“前港后厂”充分利用码头现有资源，只需增设少量必要的管线或辅助设施便可以产生良好的资产边际收益，体现出轻资产特征。该特征能够加强港口对周边制造企业的吸引力，使港口区位优势得以充分发挥；同时轻资产与稳定的合作关系能够提高港口与制造企业的抗风险能力。

“前港后厂”带来了两个变化：一是港口与钢厂两企业共担进口责任，钢厂料场转至港口堆场；二是港口与钢厂两企业签订长期合同，形成稳定的产业联盟关系。

1.2.3 “前港后厂”实践与理论探索

随着临港工业在国内外的蓬勃发展，这种港口与制造业相互合作“门到门”服务的新模式，得到越来越多的国内外企业专家、学者的倡导。

国际上，欧洲临港工业可谓是“前港后厂”的鼻祖。作为欧洲第一大港的荷兰鹿特丹（Rotterdam）港是世界上最重要的铁矿石港口，而鹿特丹又是欧洲西北部钢铁工业中心，二者相互依存，如德国钢厂在鹿特丹港均设有自己的货站，其生产所需的铁矿石主要通过该港运输，为德国内陆的钢厂在处理、储存及转运铁矿石方面发挥着突出作用。而作为欧洲第二大港的比利时安特卫普（Antwerpen）港拥有欧洲最大、最多元化的综合性化工集群。世界十大最重要的化工企业中有 7 家在安特卫普港设有基地，而港口能够持续稳定地提供化工生产的原材料，源于 4 大炼油企业的需求拉动；此外，通过完善的铁路、内河航道及公路网络，该港可使货物快速抵达欧洲市场，故其杂货运输量亦居欧洲之首，并且已将钢厂生产最后工序（冷连轧）移至钢杂码头。比利时根特（Gent）港是钢铁、石油、化工、汽车工厂的产业园区。世界最大的钢铁集团安赛乐米塔尔（Arcelor Mittal）在根特港区附近设有工厂，进口矿石卸到矿石码头堆场后，随即进入紧邻的钢厂进行炼钢。生产出的优质钢材经过最后冷轧处理后，进入附近的沃尔沃汽车厂（Volvo car）用来生产汽车。生产出来的汽车通过滚装码头装船出运销往世界各地。根特港临港工业已形成完整的“两头在港”产业链。此外，作为欧洲最大的贸易港和世界信息大港，鹿特丹港在智慧港口方面的探索与实践总体处于世界领先水平[25]。

我国港口企业一直在倡导与探索“前港后厂”模式。2007 年 11 月 24 日，随着浦钢公司热负荷试车并出铁，上海港罗泾二期新港区与浦钢公司的“前港后厂”物流配送系统正式进入运作状态，仅成本节约就有堆场费、卡车装卸费、陆上运输费、原辅料拌合费等十多项[26]。何业钢等[27]认为此次合作是制造业和物流业密切合作“双赢”发展的经典案例。上海国际港务股份有限公司被誉为“抓斗大王”的全国劳动模范包起帆[28]则针对此次合作提出，“前港后厂”模式在港口转型升级这一战略任务中起着重要的推动作用。2010 年，曹妃甸港将此模式拓展到与化工企业的合作中，实现了大规模生产并降低了企业生产成本。同年，包起帆再次强调“前港后厂”有助于港口转型升级。全国政协委员山东岚桥集团叶成分别在 2013 年、2015 年先后多次在两会特别报道中倡导“前港后厂”新模式，在 2016 年两会关于“一带一路”特别报道中再次倡导推动“前港后厂，两头在港”港口工业新模式[29,30]。2017 年，青岛海晶化工集团与董家口港也培育了“前港后厂”模式，主要原料乙烯、二氯乙烷等船运到港口后直接通过管道运输至公司罐区[31]。同年，天津港又在粮油领域践行“前港后厂”模式，为粮油货类的装卸和仓储提供支撑，实现企业生产需求与港口作业的对接，构建循环经济产业链[32]。虽然“前港后厂”不断得到国内外企业的倡导和实践，但目前均未形成“前港后厂”特色的“生产工艺”（工序的集成＋工作中心的集成，工作中心包括设备和人员）[33]，且“两头在港”理念也并未真正融入到港口企业和制造企业的合作中，更缺少深入的科学理论研究。

1.2.4 “前港后厂”根基发展之我荐

1. “港-钢”产业群

2020 年，交通运输部与国家发展改革委联合发布《关于进一步做好 40 万吨铁矿石码头有关工作的通知》，批准含烟台西港区一期工程、日照岚山港区岚桥矿石泊位在内的 4 个港口可接靠 40 万吨级铁矿石船舶。至此，山东省拥有含青岛港在内的 3 个 40 万吨级铁矿石码头，可为山东钢铁集团有限公司（其成员企业含日照钢铁、莱芜钢铁以及内陆的济南钢铁等）提供铁矿石物流服务。推动环渤海地区铁矿石运输体系与钢铁产业发展稳步升级，为多钢厂、多港口建立产业联盟提供了现实可能。

2. 重振东北辽宁老工业基地

“前港后厂”可联动产业链上横、纵向关联企业共享、共生、共赢、共建工业新生态，振兴东北经济。

（1）辽宁港口集团大连港、东北特钢大连钢厂、大连汽车产业集中区可践行**“卸载矿石→矿石码头→钢厂炼钢→钢产成品→钢杂码头→汽车厂→汽车→滚装码头→装船出运”**模式销往各地，完成“前港后厂，两头在港”的“供-产-销”业务流闭环的产业供应链。

（2）鞍钢坐落在辽宁省鞍山市，中长铁路和沈大高速公路穿过市区；大连港、营口港、鲅鱼圈港与海内外相通，交通运输条件便利。鞍钢鲅鱼圈生产基地与营口鲅鱼圈港可构建“皮带机距离”的“前港后厂”模式，借助交通运输优势，可获得高效原料供给运输与产品出运。

（3）东北地区已成为主要的粳稻、玉米等商品粮供应地，东北的粮食外调量占到全国的 60%左右。在大连北良港，码头上每日都有成百上千吨玉米装船，沿渤海、东海一路南下，这个东北粮食物流龙头，如今与 200 个港口库、中转库、收纳库连接，成为“北粮南运”的主要通道之一。针对我国“北粮南运”的行情，大连北良港亦可与下游粮食加工企业等实现“前港后厂”模式，打通粮食运输通道，拉动腹地经济。

3. 推广“大化工、大炼油、大粮油”

山东岚桥集团以基础设施和能源产业为核心，依托“前港后厂”产业模式满足企业生产及物流需求。青岛海晶化工集团与董家口港区将原料乙烯、二氯乙烷等装船运输到油码头直接通过管道输运至公司罐区，形成化工企业与港口的“前港后厂”模式。同理，天津港为粮油货类的装卸和仓储提供支撑，实现粮食生产和港口对接。

油气产业是资金密集型行业，且我国原油对外依存度超过 70%，每年需要多达 3000 亿美元的外汇来采购能源。然而，我国岛屿资源集中分布在长江口以南海域，舟山尽享地利，坐拥优异的岸线资源与吃水条件，且舟山地处中国南北交通要道，物流便利，其石油仓储设施极为富裕，背靠杭州湾石化基地产能旺盛，可辐射长三角地区。2019 年舟山港跻身全球 10 大船加油港口，2020 年 3 月 26 日国务院批复的《关于支持中国（浙江）自由贸易试验区油气全产业链开放发展的若干措施》对布局油气产业链的舟山重大利好，2020 年舟山港船加注量达 470 万 t，快速跻身全球第 6，较 2019 年上升两位，2021 年又更上一层楼挤进全球第 5 大船加油港。由此可见其更需践行"前港后厂"全产业链开放发展。

中国煤炭生产和消费地区分布不平衡，华北地区是煤炭主要产区，特别是山西、陕西北部和内蒙古西部，煤炭生产大于消费，是煤炭输出区。华东和华南地区，主要是上海、江苏、浙江、福建、广东等省市，煤炭消费大于生产，是煤炭输入区。煤炭产销分布格局，决定了"北煤南运"的庞大需求。"北煤南运"运量大、运距长，主要采用铁路、海运和内河水路运输。京沪、京九、京广、焦枝等铁路以及沿海、长江和京杭运河水路运输线都是北煤南运的主要线路。港口作为"北煤南运"供应链的关键节点，具有承上启下的关键作用。由此，针对我国煤炭运输的广泛需求，港口可与下游能源需求企业实现"前港后厂"模式，建立由北到南的集成供应网络，提高煤炭运输效率。

此外，"北粮南运"或"北煤南运"要考虑在北方港口配置大型装船设施，不需同时考虑卸船设施；而南方港口正相反。

1.3　本书"前港后厂"理论与方法拓新概述

随着生态环境问题日益严峻，企业想要生存和发展，必须转变运营组织与价值创造的方式，全面落实科学发展观，跨入生态企业圈，以资源共享与复用为引领，以创新为驱动，以新一代信息技术为支撑，实现跨区域、跨企业协同发展，提升自身的综合实力和竞争力，探索一条绿色、可持续发展的道路。

"互联网+"时代可实现跨区域的信息对接传输，"前港后厂"不应再局限于"皮带机距离"，而更需强调港口与钢厂跨域业务信息的对接，促进智能化与绿色化改造，以实现产业链的协同，进一步推动港口与制造业集成优化。

1.3.1　"前港后厂"精益化体系

工业变革推动市场需求进入灵活化、多样化的发展新阶段，大批量流水生产也日渐暴露出柔性差等缺陷；同时，面对资源、环境的考验，人类社会迫切寻求绿色发展之路，智能制造和精益生产已成为传统制造业转型的关键，其中精益生产是推动企业实现智能制造的重要前提[33,34]。

"前港后厂"是探索港口服务业与制造业"两业融合"合作共赢的试金石，有利于增强二者的联动性，促进"港-钢""港-汽"等合作联盟实现精益化改造升级。港口通过精益化物流及增值服务，满足制造业 JIT 生产需求，并基于"业务流"

闭环拉动“前港”与“后厂”共同搭建精益化的服务与生产体系，增强产业链综合实力，如图 1.12 所示。

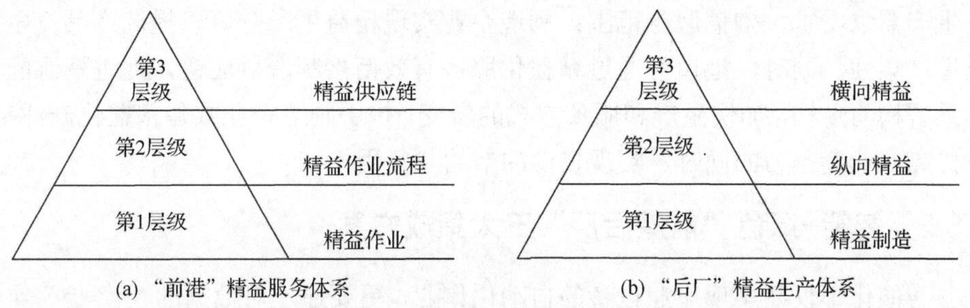

图 1.12 “前港后厂”精益化服务与生产体系

1. “前港”三层精益服务体系［图 1.12（a）］

第 1 层级：精益作业。港口通过先进技术和方法完成港口作业任务，改进港口粗犷的作业方式，尤其是针对散杂货港，提高港口作业的作业质量（详见第 6 章）。

第 2 层级：精益作业流程。港口通过信息流闭环无缝制造执行系统（manufacturing execution system，MES），精确分配及管控港口作业序列，促进作业任务纵向集成，包括制订生产计划的指标计划、编制并下达作业计划、设定工艺指标的数值以及离散型设备指派等，实现企业内整体作业流程的精益化（详见第 4 章）。

第 3 层级：精益供应链。港口与制造业相关企业建立共生“链-链”联盟，打通制造业供应链的关键节点，协调分配企业间优势资源，促进相关业务协同发展，提高产业整体竞争力及供应链稳定性（详见第 5、7～10 章）。

2. “后厂”三层精益生产体系［图 1.12（b）］

第 1 层级：精益制造。精益制造是满足生产车间高效生产的要求，具体包括质量管理、看板管理以及均衡化、准时化、同步化生产等。

第 2 层级：纵向精益。高效的企业运作能力是企业精益运营的必然要求。企业内部的流程直接影响企业的运作，企业内部的职能部门必须通过纵向精益来保证企业的整体利益。纵向精益是对企业计划、采购、生产、销售、物流、售后等各个部门的业务流程的精益化，以实现企业纵向业务流程的高效协同。

第 3 层级：横向精益。企业的资源包括客户、供应商、合作伙伴等内外部资源。精益供应链可以协调企业的所有资源，加速企业上下游的信息沟通，避免信息传递失真，降低时间成本。供应链的高效协同是精益生产的有效方法，可以提高企业的产品质量和柔性化生产能力[35]。

“前港后厂”生产服务精益化是港口与制造企业提高产品质量，拓展发展渠道，促进相关产业链式发展的新思路。港口通过三层精益化服务体系满足制造企业精益生产需求，扩大增值服务范围；制造企业实现精益生产，可以提高产品竞争力及生产柔性。同时，港口可通过精益化服务有效衔接制造供应链，促进资源配置体系解构与重构，加快生产和服务方式的转变，携手制造企业共建精益化产业链，在提高产业竞争力的同时，实现资源的节约与复用。

1.3.2 智能+绿色“前港后厂”三大集成方案

智能化不仅要实现作业设备的自动化作业，更要通过对数据的“管-控”实现跨区域、跨部门乃至跨企业的大范围的集成控制与优化。“前港后厂”的智能化更是一种范式，通过“务”联与互联融合企业供应链，集供、产、销于一体，采用**“预测→决策→反馈→校正”**闭环控制策略，打通用户、制造商等多个供应链关键环节，使得智能工厂实现快速柔性制造，提高产业竞争力。优化资源循环利用，打造绿色供应链，是未来组织、运营乃至发展的重要方向。

绿色+“前港后厂，两头在港”倡导的供应链管理是基于循环经济的一种闭环管理。实践中，最理想的状态是核心企业的绿色要求不仅可以传递到上游企业，而且能够沿着供应链向下游延伸，以产品为载体通过供应链的渠道向产品采购、生产及销售等环节进行需求传导，驱动整个供应链的绿色变革。

本书运用数据、机理、知识相互融合的建模、控制与优化方法，通过智能+“前港后厂”构建“数据+模型+算法”驱动的智能决策体系：数据蕴含信息和知识，通过模型可将信息和知识显性化、代码化成计算机语言，并基于算法做出最佳选择，使得计算机具有自主分析处理问题的“机智”，最后通过“人机交互界面”并结合“人智”，实现数据自流动、决策自反馈、模型/算法自适应与业务的闭环控制，可实时掌握现在，正确追溯过去，精准优化将来。智能+“信息流闭环”实现企业内“管-控”一体化，再通过“业务流闭环”打通企业间合作壁垒，构建绿色+“供→产→销”全业务优化链条，提高资源利用率及产业链竞争力。具体工作内容如下。

（1）搭建“数据+模型+算法”驱动的四维一体“CPS（cyber-physical systems，信息物理系统）+互联网”的工业互联网信息集成平台，并以控制论的思想将“信息流”模拟成电流，以计划、调度为主线，以能源、成本控制为核心，构建具有指标递阶优化分解、预测、反馈补偿功能的“管-控”一体化的 MES 闭环控制系统（**CPS 纵向集成**）。为 MES 的无缝集成提出新的理论与方法。（第 3.3 节图 3.7 基于四维一体的港口“CPS+互联网”工业互联网平台）

（2）智能化即通过数据“管-控”实现业务的集成优化。本书通过 MES 的无缝集成，打通“港 CPS”中的顶层管理系统（enterprise resource planning，ERP 层）与底层控制系统（离散工业 distributed control system，DCS 层/流程工业 process control system，PCS 层）的信息流屏障，以确保企业内在整个“**决策→管理→控制**”的过程中，实现生产指令的正确**下达**及生产数据的实时**上传**，从而实现企业内部的**纵向集成**。（第 4 章“信息流”闭环 MES 驱动 CPS 纵向集成）

（3）同时，基于“CPS+互联网”的信息集成平台，充分发挥“机智”的智慧决策功能，打造“前港后厂”智能化生产服务体系，在企业**间**实现大范围集成优化，实现**端到端集成**。“港-钢”的两业融合，从根本上形成了产业链的合作。而基于“CPS+互联网”可实现信息快速响应、透明化、更具前向的预见性，促进联盟的长期稳定，提高产业链整体的竞争力，致力于共生共赢，实现对资源的节约和环境保护的共同发展。（第 5 章“前港后厂”“链-链”联盟共生与利益分配）

（4）精益生产是 MES 的精髓。炼钢从烧结到浇铸成坯的整个生产阶段是一种流水线的高温、高能耗的加工过程，产品前后工序之间不可中断，为避免因“前港”作业取料机故障对“后厂”安全生产的影响，通过对“前港”堆场作业设备应急调度优化研究，进一步实现“前港”精细化物流配送无缝对接“后厂”生产的工艺集成，促进“前港”物流链与“后厂”生产链集成优化，进而推动港口精益生产作业、钢厂敏捷制造与“港-钢”精益管理，促进“生产-供应-价值链”的一体化发展。（第 6 章精益+“前港后厂”工艺集成）

（5）基于“CPS+互联网”信息集成，以低碳化为引领，针对“**供→产→销**”业务流中的“**综合预测→计划与采购→物流与库存→生产全过程→仓储与物流→销售过程**”关键环节，从供应链整体的角度促进企业资源的高效利用及**复**用，并使信息、资源及价值上下游传递和流动，与其他行业和周边社会实现生态化链接，构建“港-钢”绿色供应链，最终实现产品价值链的**端到端集成**。（第 7～11 章“业务流”闭环端到端集成）

（6）“前港后厂”衍生的**库存**物“**资**”（矿石）银行增值服务，可借助“CPS+互联网”平台中的金融平台，解决中小钢厂融资难的问题，以“大手拉小手”的形式形成“团体赛”模式，提高“联盟”的风险防控和融资能力，以“联盟力”推动中小微企业降本增效，共建工业大生态，实现社会化的生产与服务的**横向集成**。（第 11 章“前港后厂”衍生物“资”银行金融服务）

（7）“前港”同时又与钢厂下游的汽车制造厂、汽车零部件厂等“后厂”建立“前港后厂”**端到端集成**模式，并以港口为枢纽，通过**纵向集成**各类物流服务供应商，进一步集成钢铁与汽车产业供应链资源，为实现“**矿石→钢铁→零部件→汽车**”间的制造供应链**横向集成**提供服务。（第 12 章绿色+汽车入厂与出厂物流）

（8）作为“前港后厂”**横向集成**的制造供应链与**纵向集成**的港口服务供应链两条供应链的交会点的港口，通过构建轴辐式鲁棒优化的班轮航线网络（海上运输）和码头集成调度（靠泊作业）优化模型，**纵向集成**各类物流服务供应商（船公司、货运代理、运输服务等），为港口所在的**横向集成**的制造供应链提供物流增值服务，同时实现不同企业间社会化合作**生态圈的横向集成**。（第 13 章绿色+班轮航线网络规划及靠泊集成作业优化）

综上，希望通过纵向、端到端、横向的三大集成全面打通企业内（点）、企业间（链）、社会化（圈）的集成、协同，实现敏捷、高效、智能化、个性化、社会化的生产与服务，如图 1.13 所示。

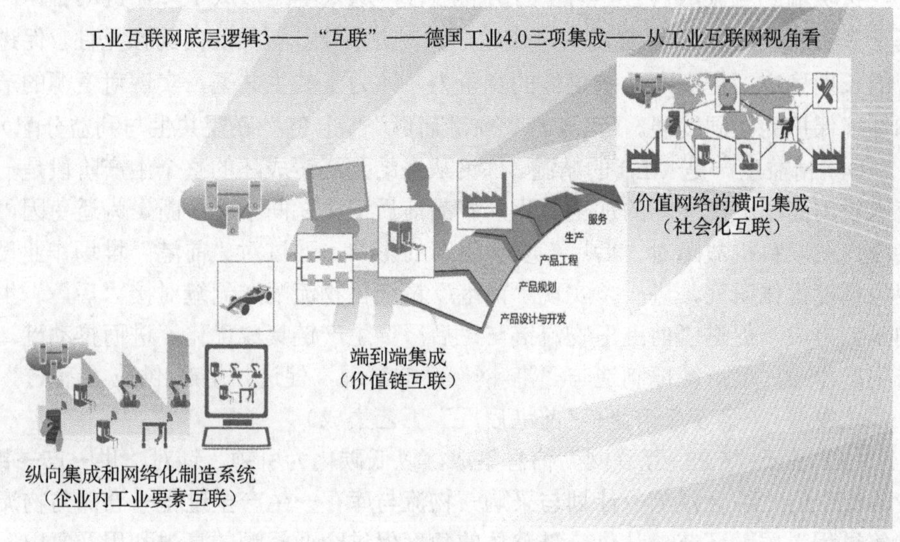

图 1.13　三大集成——纵向集成、端到端集成、横向集成

第 2 章　工业互联网、CPS 与智能制造

我国《政府工作报告》于 2018 年首次将“发展工业互联网平台”写入；2019 年明确指出，深化大数据、人工智能等研发应用，打造工业互联网平台，拓展“智能+”，为制造业转型升级赋能；2020 年指出，发展工业互联网，推进智能制造；2021 年指出，发展工业互联网，搭建更多共性技术研发平台，提升中小微企业创新能力和专业化水平；2022 年指出，加快发展工业互联网，培育壮大集成电路、人工智能等数字产业，提升关键软硬件技术创新和供给能力；2023 年指出，支持工业互联网发展，有力促进了制造业数字化智能化。至今“工业互联网”已 6 入《政府工作报告》，足见国家对工业互联网未来发展的重视程度。由此可见，推行传统制造业智能化转型升级，已成为我国的战略主攻方向，同时也是“前港后厂”发展的重要推手。

2.1　工业革命发展中的机遇与挑战

科学技术是第一生产力，科技创新是经济社会发展的根本动力。人类社会进入工业时代之后，经历了“蒸汽时代→电气时代→信息时代”三次工业革命。而今，科技再次站在了新的历史转折点——第四次工业革命，又会带来怎么样的转变？又有哪些国家，将把握住此次革命转型带来的崛起机会呢？四次工业革命进程如图 2.1 所示。

图 2.1　四次工业革命进程

18 世纪 60 年代-19 世纪中期，蒸汽机的出现触发了第一次工业革命。1764 年问世的珍妮纺织机实现了生产的机械化，从而催生了车间、工厂这种新型生产组织模式。在这一过程中，机器替代手工劳作，社会生产进入以大机器、专业化生产为特征的机械生产时代，生产的规模化、系统运行及效率优化等概念与需求逐步进入人们的视野。同时，作为**控制学科工程起点**的代表作——蒸汽机、离心调速器等一系列机械控制装置的诞生，标志着**控制学科开始萌芽**。

19 世纪 60 年代后期-20 世纪初，电力技术驱动的第二次工业革命发端于美国、德国、英国、法国、日本等发达国家，再一次给全球工业发展带来颠覆性变革。其中，标志性事件是 1870 年美国辛辛那提屠宰场自动化生产线的建成，并实现大批量、流水线式生产。该时期以福特汽车为代表，工业进入了大批量生产阶段。生产力的发展从被动的资源使用模式向主动调理模式转化，能量的可控、高效和系统的优化被提上日程。

20 世纪四五十年代-现在，信息技术驱动的第三次工业革命发端于美国、德国、苏联等国家。在作为核心技术的可编程逻辑控制器（programmable logic controller，PLC）以及后来的互联网等信息化技术的支撑下，自动化得到进一步发展，各种自动化装备和系统应运而生，大批量生产成为主要的生产模式。随着生产力的高度发展，人类对于广义生产系统的性能要求越来越高，系统的结构、设计与实现越来越复杂；对于在人力难以企及的恶劣、未知或遥远环境中实现功能效益的需求与愿望越来越强烈，**控制科学与技术开始迅猛发展**。

现在-未来，经济呈现全球化趋势，气候变暖进程逐渐加快，人类面临重大的能源危机、资源危机、环境危机以及由此引发的经济危机。在此背景下，一场以绿色、智能为主要特征，以物联网、大数据、机器人以及人工智能等技术为驱动力的第四次工业革命正以前所未有的态势席卷全球。第四次工业革命即正在进行中的工业 4.0，通过 CPS 实现物理世界在数字世界的精确映射，打造“数字孪生”，实现物理实体与数字虚体之间互联、互通、互操作，最终将智能机器存储系统和生产设施融入整个生产系统中，使“人、机、料、法、环、测”等能够相互独立地自动交换信息、触发动作及自动控制，实现一种智能的、高效的、个性化的、自组织的生产与服务模式，推动制造业向智能化转型[33-37]。

随着第四次工业革命的兴起，全球制造业发展态势和竞争格局面临重大调整，推动各国进行数字化转型。工业发达国家纷纷提出了产业转型升级策略，如美国的“先进制造伙伴”计划、日本的“工业价值链计划”、德国的“工业 4.0 战略”，各国都将发展智能制造作为本国构建制造业竞争优势的关键举措。而面对新一轮工业革命，《中国制造 2025》明确提出，要以加快新一代信息技术与制造业深度融合为主线，以推进智能制造为主攻方向，为中国制造业设计顶层规划，打造真正的中国品质。

1. 美国“先进制造伙伴”计划

2011 年 6 月，美国正式启动“先进制造伙伴”（Advanced Manufacturing Partnership，AMP）计划，旨在加快抢占 21 世纪先进制造业制高点。2012 年 2 月又进一步推出“先进制造业国家战略计划”，通过两条主线和三大支柱鼓励制造企业回归美国本土。两条主线分别为：调整、提升传统制造业结构及竞争力；发展先进生产技术平台、先进制造工艺及设计与数据基础设施等先进数字化制造技术。三大支柱为加快创新、确保人才输送、改善商业环境，其中技术创新是实现未来制造业智能化、网络化、互联化的助推器。2014 年发布了“加速美国先进制造业发展”，俗称 AMP2.0，旨在推进“再工业化”，利用信息技术优化产业结构，推动制造业与服务业的协同演进，重塑工业格局，转变经济发展方式；并利用信息互联技术与物理设施的融合（CPS）重新整合、再造全球制造价值链与产业链，抢占新一轮工业革命的制高点，巩固美国在先进制造业的霸主地位。

在美国，“工业 4.0”的概念更多地被“先进制造伙伴”计划、工业互联网所取代，尽管称呼不同，但基本理念一致，即将虚拟网络与实体连接，形成更具效率的生产系统。

2. 日本“工业价值链计划”

在应对工业互联网的升级浪潮中，许多企业聚焦于内部的互联互通，而日本产业界却另辟蹊径，致力于探讨企业之间的“互联制造”问题，并于 2015 年 6 月正式启动“工业价值链计划”（industrial value chain initiative，IVI）。该计划通过建立顶层的框架体系，让不同的企业（以大企业为主，中小微企业为辅）通过接口能够在一种“松耦合”的情况下相互连接，从而形成一个日本工厂的生态格局。日本 IVI 的三大关键理念是互联制造、松耦合和人员至上。在未来的制造环境中，互联制造将起着关键的作用：一方面，制造企业越发集中关注其核心生产流程，并予以投资；另一方面，又要与互联企业在**信息/赛博**（cyber）世界和物理世界进行动态的供应链互联与工程链互联，在互联的平台环境中得到共享数据的支撑。松耦合就是用所谓的“宽松定义标准”，为互联企业的制造运营设计一个生态协同平台，其基本出发点是与互联企业协同，需要预先定义若干通信平台、知识共享标准与数据模型。松耦合比较有利于敏捷制造与弹性开发，可持续应对不可预测的未来需求；通过建立企业易于合作的“宽接口”，保持每一企业的竞争优势，在合作中培育“联”接性。

此外，物理世界与虚拟世界并不是 1∶1 的关系，必须考虑人的因素。换言之，人在未来生产中，仍然占据核心位置。

3. 德国“工业 4.0 战略”

“工业 4.0 战略”是德国的“再工业化”战略，于 2013 年 4 月在汉诺威工业博览会上正式推出，旨在提高德国制造业的竞争实力，保证其在新工业革命中占领先机。德国“工业 4.0 战略”可以概括为一个核心、两重战略、三大主题、三“向”集成[34,38]。

一个核心：“智能+网络化”，将 CPS 广泛深入应用于制造业，构建智能工厂，实现智能制造的目标。两重战略：“领先的供应商战略”，成为“智能生产”设备的主要供应者；“主导的市场战略”，设计并实施一套全面的知识与技术转化方案，引领市场发展。三大主题：智能工厂、智能生产与智能物流。“三向”集成是工业 4.0 中最具技术含量和看点的理念，包括以下内容。

（1）纵向集成。其全称为“**纵向集成**和**网络化**制造系统”，是将企业内不同层面的信息技术（information technology，IT）系统、生产设施进行全面的集成，目的是建立一个高度集成化的系统，为将来智能工厂中网络化制造、个性化定制、数字化生产提供支撑。根据国际标准 IEC 62264，企业分为企业运营（ERP）、制造执行系统（MES）、控制系统（DCS/PCS）以及设备（supervisory control and data acquisition，SCADA）四个层次，而纵向集成则是将这四个层次的信息进行集成。MES 的实施是实现纵向集成的关键。

（2）端到端集成。德国“工业 4.0 战略”新增了价值链上跨行业的端到端集成。端到端集成是指通过产品全生命周期和为客户需求而协作的不同公司，使现实世界与数字世界完整整合。

（3）横向集成。以价值网络为主线，实现不同企业间三流合一（物流、能源流、信息流），形成一种社会化、生态化的协同生产。由于各企业间基础不同、软硬件系统不同、标准不同，所以实现企业间横向集成的难度非常大。

在“三向”集成中，纵向集成是企业内部的集成，包括企业内部信息化系统之间、信息化系统与设备之间的集成，是“点”的概念，也是其他两个集成的基础。端到端集成是围绕产品生命周期和服务流程的企业间的集成，即产品价值链的集成，是“线”的概念。横向集成是以价值网络为主线，不同企业间的集成，是社会化合作的重要基础，是“生态圈”的概念[34,38]。

德国“工业 4.0 战略”希望通过“三向”集成，全面打通企业内部（信息系统与生产设备）、企业之间、社会化的集成、协同，实现敏捷、高效、智能化、个性化、社会化的生产与服务。

4. 中国制造业相关战略

发达国家纷纷实施“再工业化”战略，欲重塑制造业竞争新优势，加速推进新一轮全球贸易投资新格局。德国的工业硬件基础好，故德国的战略以硬件为主，从硬到软；而美国的工业软件基础好，故美国的战略是以软件为主，从软到硬。此外，德国“工业 4.0 战略”比较封闭，追求专业化制造，较适于大型企业；而美国则追求开源创新，强调小而美，适于小型企业。我国的技术水平不具有领先优势，但工业规模庞大，且中国移动互联网发展水平较高，拥有强大的互联网生态。因此，中国应综合德国、美国战略，借鉴日本互联制造的“工业价值链计划”，并结合自身优势，走具有中国特色的第四次工业革命道路。

2017 年 11 月《国务院关于深化“互联网+先进制造业”发展工业互联网的指导意见》以全面支撑制造强国和网络强国建设为目标，围绕推动互联网和实体经济深度融合，聚焦发展智能、绿色的先进制造业。当前，互联网创新发展与新工业革命正处于历史交会期。发达国家抢抓新一轮工业革命机遇，围绕核心标准、技术、平台加速布局工业互联网，构建数字驱动的工业新生态，各国参与工业互联网发展的国际竞争日趋激烈。我国工业互联网与发达国家基本同步启动，在框架、标准、测试、安全、国际合作等方面取得了初步进展，但与发达国家相比，总体发展水平及现实基础仍然不高，产业支撑能力不足，核心技术和高端产品对外依存度较高，关键平台综合能力不强，标准体系不完善，企业数字化网络化水平有待提升，缺乏龙头企业引领，与建设制造强国和网络强国的需要仍有较大差距。2021 年 3 月《中华人民共和国国民经济和社会发展第十四个五年规划和 2035 年远景目标纲要》提出深入实施制造强国战略，着眼建设制造强国，固本培元，化挑战为机遇，抢占制造业新一轮竞争制高点。该战略力争通过“三步走”实现制造强国的战略目标：第一步，到 2025 年迈入制造强国行列；第二步，到 2035 年中国制造业整体达到世界制造强国阵营中等水平；第三步，到 2045 年，综合实力进入世界制造强国前列。

中国制造业相关战略的行动纲领可以提炼出 6 个关键词，即“创新+融合+品牌+绿色+服务+国际化”。中国制造业相关战略是中国版的“工业 4.0”规划，坚持走中国特色新型工业化道路，以促进制造业创新发展为主题，以提质增效为中心，以“两化融合”（工业化与信息化融合）为主线，以推进智能制造为主攻方向，以满足经济社会发展和国防建设对重大技术装备的需求为目标，强化工业基础能力，拓宽制造业融资渠道，提高综合集成水平，完善多层次、多类型人才培养体系，促进产业转型升级，培育具有中国特色的制造文化，实现制造业由大变强的历史跨越的纲要战略。

“集成与互联互通”是智能制造的核心需求，而综合集成能力是两化融合助力中国制造业转型升级的必由之路。综合集成的关键是实现贯穿企业“**设备层→单元层→车间层→工厂层→协同层**”等层面的纵向集成，跨资源要素、互联互通、融合共享、系统集成和新兴业态不同级别的横向集成，以及覆盖设计、生产、物流、销售、服务的端到端集成。这与德国“工业 4.0 战略”的“三向”集成不谋而合。

美国、日本、德国企业整体上处于工业 3.0 阶段，而中国则处于工业 2.0 阶段，要想在新的工业革命中脱颖而出，抢占领先地位，中国正面临两步并作一步走的挑战。我国现阶段要做的就是工业“2.0 补课、3.0 普及、4.0 示范”，着力进行产业转型、结构升级，同时紧跟工业 4.0 智能化和网络化的发展趋势。

2.2 智能制造的内涵与发展历程

2.2.1 以“机器→软件→数据”为中心的计算平台

计算平台是计算机系统硬件与软件的设计和开发的基础，是实现智能制造的核心基石，拥有一定的标准性和公开性。计算机平台的发展轨迹可以追溯到一条以“机器→软件→数据”为中心的进化历程。

1. 以机器为中心（1946～1980 年）

最初的计算平台主机是不可替代的，软件是机器的附属物，机器就是平台，是软件开发与应用的中心。1946 年美国宾夕法尼亚大学莫克利（John W. Mauchly）和艾克特（J. Presper Eckert）创造了世界上第 1 台通用计算机，此台计算机用了 18000 个电子管，占地 $170m^2$，重达 30t，耗电功率约 150kW，每秒钟可进行 5000 次运算，美国国防部用它来进行弹道计算。1958 年第 1 台电子管计算机问世，相比于第 1 台计算机，电子管计算机体积缩小、能耗减低、可靠性提高、运算速度加快（每秒可达数 10 万次，最高能达到 300 万次）。软件方面出现了以批量处理为主的操作系统，应用领域以科学计算和事务处理为主，并开始进入工业控制领域。1964 年集成电路数字计算机的出现，计算机通用性、系统性、可靠性增强的同时外形趋向小型化，虽然当时计算机价格得到了降低，但仍未普及。1970 年大规模集成电路计算机的出现，标志着计算平台发展由“以机器为中心”向“以软件为中心”迈进。

2. 以软件为中心（1980～2020 年）

1980 年 IBM 公司选中微软公司为其新的个人计算机（personal computer，PC）编写关键的操作系统软件 MS DOS；1985 年发行 MS Windows1.0；1991 年开始出现的 Linux，进一步推动跨硬件平台的发展。突破性特征的标志为：①新的体系的形成与固化。操作系统的最大贡献就是定义了软件体系（由操作系统、数据库中间件、工具软件、应用软件等构成）。②底层要素的标准化（可替代性）。操作系统将硬件统一标准化为设备，使得底层的可替代性大大增加。以软件为中心，并不是不要硬件，而是硬件被软件屏蔽了，硬件不直接与应用相关联，因此重要性在下降，只要软件平台不变，硬件的改变对应用的影响不大（应用对于硬件的透明性）。以软件为中心的内部也在不断发生平台主导权之争，如：Oracle 数据库对于操作系统的屏蔽；微软的 Windows 开放式系统体系结构（Windows open system architecture，WOSA）对于跨平台应用的支撑；IBM 想用面向服务的计算（service-oriented computing）的概念夺回霸权；Google 在非结构数据管理（Hadoop）上异军突起。

3. 以数据为中心（2020 年～未来）

随着第四次工业变革需求，产业链、供应链等的发展，数据量会越来越大。Google、百度等搜索引擎公司几乎成为 Web 数据的集中仓库。“以数据为中心”并不意味着软件不重要，相反，人工智能的发展更需要软件来固化知识，硬件和软件的发展使得数据处理更容易、更快捷。现在正是中心迁移的“拐点”到来之时。

2.2.2　分布式机器学习系统

数据系统独立运行会造成管理方面的混乱，缺乏集中统筹；受分散式管理结构所累，数据存储和传输效率也不够高，数据资源不能及时共享；同时，对调度数据的明显滞后，将不能为决策提供科学准确的支持。

1. 分布式系统

分布式系统（distributed system，DS）是建立在网络之上的软件系统，在物理结构上与计算机网络基本相同，处理各项协助的任务，然后整合出结果。在一个分布式系统中，一组独立的计算机展现给用户的是一个统一的整体，但其拥有多种通用的物理和逻辑资源，可动态分配任务，同时分散的物理和逻辑资源通过计算机网络实现信息交换。此外，系统中存在一个以全局方式管理计算机资源的分布式操作系统，通常只有一个模型或范型，在操作系统之上利用软件中间件（middleware）实现该模型。万维网（world wide web，WWW）就是典型的分布式系统的例子。

2. 机器学习

机器学习（machine learning，ML）涉及概率论、统计学、逼近论、凸分析、算法复杂度理论等，是多领域交叉学科。其研究计算机怎样模拟或实现人类的学习行为，以获取新的知识或技能，重新组织已有的知识结构使之不断改善自身的性能，主要使用归纳、综合而不是演绎的方法。面对大规模的机器学习任务，单机系统由于存储与计算能力的限制无法胜任，故需要使用分布式系统进行加速。

3. 分布式机器学习系统

分布式机器学习系统是一个面向机器学习场景的、用相对便宜的机器组建的分布式系统，基于机器学习的并行算法实现，确保系统运行结果的正确性。常用的有“数据并行”“模型并行”“混合并行（数据并行+模型并行）”。因为机器学习算法自身的特点，分布式机器学习系统相比于传统分布式系统在数据通信、同步协议、容灾等方面都有极大的活动空间。

（1）数据并行（data parallelism）：不同的机器用同一个模型的多个副本，每个机器分配到不同的数据，然后将所有机器的计算结果按照某种方式合并。数据并行化式的分布式训练即在每个工作节点上都存储一个模型的备份，并在各台机器上处理数据集的不同部分。此外，数据并行化式训练方法需要组合各个工作节点的结果，并在节点之间同步模型参数。

（2）模型并行（model parallelism）：分布式系统中的不同机器［图形处理器（graphics processing unit，GPU）、中央处理器（central processing unit，CPU）等］负责网络模型的不同部分。例如，神经网络模型的不同网络层被分配到不同的机器，或者同一层内部的不同参数被分配到不同的机器。

（3）混合并行（hybrid parallelism）：在一个集群中，既有模型并行，又有数据并行，如可在同一台机器上采用模型并行化（在 GPU 之间切分模型），在机器之间采用数据并行化。

2.2.3 智能制造与专家系统

1. 智能制造

智能制造（intelligent manufacturing，IM）这一术语源于日本在 1990 年 4 月倡导的“智能制造系统”（intelligent manufacturing system，IMS）国际合作研究计划，由美国、欧洲共同体、加拿大、澳大利亚等共同参与。1992 年美国执行新的技术政策，并大力支持被总统称为关键技术（critical technology）的智能制造、信息技术及新的制造工艺技术，美国政府希望借此举改造传统工业并启动新产业。加拿大制订的 1994～1998 年发展战略计划认为，未来知识密集型产业是驱动全球经济和加拿大经济发展的基础，发展和应用智能系统至关重要，并将具体研究项目选择为智能计算机、人机界面、机械传感器、机器人控制、新装置以及动态环境下的系统集成。欧洲联盟有欧共体技术研究与发展战略计划（estimation of signal parameters via rotational invariance techniques，ESPRIT）信息技术研究项目，该项目大力资助有市场潜力的信息技术。1994 年又启动新的研究与开发（research and development，R&D）项目，选择 39 项核心技术，其中 3 项（信息技术、分子生物学及先进制造技术）均强调智能制造的关键作用。

20 世纪 80 年代末我国也将“智能模拟”列为国家科技发展规划的主要课题，已在专家系统、模式识别、机器人、汉语机器理解方面取得了一系列成果。2009 年出台了《装备制造业调整和振兴规划》。2012 年工业和信息化部发布《高端装备制造业“十二五”发展规划》，将航空装备、卫星及应用、轨道交通装备、海洋工程装备和智能制造装备列为“十二五”期间我国高端装备制造业的发展重点。智能制造装备被明确为高端装备制造领域的五个重点方向之一。2016 年工业和信息化部、财政部发布的《智能制造发展规划（2016—2020 年）》中提出：第一步，到 2020 年，智能制造发展基础和支撑能力明显增强，传统制造业重点领域基本实现数字化制造，有条件、有基础的重点产业智能转型取得明显进展；第二步，到 2025 年，智能制造支撑体系基本建立，重点产业初步实现智能转型。

智能制造是由智能机器和人类专家共同组成的**人机一体化**的智能系统，它在制造过程中能进行分析、推理、判断、构思及决策等智能活动，通过人与智能机器协同，扩大、延伸和部分取代人类专家在制造过程中的脑力劳动。智能化是制造自动化的发展方向，在制造过程的各个环节几乎都应用人工智能技术。

2. 专家系统

专家系统（expert system，ES）属于早期人工智能的一个重要分支，其研究目标是模拟人类专家的推理思维过程。一般是将领域专家的知识和经验用一种知识表达模式存入计算机系统，然后系统对输入的事实进行推理，从而做出判断和决策。其基本结构主要为**知识库**和**推理机**，知识库中存放着求解问题所需的知识，推理机则负责使用知识库中的知识去解决实际问题。知识库的建造需要知识工程师和领域专家相互合作，将领域专家的经验知识整理出来，并用系统的知识方法存放在知识库中。当需要解决问题时，用户为系统提供一些已知数据，即可从系统处获得专家水平的结论。简单地讲，专家系统就是一个具有智能特点的计算机程序，它的智能化主要表现为能够在特定的领域内模仿人类专家的思维来求解复杂问题。

专家系统技术可以用于工程设计、工艺过程设计、生产调度、故障诊断等，也可以将神经网络和模糊控制技术等先进的计算机智能方法应用于产品配方、生产调度等，实现制造过程智能化。专家系统是人工智能中最重要的也是最活跃的一个应用领域，它实现了人工智能从理论研究走向实际应用、从一般推理策略探讨转向运用专门知识的重大突破，但要使企业在制造的全过程实现智能化，还需很长的路要走。值得注意的是：专家系统是针对专业领域、特定问题的，而不是通用的；专家系统要用到适当的地方、解决合适的问题才能发挥有效的作用，若只在企业的某个局部环节实现智能化，而无法保证全局的优化，则这种智能化是受局限的。

2.3 CPS 与新一代智能制造

2.3.1 CIMS/MES 根基

1. 计算机集成制造系统

计算机集成制造（computer-integrated manufacturing，CIM）的概念最早由美国约瑟夫·哈林顿（J. Harrington）博士于 1973 年提出，认为企业的各种生产经营活动是不可分割的，需要统一考虑，整个生产制造过程实质上是信息的采集、传递、加工处理的过程，因此企业生产组织管理应强调系统观点和信息观点[39]。计算机集成制造系统（computer integrated manufacturing system，CIMS）是基于 CIM 理念而形成的系统，是通过计算机软硬件，并综合运用现代管理技术、制造技术、信息技术、自动化技术、系统工程技术，将企业生产全部过程中有关的人、技术、经营管理三要素及其**信息流**与**物流**有机集成并优化运行的大系统[40-43]。这一定义是针对离散型制造业而言的，把 CIMS 概念扩展至流程工业，即形成了流程工业综合自动化系统（computer integrated process system，CIPS），也可称为流程工业计算机集成制造系统（CIMS in process industry）[44]。而对于 CIMS 全世界没有公认的定义，因为它的内涵是不断发展的[45,46]。

1985 年以前美国、德国等均强调信息与集成，并且都对 CIMS 提出各自的理解。美国制造工程师学会（SME）、计算机和自动化系统协会（CASA）在 1985 年用轮图阐释了对 CIMS 的理解。

1991 年日本能率协会（Japan Management Association，JMA）提出：“CIMS 是以信息为媒介，从销售市场开始，对开发、生产、物流、服务进行整体优化组合，并利用计算机把企业不同阶段活动中多种业务领域及其职能集成起来，追求整体效益的新型生产系统。”

欧洲共同体的计算机集成制造的开放系统架构（open system architecture for computer integrated manufacturing，CIM-OSA）认为：“CIM 是信息技术和生产技术的综合应用，旨在提高制造型企业的生产率和响应能力，由此，企业的所有功能、信息和组织管理都是集成进来的整体的各个组成部分。”

1992 年国际标准化组织（International Organization for Standardization，ISO）技术委员会（technical committee，TC）184 小组委员会（subcommittee，SC）5

工作小组（work group，WG）提出："CIM 是把人、经营知识和能力与信息技术、制造技术综合应用，以提高制造企业的生产率和灵活性，将企业所有的人员、功能、信息和组织诸方面集成一个整体。"

1993 年美国制造工程协会（Society of Manufacturing Engineers，SME）提出 CIM 的新版轮图。轮图将顾客作为制造业一切活动的核心，强调了人、组织和协同工作，以及基于制造基础设施、资源和企业责任之下的组织、管理生产的全面考虑。

1986 年我国在 863 计划中设立 863/CIMS 主题，1988 年主题专家组认为：CIMS 是未来工厂自动化的一种模式，把以往企业内相互分离的技术，如计算机辅助设计（computer aided design，CAD）、计算机辅助制造（computer aided manufacturing，CAM）、FMC（FPGA mezzanine card）、制造资源计划（manufacturing resource planning，MRP Ⅱ）等和人员，通过计算机有机地综合起来，使企业内各种活动高速、有节奏、灵活和相互协调地进行，以提高企业对多变竞争环境的适应能力，使企业经济效益持续稳步增长[40,41]。

1989 年我国开始实施 CIMS 工程，200 余家企业实施了 CIMS 应用示范工程，并验证了 CIM 理念与企业实践相结合具有如下特点：工程性、全局性、集成性、系统性、复杂性、长期性[45,46]。

在 CIMS 的研究方面，清华大学国家计算机集成制造系统工程技术研究中心和华中理工大学（现华中科技大学）计算机集成制造系统研究中心分别获得了 1994 年度和 1999 年度美国 SME"大学领先奖"（一般每年在世界范围内只选 1 名）。在 CIMS 的应用方面，1995 年北京第一机床厂 CIMS 工程荣获年度美国 SME"工业领先奖"。这使得我国成为除美国之外唯一获得"大学领先奖"和"工业领先奖"两项大奖的国家。863/CIMS 主题在 10 年的实践中，形成了一支大约 3000 人的工程设计、开发、应用骨干队伍，总结出了一套适合国情的 CIMS 实施方法、规范及管理机制。

1998 年，基于 10 多年 CIMS 主题的实践，我国 863/CIMS 主题专家组总结出适合国情的 CIMS 实施方法、规范和管理机制，将 CIMS 含义拓展为现代集成制造系统（contemporary integrated manufacturing system）："将信息技术、现代管理技术和制造技术相结合，并应用于企业产品全生命周期的各个阶段。通过信息集成、过程优化及资源优化，实现物流、信息流、价值流的集成和优化运行，达到人（组织、管理）、经营和技术三要素的集成，以加强企业新产品开发的时间（T）、质量（Q）、成本（C）、服务（S）、环境（E），从而提高企业的市场应变能力和竞争能力。"

我国 CIMS 的最主要特点是用“系统论”指导 CIMS 的研究与发展，强调“**信息集成-过程集成-企业集成**”。与此同时，专家组也提出了 CIMS 技术的发展趋势：**集成化**、**智能化**、**全球化**、**虚拟化**、**标准化**及**绿色化**[40-46]。尽管由于当时硬件技术限制，在发展过程中有失败，但这些理念正符合当今的发展方向。

集成化：CIMS 的集成从原先的企业内部的信息集成和功能集成，发展到当前的以并行工程为代表的过程集成，并向以敏捷制造为代表的企业间集成发展。

智能化：是制造系统在柔性化和集成化基础上进一步的发展和延伸，并已广泛开展具有自律、分布、智能、仿生及分形等特点的下一代制造系统的研究。

全球化：随着网络全球化、市场全球化、竞争全球化及经营全球化的出现，许多企业都积极采用敏捷制造、全球制造及网络制造的策略。

虚拟化：在数字化基础上，虚拟化技术的研究正在迅速发展，主要包括虚拟现实（virtual reality，VR）、虚拟产品开发（virtual product development，VPD）、虚拟机（virtual machine，VM）及虚拟企业（virtual enterprise，VE）等。

标准化：在制造业向全球化、网络化、集成化及智能化发展的过程中，标准化技术已显得愈来愈重要。它是信息集成、功能集成、过程集成及企业集成的基础。

绿色化：绿色制造、面向环境的设计与制造、生态工厂及清洁化工厂等概念是全球可持续发展战略在制造技术中的体现，是摆在现代制造业面前的一个新课题。

2. 制造执行系统

20 世纪 60 年代末至 70 年代初，物料需求计划（material requirements planning，MRP）仅仅集中考虑主生产计划如何展开以得到相关的物料需求计划，对组织的生产与运作能力未曾涉及。20 世纪 70 年代末至 80 年代初，MRP 融合了能力需求计划（capacity requirement planning，CRP），并使 MRP 由开环变为闭环，发展成为 MRP II；分销需求计划（distribution requirement planning，DRP）是 MRP 的逻辑和形式在服务领域的应用。20 世纪 80 年代末至 90 年代初，MRP II 与 DRP 进一步发展集成为 ERP，而车间层应用的专业化制造管理系统演变成集成的 MES[47]。与此同时，计算机控制也逐渐代替了人工控制，产生了 DCS、PCS 和 SCADA，如图 2.2 所示。

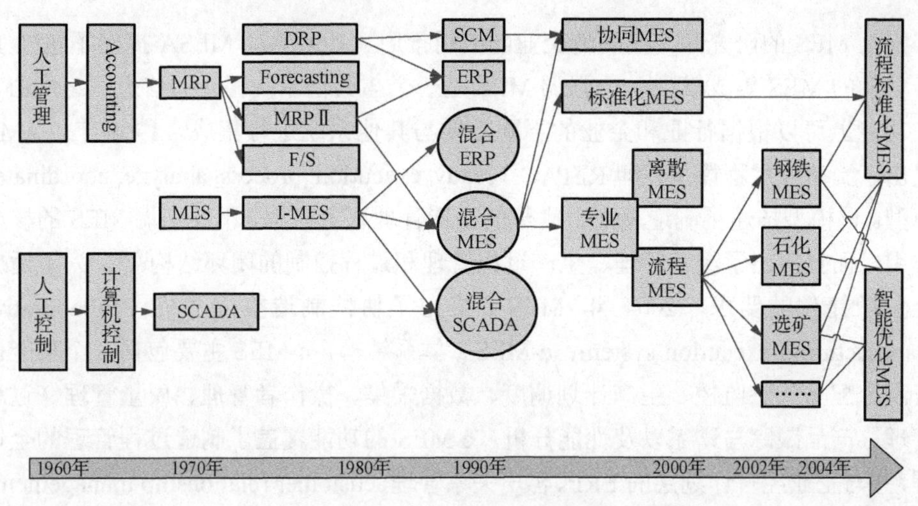

图 2.2　制造管理的发展过程[48]

1990 年 11 月，美国先进制造研究（Advanced Manufacturing Research，AMR）协会首次正式提出 MES 的概念。1992 年，AMR 提出了替代五层的普渡企业参考结构（Purdue enterprise reference architecture，PERA）[49]［图 2.3（a）］的更符合企业扁平化管理思想的 ERP/MES/DCS 三层 CIMS 结构［图 2.3（b）］，其底层 DCS 对应离散制造业，PCS 对应流程工业，明确了 MES 所处的层次[50]。PERA 的五层金字塔结构将生产过程控制和管理明显分开，忽视了生产过程中物流、成本、设备、产品质量的在线控制与管理。因 PERA 结构复杂、层次多、难以扁平化管理，故在实践中逐渐被 ERP/MES/DCS 的三层结构所替代。

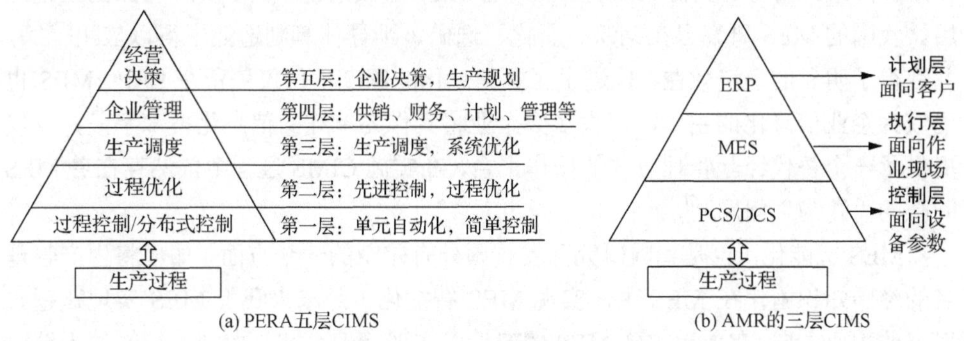

图 2.3　两种结构对比

1993 年，AMR 推出了 MES 集成系统模型[51]，包括车间管理、工艺管理、质量管理和过程管理 4 个功能模型。MES 在国外得到了企业界和学术界的广泛关注，并成立制造执行系统协会（Manufacturing Execution System Association，MESA）

来推动 MES 的研究和其在制造企业的应用推广。1997 年，MESA 提出了包括 11 个功能的 MES 集成模型[52]，强调 MES 是一个与其他系统相连的信息网络中心，在功能上可以根据行业和企业的不同需要与其他系统进行集成。1998 年，AMR 提出了制造业过程模型，即 REPAC（ready, execution, process, analyze, coordinate）模型。该模型描述了制造企业中完整的制造管理事务流程，不仅强调 MES 的核心作用，而且提出了经营管理、生产过程管理和过程控制的闭环结构[53]。为了适应企业敏捷化的要求，2004 年 MESA 提出了协同制造执行系统（collaborative manufacturing execution system，c-MES）体系结构，c-MES 主要包括 8 个功能：资源分配与状态监控、生产计划调度、数据采集、操作者管理、质量管理、过程管理、产品跟踪与谱系以及性能分析。c-MES 的功能覆盖了制造过程管理的全过程，并与企业经营计划层的 ERP、客户关系管理（customer relationship management，CRM）、CAD/CAM 等集成[54]。

MES 是面向车间生产的调度管理，是位于上层的计划管理系统与底层的工业控制之间的系统，它能够为车间管理人员提供生产计划与调度的执行、跟踪以及相关资源的当前状态等信息，是 CIMS 实现集成的关键，在企业信息化中起到越来越重要的作用[55]。

在我国“十五”计划以前，国内企业信息化管理领域的技术和产品的研究，主要集中在 MRP II 到 ERP，而 MES 研究几乎是空白。“十五”期间，国家 863/CIMS 主题将 MES 作为重点研究课题。由于流程工业生产线自动化程度高，MES 实施条件基本成熟，故将流程工业领域中钢铁、石化行业的 MES 技术研究作为突破口，以期实现最终目标：获得 MES 技术研究成果、形成系统平台、实现产品的工程应用。我国的 MES 研究已在钢铁、石化、选矿、半导体等制造业中得以应用[56-65]，并获得了明显的经济效益，推进了企业信息化的深度不仅仅停留在 ERP。MES 也已成为企业信息化的主体，但大多数企业将其作为单纯的信息化技术手段，仅仅提供了一个替代经验管理方式的操作平台，在实施 CIMS 过程中依然存在着 MES 间隙的“鸿沟”问题[66]。

MES 智能化，也是我国研究开发与国外有差距的一个方面。如何将生产管理者的经验知识固化在 MES 中，实现 MES 智能化，是未来我国 MES 实现跨越式发展的主要方向。有效地实施 MES 的建设以实现管理系统与控制系统间的无缝对接，使生产指令与生产实际数据顺畅地下达和上传[67-69]，一直是世界工业界关注的问题[70,71]。

2.3.2　CPS 与工业互联网

1. CPS

CPS 于 2006 年由美国国家自然科学基金会的海伦•吉尔（Helen Gill）教授首次提出，他认为：“CPS 是那些由计算内核所集成、监控和/或控制其运行的物理、生物和工程系统。组件在任意级别上联网，计算被嵌入到每一个物理组件中，甚至可能进入材料内部。”计算内核是一个嵌入式系统，一般需要实时响应并且常常是分布式的。CPS 因控制技术而起、信息技术而兴，随着制造业与互联网融合迅速发展壮大，正成为支撑和引领各个国家以智能为标志的第四次工业革命的核心技术基础。美国 AMP 将 CPS 放在了未来工业发展的战略层面；德国工业 4.0 的核心技术是 CPS；《中国制造 2025》也明确强调：“基于信息物理系统的智能装备、智能工厂等智能制造正在引领制造方式变革。”

2017 年，工业和信息化部发布的《信息物理系统白皮书》中将 CPS 称为信息物理系统，指通过集成先进的感知、计算、通信、控制等信息技术与自动控制技术，构建物理空间与信息空间中人、机、物、环境、信息等要素相互映射、适时交互、高效协同的复杂系统，实现系统内资源配置和运行的按需响应、快速迭代、动态优化。该白皮书介绍了 CPS 的两大空间、三个层次、四个过程、新四基与六大典型特征，强调 CPS 的内涵包括“一个总体定位”，即信息物理系统是支撑两化深度融合的一套综合技术体系，其目标是通过打通两大空间（信息空间和物理空间）在数据闭环自动流动的四个过程“**状态感知→实时分析→科学决策→精准执行**”[72]中实现“资源优化配置”。“一硬”（感知和自动控制）、“一软”（工业软件）、“一网”（工业网络）、“一平台”（工业云和智能服务平台）即“新四基”是信息物理系统的四大核心技术要素。在数据闭环自动流动的过程中，表现出六大典型特征（数据驱动、软件定义、泛在连接、虚实映射、异构集成、系统自治），作用于三个层次（单元级、系统级、SoS 级）的信息物理系统[37,72]。

智能制造通过实践演化 3 个基本范式：数字化制造、数字化网络化制造、数字化网络化智能化制造（新一代智能制造）。Zhou 等[73]认为：新一代智能制造系统是制造系统从传统的“人-物理系统”（human-physical systems，HPS）向“人-信息-物理系统”（human-cyber-physical systems，HCPS）的演变，其最本质的特征是信息系统增加了认知和学习的功能，信息系统不仅具有强大的感知、控制与计算分析能力，更增加了学习提升、产生知识的能力，如图 2.4 所示。

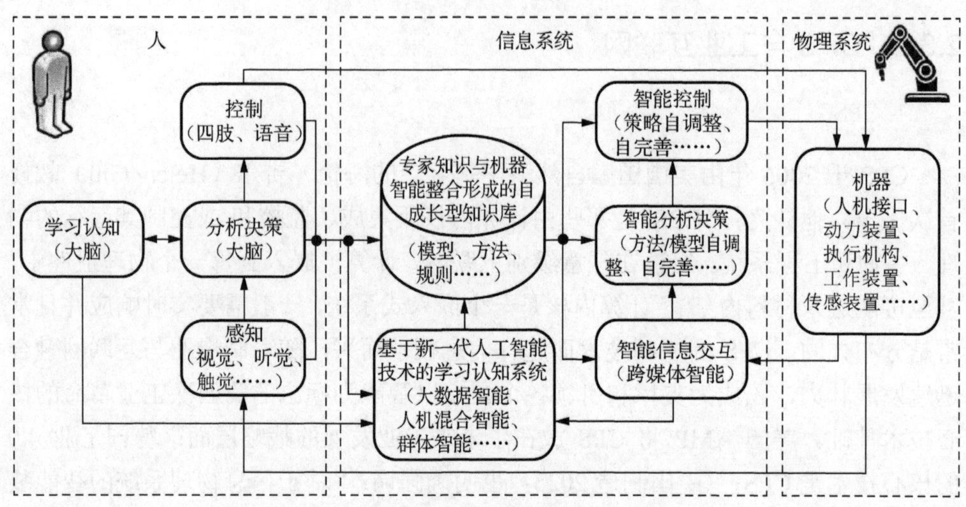

图 2.4　新一代智能制造系统的基本机理[73]

新一代人工智能技术将使“人-信息-物理系统”发生质的变化：①人将部分认知与学习型的脑力劳动转移给信息系统，因而信息系统具备了认知和学习能力，人和信息系统的关系发生了根本性的变化，即从“授之以鱼”发展到“授之以渔”；②通过“人在回路”的混合增强智能，人机深度融合将从本质上提高制造系统处理复杂性、不确定性问题的能力，极大地优化了制造系统的性能。新一代“人-信息-物理系统”揭示了新一代智能制造的技术机理，能够有效指导新一代智能制造的理论研究和工程实践，如图 2.5 所示。

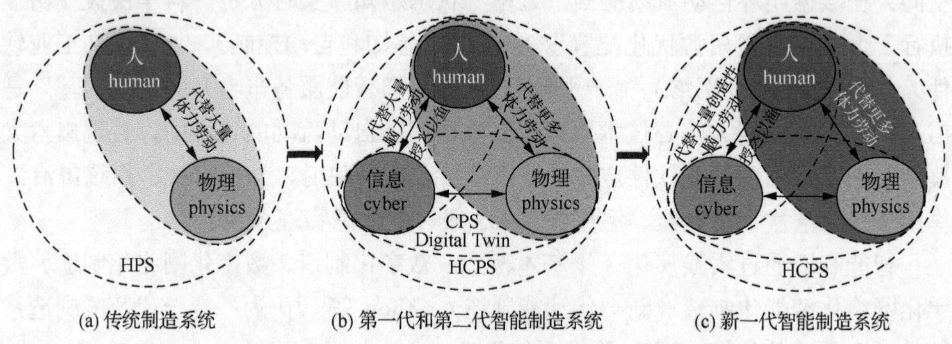

图 2.5　从“人-物理系统”到新一代“人-信息-物理系统”[73]

CPS 如何帮助制造企业智能转型？《信息物理系统白皮书》指出具有互联互通功能的智能 MES 属于系统级的 CPS，是智能制造的核心。因此，以设备物联网为基础，构建虚实融合，体现 CPS 数据驱动特征，具有计划排产、生产协同、互联互通、决策支持、质量管控、资源管理 6 大功能的智能 MES，促使 MES 向 SoS

级CPS发展，并以智能MES为核心，通过集成工业软件、构建工业互联网平台，对生产过程数据进行管理，实现企业内的纵向与横向集成。CPS生产系统针对入**厂物流**到出**厂物流**以及服务的整个过程，通过实现数字化和基于ICT的**端到端的集成**，提高资源生产率、资源利用效率，并基于CPS的自组织网络就生产过程中的资源和能源消耗或降低排放进行持续优化。CPS对整个生产制造过程进行管理、控制与科学决策，通过**纵向**、**端到端**、**横向**三方面集成，实现生产全要素、全流程、全产业链、全生命周期管理的资源配置优化，形成协同、共生、共赢的产业新生态。

2. 工业互联网

以工业互联网方式推动制造业高质量发展，正成为领军企业竞争的新赛道、全球产业布局的新方向、制造大国竞争的新焦点[20,33,34,72]。

商业互联网：腾讯人连人、阿里人连商品、百度人连信息。

工业互联网：除了人连人、人连商品、人连信息，还要连设备、应用系统、企业组织、社会、政府、供应商、客户等，主力军一定是重资产的大企业。

“工业+互联网”是中国两化融合的必然产物，即利用信息通信技术改造传统制造业企业，增强企业之间的协同性，改变企业原有的资源获取方式，进而促进企业生态的重构，使制造业向服务型制造业转型，这与工业互联网的内涵相一致。工业互联网在“工业+互联网”的基础上充分理解工业客户的应用场景和需求痛点，已经成为中国制造企业转型升级的必然选择，也是我国数字经济发展的重要组成部分。

德国拥有深厚的工业积淀，率先提出了工业4.0概念，目的是想通过互联网来提升制造业的信息智能化水平。美国拥有世界上信息化水平最高的龙头制造企业，在发展设备数字化率、联网率方面具有领先优势。

工业互联网是全球工业系统与高级计算、分析、感应技术及互联网连接融合的结果[74]。其通过构建连接机器、物料、人、信息系统的基础网络，可实现工业数据的全面感知、动态传输、实时分析，从而获得对生产设备运行的认知，最后通过工业应用结合业务逻辑，形成科学决策与智能控制，实现生产过程优化，提高制造资源配置效率[75]。其效益应体现在企业提质、增效、降本、减排、安全和柔性等各个方面。

工业互联网可助制造业**拉长产业链**，**形成跨设备**、**跨系统**、**跨厂区**、**跨地区的互联互通**，从而提高工作效率，更加精准地优化生产和服务资源配置，推进整个制造服务体系智能化。有利于推动制造业融通发展，实现**制造业**和**服务业**之间的跨越式融合，使工业经济各种要素资源能够高效共享，促进传统产业转型升级，催生新技术、新业态、新模式，推动产业生产、管理、营销模式变革，为制造强国建设提供新动能[76,77]。亦即打通上下游企业间互通互联的数据通道，动态监测上游原材料供给情况，辅助原材料采购决策，搜集整理下游企业订单，生成生产计划，对产品进行个性化加工和精准化配送。因此，以工业互联网平台为连接枢纽，可实现**上游**原材料供应商、**中游**生产制造企业、**下游**产品分销商之间的供应链协同，优化全产业链资源配置。

整个工业互联网应用初步形成 3 大路径即智能生产、业务创新及生态运营：①智能生产是面向企业内部的生产效率提升，通过设备、产线、生产、运营系统获取数据，实现提质增效、决策优化；②业务创新是面向企业外部的价值链延伸，即智能产品和服务的协同，通过打通企业内外部价值链，实现产品、生产和服务的创新；③生态运营是面向开放生态的平台运营，即通过工业互联网平台，汇聚协作企业、产品、用户等产业链资源，实现向平台运营的转变。

工业互联网平台的核心是"数字化模型"，所谓的"数字化模型"是将大量工业技术原理、行业知识、基础工艺、模型工具等规则化、软件化、模块化，并封装为可重复使用的组件[72,78]。

2.4 "CPS+互联网"——工业互联网起步模式之我见

钢铁工业作为我国重要的原材料流程制造业，具备生产流程长、生产工艺复杂、供应链冗长等典型特征，当今正面临设备维护成本高、工业知识隐形程度高、下游需求日益个性化、环保压力增大等挑战，亟须围绕设备管理、生产管控、供应链管理、环保管理等方面开展数字化转型。连接全要素、全产业链、全价值链的工业互联网，正是钢铁行业进行数字化转型的首选路径，但是在落地应用中却存在诸多问题[79]。

基于此，研究工业互联网平台如何在钢铁行业中规模化落地是其数字化转型的关键，并具有重要的现实意义，有利于推动我国钢铁行业关键生产设备管理、生产工艺全过程管控、全产业链协同以及能耗管理向数字化、网络化、智能化转型升级，深化钢铁行业供给侧结构性改革，开创钢铁行业高质量发展新局面，实现从钢铁大国向钢铁强国的转变[80]。

商业互联网多以人为主体，如上所述中腾讯人连人、阿里人连商品、百度人连信息。而工业互联网还是要围绕工业主体来建设。

《铸魂：软件定义制造》[72]认为：①网络是基础，联接工业要素；②平台是核心，形成工业解决方案；③工业是主体，为主体服务。中国有强大的制造供应链，甚至是更强大的制造供应**网**。而这种供应**链/网**结构，需要网络化的协调与管理，故对数字化、网络化有着强烈的渴求。因此，工业互联网的产生是工业的内生需求所决定的。

《机・智：从数字化车间走向智能制造》[34]认为：工业互联网，互联不是目的，上网不是目的，上云更不是目的，其目的是通过工业要素的互联，实现人、机、料、生产流程等深度集成、信息共享与过程协同，使机更聪明、使人更轻松、使协同更方便、使资源被更充分利用，从而实现效率更高、质量更好、环境更友好、企业竞争力更强。只要企业通过三体智能[37]的互联，实现上述目标，无论是上云还是本地部署，无论是有线网络还是 5G，甚至 4G、3G，都是符合发展趋势的，都应该大力倡导。多强调目的，少强调手段，因为企业千差万别，正如晋朝葛洪说："一途不可以应无方。"

《华为数据之道》[81]认为：为了实现数字化转型，企业需要构建以云为基础，以数据为驱动的新型企业 IT 架构。但是，多年积累下来的存量 IT 系统和大量历史数据怎么办？华为数字化转型的核心理念是"双模 IT，立而不破"。通过建立新老环境融合的双模（bi-model）IT 架构，把企业的新老数据和应用与正在及未来将要生产的 IOT 数据连接在一起，构建统一的数据应用平台，并与机器学习、人工智能等技术手段相结合，使数据产生更大的价值。

还有的认为，工业互联网必须是互联网与制造业的结合，有的则认为，其与产业相结合就可以了；有的强调工业互联网必须连接生产设备，有的则认为这种定义过于狭隘；有的认为必须连接公用因特网（internet）而非企业的内部网（intranet），有的则不同意这样的说法。

至今为止，人们对工业互联网相关概念的认识并不统一。但令人欣慰的是，我国并未纠结于国外的概念，也不再满足于跟随和模仿国外的做法，而是与国外先进企业并驾齐驱，共同在技术的无人区探索。互联网与工业的结合是一个发展方向，但不同行业、不同地区、不同企业的发展并不均衡，机会和认识都不一样。与中小微企业相比，大企业对系统的成本不敏感，但对功能、质量、个性化的要求高[82,83]。大企业往往具有较好的自动化、信息化基础，在建立工业互联网系统时，应考虑与已有系统的关系，不能盲目地、简单粗暴地取代老系统。

继工业 4.0 后，工业互联网又成为制造业发展的热点，MES 该如何适应和结合工业互联网发展？国际上，美国国家标准与技术研究院（National Institute of Standards and Technology，NIST）有关智慧制造系统的标准化的重要报告中明确指出，在制造金字塔中，将 MES 升级为制造运营管理（manufacturing operation management，MOM），西门子已接受了这个概念。我国 MES 业内人士也都在思考和实践，MES 的 11 个功能模块已不能适应当今的"互联网+"、大数据时代。2016 年《国务院关于深化制造业与互联网融合发展的指导意见》中重点指出加快计算机辅助设计仿真、制造执行系统、产品全生命周期管理等工业软件产业化。作为企业中起到承上启下作用的 MES 已发展为智能制造的核心信息化系统，MES 与智能化再次成为国际上 MES 研究热点[84,85]。

综上可见，CIMS 的发展是持续更新的，且具备 CPS 属性。因此笔者认为，不应无视我国前期 CIMS 建设的积累与铺垫，工业互联网不是无源之水、无本之木，所谓的工业互联网只不过是随着互联网、大数据等 ICT 的进步，建立在“CIMS+互联网”上的升级罢了，是科技进步发展的必然结果。工业互联网的概念也与 CIMS 的定义极为相似，CIMS 的根基也是制造业，如果说工业互联网由网络、平台、安全三大体系构成，那么 CIMS 则由制造、计算机、集成三部分支撑。工业互联网强调网络化、数字化、智能化，CIMS 强调数字化、信息化、智能化、集成优化、绿色化。同样，工业互联网的建设也不是一蹴而就的，也是一个持续更新的过程。此外，MES“无缝”集成难点，在笔者看来，其实质就是“人-物理系统”的信息数字化对接过程，新一代“人-信息-物理系统”的发展将填补其“鸿沟”。

综上，笔者认为，工业与互联网的融合是一个渐进的过程，难有明确的边界，应运用与时俱进的知识积累与技术进步促进二者融合升级。CIMS 由制造而生，强调的就是连接工业生产要素，而互联网也是与时俱进的，“CIMS+互联网”升级更新就是向新一代“人-信息-物理”三元系统进化的过程，是“**单元级（硬+软）→系统级（硬+软+网）→系统之系统级 CPS（硬+软+网+平台）**”的升级，进而能够实现“**设备互联→车间互联→企业内互联→产业间互联**”，适宜于工业互联网时代。所以“工业+互联网”的落地，更科学、更切合实际、更经济的方法应基于“企业传统 CIMS+互联网”更新改造、赋能与升级，而不应是草率推翻，从头再来。

第3章　智能+“前港后厂”CPS集成平台

3.1　智能+“前港后厂”实现路径

3.1.1　自动化→信息化→智能化

伴随着四次工业革命进程，人类社会逐步从自动化、信息化走向智能化，而用控制论的思想可把“自动化→信息化→智能化”统一起来。郭朝晖[85]认为：智能化的思想应该源于《控制论》（*Cybernetics*），1948 年控制论之父诺伯特·维纳（Norbert Wiener）出版了 *Cybernetics: Or Control and Communication in the Animal and the Machine*（《控制论：或关于在动物和机器中控制和通信的科学》）一书，认为动物区别于机器的一个显著特征是对信息的感知与处理：动物能随时感知外部环境的变化而实时决策自身行为，而机器则只能按照既定的指令执行。这一理论的实质就是主张将感知、决策及执行三要素统一起来看作智能。逻辑上，从获得信息到产生决策之间，还存在一段“距离”（知识），而跨越这段“距离”的过程称为认知，若在认知环节存在断点（知识不足），就会阻碍智能的产生。

提到“Cybernetics”这一单词，笔者有意追本溯源。宁振波著《智能制造的本质》[33]一书中提及“Cybernetics”是维纳源引希腊语单词“Kubernetics”（原意是万能的神，希腊是航海大国，引申为舵手），创造了“Cy+bernetics”新词，而后该词“Cybernetics”的前缀“Cyber”一直被延用。1992 年美国国家航空航天局（National Aeronautics and Space Administration，NASA）率先提出 CPS 这一概念。而今，对 CPS 的翻译有各种争议，朱铎先等[34]认为，《信息物理系统白皮书》中将 CPS 称为“信息物理系统”，与其将 Cyber 翻译成信息、网络、控制等不太准确的名称而造成歧义，不如音译“赛博”，如同雷达、坦克的翻译。

而笔者则认为：把维纳的 Cybernetics 翻译为“控制论”，无论是彼时（就有通信的含义）还是现今都不准确，没有更深刻地体现 Cybernetics 的内涵。现如今 Cyber 已蕴含了 5 个含义：控制、通信、协同、虚拟及创新。这也正说明了随着社会与科技进步的我们，今天认知的提升（知识积累）高于曾经的时代，故不再局限于曾经的诠释。同理，人们对于 CIMS、工业互联网的理解都会随着时代的进步而轮回升级，就如同今天的 CPS。而笔者认为这正是 CPS 概念与内涵与时俱进的需求。

感知和决策（ERP 层）本质上是针对信息的，而执行（DCS/PCS 层）最终是针对物质实体的，所以二者的统一需要将信息和物理联系起来（即“管-控”一体化）。而维纳也将控制与通信这两个概念联系起来，其思想随着工具手段的发展促进其理论与实践的进步。从瓦特蒸汽机用机械装置这种物理实体实现感知和计算，到用弱电来实现信息的感知和计算，并发展成用强电来驱动物理实体，于是依靠电流把信息领域和物理领域联系起来。但受技术条件的限制，最初的自动化技术往往只是局限在较小的范围内，如一台设备等。随着计算机技术的应用，自动化逐渐拓展到车间、工厂，由于范围扩大，制约因素也从纯技术走向管理，人们开始强调信息化[85]。而今，互联网、ICT 技术的发展，使得人们对资源的可观、可控能力大大提升，从而推动人类社会进入了智能化时代。

传统的信息化主要是针对管理的，而“管-控”一体化（综合自动化）与智能化两个概念之间，存在着相当大的交集。在计算机和互联网出现之前，管理和控制是相互孤立的工作，几乎没有交集。管理者面对的问题复杂、不确定性强、涉及领域广、变化因素多，这些工作对人的经验依赖性强，故主要是由人来负责的；而控制则与自动化尤其是设备的自动化密切相关，往往致力于用机器自动地实现控制目标。ICT 技术的发展，使管理与控制有了共同的“数字化语言”，奠定了通信的基础。德国工业 4.0 的纵向集成其本质上就是 CIMS 中要求的管理与控制对接的 MES 无缝集成。而互联网、大数据、人工智能（artifical intelligence，AI）等技术可以把管理的思想与数字化、网络化及自动化的技术高效融合，推动“管-控”一体化、智能化[67,85,86]。

3.1.2　人智→机智

在从自动化走向智能化的过程中，认知的重要性提升了。相比而言，自动化偏重替代人的体力劳动，而智能化则偏重替代人的脑力劳动，即决策，这也是两者的一个重要区别。知识的模型化、软件化、数字化提升机器的认知与决策能力，是智能化的关键技术。人是知识的主要生产者，人工智能是把“人智”变成“机智”的过程，是人脑的产物。科学决策是现代企业管理的核心，智慧决策是当下新技术变革中必须研究发展的重要领域[71,85]。

如果说数字化是“立”智之根，那么软件则是“智”造之魂，软件通过读取数据、处理数据，依靠算法、机理模型、数据分析模型、数据与知识来驱动物理设备[72]。通过细化业务环节提升智能化水平，即让机器掌握更多的信息，利用机器学习、数据分析实现信息集成来具象化业务流程，以应对异常时变及时调控生产指令，实现业务流程管理的自动化，即智能化管理，这也是智慧决策形成的必要条件。

为什么要用数据？这是实时管理的需要、人工智能的需求。如图 3.1 所示，只有“数字”化了、“连接”通了、“数据”采了、“流程”对了、“预测”准了、“决策”智了、“工艺”精了，最后才能“资配”优了，该流程是智能化的基石。

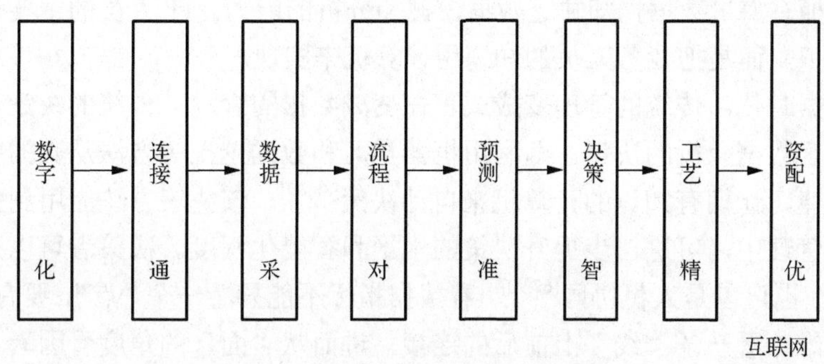

图 3.1　技术路线（受文献[87]启发）

图 3.2 正是笔者对自动化、智能化的认知。自动化往往针对生产过程，而智能化针对企业的是业务活动，如“供-产-销”过程，这也是两者的重要差别。智能化是一个过程，也是目标。“前港后厂”推行的智慧决策与智能生产一体化，是将“**人智**”转变成“**机智**”的过程，即将人脑的经验知识（优化建模，软件化、模块化嵌入计算机）变成计算机可以执行的代码（**数字化**），将人的工作交由计算机来完成，从而做出最优判断，亦是把不确定变为确定，把不能自动化的变为自动化。因此，本书基于人类社会“自动化→信息化→智能化”过程的发展规律，针对企业大数据，采用“数据+模型+算法”的赋智机制，推动“人智→机智”。

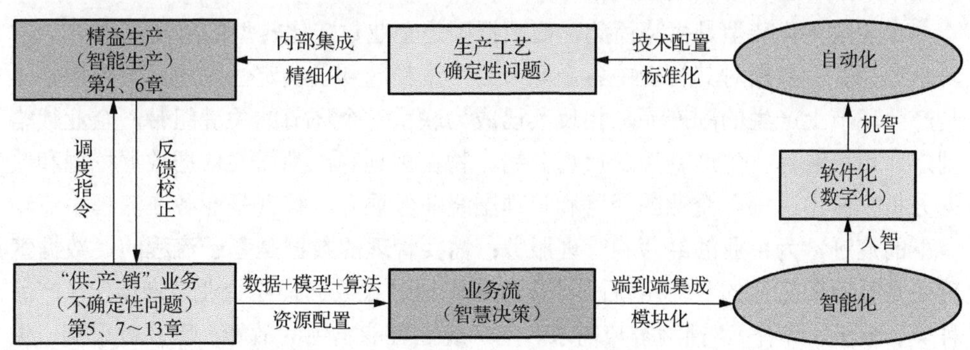

图 3.2　智能+“前港后厂”闭环反馈自学习实现路径

3.1.3　推进大数据管理与应用

什么是大数据？乃具有数据量大（volume）、多样（variety）、快速（velocity）、价值密度低（value）及复杂性大（complexity）的“4V+1C”特点。大数据的意义在于其蕴含的知识和信息越来越多。大数据为企业的经营和管理服务，企业是知识的主要提供方，可通过 ICT 将知识固化，从而实现数据的价值。而企业的现状却是：拥有海量数据，却缺乏数据挖掘和分析的能力。IT 人员的主要任务不是发现新知识，而是把业务人员的知识用计算机来实现。

大数据时代，传统的管理变成或正在变成数据的管理，传统的决策变成或正在变成基于数据分析的决策，即利用机器学习和数据挖掘等方法从数据中自学习以发现规律，让拥有知识的计算机来自动决策[88,89]。该决策方法应用到生产过程的优化与管理中，可进一步提升决策的水平和智能化程度。决策者可以是人，可以是机器，也可以是**人机**协同[67,90]。看数据指标不能只看一个“点”，要有**结构化**、**系统化**思维，看一条“线”上前后的连接，进而从“面”的角度看因素之间的相互作用。数据驱动思想指利用受控系统的在线和离线数据，实现系统的基于数据的预报、评价、调度、监控、诊断、决策及优化等各种期望功能。大数据驱动的智慧决策，本质上是把人的智慧问题转化为计算问题，这个计算问题要么是逻辑推理得出的，由一个规则去驱动，要么是通过数据处理的方式从数据里面生成的[89,90]。

大数据可运用于 3 个层次：描述性分析（发生了什么）、预测性分析（可能发生什么）和指导性分析（选择做什么）。第 1 层次关注当前发生的现象，把发展的态势曲线描述出来，呈现发展的历程；第 2 层次是在当前分析的基础上预测未来可能发生的现象，呈现事物发展趋势；第 3 层次则不仅是预测未来，更是要通过预测结果来对当前的决策做出指导。

企业数字化转型是大势所趋，而数据则是企业数字化转型的重要基础[81]。对于企业而言，数据对其管理中各个环节的决策都起到了决定性作用。大数据不再是产业环节上产生的副产品，相反其已成为联系各个环节的关键纽带。企业战略制定、市场选择、生产管控、市场分销、物流规划等，都需要依据数据挖掘和数据分析来做出决策。企业的经营和管理围绕业务展开；数据是业务在流程中流动留下的痕迹，为企业的经营和管理服务；**需要管理的数据是基于流程的，数据管理还是要回归流程的**。“前港后厂”模式可以通过大数据描绘企业生产情况（产品种类、数量、库存）、预测客户需求、生产线上可能发生的故障，以及对采购、生产、销售及物流策略做出指导。因此，推进智能化必须从明确业务需求出发，不是强调“数据有什么用”，而是“用数据做什么”“需要什么样的信息”，通过数据科学治理、数据平台建设、数据分析建模，将数据变成服务，使数据能在企业内顺畅流动起来。

3.1.4　数据+模型+算法

随着“工业+互联网”融合发展的推进，数据呈现指数级增长，企业越来越多的商业决策正变成基于数据分析的管理与决策，除传统模式识别、数据挖掘及机器学习外，基于数据的建模、反馈、决策与控制等已逐渐成为新的研究领域。通过挖掘出隐含在数据中的经验、知识及规则等，并结合数据分析和模型，可应用到生产过程的优化与管理中，有助于改进生产工艺、提高生产效率、降低生产成本、提高资源配置效率，进而提升决策水平和智能化程度[21,91-97]。

为提高“机智”的决策水平，针对“智能+前港后厂”体系中的不同属性问题，应采取不同措施。建模时需将理论、专家经验与数据有机结合，具体问题具体分析：对第 1 类（小数据）机理清楚，动态可用微分方程调控，静态可用代数方程描述的对象，通过所学的机理知识，获知其因果关系，进而以小数据来建模、分析、控制和优化。对第 2 类（大数据）难以用数学模型（微分方程、代数方程等）描述的对象（如图像、视频等），因其信息在一个空间里，属于大数据范畴，需用大数据机器学习、深度学习、数据挖掘等方法，从数据中自学习发现规律，让“**数据模型化→模型算法化→算法代码化→代码软件化**”[21,33,34,67,72]。

“数据+模型+算法”运用的关键也在于针对不同的数据群和模型选取适合的算法。处理小规模数据集时，传统的单一算法无法兼顾多项评价指标，且不能达到预期准确率，故可采用多模型融合算法处理。多模型融合算法分为两部分：基学习器训练和基学习器权重训练。第 1 部分针对各基学习器损失函数 $\min(\mathrm{Loss}(y, f(x)))$ 更新基学习器模型参数得到 $\{f(x)\}$；第 2 部分初始化权重矩阵 w 与多模型融合函数 $f_{\mathrm{all}}(x)$，并作为输入，以 $\mathrm{argmax}_w \prod_{i=1}^{n} p(x_i/w)$ 为目标，最终输出各基学习器参数与对应权重。

在大数据环境下，数据规模、涌现速度使得模型求解变得异常复杂，具有大规模、高维、强约束、强动态及多目标等特点。面对这些特点，多模型融合算法不再适用，需要引入群体智能算法。群体智能算法具有较好的并行性、**鲁棒性**、灵活性，这是化解复杂问题的关键所在。在复杂的、不确定的、时变的环境中，其个体通过加入最优解、群体感应或趋化等自我学习方式来适应环境。同时，从多个点出发，以某种概率方式对种群进行宏观调控或对个体进行训练学习。不同的模型可设计不同的算法，不同的群体智能算法又有不同的个体编码方式、邻域变换规则、参数调整策略等[98-102]。

互联网的本质是跨界、协同及赋能，随着海量数据的积累，模型和算法的突破，互联网与各行各业纷纷进行融合，越来越多的商业决策将由机器智能自动完成。因此，构建基于“数据+模型+算法”的赋能平台，以数据自流动化解复杂系统的不确定性，对于优化“前港后厂”资源配置，提高企业智能化决策水平具有重要意义。

3.2 “前港后厂”工业互联网起步模式

如何构建“前港后厂”工业互联网平台，以帮助制造业拉长产业链，形成跨设备、跨系统、跨厂区、跨地域的互联互通，推动制造业与服务业融通发展，促进各种工业经济要素资源高效共享，实现整个制造服务体系智能化？

本章提出基于“CPS+互联网”信息集成平台的“前港后厂”工业互联网起步模式，在实现企业内“管-控”系统信息流闭环传输的基础上，实现“前港后厂”物流链与生产链的工艺集成。各级管理者通过“管-控”一体化平台系统能够及时、直观、透明地了解生产现场的物料装卸情况及设备运行状态，进行运营数据的综合分析，从而决策生产活动，统一规划全港区资源。“管-控”一体化的构建，将大大提高码头作业和钢厂物料配送 JIT 模式的智能化水平，提高劳动生产率，避免产能过剩并降低物流成本。

1. “钢-港”间生产链与物流链的衔接

矿石码头根据钢厂生产过程所需的生产原料向钢厂“随需送料到位”，助推钢厂实现敏捷化的 JIT 炼钢生产，从而避免产能过剩。同时，炼钢生产过程中所需的能源燃料（煤炭）通过煤码头输送至钢厂，辅料经件杂货码头运输至钢厂，最终将产品（钢材）运输至钢杂码头，出船配送，其流程如图 3.3 所示[103]。

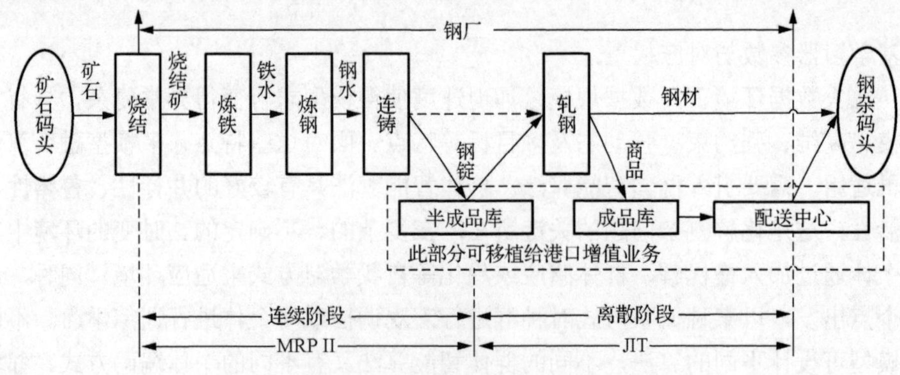

图 3.3 “前港后厂”联动的 JIT 炼钢生产物料流

港口 ERP 根据来自钢厂原矿采购需求计划订单的拉动，组织码头生产作业同样实现了 JIT 拉式生产，如图 3.4 所示。闭环供应链可使产品在整个生命周期的价值最大化[104]。因此，本书将从供应链的角度出发，考虑炼钢生产需求对原料采购的影响，制订钢厂原料采购计划。

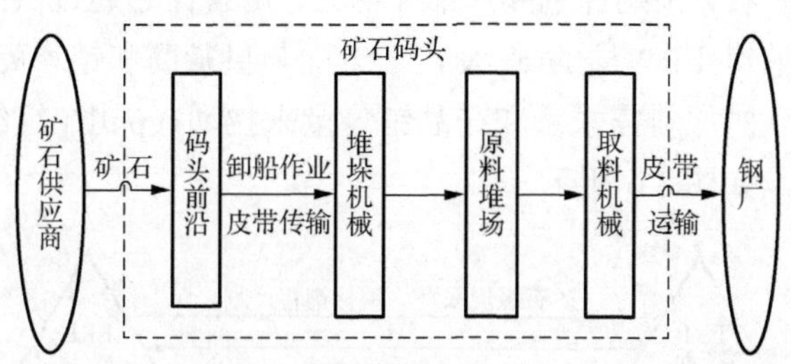

图 3.4　钢厂订单拉动矿石码头 JIT 作业过程

2. “前港后厂”CPS+互联网

邬贺铨认为，工业互联网平台向上对接工业优化应用（ERP/CRM/MES）等，向下连接海量设备（DCS/PCS），将产业链上及生产过程中涉及的信息、知识、经验等技术要素封装化并显性化为可调用的机理模型，结合采集到的工业实时数据，动态监测业务运营情况，辅助原材料采购决策，确定最优生产计划，实现智能化生产与产业链协同，是工业全要素链接的枢纽[105]。而本章欲构建的基于 AMR 三层 CIMS 结构的 CPS 集成平台与之一一对应，如图 3.5 所示。

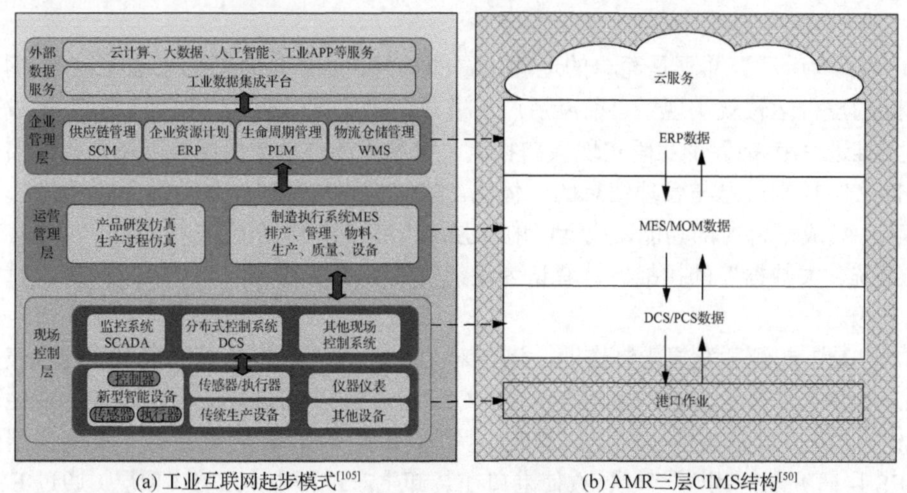

(a) 工业互联网起步模式[105]　　(b) AMR三层CIMS结构[50]

图 3.5　工业互联网起步模式对应 AMR 三层 CIMS 结构

故本书基于工业互联网起步模式，从供应链上“港-钢”企业两“大用户”关系，在港口企业内构建适宜扁平化管理与系统集成的 AMR 三层 ERP/MES/DCS 的“CPS+互联网”框架，通过此平台可汇聚“港-钢”产业链的数据资源，钢厂 ERP 层的原料（矿石）采购计划和产品（钢材）销售计划通过供应链管理（SCM）传送至港口，而港口 ERP 层的 SCM，一方面与供货商和销售商组织货源，另一方面根据来自钢厂的原料需求量和产品销售量来拉动（pull）组织码头生产过程，实现供应链协同，如图 3.6 所示。

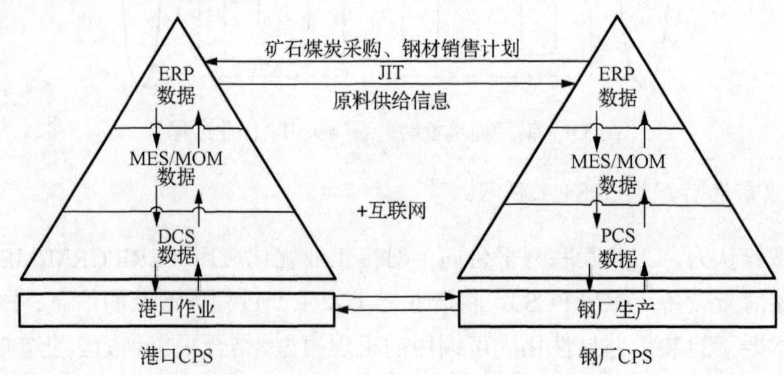

图 3.6 “前港后厂”CPS+互联网架构

3.3 基于四维一体的“CPS+互联网”工业互联网平台

“前港后厂”并不是简单的地理位置的排列，也不应理解为安装了“港-钢”之间的皮带运输就实现了“前港后厂”模式。而是要基于“CPS+互联网”集成平台，推进“港-钢”企业间实现横向物流、信息流的联动与协同，以及企业内实现纵向实时控制信息与管理信息的一体化。如何构建与管理体系相融合的“CPS+互联网”集成平台内部功能，从港口内部强化“港-钢”协同能力，以应对“大用户、大系统、大数据”的挑战？笔者认为最经济的方式是基于传统 CIMS 改造、赋能与升级。

CIMS 起源并发展于制造业，港口对 CIMS 理念远不及以钢铁工业为代表的制造业深入。因此，港口也就鲜有关于 CIMS 系统中 MES 层的系统性与专业性研究[106]，港口只是分别实现上层和底层两层功能，缺少作为承上启下关键作用的 MES 层研究与应用[8,14,16,24]，致使港口在装卸生产过程中，后方（顶层）通过 ERP 系统所做出的计划、调度等相关决策信息无法实时传输至前方（底层 DCS）系统，从而无法及时、准确地根据决策信息去控制实际生产过程；而 DCS 系统也无法将实时采集到的数据准确地传输反馈到 ERP 系统中，系统无法根据现场生产情况对计划进行实时调整，制约管理的高效率[16,24]。2013 年中国在世界前 10 大集装箱港口中占据 7 席，却没有 1 座自动化码头，而今我国散杂货港口生产自动化已达到国际先进水平，具备了实现 ERP/MES/DCS 三层集成的底层（DCS）基础。随着企业对 ICT 技术掌握的不断提高以及智慧港口建设的不断推进，必将对 MES 产生需求，特别是在“前港后厂”的建设中。

以 MES 为集结点实现港口 ERP/MES/DCS 三层的无缝集成，关键在于控制系统与管理系统的对接，这个“对接”不仅仅是简单的系统的连接、网络的建设，更重要的是信息的对接。笔者曾于 2001 年东北大学自动化中心与某大型选矿厂 CIMS 工程的研发中提出在 MES 层构建基于“四维一体”（知识库、数据库、模型库、人机交互界面）的动态调度系统[107]，认为传统 MES 的 11 个功能模块不能与“时”俱进[81,84]，是因为 11 个模块就如同数学中的“常量”，而四维一体是“变量”能够与“时”俱进；并在《智能选矿制造执行系统》[67]（国家 863 高技术研究发展计划项目，2002AA414610）中详述基于四维一体的 CIMS 平台，该平台的智能本质是通过信息系统实现人与物理系统之间的互联互通，这与 CPS 的理念不谋而合。平台可以通过集成人、信息系统及物理系统的各自优势，将人的相关制造经验和知识存储到信息系统中的知识库、数据库以及模型库，人的相应部分的感知、分析和决策功能逐步向信息系统复制迁移，进而可以通过信息系统来控制物理系统，以代替人类完成更多的劳动。而彼时的研究背景是钢铁流程工业 ERP/MES/PCS 三层结构。近十多年来，笔者一直致力于将制造业先进的科研知识应用于港口物流等服务业，在 2011 年发表关于建立港口 ERP/MES/DCS 的 CIMS 理论进行探索研究[106]，并在本人的国家自然基金面上项目“‘前港后厂’MES 的模糊建模与控制补偿研究”（71371038）工作中进行了相关的理论研究。

工业互联网的基础是对设备的泛在连接，实现海量数据的汇集，继而利用算法模型，对数据进行深度分析，从而获得对生产设备运行的认知，最后通过工业应用结合业务逻辑，把分析得到的洞察转为最佳的决策、可执行的行动，实现生产过程的优化。

港口的内部就是钢厂的外部，针对钢厂**强内（生产）弱外（供应链）**的特征，从供应链“港-钢”企业两“大用户”关系上，建立关联“港-钢”的四维一体的“港 CPS+互联网”工业互联网平台。基于此平台可深化工业互联网体系有效衔接供应链条，汇聚整个产业链的数据资源，通过跨领域关联数据的互相调用，结合下游实际需求和企业生产能力，科学制订生产计划，以数据的自流动带动资源配置的全局优化，实现供应链协同。

因此，本书基于前期 ERP/MES/PCS 架构科研积累[56,67,69,107-110]，针对不同于钢铁流程工业的港口物流服务属性，结合对现今的“互联网+”时代的思考，在以港口为基点的文献[106]基础上，构建基于传统 CIMS 升级的四维一体的“CPS+互联网”信息集成平台，以“数据+模型+算法”构造新的决策机制，实现管控一体的 MES 无缝集成，并丰富 ERP 层理论研究，提高“前港后厂”整体运行效率，强化“港-钢”企业协同能力，如图 3.7 所示。

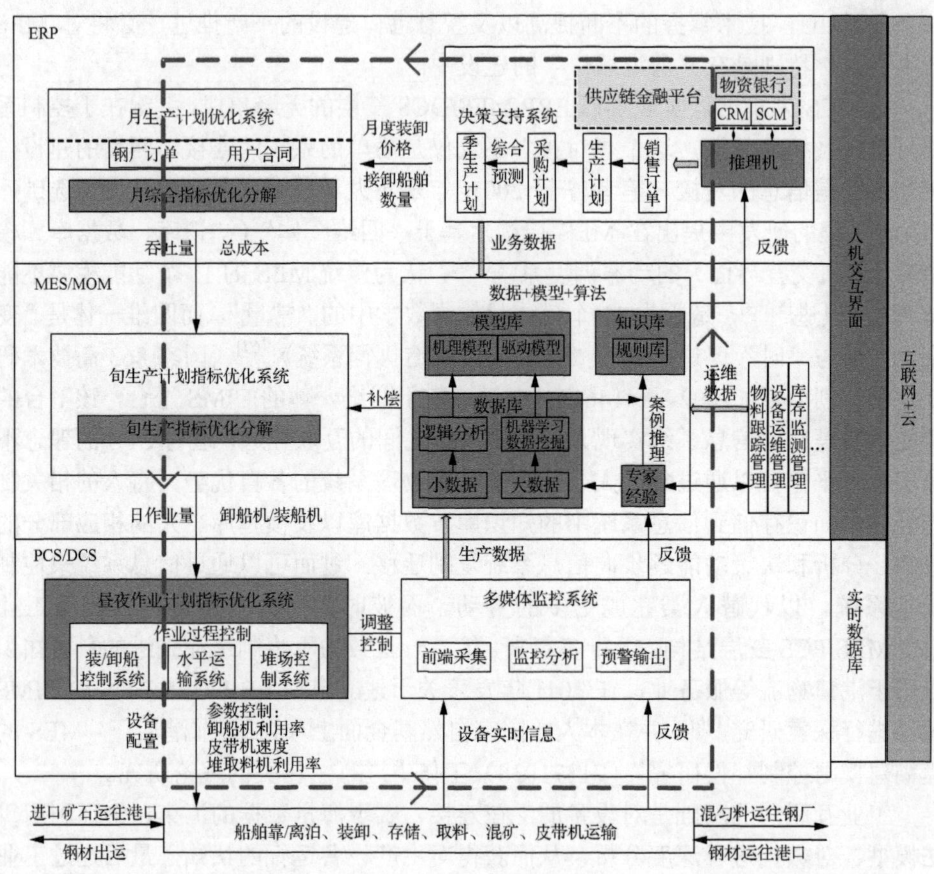

图 3.7　基于四维一体的港口“CPS+互联网”工业互联网平台（扫描封底二维码查看彩图）

为什么要用“数据+模型+算法”？数据蕴含信息和知识，通过建模将信息和知识显性化、代码化成计算机语言，基于算法做出最佳选择，使得计算机具有自主分析处理问题的“机智”，通过“**人机交互界面**”结合“**人智**”可**实时掌握现在，正确追溯过去，精准优化将来**。管理体系通过新的决策机制实现过程量化，消除管理与交互的层级，驱动业务全流程“闭环”协同，使管理体系与 CPS 平台高效融合。

为什么要“四维一体”？通过对数据库中的相关数据进行分析并构建模型库，通过机器学习、深度学习、群智能算法、数据挖掘知识规则建立的知识库，运用推理机结合专家经验进行预测与决策，实现“**数据→信息→知识→决策**”的转化与升华，对“前港后厂”运营过程进行预测、控制、决策、调度与反馈。数据库不仅能提供系统的内部数据，也能提供系统的外部数据，为决策支持系统的决策活动奠定了坚实基础。模型库是决策支持系统的核心，通过对“前港后厂”中“供→产→销”关键环节问题进行概括，抽象出其内在共性的问题，建立相应的机理模型，存入模型库。决策支持系统所处理的半结构化和非结构化问题的环境总是变化的，可通过调整对应参数实现动态适应，使得模型库中的模型易于修改和更新。

在“前港后厂”模式中，自动化和智能化控制手段不仅要在第一时间对问题进行反馈，提高解决问题的效率和质量，也要提高“CPS+互联网”集成平台决策支持系统的合理性、科学性。自动化与智能化虽均可通过计算机完成决策，但智能化技术更多是需要**人机**结合做出的智慧决策。智能化往往涉及多个部门、岗位，甚至与企业外部因素有关，面对的问题具有时变性、非线性与不确定性，协调难度大。原因在于：①业务需求难以表述；②业务需求多变；③数据量太大，导致决策逻辑框架前后不一致。

“数据+模型+算法”在一定程度上能解决第 3 个问题，但难于解决前两个问题。最佳做法是推进 ERP 层智慧决策支持系统。简单地说，数据库解决了数据存储的问题；模型库解决了标准的问题；而知识库主要是解决现实工作中遇到的问题，即针对“前港后厂”中存在的问题，从海量数据中挖掘出具有价值的数据，对其进行分析建模，并采取相应的求解方法，从数据中形成经验知识存入知识库，以解决实际问题。而 CPS 集成平台中决策活动的顺利进行，需基于可将“人智”与“机智”相互转换的“**人机交互界面**”。该界面可将智慧决策支持系统中的相关经验、知识传递下去，以实现决策的快速下达与响应，健全“前港后厂，两头在港”“**业务流闭环**”控制系统功能模块。基于该界面：①可自动计算的利用计算机去做决策，尚未数字化的信息或未模型化的知识则让人做决策；②运用推理机结合知识、模型、规则，通过不断的自学习提升智慧决策支持系统推出决策，使机器智能不断提升，管理者的决策也逐步趋向智慧化[67]。

因此，本书通过四维一体“CPS+互联网”信息集成平台，从内部强化“港-钢”协同能力，通过将物理设备连接到互联网，让物理设备具有计算、通信、控制、远程协调及自治等五大功能，从而实现虚拟网络世界与现实物理世界的融合[20,111]；从外部延长产业链、价值链，使“前港后厂”不再局限于“港-钢”内部，而是扩展至与供应商和客户的连接，把“**设备→生产线→工厂→供应商→产品→客户**”紧密地连接在一起，对供应、制造、销售（供→产→销）全过程进行智能化的改造。

第4章 “信息流”闭环MES驱动CPS纵向集成

4.1 矿石码头计划指标体系

企业实施生产过程管理是为了将产量、质量、成本等综合生产指标的目标转换为作业计划、作业标准和工艺标准，在适当的时间，使生产线完成适当的操作，从而使实际生产满足综合生产指标的目标值。矿石码头生产计划指标体系是一种用来描述矿石码头生产能力，评价矿石码头生产水平的指标体系。它能够减轻管理者从事低层次信息处理与分析的负担，提高决策的质量与效率，从而使管理人员能对码头的生产情况做出一个正确的评价[112,113]。矿石码头生产计划指标体系如图4.1所示。结合矿石码头的生产作业过程，分析可知矿石码头生产过程中各生产指标的对应关系，如图4.2所示。

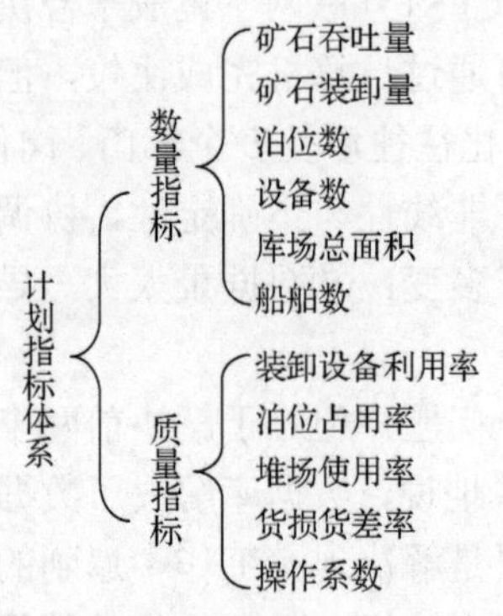

图4.1 矿石码头生产计划指标体系

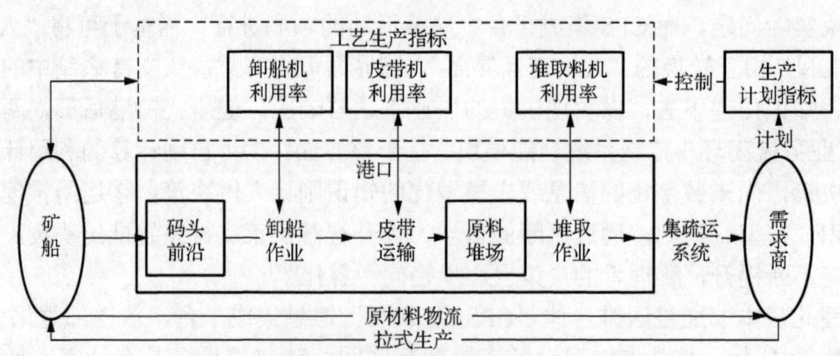

图4.2 矿石码头生产过程中各生产指标的对应关系

在整个矿石码头作业过程中，生产工艺指标是跟每段工序有关联的指标，是各段工序流程最终所要达到的目标，是用来评价各个工序生产能力的关键指标，如装卸设备利用率/完好率、泊位占用率/利用率、船舶装卸效率、进出港效率、皮带机利用率等，同时又是实际生产过程中产生的统计分析指标。当港口接收客户订单后，按需制订月度生产计划指标，码头生产管理人员根据月度生产计划指标制订并下达每日的作业量计划，最后由码头操作人员根据日作业量来调配相应的生产设备，由此产生相应的生产工艺指标参数配置计划。同时，在实际生产中不同的生产工艺指标数据对应每日不同的作业量，其反馈对生产计划指标产生影响。

4.2 “信息流”闭环 MES 无缝集成逻辑图

4.2.1 MES 无缝集成构建依据

1. 基于数据的生产过程调度优化

从国际范围讲，基于数据的控制、决策、调度虽在过去几十年中有过一些研究，但总体上还未形成较为系统的结构框架和理论体系。我国企业门类齐全、数量众多，大部分企业的经济效益和社会效益还不够高，传统的理论与方法无法满足企业升级换代的要求，故基于数据的控制、决策、调度研究具有明显的**学科交叉性**和**挑战性**，且具有巨大的应用前景[17,21]。

2. 生产指标优化

目前，国内外研究大多数是针对生产指标优化的具体模型和算法，对指标计划调度结构进行的研究也有一定的进展，但仅停留在分层上，缺乏系统的体系结构和理论体系的研究。而研究体系结构的意义在于使局部理论的成果能够应用到具有整体性的生产指标优化框架中，并规定它们在系统中的组织方式和协作方式。笔者也一直在探索的路上，曾提出以计划调度为主线、成本控制为核心，将上层（ERP）体现企业经济效益的综合生产指标，在时间和空间维度上层层递阶分解，转化为底层（PCS）设备优化控制参数的 MES 系统架构[67,69,106-110]。而本书基于对港口领域的研究，**完善反馈，构成闭环结构**，进一步提高了系统的**可控性**。

针对目前散杂货港口采用两层生产运作管理模式，分段式经验计划与调度造成的信息流通不畅的问题，基于 ERP/MES/DCS 三层结构，将“信息流”模拟成电流，以控制论思想**构建含指标递阶优化分解、预测、反馈补偿功能的广义非线性模糊闭环控制系统**（图 3.7、图 4.3），以实现 MES 纵向集成。

4.2.2 “管-控”一体化驱动 MES 无缝图解逻辑

以计划、调度为主线，以能源、成本控制为核心建立三级递阶级联集成优化模型，如图 4.3（a）所示，将上层（ERP）体现企业经济效益的综合生产指标，经 MES 逐层分解，转化为底层（DCS）设备优化控制参数，以实现预测目标的递阶分解，使得信息流畅下达。为丰富与细化知识库［图 4.3（d）］中基于专家经验知识构建的模糊规则，运用模糊集理论，采用数据挖掘方法获取模糊规则，依工况的时变选择对应规则，进而更准确、更快速地在线调整工艺指标与关键设备控制参数，确保信息“数字化”由“上→下”传送，即在工作点附近，**小范围**内由机理模型描述，**大范围**内由模糊规则推理机制进行自适应，以提高控制精度，从而更快捷、更准确地确保信息下传，如前馈图 4.3（b）所示。对于随机干扰造成工艺指标实际值与设定值的误差而导致上层指标计划目标值不能实现的情况，则建立模糊反馈补偿控制器，采用基于粗糙集（rough set）的数据挖掘方法［图 4.3（d）］，挖掘出相应的**反馈**控制补偿规则，并**在线**调整工艺指标值，以达到综合指标目标值，使得生产现场实际信息能由“下→上”反馈，至此**闭合**，实现“信息流”不落地闭环传输，**反馈**如图 4.3（c）所示。无缝 MES“管-控”闭环系统（图 4.3）与四维一体港口 CPS 平台（图 3.7）关联逻辑分解与集成体系，如图 4.4 所示。

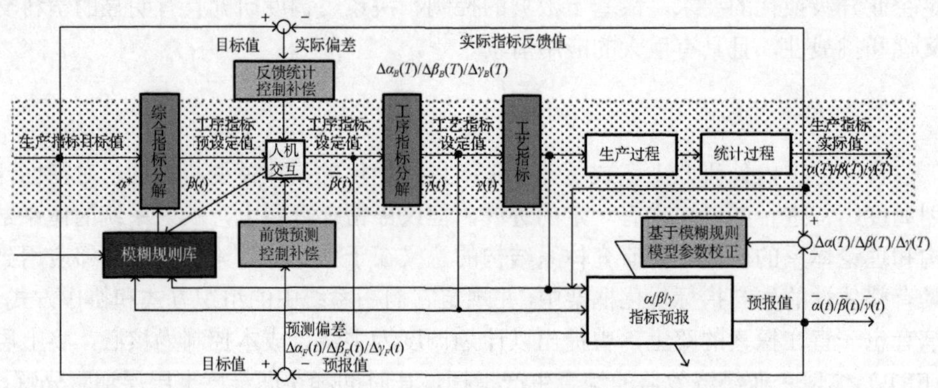

图 4.3　无缝 MES“管-控”闭环系统（扫描封底二维码查看彩图）

图 4.3 分解逻辑如下所示。

子系统 4.3（a）：主图 4.3 的中间骨干部分，即指标分解部分。

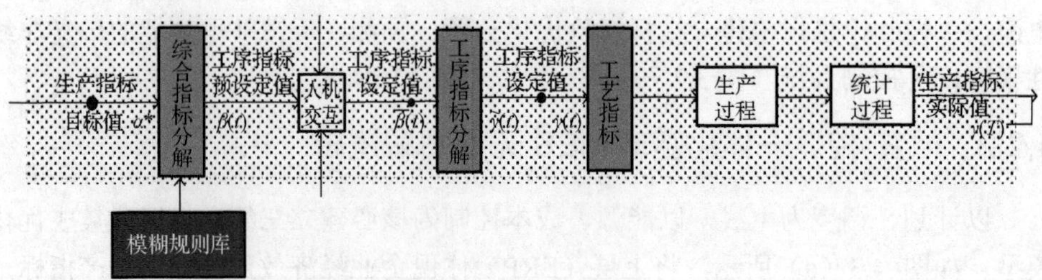

图 4.3（a）　基于可控变量的三级指标递阶分解子系统（扫描封底二维码查看彩图）

子系统 4.3（b）：主图 4.3 的下半部。

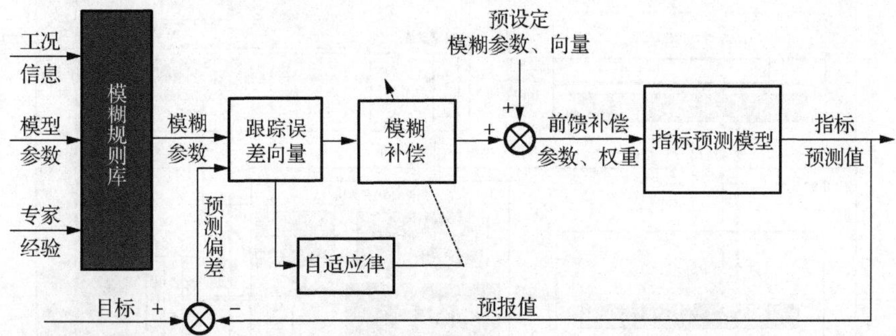

图 4.3（b）　前馈预测控制补偿子系统（扫描封底二维码查看彩图）

子系统 4.3（c）：主图 4.3 的上半部。

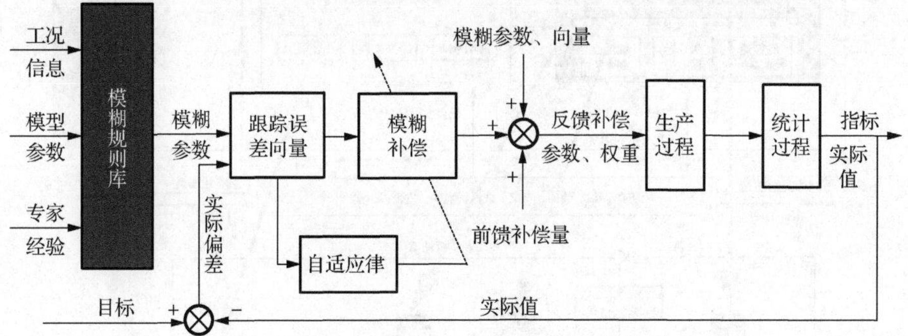

图 4.3（c）　反馈统计控制补偿子系统（扫描封底二维码查看彩图）

子系统 4.3（d）：各图中的模糊规则库。

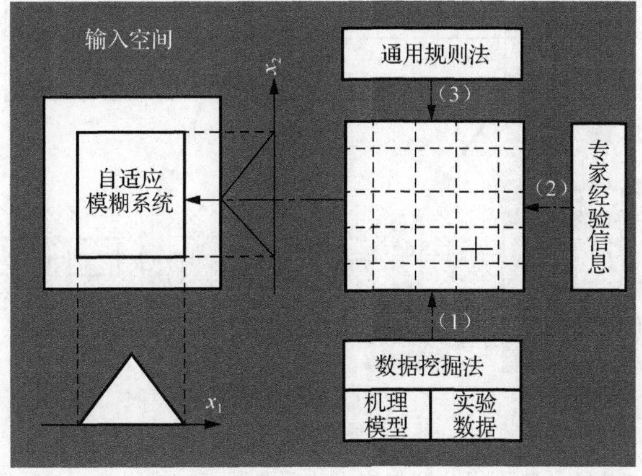

图 4.3（d）　数据挖掘模糊规则库（扫描封底二维码查看彩图）

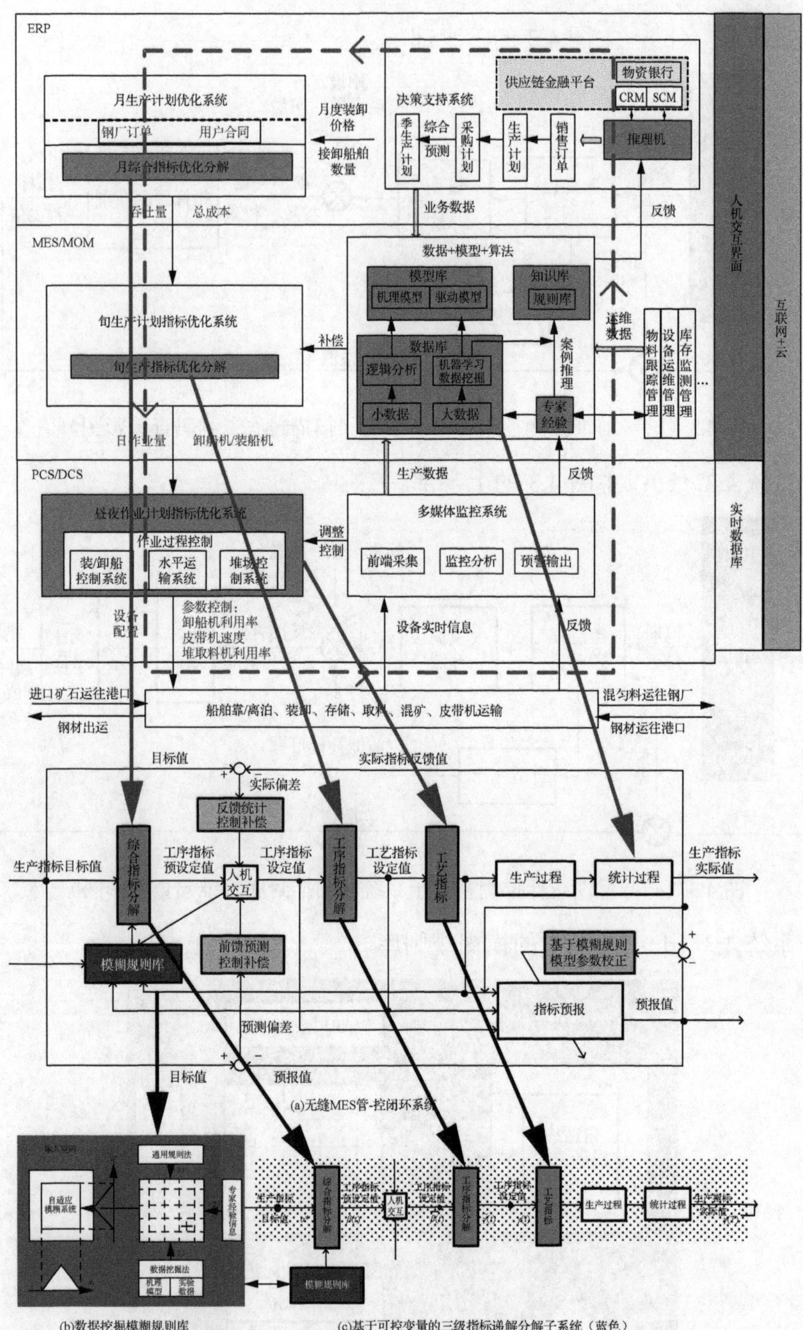

图 4.4　图 3.7 的关联逻辑分解与集成体系全图（扫描封底二维码查看彩图）

接下来介绍完成此图工作的理论方法与逻辑过程。

4.3 “管-控”一体化无缝 MES 闭环系统概述

如何实现图 3.7 亦即图 4.4 内部信息流由“上→下”传输、由“下→上”反馈的闭合传输？在实现 MES 无缝集成时，发现其间隙远远不止计划与控制一个。

（1）**“时-空间隙”**。即计划与执行间的时间和空间差距，是最普遍的间隙。实际上对复杂系统而言，“时-空间隙”比“管-控间隙”更严峻，其实质是需求和可用资源间动态的变化。

（2）**现场→管理层的“逆向信息间隙”**。面对需求和环境的快速变化，计划管理的实时决策成为必然。采集、萃取、处理形成实时的管理层所需的信息缺失，使得现场数据量尽管丰富，但从车间向高层管理传递的渠道却受阻。

（3）**非线性**。港口生产系统是一个复杂的随机动态生产系统。这种动态变化的特征并不是线性的或平衡的，而是非线性的[114]，并且随着企业业务范围和数据量的扩大。传统方法，即依据物理化学机理建立精确数学模型，对设备和生产过程进行控制、决策、调度已变得越来越困难。在这种难于建立机理模型的条件下，如何有效利用这些离线、在线数据和其他知识，实现对生产过程与设备的优化决策、调度、控制，成为我国乃至全球企业急需解决的新问题[115]。

为实现图 3.7/图 4.4 内部“信息流”（虚线标识）由“上→下”传送、由“下→上”反馈的闭环传输，笔者在前期制造业研究的基础上[69,107-110,116-119]，将散杂货港口操作实际与控制和系统工程理论相结合，根据指标建立对应关系，利用指标分解，将 ERP 层的月计划分解为 MES 层的旬计划，然后将 MES 层旬计划再分解为 DCS 层的昼夜计划[120]；同时，通过挖掘港口生产作业过程中产生的数据，得到码头底层（DCS）生产作业增量控制规则[121]。当作业人员接到 MES 层的日生产指标后，将其分解得到 DCS 层作业线设备参数指标，调控使得生产工艺指标得到满足，通过实时采集在线数据并反馈上层，最终满足港口综合生产指标[122]。从而实现企业内纵向集成：“信息流”自“上→下”的不间断传输，确保计划分解过程中集团公司与装卸公司之间、两层各职能部门之间优化目标的一致性；“信息流”由“下→上”实时上传，保障现场作业数据及时反馈，由此实现决策的闭环。至此，各级管理者可通过所构建的“管-控”一体化闭环系统及时、直观、透明地获取生产现场的物料装卸及设备运行等信息，综合分析营运数据，决策各种生产活动，以实现资源的优化配置。

闭环“信息流”的“管-控”一体化建设，将会提高码头生产和钢厂物料配送 JIT 模式的智能化水平，从而避免产能过剩，降低物流成本和提高劳动生产率。

以下第 4.4 节、4.5 节论证实现 MES 无缝集成的“信息流”闭环方法。

4.4 “计划→调度→控制”递阶集成优化

【针对问题：4.3（1）“时-空间隙”】

本节建立具体分层的递阶分解流程，为实现指标的逐级分解，将各级指标关联传输：将 ERP 计划系统的综合生产指标 $\alpha(t)$ 作为控制系统输入，分解为 MES 调度系统的工序生产指标 $\beta(t)$；再将工序生产指标分解为 DCS 控制系统工艺生产指标 $\gamma(t)$；工艺指标分解为控制回路的输出 $y(t)$，即控制回路的输出，如图 4.5 所示。具体做法：将优化目标按指标层级逐步分解为各级子目标，$\alpha(t)$ 作为旬度计划的输入，输出 $\beta(t)$；$\beta(t)$ 作为日计划的输入，输出 $\gamma(t)$；$\gamma(t)$ 作为 DCS 控制系统的输入，输出工艺生产指标 $y(t)$。其动态特性数学描述如式（4.1）～式（4.3）。

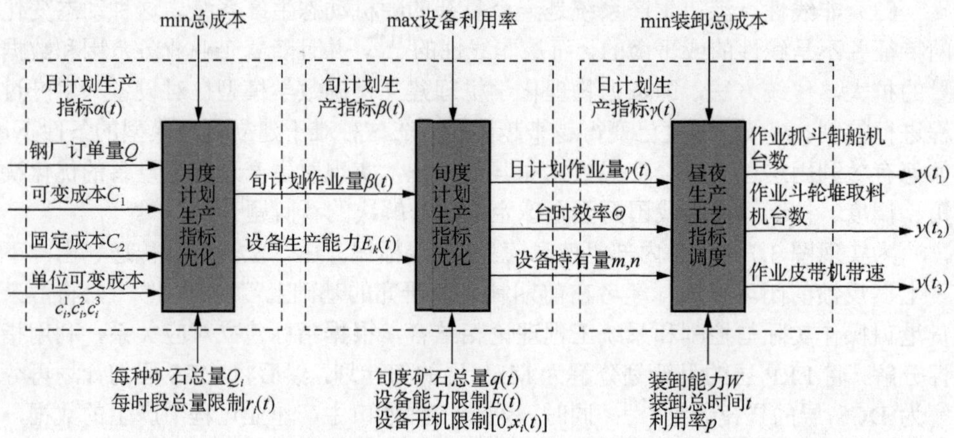

图 4.5　对应图 4.3（a）基于模型的三级指标递阶优化分解（扫描封底二维码查看彩图）

$$\begin{cases}\alpha(t)=f_1(\beta_1(t),\beta_2(t),\cdots,\beta_m(t),B_1,\cdots,B_m) & (4.1)\\ \beta(t)=f_2(\gamma_1(t),\gamma_2(t),\cdots,\gamma_n(t),B_1,\cdots,B_n) & (4.2)\\ \gamma(t)=f_3(y_1(t),y_2(t),\cdots,y_p(t),B_1,\cdots,B_p) & (4.3)\end{cases}$$

式中，$\alpha(t)$ 为月吞吐量；$\beta(t)$ 为旬作业量；$\gamma(t)$ 为日操作量；$y_p(t)$ 为抓斗卸船机台数及效率、皮带机带速、斗轮堆取料机台数及效率；$f(\cdot)$ 为精确的非线性模型，随生产边界条件 B 的变化而变化，且能选择到被控变量。底层控制设定值 $y_{\min}\leqslant y(t)\leqslant y_{\max}$，由上层非线性模型优化综合指标后产生。同时，通过底层控制系统跟踪设定值，使过程运行在综合指标优化状态 $\alpha_{\min}\leqslant\alpha(t)\leqslant\alpha_{\max}$。在时间上实现从年/月的综合生产指标到旬、日、时作业的优化分解；在空间上实现从综合生产指标到生产系统各工序生产指标的优化分解，且对各个工序的指标进行协调，将工序指标变成各个生产设备的关键工艺指标。

4.4.1 计划优化模型

本节对应式（4.1）。在港口生产经营活动中，通常以成本、吞吐量、质量等经济效益指标为月度生产目标。传统的凭管理人员自身经验来编制生产计划的方法存在很大的误差，在利润核算、成本评估和生产作业过程中易造成失误。因此本节提出以成本最小为优化目标的月度生产计划优化模型。

$$\min \sum_{i=1}^{I}\sum_{t=1}^{T_1}(c_i^1+c_i^2+c_i^3+C_1)\beta_i(t)+C_2 \tag{4.4}$$

s.t.

$$\beta(t)=\sum_{i=1}^{I}\beta_i(t) \tag{4.5}$$

$$\sum_{t=1}^{3}\beta(t)\geqslant Q \tag{4.6}$$

$$\sum_{t=1}^{3}\beta_i(t)\geqslant Q_i \tag{4.7}$$

$$Q_{il}\leqslant\sum_{t=1}^{3}\beta_i(t)\leqslant Q_{iu} \tag{4.8}$$

$$Q'_{lt}\leqslant\sum_{i=1}^{I}\beta_i(t)\leqslant Q'_{ut} \tag{4.9}$$

$$\beta_i(t)\geqslant 0,\quad i=1,2,\cdots,\quad t=1,\ 2,\ 3 \tag{4.10}$$

式中，i 为矿石种类，$i\in I$；t 为时间段即 1 旬；c_i^1、c_i^2、c_i^3 为各类矿石的单位装卸成本、单位堆存成本、单位搬运成本；C_1 为单位可变成本；C_2 为每旬固定成本；Q 为 1 个计划期需要的矿石总量；Q_i 为每月第 i 类矿石的需求总量；$\beta_i(t)$ 为决策变量，表示第 i 种矿石在时间段 t 的计划操作量；$\beta(t)$ 为旬度内作业总量；Q_{iu}、Q_{il} 为每种矿石月总量上、下限制量；Q'_{ut_1}、Q'_{lt_1} 为每旬矿石操作总量上、下限制约束。**约束条件**：式（4.5）为旬度内作业总需求；式（4.6）为每月所有矿石的操作量满足钢厂订单需求量；式（4.7）为各类矿石在每月内操作量满足矿石需求量限制；式（4.8）为各类矿石在每月内的矿石量约束；式（4.9）为每旬的矿石操作总量约束；式（4.10）为非负约束。

4.4.2 调度优化模型

本节对应式（4.2）。矿石码头旬计划分解是在一定的资源限制条件下分配各作业所需资源、处理时间及先后顺序等，从而提高作业效率与资源利用率。本节模型是以设备利用率最高为目标，将旬计划吞吐量分解为昼夜计划操作量（作业量）的面向指标分解的多目标规划模型，从而实现计划与调度的集成。

$$\max p = \sum_{t'=1}^{10} \{[\sum_{k=1}^{K} \gamma_k(t') / E_k] + \gamma(t') / E_d\} \tag{4.11}$$

s.t.

$$\gamma(t') = \sum_{k=1}^{K} \gamma_k(t') \tag{4.12}$$

$$\gamma_k(t') \geqslant 0,\ k = 1,2,\cdots,K,\ t' = 1,2,\cdots,10 \tag{4.13}$$

$$\rho_1 = \frac{\gamma_k(t')}{E_k} \tag{4.14}$$

$$\rho_2 = \frac{\gamma(t')}{E_d} \tag{4.15}$$

$$q_l \leqslant \gamma(t') \leqslant q_u \tag{4.16}$$

$$1.03\beta(t) \leqslant \sum_{t'=1}^{10} \gamma(t') \leqslant 1.05\beta(t) \tag{4.17}$$

$$0.2 \leqslant \rho_1 \leqslant 0.8,\ 0.2 \leqslant \rho_2 \leqslant 0.8 \tag{4.18}$$

式中，k为斗轮堆取料机的设备号，$k \in K$；t'为 1 日，1 旬t包含 10 日，所以$t' \in \{1,2,3,\cdots,10\}$；$E_k$为$k$设备每日的额定生产能力；$E_d$为传送带每日的额定生产能力；$p$为 1 旬内$K$台斗轮堆取料机的设备的利用率与传送带的利用率之和；q_l、q_u为每日矿石码头作业量的下限和上限；$\beta(t)$为旬度内矿石总需求；决策变量$\gamma_k(t')$为第k台设备在时间段t'的作业量；$\gamma(t')$为昼夜装卸量。**约束条件**：式（4.12）为昼夜装卸量；式（4.13）为非负约束；式（4.14）为每台斗轮堆取料机每日的利用率；式（4.15）为传送带利用率；式（4.16）为每日码头作业量约束；式（4.17）为在计划期内矿石需求量及货损货差限制；式（4.18）为将设备利用率控制在合理范围内。

4.4.3 控制优化模型

本节对应式（4.3）。矿石码头装卸工艺方案的制定是离散型的设备指派问题，受到设备的台数、工作能力、设备利用率、设备工作成本等因素的影响。考虑上述因素，结合实际装卸生产过程，以装卸成本最小为目标，设备利用率ρ、装卸能力衔接和作业总时间t为约束，构建如图 4.6 所示的矿石码头装卸设备配置方案。将设备型号及台时效率$\varTheta$，设备持有量m、n和昼夜装卸量$\gamma(t')$作为参数输入优化模型。装卸作业的抓斗卸船机台数y_1、斗轮堆取料机的台数y_2、带式输送机的带速y_3作为输出量。

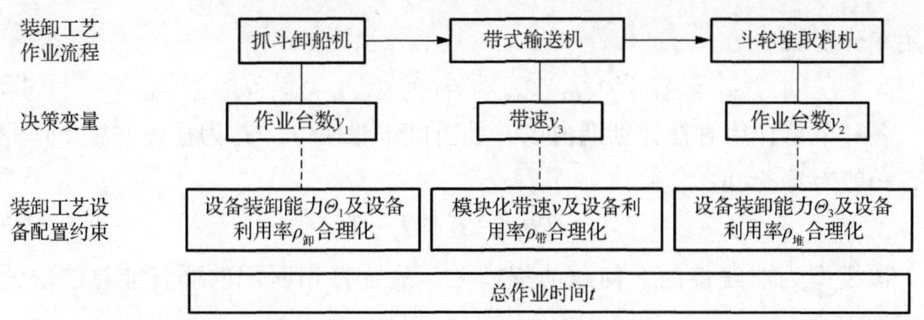

图 4.6　装卸设备配置方案体系架构

1. 模型参数及变量定义

C_1'、C_2'、C_3'和C_5'、C_6'、C_7'分别为抓斗卸船机、斗轮堆取料机、带式输送机设备繁忙和空闲单位成本。$\rho_{卸}$、$\rho_{堆}$、$\rho_{带}$分别为抓斗卸船机、斗轮堆取料机和带式输送机进行装卸作业时的设备利用率。设抓斗卸船机、斗轮堆取料机、带式输送机在昼夜作业时间中的繁忙时间为t_1''、t_2''、t_3''，则各相应设备的空闲时间为$(T-t_1'')$、$(T-t_2'')$、$(T-t_3'')$。

$Y=(y_1,y_2,y_3)$。其中，y_1为抓斗卸船机的数量；y_2为堆场中斗轮堆取料机的数量；y_3为带式输送机的带速；装船与卸船属于逆过程，由于我国矿石主要依赖进口，故本章以卸船为例，研究其作业过程。

2. 目标函数及约束条件

$$\min F(y) \tag{4.19}$$

具体为

$$\begin{aligned}F(y)=&C_1'y_1+C_5'y_1(T_3-t_1'')+C_5'(m-y_1)T_3+C_2'y_2+C_6'y_2(T_3-t_2'')\\&+C_6'(n-y_2)T_3+C_3'y_3+C_7'(T_3-t_3'')\end{aligned} \tag{4.20}$$

式中，m为抓斗卸船机的总台数；n为斗轮堆取料机的总台数；T_3为昼夜工作时间周期，

$$t_1''=\frac{\gamma(t')}{y_1\Theta_1},\ t_2''=\frac{\gamma(t')}{y_2\Theta_2},\ t_3''=\frac{\gamma(t')}{\Theta_3} \tag{4.21}$$

式中，$\gamma(t)$为昼夜作业总装卸自然吨。抓斗卸船机、斗轮堆取料机的繁忙成本与时间的函数关系如下：

$$C_1'=\mathrm{e}^{\phi t_1''},\ C_2'=\mathrm{e}^{\varphi t_2''} \tag{4.22}$$

式中，ϕ、φ是与机械设备型号有关的成本系数值。

设备的利用率在$[\rho_{\min},\rho_{\max}]$内，抓斗卸船机、斗轮堆取料机、带式输送机的

利用率分别如下：

$$\rho_{\min} \leqslant \rho_{卸} \leqslant \rho_{\max}，\rho_{\min} \leqslant \rho_{堆} \leqslant \rho_{\max}，\rho_{\min} \leqslant \rho_{带} \leqslant \rho_{\max} \tag{4.23}$$

各环节总计用时在计划期内以满足当日作业任务。T_d 为昼夜非生产作业时间，一般为常量 3h。

$$t_1'' + t_2'' + t_3'' \leqslant T_3 - T_d \tag{4.24}$$

该模型为非线性的，问题的规模大，故选择相匹配的群智能算法求解，MATLAB 编程。

至此，实现“信息流”由“上→下”传送[120]，即上层计划到底层生产工艺设备控制参数执行生产。接下来为使得**“信息流”闭环**，需通过 MES 的模糊建模与控制补偿，经过底层数据采集系统、统计系统获得现场实际数据，实现由“下→上”反馈，且跟踪指标实际值和目标值间的偏差，给出反馈补偿调整，进而减小误差，实现生产过程的反馈控制过程，详见第 4.5 节。

4.5 基于模糊规则库的反馈补偿控制系统

【针对问题：4.3（2）现场→管理层的“逆向信息间隙”；4.3（3）非线性】

4.5.1 非线性自适应模糊建模与控制补偿

在复杂系统生产管理中难以用精确的模型描述其动态性与非线性，只能是对生产过程的一种近似描述。因此，本节从控制角度出发提出基于模型的补偿和基于智能方法的补偿。

（1）**基于模型的补偿**：主要包括固定补偿与自适应补偿。若已知机理模型，便可在系统中施加一个补偿控制作用。对基于模型的补偿来说，在实施补偿时，若模型的参数是离线整定的，这种补偿就是固定补偿。若模型的参数是通过在线辨识得到的，这种补偿就是自适应补偿。

（2）**基于智能方法的补偿**：主要有神经网络和模糊逻辑专家系统。神经网络控制自 20 世纪 80 年代以来，在理论上取得了许多突破性的成果，同时也在众多工业领域获得了成功应用。但神经网络的训练时间较长、算法实时性差、系统的暂态响应难以保证[92,119]。

自 1965 年美国加利福尼亚大学扎德（L. A. Zadeh）教授创建模糊集理论和 1974 年英国马丹尼（E. H. Mamdani）教授成功将模糊控制应用到蒸汽机控制以来，模糊技术得到广泛发展并在实际中成功应用[123]。其根源在于模糊逻辑本身提供了由专家构造语言信息并将其转化为控制策略的一种系统的推理方法，因而能够解决许多复杂而无法建立精确数学模型的系统问题，但仍存在不足：①对系统对象模糊规则库的建立研究不深入，或者说模糊规则库的信息来源比较单一。②假设系统几乎所有变量都是完全可测的，但在实际系统中一些变量是不可检测的。③控制器设计和系统稳定性分析不能兼顾，有的控制器设计十分复杂或过分依赖对象模型，使得在实际应用中很难实现，而有的控制器设计比较简单，但缺乏系统稳定性分析。

目前已有将模糊技术应用到生产管理的研究。在实际应用中，对于难以用精确数学模型描述动态性和非线性的复杂系统问题，人们发现利用“if…then”规则建立系统的模糊规则描述是解决许多非线性复杂系统问题的有效方法。实际工厂中存在优秀的管理者和操作员积累的少量生产经验规则，但这种规则梯度大，不易于实现生产的精细化管理[93-96]。

通常港口管理根据订单需求量和企业发展要求，制订生产计划的指标计划，然后再编制、下达作业计划，给出工艺生产指标的设定值。但因码头生产工况多变，使得编制的工艺指标设定值并不一定能反映当前的工况变化，可能会出现不适应当前的操作环境的情况。如果工艺指标不能得到满足，就会影响生产计划指标的实现。因此，为避免信息单向传递而造成的信息扭曲和**牛鞭效应**的发生，需构建相应的调整机制，如前馈调整或反馈调整等，使得当系统出现设定值偏差时，操作人员能及时调整，使工艺指标适应当前工况，最终达到预期生产计划指标的目标值。

4.5.2　前馈预测控制补偿——模糊规则优化设备配置

本节对应图 4.3（b）（为便于阅读复制该图至此，后类似）。计划实施前通过提前预测，使 ERP 层下达的综合生产指标逐层分解为底层控制指标，在 DCS 层设备未开工前就建立调整控制规则，按照此预测控制能够尽可能提前控制综合生产指标在一定的范围。

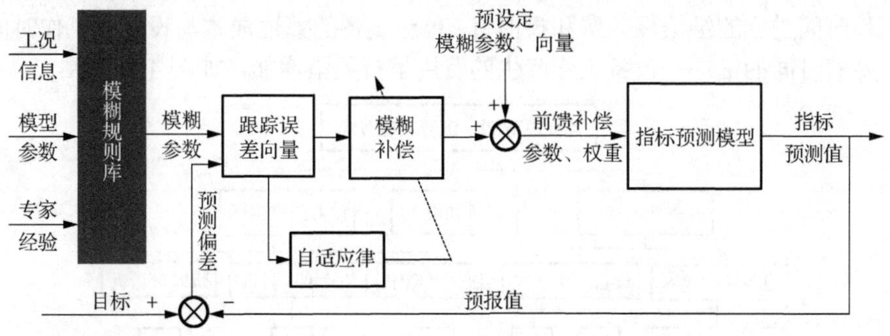

图 4.3（b）　前馈预测控制补偿子系统（扫描封底二维码查看彩图）

1. 设备利用率

设备利用率是指在装卸机械日历总时间中机械工作总时间所占的比重，反映其利用程度。但设备利用率并非越高越好，高设备利用率在充分发挥设备潜力的同时，也会加快设备的磨损、降低完好率、增加维修费用，使得装卸成本大幅度提高，故合理化设备利用率是码头装卸设备配置必须考虑的重要因素。

$$\rho = \left(\frac{t}{T}\right) \times 100\% \tag{4.25}$$

2. 装卸设备台时效率

影响装卸工作的关键因素是其装卸能力，即装卸设备台时效率，对于抓斗卸船机和斗轮堆取料机而言，其每小时装卸量与设备型号有关。而对于带式输送机而言，每小时装卸量随其带速不同而不同。带式输送机的输送能力是每小时输送物料量（t/h），称为小时输送量$Q_{带}$，如式（4.26）所示。

$$Q_{带} = 3.6 q v_{带} \tag{4.26}$$

式中，q 为物料线密度，kg/m；$v_{带}$ 为带速，m/s。带速是一个模块化的参数，带速系列（m/s）包括 0.20、0.315、0.40、0.63、0.80、1.0、1.25、1.60、2.0、2.50、3.15、4.0、5.0、6.30。据日本石桥公司研究，带速不但受到输送容量的限制，还受到皮带机传送带宽度和运载特性的限制。速度越高，运输货物的线密度越小，运输作业需要的输送带强度越低，减速器的传动比也越小。但带速并非越高越好，随着速度的提高，输送带的振动变大，输送带运载的货物越容易发生跳动，导致其不能平稳运行而发生偏离，出现安全问题。

3. 装卸成本

码头装卸成本为装卸设备繁忙成本和设备空闲成本的总和。设备繁忙成本包括工作时产生的燃料及电力费、运行材料费和人工费等。设备空闲成本包括设备在非工作时间进行的维修保养费和折旧费。单台设备的繁忙成本与设备的工作时间有关，随着时间的增加，设备工作产生的费用呈指数型增加，如图 4.7 所示。

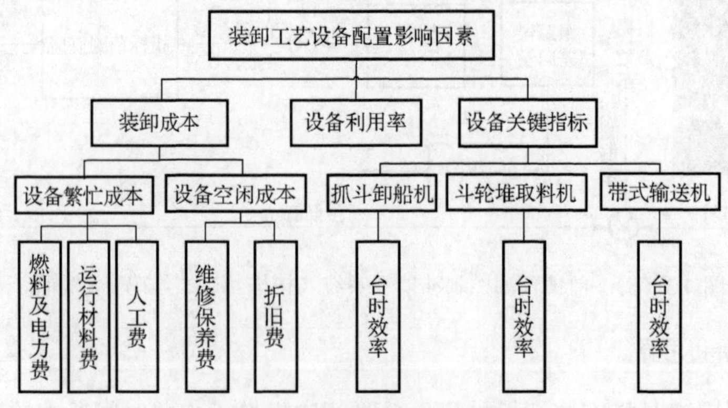

图 4.7　装卸设备配置影响因素

由于码头设备属于定期保养，故单台设备的空闲小时费用通常可视作定值。

$$C_1 = \mathrm{e}^{\alpha t_1} \tag{4.27}$$

抓斗卸船机和斗轮堆取料机符合公式（4.28），而带式输送机由于其模块化带速的特殊性，当皮带机带速增大时，皮带和机器的磨损加大，电机的负荷增加，造成平时检查维修以及因提早更换皮带等所带来的成本提高。该部分的成本与皮带机带速呈正相关。

$$C_{带} = k_i C \tag{4.28}$$

式中，k_i 为成本系数，带速对应关系如下：

$$\text{If } v_{带} = 3.13\text{m/s then } k_i = 1.2$$

$$\text{If } v_{带} = 3.5\text{m/s then } k_i = 1.2$$

$$\text{If } v_{带} = 4.0\text{m/s then } k_i = 1.8$$

4. 装卸工艺设备配置优化模型

在装卸作业过程中，带式输送机的繁忙成本为

$$g(x) = C_{带} t = \frac{k_i C_{带} M}{Q_{带}} = \frac{k_i C_{带} M}{3.6 q v_{带}} \tag{4.29}$$

结合码头实际装卸过程，装卸工艺系统优化目标是装卸成本最小，设备型号及台时效率 Q，设备持有量 m、n，昼夜装卸量 M 作为已知量输入优化模型。输出的设备配置方案包括参与装卸作业的抓斗卸船机台数 x_1、斗轮堆取料机台数 x_2、皮带机带速 x_3，此模型受到设备利用率 ρ、装卸能力衔接和装卸总时间 t 的约束，如图 4.8 所示。设备配置与控制优化是面向现场的，故装卸设备优化模型如公式（4.3）控制优化模型。

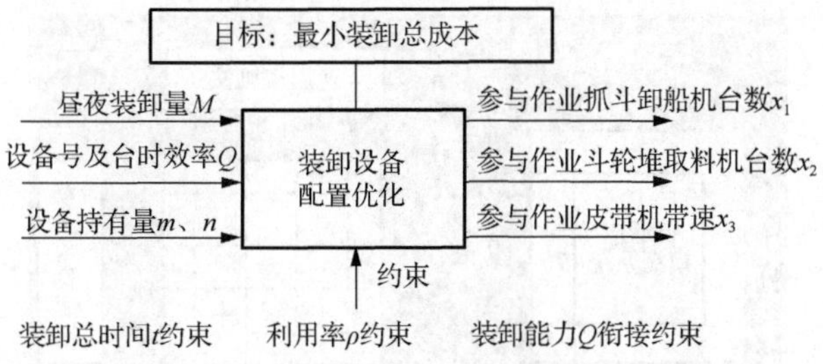

图 4.8 矿石码头装卸工艺设备配置优化模型

至此，由式（**4.1**）→式（**4.2**）→式（**4.3**）三级（计划→调度→控制）递阶级联模型优化到控制（第 4.4.3 节）后的结果符合港口对于机械设备利用率的规范，在合理范围内提高设备利用率，同时减少不合理使用设备而产生的重置、维修等

费用，即将 A 港（后文表 4.8）原始经验规则进行细化处理，带入模型，建立新的装卸工艺设备配置。本节模型优化出的系列模糊规则（后文表 4.9）可作为案例库储备。

4.5.3　反馈统计控制补偿——数据挖掘控制 MES 闭环

在一个控制系统中，信息可以分为两类：前馈和反馈。为避免信息单项传递造成的信息扭曲和**牛鞭效应**，故将反馈的思想运用到信息系统的构建中。数据挖掘基于数据库自动提取的信息具有良好的**鲁棒性**和完备性，可以运用到反馈系统中来。

本节对应图 4.3(c)，当生产过程中外部环境改变或生产过程设备参数改变时，可能造成实际生产指标与目标值偏差，因而建立实时反馈的控制补偿器，通过底层 DCS 在线调整工艺指标弥补偏差，从而实现生产过程的反馈控制，使**系统闭合**，达到稳定的状态。利用数据挖掘的方法，从生产指标数据中挖掘出反馈调整规则。挖掘出来的模糊反馈控制规则可以结合专家经验法和通用规则，一并并入自适应模糊控制系统，形成模糊规则库，对应图 4.3（d）。

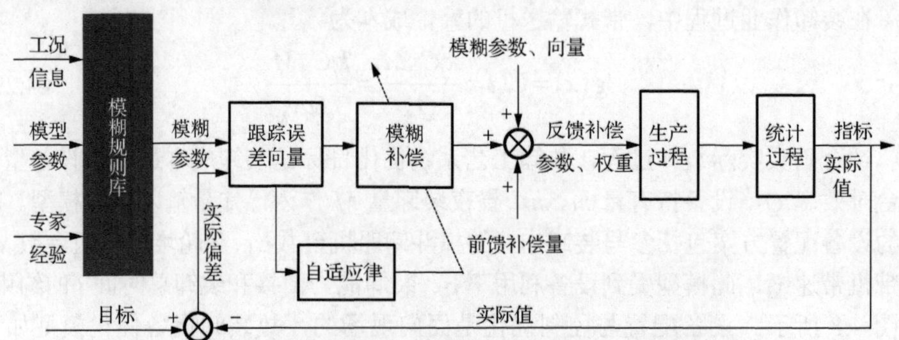

图 4.3（c）　反馈统计控制补偿子系统（扫描封底二维码查看彩图）

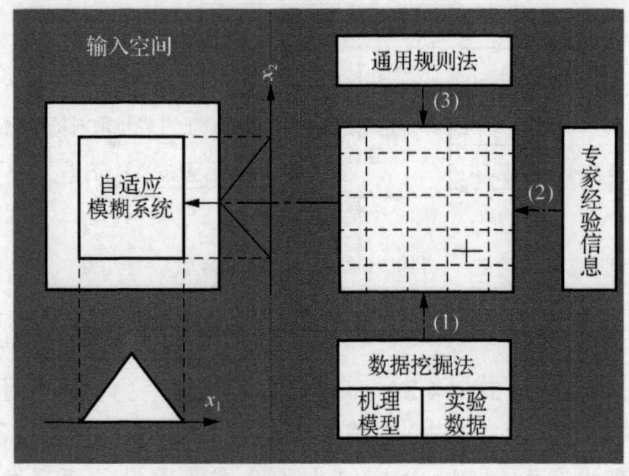

图 4.3（d）　数据挖掘模糊规则库（扫描封底二维码查看彩图）

1. 反馈补偿系统

反馈补偿原理是由系统输出的实际值，通过检测装置的测量，把其中的全部或一部分返回至系统输入端后与系统输入的目标值进行对比，如果出现误差（目标值-实际值），就根据误差对系统进行校正，由此形成了一个基于反馈补偿的闭环控制系统。闭环控制系统与开环控制系统的主要差别即**闭环控制系统有一条从系统输出端经过测量元件到输入端的反馈通道**。

基于反馈补偿的闭环控制系统有非常多的优点。

（1）使系统调控更加稳定。当码头生产过程中外部环境突然有了干扰或生产过程本身的参数有了变化时，矿石码头生产的生产计划指标要想达到预定的目标值就有可能难以实现，而如果使用反馈补偿，则可以有效减少这种误差。

（2）反馈补偿闭环系统使得以后添加控制操作简便容易。在保持原工艺指标设定系统整个框架不发生变化的基础上，添加反馈补偿器，不仅能很好地继承原有矿石码头生产指标编制计划体系给出的工艺指标值的设定值，而且能使编制计划体系达到一个**在线实时控制**的效果。

针对当前生产的实际变化情况不能通过矿石码头生产指标编制计划给出的工艺指标的设定值来进行反映，使得工艺指标设定值出现不能适应现场生产环境的现象，本节给出了在其原来的工艺指标设定系统上添加基于反馈补偿的工艺指标调整方案。其反馈补偿结构如图 4.9 所示。在经典数学极限理论中，函数极限的概念一般给定如下：当自变量处于某种变化过程时，对应的函数值如果无限接近某个确定的数，则这个确定的数就称为在这一变化过程中函数的极限。可知，极限与自变量的变化过程密切相关，不同自变量的逼近过程，会使函数的极限有不同的表达形式。当 $x \to x_0$ 时，函数的极限定义为 $\lim\limits_{x \to x_0} f(x) = A$ 。相应的 $\Delta x = x_0 - x$ 为自变量的增量，$\Delta f = f(x_0) - f(x)$ 则是函数值的误差。假设矿石码头某月作业量与时间的关系为 $f = I(t)$，而且每一时刻的值是连续的，如图 4.10 所示。

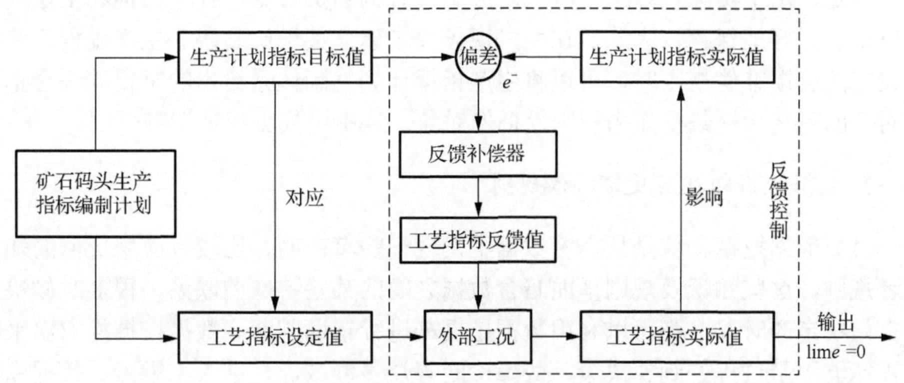

图 4.9 矿石码头工艺指标反馈补偿图

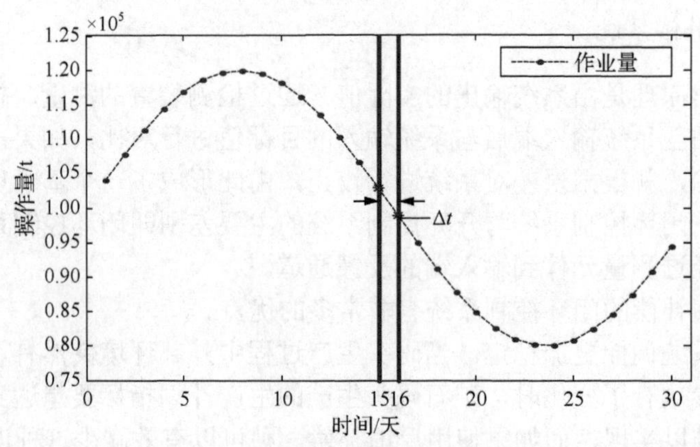

图 4.10　指标增量反馈图

根据极限理论，从图 4.10 中可以看出在一个很小的时间段内，可把 t_1 时刻的函数值 $I(t_1)$ 当作目标值，t_2 时刻的函数值 $I(t_2)$ 当作实际值，$\Delta f = I(t_1) - I(t_2)$ 则为时间段 $\Delta t = t_2 - t_1$ 内的函数误差，Δt 为需要在线控制的时间间隔。当 $\Delta t = 0$ 时，即不需要做任何调控，说明此时的生产计划指标的实际值和目标值一致，此时为理想工况条件下的前馈预测控制；当 $\lim \Delta t \neq 0$ 时，则说明生产计划指标的实际值和目标值存在偏差，需要进行实时在线补偿调整，这就需要从大量数据中挖掘出对应于工艺生产指标反馈误差 Δf 的工艺生产指标反馈调整方案，即反馈补偿控制。

矿石码头生产过程的各项工序指标之间明显非线性，关系复杂，故难于建立数学模型。因此，过去我国大多数矿石码头对于生产过程中产生的大量历史数据，一般都是拿去做一些基础的报表。而使用基于粗糙集的数据挖掘技术，可以完全排除人为干预的因素，自动从大量历史数据中发现知识或规则，对各工艺指标进行及时调整，从而让生产计划指标的实际值可以处于目标值范围内。

但是，由于实际现场生产中，对应于每时刻的实时生产计划指标和工艺指标数据未能很好地保存，因此，在生产现场尚未建立关于矿石码头生产过程工艺指标设定的反馈补偿规则时，可以将生产指标计划编制体系给出的每日的综合指标与对应的工艺指标数据作为规则挖掘的对象，从中寻找出反馈调整规则。

2. 数据挖掘粗糙集反馈补偿规则

（1）数据挖掘。就是从众多数据中发现一些潜在的、比较有应用价值的知识或者规则，这些知识及规则里面暗含数据之间的某些特殊的联系。很多时候决策者在做决定的时候，都可以利用数据挖掘来进行辅助判断。数据挖掘提取出来的知识能够用于过程控制、决策、故障诊断等众多领域，是继人工智能、数据库等之后发展起来的一门重要学科[93,95-97]。

（2）粗糙集。“粗糙集是泛化的模糊集”，粗糙集是 1982 年由 Pawlak[124]提出的一种数据推理方法，其具有不依赖样本数据之外的先验知识而真实反映数据本身所隐藏的信息得到问题内在规律的独特优势。粗糙集（rough set）是一种天然的数据挖掘方法，其理论的核心就是通过知识约简，对问题的进行属性约简，找到决策或者分类规则，并且能够保持原来的分类能力不改变，被广泛地应用于数据挖掘领域，是处理不确定性与不一致性问题的新型数学技术。其不需要数据之外的经验知识，只依据数据的内部联系就能够从大批量的数据中挖掘出知识和规则。无论基于粗糙集理论的数据挖掘是被用来解决什么问题，最终目的都是要从众多的数据中得到隐藏的、有价值的、不易被直接发现的知识[95-97]。

就研究矿石码头生产过程来看，粗糙集主要优势在于不需建立准确的数学模型，甚至是高精度的数学模型过程，只需分析码头生产指标计划编制体系制定的生产数据，从中找出工艺指标调整量与生产计划指标增量之间对应的内在联系，进而得到反馈补偿规则对工艺指标进行调整[121]。

（3）关联规则。在众多关于数据挖掘算法的研究中，关联规则被关注得最多，也是最有影响力的一类。关联规则所关注的是存在于数据之间的相互影响的特性，因此可以得到这样的相互关系：从一个数据对象的某些信息来推断此对象的另一些数据的信息。该方法最早于 1993 年由 Agrawal 等[125]在对市场购物篮问题进行分析时提出，用以发现商品销售中不同商品之间的联系规则问题，如众所周知的啤酒和尿布的问题。关联规则能够发现存在于数据库中属性间的联系，由于这些联系是潜在有用的、隐藏的，故不能单纯地利用数据库统计方法得到。关联规则表示在一个信息系统中某种属性会与其他属性产生对应关联特征，即当知道其中某条属性的值，就能推导出与其有联系的其他属性的值。基于以上特点，研究关联规则的算法越来越多。

（4）时态数据。在对关联规则算法的探索中，基于时间变化的时态数据库的研究也是一个热点问题。时态数据是数据信息中非常重要的一种类别，这类数据中包含着许多潜在的关于数据变化的趋势和它们增量之间相互关系的规律[126]。

因研究的数据对象是生产指标计划编制体系制定的每日的综合指标和对应工艺指标的数据，属于时态数据的范畴；与此同时，基于粗糙集的数据挖掘方法特别关注条件属性和决策属性之间的关联特征，希望可以根据一组条件属性值得出最终决策属性的取值。由于矿石码头生产过程的各项工序指标之间的关系非常复杂，具有明显非线性特征，很难单纯地人工总结或者建立数学模型。若使用基于粗糙集的数据挖掘技术，可完全排除人为干预的因素，自动从大量历史数据中发现知识或规则。最后，可利用它们对各工艺指标进行及时调整，从而让生产计划指标的实际值处于目标值范围内，故提出以下时态数据库中增量关联规则的模型。

3. *矿石码头生产中增量关联规则的基本模型*

首先，设 $P=\{P_1,P_2,\cdots,P_n\}$ 为数据的属性集，t 为时间属性。$\forall P_i \in P$，F_{ij} 表示属性 P_i 在 j 时刻的值，那么 $\{F_{ij},F_{ij+1}\}$ 满足相邻关系。其中 $i=1,2,\cdots,n$；且定义 $\Delta F_{ij}=F_{ij+1}-F_{ij}$ 为属性 P_i 在 j 时刻的增量。然后定义二元组 $E_{P_i}=<F_{ij},\Delta F_{ij}>$，表示属性 P_i 的值为 F_{ij}，而且增量为 ΔF_{ij}，最后得到矿石码头生产中的增量关联规则模型。

给出一个由生产指标计划编制体系制定的每日的综合指标和对应的工艺指标数据表。$P=\{P_1,P_2,\cdots,P_n\}$ 为数据表的属性集，$F=\{F_1,F_2,\cdots,F_n\}$ 为数据表的值域集，将属性集 P 分成条件属性集 T 和决策属性集 D，对于矿石码头生产过程而言，条件属性集 T 主要是吞吐量、成本等生产计划指标及其增量，决策属性集 D 则为各个工艺指标。

设 $\Delta T=\{\Delta T_1,\Delta T_2,\cdots,\Delta T_n\}$，$\Delta D=\{\Delta D_1,\Delta D_2,\cdots,\Delta D_n\}$，$\Delta T_i$ 为条件属性 T_i 的增量，ΔD_i 为决策属性 D_i 的增量。那么增量关联规则模型为

$$\text{If } T_i=F \text{ and } \Delta T_i=\Delta F,\ \text{then } \Delta D_i=\Delta F' \tag{4.30}$$

即当条件属性 T_i 值为 F，并且它的增量 ΔT_i 为 ΔF 时，决策属性 D_i 的增量必定为 $\Delta F'$。

反馈调节规则的目的是让实际值与目标值的偏差更小，故需要把工艺生产指标配置数据按增量的相反方向进行调整，即 ΔD 取相反方向的值，因此反馈规则模型为

$$\text{If } T_i=F \text{ and } \Delta T_i=\Delta F,\ \text{then } \Delta D_i=-\Delta F'$$

在本节中条件属性吞吐量和成本的值为连续的，根据嵌套闭区间理论，由于闭区间上点集的不可数性，不可能找到对应于所有连续点的变动调整规则。因此，当需要挖掘出属性间的关联关系时，应将属性值进行离散化，即把某个属性为连续的值，对应分割成若干个离散的区间，如果这个属性值落入其中一个区间，那么与这个区间对应的编码即为此属性离散化后的值。而后采用数据离散化之后的属性值，通过属性简约，挖掘出反馈补偿规则。

（1）数据离散化。当采用粗糙集方法对决策表开展数据挖掘工作时，决策表中的属性值形态一定是离散值。因此，如果决策表中的属性值是连续的，那么在挖掘的过程中就需要将这些属性值进行数据离散化。连续属性的离散化是粗糙集方法中一个关键的环节，而且它在整个数据挖掘技术中也发挥着比较重要的作用。从本质上看，在数据挖掘中，对数据进行离散化处理，即为在保证决策表分类能力不发生变化的条件下，利用最少的断点把连续属性的值域划分为离散的若干个

区间，最后把连续属性值映射到各个区间对应的离散编码上。对连续属性值进行离散化处理，可大大减少属性值个数，减少数据的存储空间和运算复杂度，相应的数据挖掘操作也变得更为简单，进而提高规则获取的效率。

设有决策表 $S=<X,T\cup D,F,f>$，决策属性 D 的种类个数为 $r(D)$，对于一个连续值属性 b，其中 $\forall b\in T$，假设其属性值的值域为 $F_b=[b_{\min},b_{\max}]$，F_b 上的某个断点标记为 C^a，离散化即产生一组断点集 $\{C_0^a,C_1^a,\cdots,C_n^a\}$，对属性值 F_b 进行区间划分，得到 F_b 对应的一个区间 C^a 如下：

$$\begin{cases}C^a=\{[c_0^a,c_1^a],(c_1^a,c_2^a],\cdots,(c_{n-1}^a,c_n^a]\}\\ b_{\min}=c_0^a<c_1^a<\cdots<c_n^a=b_{\max}\\ F_b=[c_0^a,c_1^a]\cup(c_1^a,c_2^a]\cup\cdots\cup(c_{n-1}^a,c_n^a]\end{cases} \tag{4.31}$$

式中，n 为离散化的区间数。根据上式可得，离散化的最终目的是找出一簇适当的断点集 C^a，使得全部连续属性最后都能满足下面这种效果：

$$f'(x,b)=i\leftrightarrow f(x,b)\in(c_i^a,c_{i+1}^a] \tag{4.32}$$

式中，$x\in X, f(x,b)$ 为 x 在连续属性 b 上的取值，i 为将属性 b 离散化之后的编码，$i=0,1,2,\cdots,n$，可以得到一个新的决策表：

$$S'=<X,T\cup D,F',f> \tag{4.33}$$

对于同一个决策表，采用不同的离散化方法，会产生不同的离散化效果。科研人员们已证实，对于连续属性进行最优离散化处理是一个 NP 难问题（NP-hard problem）[127]，故对于不同的问题，都存在相应适合它的离散化方法。

由于需处理的维数和数量都较多，故采用类属性关系最大化（class attribute interdependence maximization，CAIM）算法进行数据离散化。该算法综合考虑类与属性之间的相关性，以最大化相互依赖性和最小断点数为目标来选择合适的切断点，能很好地保持数据的内在结构。CAIM 的思想是对包含 M 个实例和 S 个决策类的决策表利用断点区间将属性 a 划分为 n 个区间 $\{[d_0,d_1],(d_1,d_2],\cdots,(d_{n-1},d_n]\}$ 属性 a 的每一个连续值都会被划分入相应的区间，并被赋予 1 个离散的值，完成离散化。决策类和连续属性 a 的离散断点集合的二维矩阵如表 4.1 所示。

$q_{ir}(i=1,2,3,\cdots,S;r=1,2,\cdots,n)$ 表示实例中属于第 i 类同时属于$(d_{r-1},d_r]$的个数，M_{i+} 是属于第 i 类的实例个数总和，M_{+r} 是区间 $(d_{r-1},d_r]$ 个数总和表示总的实例个数。该算法的目标函数：

$$\mathrm{CAIM}(C,D|F)=\frac{\sum_{r=1}^{n}\frac{\max^2{}_r}{M_{+r}}}{n} \tag{4.34}$$

表 4.1　离散断点集合二维矩阵表

类（class）	间隔（interval）					类总数 (class total)
	$[d_0, d_1]$	…	$(d_{r-1}, d_r]$	…	$(d_{n-1}, d_n]$	
C_1	q_{11}		q_{1r}		q_{1n}	M_{1+}
…	…		…		…	…
C_i	q_{i1}		q_{ir}		q_{in}	M_{i+}
…	…		…		…	…
C_s	q_{s1}		q_{sr}		q_{sn}	M_{s+}
间隔总数 (interval total)	M_{+1}		M_{+r}		M_{+n}	M

CAIM 越大说明类和属性的依赖度越高，$\max_r$ 表示属于区间 $(d_{r-1}, d_r]$ 的最大的 q_{ir}，n 表示区间个数，$\sum \frac{\max_r}{M_{+r}}$ 代表不属于 q_{ir} 所在类的元素对最大类和属性依赖度的消极影响。当 $\sum \frac{\max_r}{M_{+r}}=1$ 时说明在区间 $(d_{r-1}, d_r]$ 的个体都属于第 i 类，此时分类效果最好。

（2）属性简约。常用的属性约简算法有：差别矩阵法、信息熵的属性约简算法、代数观与启发式的属性约简算法。差别矩阵法利用差别矩阵导出差别函数，然后求其析取范式，这种算法直观易理解，但需完成从合取范式转化到析取范式，所以算法效率较低。信息熵的属性约简算法通过对属性重要度度量方式的更改完成了对启发式算法的改进，其收敛性还有待研究，且不能保证搜索方向不会落入局部最优。代数观由波兰数学家波拉克（Z. Pawlak）提出，约简前后只需保证正域元素不变即可。目前，代数约简多采用启发式思想，启发式思想分为两类，即基于属性重要度和基于属性依赖度。由于基于属性依赖度的启发式算法的时间性能较好，因此本节主要采用此类算法。

设有一决策表 $S=<X, T\cup D, F, f>$，决策属性 D 在条件属性 T 划分下的正域为 $\mathrm{POS}_T(D)$。根据下近似的概念，正域 $\mathrm{POS}_T(D)$ 是论域中所有由条件属性 T 能够准确划入决策属性 D 的等价类对象集合。定义 $r_T(D)$ 为决策属性 D 对条件属性 T 的依赖度：

$$r_T(D)=\frac{\mathrm{Card}(\mathrm{POS}_T(D))}{\mathrm{Card}(X)} \tag{4.35}$$

4. 编程过程

（1）编码。本节需要求得的最终结果为属性约简组合，由可辨识矩阵的性质可知，如果把所有的条件属性的约简都列举出来，则相应的计算量和所需的空间存储量都会很大，因此编码只适合非常小的数据集。本节采取实数编码，将条件属性用[0, 1]之间的数来度量：0 表示删去此条件属性，1 代表保留此属性，(0, 1)则按随机概率删去或保留。

（2）适应度函数的设立。本章的目标函数分为 3 部分：

$$\mathrm{Obj} = at\arg et1 + bt\arg et2 - ct\arg et3 \tag{4.36}$$

$$t\arg et1 = \mathrm{DependencyDegree}(U, T\_\mathrm{reduct}, D) \tag{4.37}$$

$$t\arg et2 = (\mathrm{length}(x) - \mathrm{sum}(x)) / \mathrm{length}(x) \tag{4.38}$$

$$t\arg et3 = \mathrm{sum}(\mathrm{abs}(x(x-1))) / \mathrm{length}(x) \tag{4.39}$$

其中，式(4.37)表示决策属性 D 对条件属性 T_reduct 的依赖度为 $r_T(D)$，$r_T(D)$ 越高越好；式（4.38）表示条件属性 T_reduct 中 0 元素（即被约简的属性）所占比例，0 元素越多，说明被约简的属性越多，约简的效果越好；式（4.39）表示染色体 x 的数值离 0、1 确定性的距离，距离越近说明染色体 x 能达到的可信度越高，故目标函数中加负号。a、b、c 为 3 个目标函数相应的权重系数，把 3 个目标组合在一起，更适用于粗糙集算法属性约简的实际情况。

遗传算法（genetic algorithm，GA）是模拟生物进化论的自然选择和遗传学机理的生物进化过程的计算模型，是一种通过模拟自然进化过程搜索最优解的方法[101,102]。主要通过适应度函数来衡量编码过程中种群个体对目标函数的适应度，一般用于求解的问题模型为最小化，因此本节中适应度函数取目标函数的相反数。

$$\mathrm{Fitness} = -at\arg et1 - bt\arg et2 + ct\arg et3 \tag{4.40}$$

（3）选择。GA 主要依据自然界优胜劣汰的方式，通过比较个体适应度函数值的大小进行个体选择，个体适应度函数值越大，被选择而保留到下一代的概率则越大，反之，就容易被淘汰。在选择方法上常用的有适应度值比例法、锦标赛选择法、精英个体保留策略，而本节采用的是适应度值比例法。

（4）交叉和变异。交叉和变异是遗传算子中两个非常重要的步骤。交叉算子因其全局搜索能力而作为主要算子，变异算子为辅助算子。交叉操作是指通过某种给定的规则，将两个父代染色体中的基因位相互交换，从而产生下一代染色体。变异操作则是按一定的变异概率，使种群中某条染色体中的个别基因位发生改变。常用的交叉方法有单点交叉、多点交叉和分散交叉，本节借用分散交叉产生下一代。变异操作通常实现的是基因突变，本节使用二进制编码的个体变异原理：按变异概率 p_m，选取群体中某个染色体的一个基因位，对此基因位上原来适度数值，转换为其相反方向的重要度数值 $1-X_i$。

（5）终止条件的判断。对于每个算法都需设定一定的终止条件，本节选取的终止条件为：①最大进化代数。设置算法最大迭代次数为 100 代。②适应度函数值限制。当种群中的最优个体的适应度函数值大于或等于选取全部条件属性 T 时的适应度函数值，算法终止。③停止代数和适应度函数值偏差。在停止代数的范围内，适应度值的加权平均值变化小于适应度函数值偏差，算法停止。

简化流程如下：

步骤 1，根据原始数据离散化，得到决策表 $S=<X,T\cup D,F,f>$。

步骤 2，对每一个决策属性 D_i，计算 D_i 基于原始条件属性 T 的正域 $\mathrm{POS}_T(D_i)$。

步骤 3，GA 迭代。①产生初始种群，计算 GA 的适应度函数 Fitness。②选择、交叉、变异，进而产生新种群。③判断是否满足终止条件。是，继续步骤 4；否，回到①。

步骤 4，GA 终止，得到对应于每个决策属性 D_i 的最优属性约简组合 T_reduct。

步骤 5，规则挖掘，得到基于支持度的对应于每个决策属性 D_i 的反馈规则。

4.6 实 例 验 证

4.6.1 对象描述

A 港是目前可靠泊最大矿石船的天然良港，拥有 1 个 30 万 t 级的卸船泊位，吃水深达 23m，1 个 15 万 t 级的转水泊位，吃水 17.5m。经预测该港某月计划吞吐量 Q 为 205 万 t。码头年营运日数为 295～300d，在港船辅助作业时间为 6h，昼夜非生产作业时间为 3h，堆场年营运日数为 360d，矿石在港平均堆存期为 30d。由该港相关资料和钢厂订单可知，进口铁矿石主要分为 3 类，即巴西矿、澳大利亚矿和印度矿，各铁矿石的 1 月吞吐量如图 4.11 所示。由矿石码头年总成本构成可知月固定成本为 2583 万元，单位可变成本 21.2 元/t。各种矿石 i 的单位装卸成本、单位堆存成本、单位港务操作成本如表 4.2 所示，每种矿石的月总量限制 Q 和各计划期矿石总量限制 q 分别如表 4.3、表 4.4 所示。

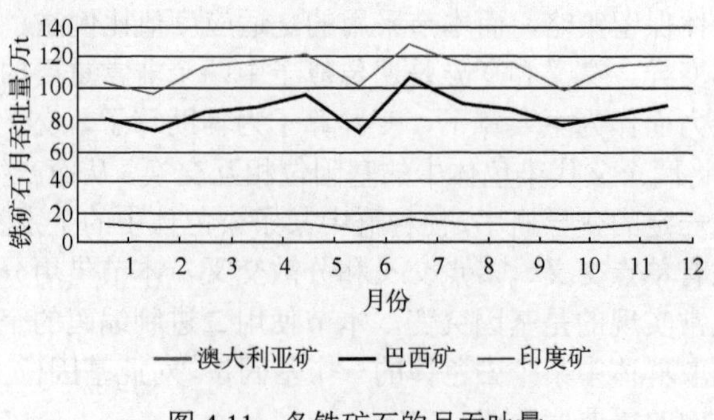

图 4.11　各铁矿石的月吞吐量

表 4.2 单位装卸/堆存/港务操作成本 单位：元/t

i	单位装卸成本	单位堆存成本	单位港务操作成本	合计
1	17.3	0.32	0.39	18.01
2	16.7	0.29	0.32	17.31
3	15.6	0.23	0.3	16.13

表 4.3 每种矿石月总量限制

单位：万 t

i	Q		
	巴西矿	澳大利亚矿	印度矿
1	130	83	35
2	80	55	0

表 4.4 各计划期矿石总量限制

单位：万 t

	q		
	t=1	t=2	t=3
$r_1(t)$	50	72	65
$r_2(t)$	92	105	100

4.6.2 优化方法仿真验证

第 1 步：将 ERP 计划系统的综合生产指标优化分解至下层 MES 的工序指标， $\boldsymbol{\alpha(t) \to \beta(t)}$ [120]。用式（4.1）求解，得出表 4.5 不同计划期（旬）每种铁矿石的计划装卸自然吨（t）。求解得出最小成本值为 10706 万元，比较符合矿石码头的实际运营成本。各抓斗卸船机生产能力如表 4.6 所示，旬度作业计划期的时间段以日计算，共 10 日。

表 4.5 每旬每种矿石的操作量

单位：t

t_1	操作量			
	i=1	i=2	i=3	合计
1	290000	200000	100000	590000
2	500000	150000	90000	740000
3	290000	300000	130000	720000

表 4.6 各种抓斗卸船机生产能力

单位：t/d

t_2	E_k
1	60000
2	66000
3	66000
4	43200

第 2 步：再将 MES 调度系统的工序生产指标优化分解为下层 DCS 的工艺指标， $\boldsymbol{\beta(t) \to \gamma(t)}$ [120]。利用第 1 步得出的旬作业计划（表 4.5）作为式（4.2）的输入，采用非线性动态惯性权重调整策略（nonlinear inertia weight with dynamical adaption）粒子群优化（particle swarm optimization，PSO）算法[101,102]求解（10.3

节论述该算法）。根据仿真结果，算法参数设置为：微粒群规模 M=50，最大迭代数 MaxIter=100，最大速度 $V_{max}=10000$，惯性权重 $W_{start}=0.9$、$W_{end}=0.4$，$c_1=c_2=2.0$，利用以上参数值来控制算法，在迭代 100 次以内就得到了很好的收敛。

由图 4.12 各种群规模的迭代寻优过程可以看出：$M=20$ 时算法过早收敛，陷入了早熟；$M=50$ 时寻优效果较好，故设 $M=50$。对固定惯性权重（FIW）、线性递减惯性权重（LIW）、非线性动态惯性权重（NIW）这 3 种惯性权重调整策略进行选择，寻优结果如图 4.13 所示，仿真结果比较如图 4.14 所示，求解结果如表 4.7 所示。从图 4.13、图 4.14 中可以看出，独立运行 15 次之后，3 种调整策略都能多次达到最优值，从表 4.7 结果可以看出采用 NIW 的 PSO 求解结果更加理想，最优值更符合现实意义。

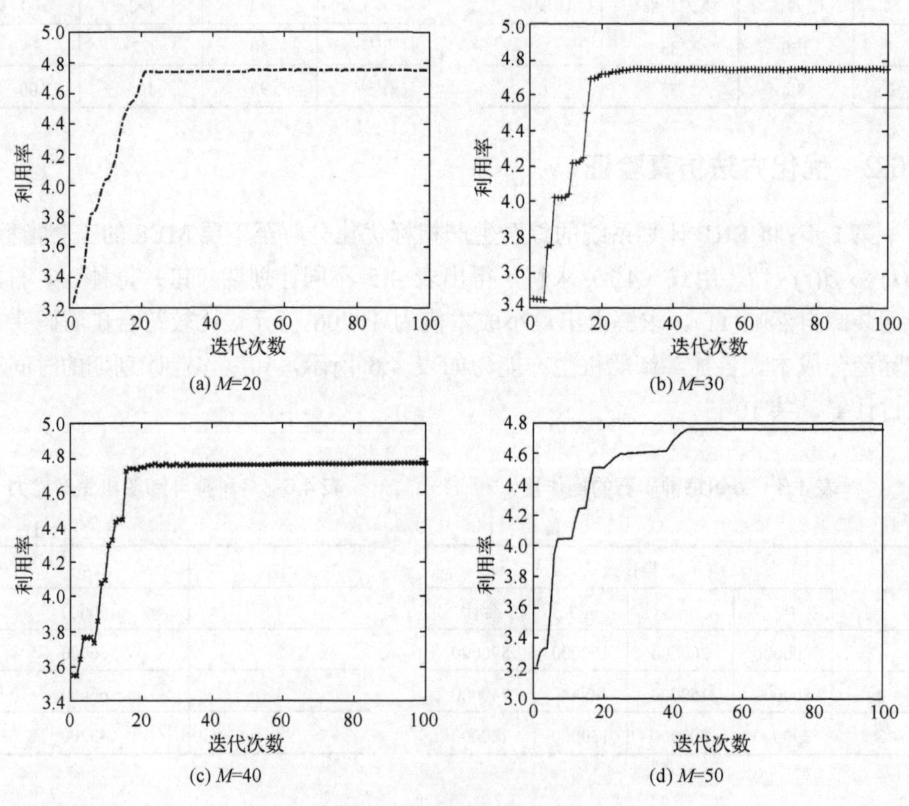

图 4.12　迭代寻优过程

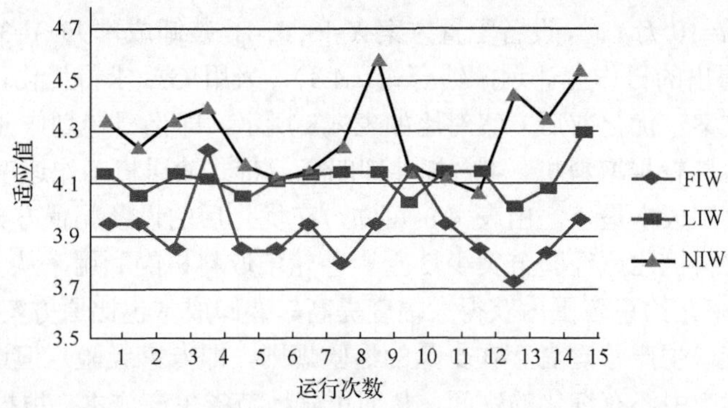

图 4.13 寻优结果

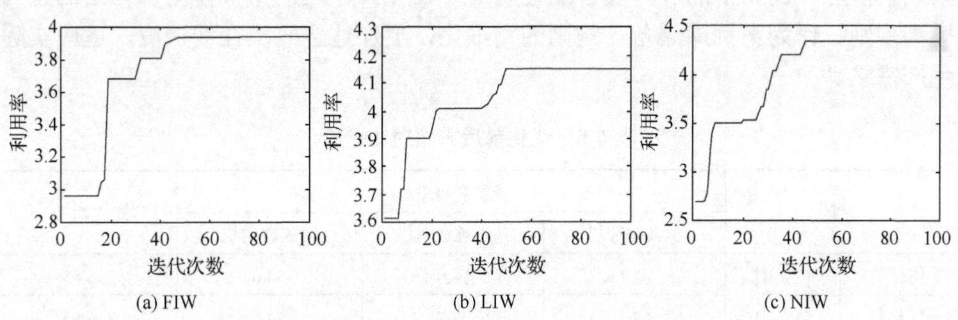

图 4.14 三种算法迭代寻优过程

表 4.7 每日每台抓斗卸船机的矿石操作量 单位：t

t_2	K=1	K=2	K=3	K=4
1	17904	16969	24149	20934
2	14548	22182	11528	11047
3	9675	19874	17007	22357
4	10021	21200	16680	23621
5	17221	23489	24982	24137
6	10579	26111	12185	18323
7	19353	18644	21638	24694
8	15583	16050	29454	13688
9	11037	17942	17170	16299
10	18279	21739	29407	12300

第 3 步：继续将 DCS 控制系统的工艺生产指标优化分解为设备控制参数，$\boldsymbol{\gamma}(\boldsymbol{t}) \to \boldsymbol{y}(\boldsymbol{t})$[121]。当 A 港带式输送机的带宽为 1600mm、物料线密度 q=530kg/m，

昼夜装卸量 M=10 万 t 时，设备配置方案 X=[3, 4, 4]，装卸成本 $F(x)$=356.534 万元。利用第 2 步得出的日作业计划，结合式（4.3），采用 GA 求得优化，得到码头设备配置优化方案，优化前后方案对比如表 4.8 所示，即当日计划作业量为 10 万 t 时，使用 2 台斗轮堆取料机，4 台抓斗卸船机，带式输送机工作速度 4m/s，使得矿石码头的装卸成本最小。由表 4.8 可知，在优化后的设备配置方案中，投入作业的斗轮堆取料机比原经验方案少 2 台，斗轮堆取料机的利用率从 16.9%上升至 41.7%，利用率在约束范围内获得大幅度提高，装卸成本也比原方案少 40 万元。

规则细化：港口生产管理者存在少量的经验规则，即专家经验，但这种规则梯度大，在实际生产中还有细化的空间，从而更好地节省生产成本。根据 A 港昼夜装卸任务的实际情况，日装卸任务量在[5,12]内，以 1 为梯度，分别代入模型并将结果归纳整理，建立新的装卸设备配置规则（表 4.9）。运用本节模型优化出的系列模糊规则，作为案例库储备。规则的精细化，更加适合码头在线调度，适应实际生产需求。

表 4.8　优化前后方案对比分析

方案		设备利用率/%			装卸成本/万元
		抓斗卸船机	斗轮堆取料机	带式输送机	
优化前	[3,4, 4]	65.1	16.9	54.6	356.53
优化后	[3,2, 4]	67.1	41.7	54.6	316.53

表 4.9　A 港装卸工艺设备配置新规则

装卸任务量/t	抓斗卸船机/台	斗轮堆取料机/台	带速/（m/s）
M＞12	4	4	4
10＜M≤12	3	3	4
7＜M≤10	3	2	3.5
5＜M≤7	2	2	4
M≤5	2	2	3.15

第 4 步：反馈补偿控制规则挖掘[122]。依据生产指标计划编制体系制定每日综合指标和对应工艺指标数据表。$P=\{P_1,P_2,\cdots,P_n\}$ 为数据表的属性集，$F=\{F_1,F_2,\cdots,F_n\}$ 为数据表的值域集，P 由条件属性集 T' 和决策属性集 D 构成，对于矿石码头生产过程，T' 主要是吞吐量、成本等生产计划指标及其增量，D 则为各工艺指标。$\Delta T_i'$ 为条件属性 T_i' 的增量，ΔD_i 为决策属性 D_i 的增量。通过底层生产指标误差的缩小，逐层向上，使总生产指标也得到满足，如表 4.10 所示。

表 4.10 原始数据表

日	作业量/t	增速	利用率		
			抓斗卸船机	斗轮堆取料机	皮带机
1	220	0.34	0.52	0.63	0.40
2	159	−27.73	0.44	0.48	0.32
3	257	61.64	0.66	0.68	0.63
4	280	8.95	0.68	0.72	0.63
5	117	−58.21	0.23	0.19	0.25
6	138	17.95	0.40	0.35	0.32

数据挖掘的步骤：步骤 1，做差，得到增量表；步骤 2，归一化，用于粗糙集计算；步骤 3，用粗糙集算法进行属性约简；步骤 4，数据挖掘得到控制规则。得出的反馈规则如以下格式：

$$\text{If } \gamma = A \text{ and } \Delta\gamma = B, \text{then } \Delta y(i) = C$$

已知当前工序指标γ和其增长量$\Delta\gamma$，即可知如何调整生产工艺指标Δy，使得下一个生产工序指标满足预测值。依此类推，可实现实时在线反馈补偿控制。数据挖掘的结果如表 4.11～表 4.14 所示，其中t为时间，T_i'为作业量，$\Delta T_i'$为作业量增量，ΔD_i为设备操作增量，U表示规则序号。**规则解释**：表 4.14 第 1 行表示，若铁矿石作业量目标值为[88,191)，目标值与实际值误差为[−72,58)，铁矿石作业量增长速度误差为[91,254.3)，则工艺指标岸桥、皮带机、斗轮堆料机的调节值分别为[−0.39,−0.10]、[−0.38,−0.07]、[−0.53,−0.25]，依据历史数据，取工艺指标的调节值中间值−0.25、−0.24、−0.39，即对应该设备相应减少其绝对值。

表 4.11 步骤 1 增量关联指标表

t	T_1'	$\Delta T_1'$	T_2'	$\Delta T_2'$	ΔD_1	ΔD_2	ΔD_3
1	220	−61	0.34	−28.07	−0.08	−0.08	−0.15
2	159	98	−27.73	89.37	0.22	0.32	0.20
3	257	23	61.64	−52.69	0.02	0.00	0.04
4	280	−163	8.95	−67.16	−0.45	−0.38	−0.53
5	117	21	−58.21	76.16	0.17	0.06	0.16
6	138	188	17.95	118.28	0.38	0.35	0.30

表 4.12　步骤 2 归一化

t	T_1'	$\Delta T_1'$	T_2'	$\Delta T_2'$	ΔD_1	ΔD_2	ΔD_3
1	2	2	1	2	2	2	1
2	1	3	1	2	1	3	2
3	2	2	2	2	2	2	2
4	2	1	1	2	3	1	1
5	1	2	1	2	1	2	2
6	1	3	1	3	1	3	3

表 4.13　步骤 3 用粗糙集算法进行属性简约（部分表）

t	T_1'	$\Delta T_1'$	T_2'	ΔD_1	ΔD_2	ΔD_3
1	2	2	1	2	2	1
2	1	3	1	1	3	2
3	2	2	2	2	2	2
4	2	1	1	3	1	1
5	1	2	1	1	2	2
6	1	3	1	1	3	3

表 4.14　步骤 4 数据挖掘得到控制规则

U	T_1'	$\Delta T_1'$	T_2'	ΔD_1	ΔD_2	ΔD_3
1	2	2	1	2	2	1
2	1	3	1	1	3	2
3	2	2	2	2	2	2
4	2	1	1	3	1	1
5	1	2	1	1	2	2
6	1	3	1	1	3	3

图 4.3（d）数据挖掘模糊规则库的构建，能根据作业过程工况变化选择模糊规则库中相应的规则，可在线快捷、准确地形成优化配置，以实现生产过程透明化、精细化管理。

综上，以“港-钢”实际数据进行试验的结果表明，本章提出的“信息流”闭环控制系统，通过运用知识与数据融合的建模、控制与优化方法，实现“**数据-信息-知识-决策**”的转化。“信息流”不落地的闭环传输，实现了 CPS 三层 ERP/MES/DCS“管-控”一体化的纵向集成，即在执行生产调度时主要保证计划分解过程中由“**上→下**”优化目标的**一致性**，以及计划执行过程中由“**下→上**”反馈的**实时性**。与此同时，在执行生产调度时实现了各个工序均衡生产以及物流、信息流畅通的集成优化，为无缝 MES 提出了一种新的理论与方法，亦为港口“智慧大脑”根基建设提供了新理论与方法。

4.7　“智能+”过程之我见

至此，MES 无缝集成方案得以实现（方案与逻辑关联总体结构如图 4.4 所示）。之所以是“无缝”是因为可以根据需要的精细度去调整“**计划→调度→控制**”输入、输出时间变量 t 值的大小。该方案是笔者经过“10 年钢铁+10 年港口+”MES **三路行至至今之果**，看起来门槛高，不易普适，但这正是专家经验知识。在当今数据库存储技术（云）高速发展的环境下，足以实现将专家经验、知识复制存储并高效复用，将所建模型存入模型库，将挖掘的规则存入规则库，将关联数据存入数据库。不同案例通过调整模型参数来应对其个性化，并将所得知识再存储入库，不断丰富模型库、规则库、数据库，通过机器学习、深度学习等提质增效。“机智”的实现要通过软件赋能，而软件的能力是存储人类的智慧知识，这种“人智”转向“**机智**”（**信息、知识转为二进制代码**）的“+智能”循序渐进的过程即为“**港-钢大脑**”“**智能+**”。

从前，企业中的一些宝贵的经验知识会随着老专家的离去而消失。而采用上述方法，不但能够把知识保存起来，避免因人才流失而造成知识链条的断裂，而且还能做到知识复用。因此，MES 无缝集成方案是可以普及的，但在应对不同案例时，还需要人的参与——“人机交互界面”，未来是“人机共生”的世界，让计算机“**+机智**”越来越深度参与管理。

第 5 章 “前港后厂”“链-链”联盟共生与利益分配

21 世纪是信息时代，市场需求的变化遵循摩尔定律和突变定律，无论是跨国企业还是中小微企业，其竞争空间均已处在全球化的层次上。市场竞争环境的复杂与多变，使得企业再也无法靠单打独斗去面对所有环节中的竞争以及快速响应市场需求。

“前港后厂”的“港-钢”“两业融合”的形式，即港口服务业与钢铁制造业之间因异类资源形成共生体，从横向与纵向两个维度拉近服务企业与制造企业之间的关系，破除行业间、区域间的市场壁垒，提高资源配置与复用效率，既带来了企业内效益的增加，又推动了产业间的发展。而将原来相对独立的个体凝结成一个风险共担、利益共享的命运共同体，从根本上形成了产业链的合作联盟。然而，作为两个独立的经济个体，双方在业务、价值取向、经营理念、企业文化等方面存在诸多差异，若没有科学、透明、共生的方法，极易引发企业间的信任危机，影响“前港后厂”的发展。实现联盟长期发展目标的主要途径就是维持联盟稳定，联盟稳定的状态并不是一成不变的，会根据外部环境变化而寻求新的平衡方式，而联盟绩效和利益分配是影响联盟稳定的主要因素。

因此，“前港后厂”要以信息共享为基础，以 ICT 技术为支撑，围绕生产、供应、配送、销售、满足客户需求的一体化流程，从组织、业务流程及信息三个层面加强协同管理能力。“CPS+互联网”可实现信息快速响应、透明化、更具预见性，共同抵御风险，促进联盟的长期稳定，故本章基于共生理论论证共生稳定模式，进而对联盟成员利益分配进行研究，致力于共生、共赢、共发展。

5.1 “前港后厂”供应链“链-链”联盟

5.1.1 港口服务供应链

经济全球化推动市场竞争逐步由企业与企业间的竞争转向供应链与供应链间的竞争。随着国际贸易及经济发展，港口正从以装卸和仓储业务为中心向可提供综合物流等增值服务的第四代港口转型，而港口多元化功能建设使得发展态势较好的港口逐渐出现了以主导产业和相关副业集聚的港口产业集群现象[128]，如图 5.1 所示。从整体上看，港口不再作为一个独立运营的孤立节点，而是与全国乃至世界港口联通，形成战略同盟并发展临港产业区，联合经营、共同发展[129]，这样可在更大范围内调配资源，提高服务效率；同时，“前港”作为货物进出口的关键节点，各国的原材料或产成品通过港口转运至世界各地，逐渐形成以港口服务为中心的“前港后厂”闭环供应链[130]，其服务供应链流程图如图 5.2 所示。

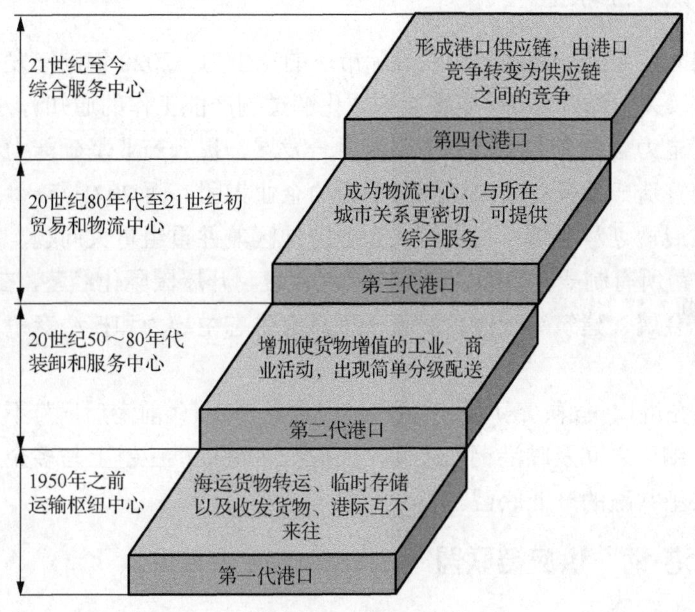

图 5.1 港口发展历程图

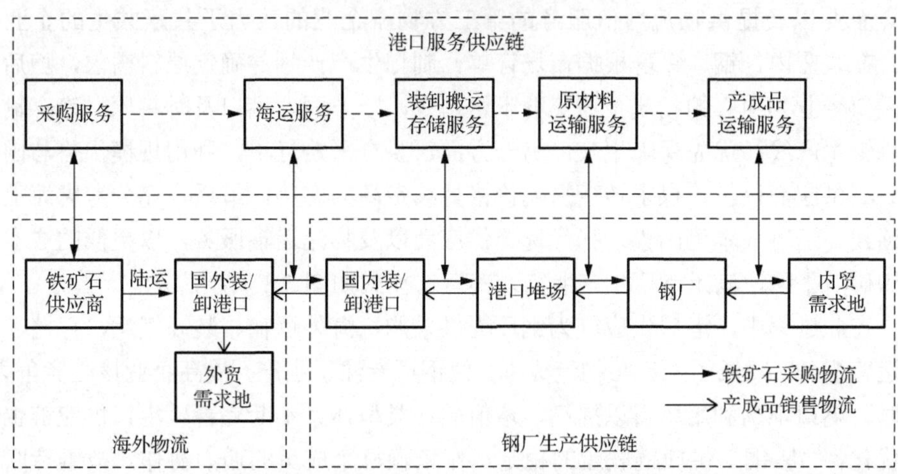

图 5.2 “前港后厂”供应链闭环流程图

港口供应链的发展是建立在完善的市场经济体制与发达的综合运输体系上的，以旺盛的物流需求为基础，注重物流系统资源的整合和现代先进技术的应用，强调物流的全球性服务和计划性、协调性发展。

5.1.2 钢铁产业联盟

与此同时，为提升钢铁产业在国际市场的竞争力，2020 年国家发展改革委等 6 部门下发《关于做好 2020 年重点领域化解过剩产能工作的通知》，指出推动钢铁、煤炭、电力企业兼并重组和上下游融合发展，提升产业基础能力和产业链现代化水平，打造一批具有较强国际竞争力的企业集团。而 2021 年《“十四五”原材料工业发展规划》强调：协调解决企业跨地区兼并重组重大问题，支持企业加快跨区域、跨所有制兼并重组，提高产业集中度，开展国际化经营，在石化化工、钢铁、有色金属、建筑等行业，培育一批具有生态主导力和核心竞争力的产业链领航企业。

因此，在港口集群、钢厂兼并重组的发展趋势下，“前港后厂”不应再局限于单港口和单钢厂之间及临港钢厂之间，而应在多港口供应链上与多企业及多钢厂之间形成共生共赢的产业联盟。

5.1.3 “港-钢”供应链联盟

“港-钢”供应链联盟是以港口集群与钢厂集群为主体，并包含产业链上下游节点企业以及提供物流增值服务的第三方物流企业的致力于共赢共生的企业团体。在联盟内，钢厂集群根据市场订单，制订生产计划并确定原料需求，随后向以港口企业为中心的物流企业集群下达指令，一方面，港口及时将原料库存输送至炼钢生产线，优先保障生产；另一方面，整合采购订单，利用规模优势与国外铁矿石供应商议价，谋求转变采购价格持续走高的态势。最后，充分考虑海上运输路线、运输成本等因素，择优选择供应商以及物流运输服务，以更低的成本完成铁矿石采购，满足钢厂生产所需，其运作模式如图 5.3 所示。

在此过程中，港口供应链为钢厂提供采购、海外运输、装卸搬运、存储、分拨运输服务，降低了生产与物流成本，使钢厂专注于生产，提高企业核心竞争力；同时，港口堆场利用率得以提高，增值服务类型体系不断完善，港口供应链也得到优化。“港-钢”供应链联盟的稳定运作依赖每个成员的通力协作，故维持联盟稳定性及提高联盟成员“黏”性对于“港-钢”“两业融合”的共生共赢共发展十分重要。而共生理论与利益分配方法是维持“港-钢”供应链联盟稳定、促进“两业融合”的理论方法与科学依据。

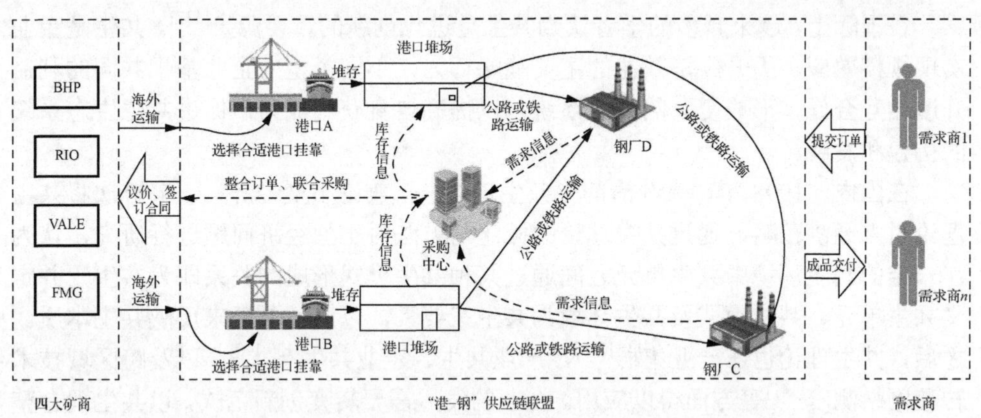

图5.3 “前港后厂”“港-钢”供应链联盟运作模式

5.2 “前港后厂”Logistic共生理论

产业共生是指通过不同企业间的合作，共同提高企业的生存和获利能力，同时，通过这种共生实现对资源的节约和环境的保护。因此，本节运用生态学共生理论对“港-钢”供应链联盟协同管理进行研究，以期为维护企业长期稳定的合作关系提供理论依据与指导[131]。

5.2.1 共生理论与组织模式

1. 共生理论概述

共生的概念最早出现在生物学领域中，1879年，德国真菌学家德贝里（Anton de Bery）首次提出共生（symbiosis）的概念，即不同种群在一起生活所形成的高度相关关系的一种描述。范明特（Famintsim）、布克纳（Prototaxis）将其定义为有共同生存、协同进化、相互抑制关系的不同物种生活在一起。伊莱费尔德（Ehrenfeld）提出了产业生态系统和产业共生的概念，指出企业间可相互利用废物，以降低环境的负荷和废物的处理费用，建立一个产业共生循环系统[132]。Kei-ichi Tainaka等应用洛特卡-沃尔泰拉模型（Lotka-Volterra model）解释了竞争与共生的关系转换[133]。Aihie Osarenkhoe以富士通（Fujitsu）为例，说明富士通可以在其他市场上与其竞争者、供应商形成网络，这种合作不仅仅是为了自己的获益，更是基于共生的目的[134]。共生关系不仅体现企业间、产业间的合作或竞争关系，也反映了企业与环境、社会之间存在共生关系，而这种关系从开放系统的角度来说是固有的[135]。在开放系统中，环境或社会的变化被认为是影响企业功能的因素[136]。

在国际上，越来越多的学者认为共生是进化创新的重要源泉[137]。共生是企业实现规模效应、提升经济效益的主要战略行为，不同类型的企业基于共同的利益开展相互合作，形成复杂的共生系统，以提高自身获利能力，促进共生生态系统的构建和发展。

在国内，1998 年，袁纯清的《共生理论——兼论小型经济》一书首次将共生理论引入经济范畴，通过共生理论的概念与方法对小型经济问题进行研究，认为在一定的共生环境中共生单元之间通过某种共生模式形成的关系即为共生，并定义共生单元、共生模式及共生环境为共生三要素，以此三要素来反映共生本质。之后，共生理论也在产业集群[138]、产业共生、企业共生[139,140]，以及跨区域技术转移网络测度[141]等方面得以应用。企业的发展需要转变创新范式，以共生理念整合企业内外创新资源，通过共创、共享与利益相关方实现协同发展[142,143]。但仍缺乏对企业共生中的企业共生体系的构成、企业共生关系的类型组成、共生模型的构建等问题的研究。

2. 共生组织模式

“前港后厂”共生系统是以港口与钢厂两企业为主体的能够实现物流、信息流、资金流交互的有机体系，系统内共生单元之间的关系主要受共生机制影响。钢厂依靠港口提供的定制化物流服务完善产品服务链，港口企业以钢厂制造需求为导向整合资源优势，二者共存共生。共生单元指在“前港后厂”系统中存在共生关系的经济主体——港口、钢厂两企业，是“前港后厂”共生系统的基本组成要素；共生环境指影响共生单元间共生关系的外部因素，包括经济发展环境、政策法律环境、社会文化环境、科学技术环境及重大事件等。共生关系指共生系统中不同共生单元之间的作用关系，可表现为一种共生行为模式与共生组织模式的组合。其中，共生行为模式表示利润在双方之间的分配，而共生组织模式表示双方合作关系的密切程度。

（1）共生行为的 4 种模式，分别为寄生、偏利共生、非对称性互惠共生和对称性互惠共生。

（2）共生组织的 4 种模式，分别为点共生、间歇共生、连续共生和一体化共生。①点共生体现了共生单元之间的联系具有偶然性和短暂性。②间歇共生具有比点共生稳定的特征，但仍然没有连续性的特点，不能反映出共生单元的必然联系。③连续共生体现共生单元间稳定、必然的联系，能够促进共生系统的演化进程，形成共生单元的多样化合作。④一体化共生指共生单元在一定的时空范围内形成了具有特定功能的共生体，共生关系稳定且有内在必然性。

从理论上来说共生关系应有 16 种组合，如表 5.1 所示。然而，由经济学（理性）的假设，对两个企业而言，不会在其长期合作中出现对一方有利，而对另一方有害或既无利也无害的情况。因此，寄生、偏利连续共生与偏利一体化共生在现实中都是不存在的。通过以上分析，得到现实中共生关系主要有 10 种。很显然，从共生组织模式来看，“前港后厂”模式属于连续共生。

表 5.1　共生关系可能类型

共生状态	点共生 m1	间歇共生 m2	连续共生 m3	一体化共生 m4
寄生 p1	—	—	—	—
偏利共生 p2	S21	S22	—	—
非对称互惠共生 p3	S31	S32	S33	S34
对称互惠共生 p4	S41	S42	S43	S44

5.2.2　构建 Logistic 共生模型

下面将通过对 Logistic 共生模型的分析，对其共生系数进行测定，以判断其共生行为模式。

假设 1：企业产值增长过程均服从 Logistic 增长规律，其中企业产出增长率受企业所处经济、技术环境以及资源的限制和影响。企业产出水平在充分使用可利用资源的情况下仍存在一个潜在的饱和值 K。

假设 2：企业产出水平是 t 的连续可微函数。这里 t 包含所有影响产出水平的因素，如技术、成本等，内涵广泛。

假设 3：企业受种群固有属性影响，其自然增长率 $r>0$，且在观察期内保持不变。

Logistic 方程在描述动植物生长和繁殖过程中得到广泛的应用[144]。其微分形式可表示为

$$\frac{\mathrm{d}x(t)}{\mathrm{d}t}=r(1-\frac{x(t)}{K})x(t),\ \ x(t_0)=x_0 \tag{5.1}$$

式中，r ($r>0$)为种群内部增长率；K ($K>0$)为在一定的资源和环境下种群的最大个体数；x 为当前个体数目；$(1-\frac{x(t)}{K})$ 为可供种群继续增长的剩余空间。

由于社会经济系统与自然生态系统在演化规律上有很大的相似之处，Logistic 模型也被广泛用于研究产业及企业的演化过程。“前港后厂”模式下的港口企业、制造企业的 Logistic 增长模型可表示为

$$\frac{\mathrm{d}x_i(t)}{\mathrm{d}t}=r_i(1-\frac{x_i(t)}{K_i})x_i(t),\ \ x_i(0)=x_{i0} \tag{5.2}$$

式中，$i=1,2$，分别表示制造企业与港口企业。其中 x_1,x_2 分别表示港口企业与制造企业的产出水平；r_1,r_2 分别表示港口企业与制造企业的产出增长率；$\frac{x_1}{k_1},\frac{x_2}{k_2}$ 分别表示港口企业与制造企业在 t 时刻的产出水平占各自能够实现的最大产出水平的比例即自然增长饱和度；$(1-\frac{x_1(t)}{K_1}),(1-\frac{x_2(t)}{K_2})$ 分别表示港口企业与制造企业的产出水平尚未实现部分占最大产出水平的比例，反映在既定约束下自然增长饱和度对企业产出增长的阻滞作用。

由上文分析可知，共生单元之间形成的不同共生关系，对其具有不同程度的影响，从而会表现出不同的共生效应。故引入共生系数 δ 来反映共生效应的大小。其中，制造企业 Logistic 增长模型可表示为

$$\frac{\mathrm{d}x_1}{\mathrm{d}t}=r_1(1-\frac{x_1}{K_1}+\delta_{21}\frac{x_2}{K_2})x_1 \tag{5.3}$$

这里的共生系数 δ_{21} 表示港口企业对制造企业的共生效应。显然，港口企业对制造企业的影响与港口企业的产出成正比，与港口企业的最大潜在产出成反比，$\delta_{21}\frac{x_2}{k_2}$ 反映了港口企业对制造企业的影响程度。港口企业 Logistic 增长模型可表示为

$$\frac{\mathrm{d}x_2}{\mathrm{d}t}=r_2(1-\frac{x_2}{K_1}+\delta_{12}\frac{x_1}{K_1})x_2 \tag{5.4}$$

同样，δ_{12} 表示制造企业对港口企业的共生效应，$\delta_{12}\frac{x_1}{K_1}$ 反映了制造企业对港口企业的影响程度。将式（5.3）、式（5.4）联立，建立两企业 Logistic 共生模型：

$$\frac{\mathrm{d}x_1}{\mathrm{d}t}=r_1(1-\frac{x_1}{K_1}+\delta_{21}\frac{x_2}{K_2})x_1,\quad \frac{\mathrm{d}x_2}{\mathrm{d}t}=r_2(1-\frac{x_2}{K_2}+\delta_{12}\frac{x_1}{K_1})x_2 \tag{5.5}$$

这一模型引进了共生效应项，并用 δ_{21},δ_{12} 的大小表示两企业间相互作用的相对强弱，从而能够准确描述两企业的共生行为模式。由于两企业间共生关系的判定主要因素取决于共生效应的大小，故可通过对共生系数的分析来研究共生行为模式。

对于非对称互惠共生与对称互惠共生两种行为模式，两企业都能从共生系统中获益，故 $\delta_{21}>0,\delta_{12}>0$；当 $\delta_{21}\neq\delta_{12}$ 时为非对称互惠共生，$\delta_{21}=\delta_{12}$ 时为对称互惠共生。对式（5.5）求解得到互惠共生条件下，均衡点为 $P_1(\frac{K_1(1+\delta_{21})}{1-\delta_{21}\delta_{12}},\frac{K_2(1+\delta_{12})}{1-\delta_{21}\delta_{12}})$。

在偏利共生条件下，一方能从共生系统中获益，另一方既无益也无害。因此，

假定共生对制造企业有积极影响，即港口企业对制造企业具有偏利效应$\delta_{21}>0$，而对港口企业无积极的影响，即$\delta_{12}=0$。在偏利共生条件下，得到两企业 Logistic 共生模型：

$$\frac{\mathrm{d}x_1}{\mathrm{d}t}=r_1(1-\frac{x_1}{K_1}+\delta_{21}\frac{x_2}{K_2})x_1,\quad \frac{\mathrm{d}x_2}{\mathrm{d}t}=r_2(1-\frac{x_2}{K_2})x_2 \tag{5.6}$$

对式（5.6）求解得到偏利共生模式下，均衡点为$P_2(K_1(1+\delta_{21}),K_2)$。

为能比较两企业共生发展与独立发展的不同，设定$\delta_{21}=\delta_{12}=0$时，两企业独立发展。

5.2.3 “港-钢”共生机制的案例分析

通过实证分析能够很好地检验上述模型对“前港后厂”共生系统的适用性。表 5.2 中样本数据来源于开展“前港后厂”模式的 A 港和 B 厂各统计年报。

表 5.2 A 港、B 厂两企业产出水平 单位：百万元

企业	1	2	3	4	5	6	7	8	9
A 港	1050.15	1300.40	1610.28	1875.82	2300.80	2696.60	3196.70	3687.11	4086.80
B 厂	56067	57607	59410	61131	63150	65427	67875	70196	72604

令$N_i(0)=a_i$，则公式（5.5）可表示为

$$f(\delta_{ji},K_i)=N_i=\frac{\beta K_i}{1+(\dfrac{\beta K_i}{a_i}-1)e^{-\beta r_i t}} \tag{5.7}$$

式中，$\beta=1+\delta_{ji}\dfrac{x_j}{K_j}$；$a_i$表示第 i 个企业的初始产出水平。这里采用 GA 算法估计式中的参数。算法设计步骤具体过程如下，算法流程如图 5.4 所示。

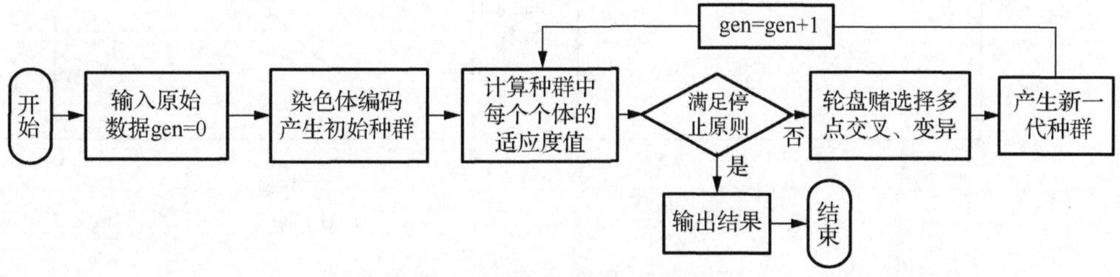

图 5.4 GA 算法流程图

步骤 1：取 Popsize=100，Maxgen=200，P_c=0.6，P_m=0.01，实数编码，生成初始种群。

步骤 2：以函数方差作为函数值来求解参数估计。把函数值倒数作为个体适应度值，函数值越小、适应度越大、个体越优。适应度计算函数为$F[f(x)]=\dfrac{1}{f(x)}$。

步骤 3：用轮盘赌的方式获得下一代，将父代种群中较优个体保留至子代种群。基于适应度比例的选择策略，个体 i 被选中的概率为 $p_i = F_i / \sum_{i=1}^{I} F_i$。

步骤 4：选择双点交叉法操作，对已选染色体 P_1 和 P_2，首先随机选取 2 个切点，再交换 2 个切点间的子串。

步骤 5：按照变异概率 P_m 任选 1 点基因改变其值，生成子代种群。

步骤 6：判断当前迭代次数是否小于 Maxgen，若满足终止条件算法停止，否则转至步骤 2。

根据 Logistic 共生模型及其推导公式，两企业相关估计参数如表 5.3 所示。将表 5.2 中各参数代入式（5.7），求得各企业预测值与实际观测值比较，结果如图 5.5 所示。

表 5.3　企业 Logistic 共生模型结果

企业	B 厂		A 港	
参数估值	K_1	169160	K_2	6770
	δ_{21}	0.5303	δ_{12}	0.4195
	r_1	0.0365	r_2	0.1899

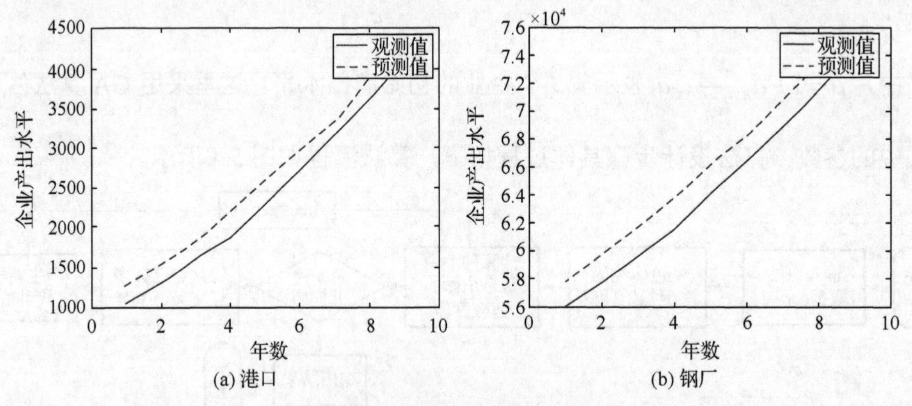

(a) 港口　(b) 钢厂

图 5.5　两企业观测值、预测值拟合程度对比

图 5.5 显示两企业的观测值与 Logistic 模型计算的预测值具有良好的拟合度，说明 Logistic 方程能很好地描述两企业产出水平的增长轨迹。由表 5.3 的数据可知，两个企业的共生系数均大于 0，且不相等，表明两个企业处于非对称互惠共生阶

段。此外，钢厂共生系数大于港口企业共生系数，表明港口企业对制造企业的依赖度小于制造企业对港口企业的依赖度。

5.2.4 Logistic 共生模型仿真

共生的两个企业，其最大生物量因共生体的互利作用而发生变化，企业个体最大生物量的累计增进就是共生能量 E_S。

令 B^*表示企业个体在共生状态下的最大生物量，则有

$$B_1^* = B_1 + \delta_{21}K_2\text{，}\quad B_2^* = B_2 + \delta_{12}K_1 \tag{5.8}$$

$$\Delta B_1 = B_1^* - B_1 = \frac{\delta_{21}^2}{1-\delta_{21}\delta_{12}}B_2 \tag{5.9}$$

$$\Delta B_2 = B_2^* - B_2 = \frac{\delta_{12}^2}{1-\delta_{12}\delta_{21}}B_1 \tag{5.10}$$

$$E_S = \Delta B_1 + \Delta B_2 = \frac{\delta_{21}^2 B_2 + \delta_{12}^2 B_1}{1-\delta_{21}\delta_{12}} \tag{5.11}$$

由共生能量 E_S 公式可知，当存在共生关系的两企业的共生系数越大且越接近时，两个企业个体共生产生的共生能量也会越大。下面通过数值仿真验证其正确性。

根据两企业 Logistic 共生模型，通过数值仿真模拟不同共生关系对两企业发展的影响，结果如图 5.6 所示。x_1, x_2 分别为“前港后厂”模式中的港口企业与制造企业通过迭代 800 次得到的在不同共生关系影响下的产出水平变化趋势。对比图 5.6 中 4 个图可以发现，两企业在独立发展时产出水平最低，在偏利共生条件下，一方企业虽然从共生系统中获得共生能量，使得最大产出水平有所增加，但仍旧低于另外两种共生关系下的产出水平，而且另一方企业由于不能从共生系统中获得共生能量，产出水平保持不变。从长远看来，两企业共生稳定性差，并不能长久维持，不利于两企业的共同发展。

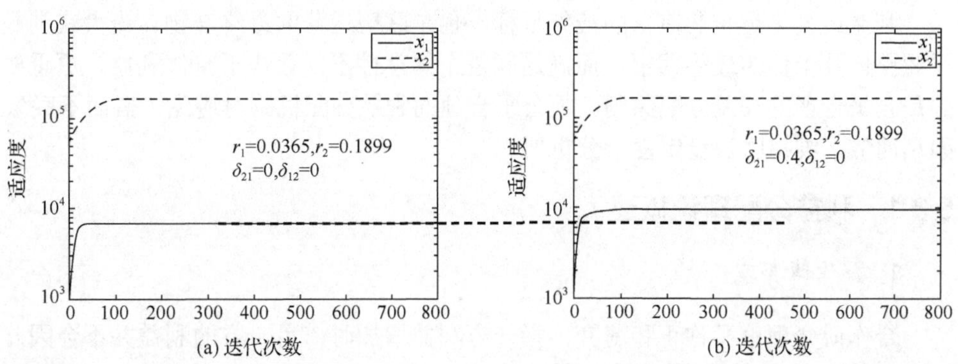

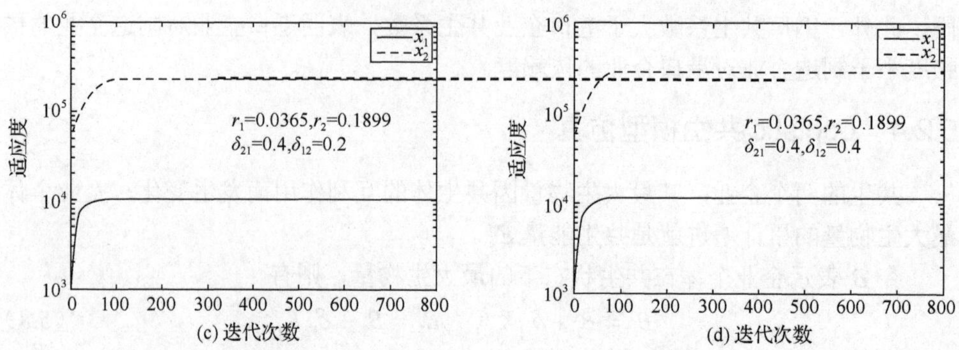

图 5.6　企业间各种关系对比（横坐标为迭代次数，纵坐标为适应度）

在非对称互惠共生条件下，两企业都能从共生系统中获得共生能量，且产出水平均比独自发展时高，两企业可寻求相对较长时间的合作。但由于共生能量分配的不对称，导致两企业产出水平增长不同步，出现异步进化现象，共生稳定性较差，两企业需寻求更高级的共生演进方式。

在对称互惠共生条件下，由于共生单元能获得均衡的共生能量，产出水平比在非对称互惠共生条件下进一步提高，共生稳定性也进一步提高，共生体进入一体化共生。

仿真结果验证了前面假设的正确性，即当存在共生关系的两企业的共生系数越大且越接近时，则两个企业个体共生产生的共生能量也越大，对企业的推动促进作用也就越大。

上述分析表明港口企业与制造企业要想进一步提高产出水平，港口企业须从共生系统获得更多的共生能量以提高港口企业的共生系数，使港口企业与制造企业向更高级的对称互惠共生演化。

5.3 “前港后厂”“链-链”联盟利益分配

利益最大化是企业追求的最终目标，也是联盟运营的最终产物。最大获利是联盟整体及个体的最终期望，而满足联盟个体理性不仅取决于整体利益，更重要的是公平合理的利益分配原则。故公平合理的利益分配机制对避免“盟而不联”、因利而散，维持联盟稳定性十分重要。

5.3.1 利益分配理论概述

1. 合作博弈理论

合作博弈理论又称正和博弈，指一方利益增加时，另一方的利益并不会因此受损，从而实现合作收益，即因联盟而创造的收益。其主要研究如何分配在合作情况下获得的收益问题，即利益分配问题[145,146]。合作博弈理论认为，良好的收益分配应同时满足整体理性与个体理性，在多目标追求下实现帕累托（Pareto）最优：①整体理性原则是指利益分配后各联盟成员所获利益加和应等于联盟总收益，且联盟后的总收益应大于联盟前个体独立经营的利益总和；②个体理性指企业加入联盟后获得收益应大于其独立经营时所获收益；③Pareto 最优是指资源分配的一个理想状态，指在一方受利的情况下，保证另一方利益不受损伤或者利益增加。

2. 利益分配原则

（1）合作共赢。联盟个体利益分配的前提是要保证有利可分，在利益分配的过程中，要保证所有联盟成员均可获利，并吸引更多的企业加入联盟，汇集更多资源。此外，联盟要遵循合作共赢原则，实现相关信息共享，从而有效增加成员企业之间及成员企业对联盟的信任程度。

（2）投入与产出相匹配原则。由于联盟成员企业之间掌握的市场资源与核心业务不同，故各企业之间投入的成本及承担的风险并不一致，所以在利益分配时不能采取均分策略，否则会造成部分企业投入与收入不对等，这将降低联盟个体的积极性及信任度，进而影响联盟稳定性。此外，合理的利益分配原则，不仅对个体企业有激励作用，还有助于创造更大的联盟效益。

3. 利益分配方法

常用的利益分配方法有夏普利值（Shapley value）法、核仁法（Nucleolus solution）、纳什均衡（Nash equilibrium）法等。其优缺点分析比较如表 5.4 所示。

表 5.4 利益分配方法对比

特点	方法		
	Shapley value	Nucleolus solution	Nash equilibrium
优点	考虑成员边际效益；具有一定可加性	通过最大化最小剩余获得最终利益分配，体现平均主义公平性	最大限度上满足个体理性要求，不需大量原始数据；分配结果相对均衡理性
缺点	在计算过程中要求联盟信息完全共享，且要了解联盟内成员全部组合情况	计算困难；难以满足联盟的单调性，即当大联盟收益增加时，不能保证所有联盟成员分到的收益非减	主要强调企业间的竞争意识，利益分配积的最大化容易导致平均分配，不能很好地考虑联盟是否稳定长期发展

综上可知，传统利益分配方法对联盟体系要求较高，且多采用静态契约相互约束，未考虑合作过程中的不确定性，忽略了利益分配的激励作用。而合作博弈

理论的核心思想为实现合作剩余分配的Pareto最优，这与多目标优化模型求Pareto最优理论异曲同工。因此，本节根据我国港口与钢厂实际地理位置分布情况进行利益分配：第1阶段优化铁矿石分拨运输运量分配方案，确定联盟成员在每笔联盟收益内的贡献度；第2阶段以合作博弈理论为支撑，在满足利益分配公平原则的基础上构建了多目标的利益分配模型，使各类服务价格更加合理化。

5.3.2　基于分拨运输方式的运量分配模型

近年来，我国钢厂布局重心逐渐转向沿海或沿河区域，但由于迁厂成本大、适宜区域有限等原因，内陆仍存在部分钢厂，如山东淄博钢铁、莱芜钢铁等。由于地理位置的不同，铁矿石采购分拨运输方式也不同。其中，沿海或沿河的钢厂往往采取水运，先通过海运将矿石运输至钢厂附近的码头，再采取减载运输及江海直达的方式完成后续运输[147]，而不具备水运条件的内陆钢厂通常采取船运转铁运的方式。

但对于“港-钢”联盟而言，无论哪种运输形式，如何安全、高效、低成本地将铁矿石从港口运输至钢厂，是保障联盟平稳发展的关键。为此，本节建立基于分拨运输方式的运量分配模型，通过选择运输方式和分配运量，最大限度地降低运输成本。铁矿石分拨运输方式如图5.7所示。

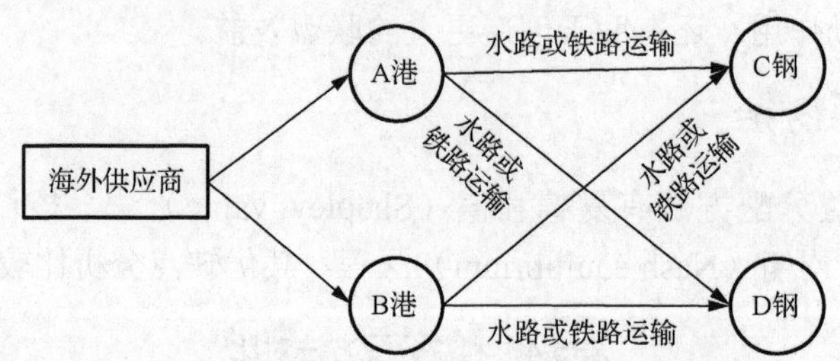

图5.7　铁矿石分拨运输方式

1. 模型参数及变量定义

为简化计算复杂度，设在内陆运输环节，所有运输工具均满载，并且为方便建模及减少数学符号，港口服务供应链上企业统一由港口代替。并设C为联盟内分拨运输总成本；i为联盟内港口企业数目，$i=1,2,3,\cdots,n$；j为联盟内钢厂数目，$j=1,2,3,\cdots,m$；t为销售钢铁产成品批次，$t=1,2,3,\cdots,T$；k为可选陆上运输方式，$k=1,2,3,\cdots,K$；q_{tj}^{G}为钢厂在第t批次售出产成品数量；F_i为港口i的单位堆存成本（元/t）；E_i为港口i堆场的堆存铁矿石量；L_i为港口i的最大分拨运输能力；v_k为运输方式k的最大装载容量；D_{ik}为港口i选择k运输方式的单位运输成本；z_{ik}为港口i选择k运输方式的装车成本；d_{ij}为港口i到钢厂j的有效距离；

t_{ijk} 为从港口 i 到钢厂 j 选择运输方式 k 的有效运输时间；$[t_{ij}^{de}, t_{ij}^{dl}]$ 为铁矿石从港口 i 运输至钢厂 j 的服务时间窗；limit_k 为运输方式 k 的车型总数限制；Q_j 表示为避免送货不及时导致生产中断，钢厂 j 设置的安全库存；x_{tijk} 为售出的第 t 批次产成品中，从港口 i 到钢厂 j 选择运输方式 k 的数量；δ_{tij} 为售出的第 t 批次货物中，港口 i 为钢厂 j 是否提供服务，提供服务为 1，否则为 0。

2. 目标函数及约束条件

港口与钢厂达成联盟契约后，港口根据钢厂日常生产需求及钢厂的自有库存，将铁矿石原料分拨运输至钢厂，保障其生产过程正常运转。在此过程中，港口服务供应链为联盟内钢厂提供在港库存、在途运输、装卸搬运作业等。因此，分拨运输成本由在港库存成本、在途运输成本、装卸作业成本 3 部分组成。

$$\min C=\sum_{i=1}^{m}\sum_{j=1}^{n}\sum_{t=1}^{T}\sum_{k=1}^{K}\delta_{tij}v_k x_{tijk}(D_k d_{ij}+z_k)+\sum_{i=1}^{m}\sum_{j=1}^{n}\sum_{t=1}^{T}\sum_{k=1}^{K}\delta_{tij}v_k x_{tijk}F_i \tag{5.12}$$

s.t.

$$1.6q_{tj}^{G}-Q_j\leqslant\sum_{i=1}^{n}\sum_{k=1}^{K}\delta_{tij}v_k x_{tijk}\leqslant 1.6q_{tj}^{G}+Q_j \tag{5.13}$$

$$\sum_{i=1}^{n}\sum_{k=1}^{K}\delta_{tij}x_{ijkt+1}v_k\geqslant 1.6q_{t+1j}^{G}-\left(\sum_{i=1}^{n}\sum_{k=1}^{K}\delta_{tij}x_{tijk}v_k-1.6q_{tj}^{G}\right) \tag{5.14}$$

$$\sum_{j=1}^{m}\sum_{k=1}^{K}\delta_{tij}v_k x_{tijk}\leqslant L_i \tag{5.15}$$

$$\sum_{j=1}^{m}\sum_{k=1}^{K}\delta_{tij}v_k x_{tijk}\leqslant E_i \tag{5.16}$$

$$\sum_{i=1}^{n}\sum_{j=1}^{m}\sum_{k=1}^{K}x_{tijk}\leqslant \text{limit}_k \tag{5.17}$$

$$0<x_{tijk}\in \text{int} \tag{5.18}$$

其中，约束条件式（5.13）表示从港口运至钢厂的铁矿石总量应满足其生产需要，且应大于钢厂生产所需铁矿石总量，同时要小于生产所需铁矿石用量及钢厂库存量之和；式（5.14）表示从港口运至钢厂的铁矿石总量在满足生产需求的情况下，应大于本批铁矿石需求量与上一批次送往钢厂铁矿石量余量之差；式（5.15）表示从港口分拨出去的铁矿石总量应小于港口总分拨能力；式（5.16）表示从港口分拨的铁矿石总量应小于港口堆场铁矿石库存量；式（5.17）表示使用的运输方式车型数量小于运输方式车型总数；式（5.18）表示决策变量应为整数变量。

3. *求解方法*

由于模型具有多个决策变量且决策变量之间互为约束，约束条件较多且复杂，适于群智能算法。细菌觅食优化算法（bacterial foraging optimization algorithm，BFOA）由帕西诺（Passino）于 2002 年基于大肠杆菌在人体肠道内吞噬食物的行为提出的一种新型仿生类算法，相较于其他群智能算法而言，BFOA 搜索效率高且具备搜索幅度广、延展性较强、进化空间较大等优点[102,148]，故本节采用的 BFOA 求解主要包括趋化、繁殖、迁徙及聚集 4 个步骤。

（1）趋化。即大肠杆菌菌群向着食物方向游动的动作。在趋化过程中，大肠杆菌主要有翻转和前进 2 种行为。翻转即当当前方向找不到食物的时候，大肠杆菌个体会转变前进的方向，向其他方向进行探索，该操作是大肠杆菌能够找到食物的关键。前进即沿当前方向向前移动。此外，当大肠杆菌个体进行翻转活动后，沿当前方向移动若干距离，该距离以步长为单位，步长即为前进 1 次的距离。用数学公式表示该过程即为设大肠杆菌的种群中包含 S 个细菌个体，所求问题的候选解即为大肠杆菌个体当前的位置，可表示为

$$\theta^i = [\theta_1^i, \theta_2^i, \cdots, \theta_D^i]\ , i = 1, 2, \cdots, S\ , \quad P(j,k,l) = \{\theta^i(j,k,l)\}$$

大肠杆菌的趋化行为如式（5.19）所示。

$$\begin{cases} \theta^i(j+1,k,l) = \theta^i(j,k,l) + C(i)\varphi(j) \\ \varphi(j) = \dfrac{\Delta(i)}{\sqrt{\Delta^T(i)\Delta(i)}} \end{cases} \tag{5.19}$$

式中，$C(i)$ 表示个体 i 前进时的单位步长；$\varphi(j)$ 为大肠杆菌的翻转方向；$\Delta(i)$ 是 $[-1,1]$的随机向量，$\Delta(i)=[\Delta_1(i),\Delta_2(i),\cdots,\Delta_D(i)]$。

（2）繁殖。在自然环境的筛选下，觅食能力强的个体能够存活，并繁殖出子代；觅食能力弱的个体则被淘汰。而在 BFOA 中，觅食能力用个体的适应值来表示，适应值越高，觅食能力越强，个体越能找到食物最丰富的位置，也就是最优解。繁殖与淘汰行为可描述为：首先计算每个个体的觅食能力，经过 N_C 次趋化行为，在第 k 次繁殖、第 l 次迁徙中，个体 i 的觅食能力为 J_{health}^i 。然后将种群 S 中的所有个体按照觅食能力进行排序。排序在前 $S/2$ 的个体具有较高的觅食能力，故而可以进行繁殖，具体规则为父代个体分裂成 2 个子代个体，子代继承父代当前的位置以及步长。而排序在后 $S/2$ 的细菌个体因具有较低的觅食能力，故而被环境淘汰。繁殖与淘汰同时进行，可以保持种群个体的数量不变。

（3）迁徙。与趋化操作不同的是，迁徙是大肠杆菌个体的被动行为，往往随机发生。在 BFOA 中，该操作也是算法能够跳出局部最优的关键。迁徙行为的发生概率为 P_{ed}。当算法执行迁徙时，迁徙的大肠杆菌个体移除解空间，并随机生成相同数量的新个体，代表细菌完成迁徙，实现新生。由于新生的个体具有随机的位置和步长等属性，也代表它们具有不同的觅食能力，从而提高了算法的寻优能力。

（4）聚集。如果某一个大肠杆菌个体找到较好的食物源，则会通过细菌间的交流引导其他个体前往该区域共同觅食，大幅提高找到最优解的概率。相反，如果个体的所处的位置距离食物较远，则会警告同伴不要接近该区域。在优化算法中，大肠杆菌个体间的沟通是通过引力与斥力实现的，聚集行为如式（5.20）所示。

$$
\begin{aligned}
J_{\mathrm{cc}}(\theta, P(j,k.l)) &= \sum_{i=1}^{S} J_{\mathrm{cc}}^{i}(\theta, \theta^{i}(j,k,l)) \\
&= \sum_{i=1}^{S}[-d_{\mathrm{attract}} \exp(-w_{\mathrm{attract}} \sum_{m=1}^{D}(\theta_m - \theta_m^i)^2)] \\
&\quad + \sum_{i=1}^{S}[-h_{\mathrm{repellant}} \exp(-w_{\mathrm{repellant}} \sum_{m=1}^{D}(\theta_m - \theta_m^i)^2)]
\end{aligned} \tag{5.20}
$$

式中，$J_{\mathrm{cc}}^{i}(\theta, \theta^{i}(j,k,l))$ 表示考虑了细菌间引力和斥力的相互作用力；d_{attract} 和 w_{attract} 代表大肠杆菌个体间引力的深度和宽度；$h_{\mathrm{repellant}}$ 和 $w_{\mathrm{repellant}}$ 代表大肠杆菌个体间斥力的高度和宽度。大肠杆菌个体进行趋化行为后，适应度函数如式（5.21）表示。

$$
J(i,j+1,k,l) = J(i,j+1,k,l) + J_{\mathrm{cc}}(\theta^{i}(j+1,k,l),\ P(j+1,k,l)) \tag{5.21}
$$

4. 算法改进

细菌个体在趋化过程中，翻转方向为随机搜索确定，使得细菌在环境差的区域会频繁翻转，而在环境好的区域则会过多游动，导致个体寻优结果的精度与稳定性降低。故本节利用动力学对 BFOA 加以改进。

（1）觅食动力学。生物个体在觅食过程中通过信息交流确定自己的运动方向；而分子运动过程中，由作用于其上的引力、斥力、惯性以及来自外部环境的影响力来决定自身的运动方向[102]，二者有异曲同工之妙。因此，影响个体觅食运动状态变化程度的 3 个要素为个体所受其他个体外力的合力，个体自身惯性以及由环境或其他个体行为产生的随机作用力。其公式表达为

$$F_{i(t)}=\sum_{j=1,j=i}^{M}g(x^{i(t)},x^{j(t)})+I_{i(t)}+w_{io}u_i,i=1,2,\cdots,M \tag{5.22}$$

式中，$F_{i(t)}$是作用在个体上的合力；$g(x^{i(t)},x^{j(t)})$表示个体之间引力和斥力的合力，且个体只受全局最优个体的影响；$I_{i(t)}$表示物体自身惯性影响；u_i表示受外部作用的力；$w_{io}=1$表示个体受外部作用的力；$w_{io}=0$表示个体不受外部作用的力。

（2）群集操作。群体觅食需要某种通信机制，细菌在觅食过程中也可以通过细胞之间产生的信息素进行交流。在细菌个体之间，可以收到来自其他细菌的吸引力信号，促使细菌向种群集聚。同时，由于物理学上，同一个位置不可能同时存在两个细菌个体，细菌之间也产生排斥力信号，使得细菌之间保持安全距离。故在同时考虑吸引和排斥两种作用力的影响下，其计算公式如式（5.23）所示。

$$J_{cc}^{i}(\theta,\theta^{i}(j,k,l))=\\\sum_{i=1}^{S}\left[-d_{\text{attract}}\exp\left(-w_{\text{attract}}\sum_{m=1}^{p}\left(\theta_m-\theta_m^i\right)^2\right)\right]+\sum_{i=1}^{S}\left[-h_{\text{repellant}}\exp\left(-w_{\text{repellant}}\sum_{m=1}^{p}\left(\theta_m-\theta_m^i\right)^2\right)\right] \tag{5.23}$$

式中，$J_{cc}^{i}(\theta,\theta^{i}(j,k,l))$表示考虑细菌间吸引力与排斥力的相互作用力；$d_{\text{attract}}$表示细菌释放吸引力多少；$w_{\text{attract}}$用于度量吸引力宽度，即吸引力信号在环境内的扩散率；$h_{\text{repellant}}$度量细菌排斥力影响程度；$w_{\text{repellant}}$度量排斥力宽度。

（3）方向引导。在环境较差时个体可通过翻转而不停地改变方向。

$$\theta^{s}(j+1,k,l)=\theta^{s}(j,k,l)+C(s)\frac{\Delta(s)}{\sqrt{\Delta^{T}(s)\Delta(s)}} \tag{5.24}$$

式中，$\theta^{s}(j,k,l)$表示个体s在j次趋化、k次复制以及l次"消除-分散"操作中的方向；$C(s)$是在随机方向上指定的翻转步长；$\Delta(s)$是随机确定的翻转方向向量，元素范围为[-1,1]。

虽然随机的翻转方向增加了种群多样性，扩大了搜索范围，但同时也延缓了个体寻优速度，降低算法稳定性，且寻优性能也不能达到基本的精度和稳定性要求。故本节在觅食动力学基础上，确定个体每次翻转方向，改进后的翻转方向公式表示如下。

$$\begin{cases}\Delta(s)=w\Delta(s)+\sum\limits_{j=1,j\neq i}^{M}g(x^{s(j,k,l)},x^{s(j,k,l)})+I_{s(j,k,l)}+w_{s(j,k,l)o}u_{s(j,k,l)}\\I_{s(j,k,l)}=\dfrac{J_s}{J_{\max}-J_{\min}}\\\sum\limits_{j=1,j\neq i}^{M}g(x^{s(j,k,l)},x^{s(j,k,l)})=J_{cc}^{i}\left(\theta,\theta^{i}\left(j,k,l\right)\right)\end{cases} \tag{5.25}$$

（4）基于方向引导的 BFOA 算法流程如图 5.8 所示。

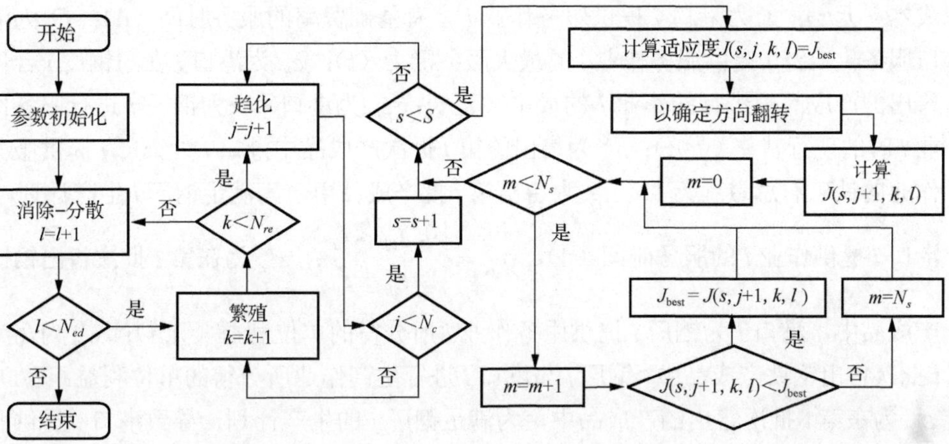

图 5.8　基于方向引导的 BFOA 算法流程图

5.3.3　利益分配模型构建

合理分配联盟利益是保证联盟稳定性的重要因素。为避免盟而不联的情况发生，保证各服务环节都可以高质、高效，“前港后厂”联盟内的成员企业均需要合理分配利益，以保证联盟的稳定性。而传统的利益分配方法，如应用范围最广的 Shapley value 法需要联盟内信息完全共享，且需要了解联盟内任意成员之间组成联盟可获得的边际收益，对于大规模的产业联盟，工作量十分庞杂，且各企业有隐私，难以应用实际。而合作博弈理论的核心思想是实现合作剩余分配的 Pareto 最优，更具有实用性。因此，本节在合作博弈理论与公平原则（投入与收益相匹配）的基础上构建了多目标的利益分配模型，共摊铁矿石采购成本，共享钢铁产成品收益，同时将堆存、装卸搬运、运输等服务价格合理化。

1. 模型假设及参变量定义

模型假设：①“前港后厂”供应链联盟建立后，其产生的协同成本不计。②不同钢厂在不同批次出售的钢材价格以及铁矿石进口价格并无波动，或波动很小，对联盟整体利益影响忽略不计。③铁矿石品位为 62%，即钢铁产成品数量与铁矿石数量之间关系为 1∶1.6。

参变量定义：i 为联盟中港口数目，$i=1,2,3,\cdots,n$；j 为联盟内钢厂数目，$j=1,2,3,\cdots,m$；l 为港口服务供应链中服务类型，$l=1,2,3,\cdots,L$；t 为销售钢铁产成品批次，$t=1,2,3,\cdots,T$；Ψ_i^K 为联盟利益分配后港口 i 的收益；Ψ_j^G 为利益分配后钢厂 j 的收益；p_g 为产成品的单位销售价格（元/t）；p_t 为铁矿石的单位进口价格（元/t）；q_{tj}^{G} 为钢厂 j 售出的第 t 批次产成品数量（t）；c_j 为钢厂 j 的单位生产成本（元/t）；t'_{il} 为港口 i 提供服务作业 l 享有基础费率的服务时间（d）；Q_{il} 为港口服务供应链 i 提供服务作业 l 的最大服务能力（t）；c_{ijl} 为港口 i 在与钢厂 j 合作售出的产成品中进行的作业 l 的成本（元/t）；z_{ijl} 为港口 i 在为钢厂 j 进行服务作业 l 时的现行费率（元/t）；q_{tij}^{K} 为售出的第 t 批次产成品中港口 i 为钢厂 j 提供服务作业的铁矿石总量（万 t）；t_{tijl} 为售出第 t 批产成品中，为满足钢厂 j 生产计划，港口 i 提供作业 l 的服务时间（d），$\sigma_{ijk}=\begin{cases}0, & t_{tijl}<t'_{il}\\ 1, & t_{tijl}>t'_{il}\end{cases}$；$w_{tijl}^{K}$ 为在第 t 批次售出钢铁产成品中，港口 i 为钢厂 j 提供服务作业 l 所分得的单位利益（元/t）；w_{tij}^{G} 为在第 t 批次售出钢铁产成品中，钢厂 j 与港口 i 进行生产作业所分得的单位利益（元/t）；ε_{tijl} 为在第 t 批次售出的产成品中，为满足钢厂 j 的生产计划，导致港口 i 提供服务作业 l 成本增加而应补偿的单位费率［元/（t·d）］。

2. 目标函数及约束条件

在“港-钢”供应链“链-链”联盟内，除港口供应链与钢厂之间存在利益冲突需要合理分配利益机制外，还由于港口供应链上各物流服务企业众多，对其服务作业价格合理化同样重要。为协调好联盟内各方利益，本节结合“港-钢”供应链“链-链”联盟特点，考虑服务时长差异性，建立了港口、钢厂收益模型[130]。

$$\max \Psi_i^{K}=\sum_{t=1}^{T}\sum_{i=1}^{n}\sum_{j=1}^{m}\sum_{l=1}^{L}q_{tijl}^{K}\left(w_{tijl}^{K}-c_{ijl}\right)+\sum_{t=1}^{T}\sum_{i=1}^{n}\sum_{j=1}^{m}\sum_{l=1}^{L}\sigma_{tijl}\varepsilon_{tijl}\left(t_{tijl}-t'_{il}\right)q_{tijl}^{K} \tag{5.26}$$

$$\max \Psi_j^{G}=\sum_{t=1}^{T}\sum_{i=1}^{n}\sum_{j=1}^{m}q_{tijl}^{K}\left(w_{tij}^{G}-c_j\right)/1.6 \tag{5.27}$$

s.t.

$$\sum_{l=1}^{L}w_{tijl}^{K}q_{tijl}^{K}+w_{tij}^{G}q_{tij}^{G}+\sum_{l=1}^{L}\varepsilon_{tijl}\left(t_{tijl}-t'_{il}\right)q_{tijl}^{K}=p_g q_{tj}^{G}-\sum_{i=1}^{n}p_t q_{tijl}^{K} \tag{5.28}$$

$$q_{tijl}^{K}c_{ijl}<q_{tijl}^{K}w_{tijl}^{K}<\frac{c_{ijl}}{\sum_{l=1}^{L}c_{ijl}+c_j}(p_g q_{tij}^{G}-p_t q_{tijl}^{K}) \tag{5.29}$$

$$q_{tij}^{G}c_j<q_{tij}^{G}w_{tij}^{G}<\frac{c_j}{\sum_{l=1}^{L}c_{ijl}+c_j}(p_g q_{tij}^{G}-p_t q_{tijl}^{K}) \tag{5.30}$$

$$\frac{\sum_{t=1}^{T} w_{tijl}}{T} \geqslant z_{ijl} \tag{5.31}$$

$$c_{ijl} < \alpha_{tijl}\left(t_{tijl} - t'_{ijl}\right) < w_{tijl}^{K} - c_{ijl} \tag{5.32}$$

$$\sum_{i=1}^{n} q_{tijl}^{K} / 1.6 = q_{tj}^{G} \tag{5.33}$$

$$q_{tijl}^{K} = x_{tijk} v_k \tag{5.34}$$

其中，**目标函数**式（5.26）表示港口总收益最大，包含按服务成本进行利益分配的初始利益、按服务时间增加的附加利益两部分；目标函数式（5.27）表示钢厂总收益最大，是依据生产成本钢厂所分得的收益。**约束条件**式（5.28）表示销售产成品获得的总利润确保完全分配至联盟每个利益主体，实现联盟整体理性；式（5.29）表示港口供应链内各项增值服务所获得的单位价值不应小于服务成本，也不应大于其贡献度在单位价值中所占份额，并且与钢厂共摊铁矿石采购成本；式（5.30）表示钢厂内生产服务所获得的单位价值不应小于生产成本，也不应大于其贡献度在单位价值内所占份额；式（5.31）表示利益分配结果的平均值大于该服务的现行费率；式（5.32）表示服务 l 的等待成本与延迟成本应大于其服务成本，同时小于其服务收益；式（5.33）表示从港口集运的铁矿石总数与各钢厂生产的钢铁产成品数一致；式（5.34）表示售出的产成品中港口为钢厂提供服务作业的铁矿石总量与分拨运输过程中运输方式 k 承运的铁矿石总量相等。

3. *求解方法*

选择带有精英策略的非支配排序遗传算法（non-dominated sorting genetic algorithms II，NSGA-II）进行求解，源于模型中多决策变量、多目标的特点。2002 年德布（Deb）提出 NSGA-II，在 NSGA 非支配排序的基础上做改进：①引用快速非支配排序方法，将算法的计算复杂度由 $O\left(mN^3\right)$ 降到了 $O\left(mN^2\right)$；②引入精英策略，生成下一代父代种群时将优先级较高的个体选入；③在同级个体选择时采用拥挤度的方法代替需指定共享半径的适应度共享策略，增大优秀个体被选中的概率。与 NSGA 算法相比，NSGA-II 求解多目标问题时全局搜索能力更强、效率更高[149]。

5.3.4 案例分析

以某省 A 港($i=1$)、B 港($i=2$)和钢厂 C 钢($j=1$)、D 钢($j=2$)“港-钢”产业链联盟为研究对象。以 A 港、B 港为中心的港口服务供应链根据 C 钢、D 钢的产成品订单及生产情况为其提供堆存($l=1$)、装车($l=2$)及运输($l=3$)服务，由于港口至钢厂可通过铁路运输及水路运输，故运输工具主要为灵便型散货船($k=1$)及火车($k=2$)，且为保证运输时效性，运输途中不涉及中转及换装。模型分为两个阶段：第 1 阶段，根据分拨运输方式的运量分配模型，决策选用的运输方式及运输工具数，进而由运输工具载重量可知港口供给至钢厂的铁矿石数量；第 2 阶段，在已知各港口堆存作业、装卸搬运、在途运输作业贡献度的基础上，以此为输入，对港口服务供应链提供的各类服务定价，进行合理利益分配。

1. 基础数据整理

将两阶段模型所需的钢厂、港口、产品售价、原材料进价及运输方式等相关数据整理如下：在研究期间，钢铁产成品售价为 6746 元/t，铁矿石进价为 645 元/t；C、D 钢厂售出产成品货数量分别为 51.45 万 t、50.51 万 t、48.64 万 t、46.96 万 t；钢厂为避免原材料供应不及时，在钢厂处分别设安全库存 100 万 t；A、B 港口堆场容量分别为 600 万 t、300 万 t，最大集疏运能力为 550 万 t、250 万 t，A 港和 B 港的最大运营成本如表 5.5 所示；水运和铁路运输方式所选运输工具的基础数据如表 5.6 所示；港口-钢厂距离及在途运输时间如表 5.7 所示；所需铁矿石的在港堆存时间由铁矿石出港时间减去铁矿石进港时间确定，如表 5.8 所示。

表 5.5　A 港与 B 港运营成本

港口	运输方式	成本		
		堆存/（元/t）	装卸/（元/t）	运输/［元/（t·km）］
A 港	水路	0.016	3.0	0.13
			4.5	0.21
B 港	铁路	0.016	3.0	0.13
			4.5	0.21

表 5.6　运输工具基础数据

数据	工具	
	灵便型散货船	火车
运力/万 t	4	60×10^{-4}
速度/（km/h）	26	120
总数/辆	920	10000

表 5.7 港口-钢厂距离及在途运输时间

<table>
<tr><th rowspan="2" colspan="2">港口</th><th rowspan="2">运输方式</th><th colspan="2">钢厂</th></tr>
<tr><th>C 钢</th><th>D 钢</th></tr>
<tr><td rowspan="2">距离/km</td><td>A 港</td><td>—</td><td>295.00</td><td>480.00</td></tr>
<tr><td>B 港</td><td>—</td><td>391.00</td><td>508.00</td></tr>
<tr><td rowspan="4">运输时间/h</td><td rowspan="2">A 港</td><td rowspan="2">水路</td><td>11.34</td><td>33.84</td></tr>
<tr><td>2.45</td><td>7.33</td></tr>
<tr><td rowspan="2">B 港</td><td rowspan="2">铁路</td><td>15.03</td><td>38.76</td></tr>
<tr><td>3.26</td><td>8.40</td></tr>
</table>

表 5.8 铁矿石在港堆存时间

<table>
<tr><th rowspan="2">时间</th><th colspan="2">批次</th></tr>
<tr><th>第 1 批次</th><th>第 2 批次</th></tr>
<tr><td>t_{AC}</td><td>17.42</td><td>16.96</td></tr>
<tr><td>t_{AD}</td><td>12.39</td><td>10.96</td></tr>
<tr><td>t_{BC}</td><td>13.49</td><td>16.97</td></tr>
<tr><td>t_{BD}</td><td>19.77</td><td>17.92</td></tr>
</table>

2. 分拨运输方式运量分配模型求解

（1）求解结果。因第 1 阶段模型含多个互为约束决策变量、多约束条件，为节时提高运算效率增加求解方法通用性，故采用基于方向引导的 BFOA（bacterial foraging optimization algorithm based on direction guidance）求解。根据以上算例数据及算法前期研究经验，设置算法内各参数值：种群总数 S=75 、消除-分散次数 $N_{ed}=3$ 、繁殖次数 $N_{re}=3$ 、趋化次数 $N_c=150$ 、游泳长度 $N_s=4$ 、消除分散概率 $p_{ed}=0.25$ ；释放吸引力大小 $d_{\text{attract}}=0.1$ ，影响深度 $w_{\text{attract}}=0.2$ ；排斥力大小 $h_{\text{repellant}}=0.1$ ，影响力广度 $w_{\text{repellant}}=10$ 。对改进前及改进后的算法用 Python 软件编码，迭代 1350 代后计算结果如图 5.9（a）、图 5.9（b）所示。港口至钢厂运输配车方案如表 5.9 所示。

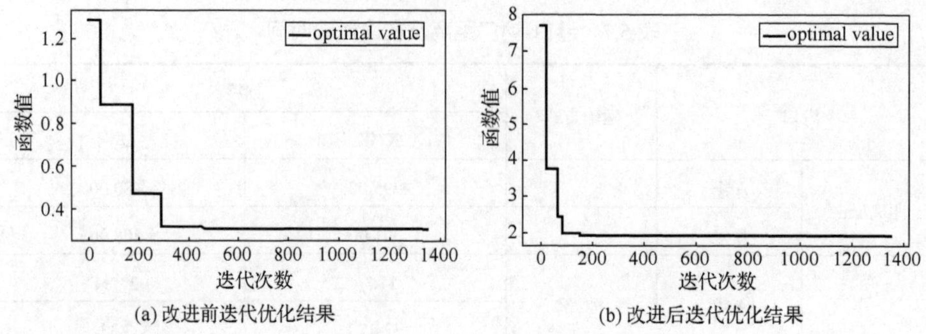

图 5.9　基于方向引导的 BFOA 优化

表 5.9　联盟下港–钢的运输配车方案

港口		C 钢		D 钢	
		灵便型船	火车	灵便型船	火车
δ_{1ij}	A 港	1		1	
	B 港	0		1	
$t=1$	A 港	21	0	0	197
	B 港	0	0	19	107
δ_{2ij}	A 港	1		0	
	B 港	1		1	
$t=2$	A 港	16	136	0	0
	B 港	4	0	19	0

（2）算法求解效率分析。由图 5.9（a)、图 5.9（b）可知，算法改进前迭代至 453 代时结果趋于稳定，运输成本为 2.92 亿元。利用觅食动力学对 BFOA 改进后，因在细菌翻转过程中加入了觅食动力学进行方向引导，结果在第 150 代趋于稳定，且完成钢铁生产需求的总运输成本为 1.85 亿元，表明 BFOA 改进后求解精度增强、收敛速度加快。对比验证表明，加入觅食动力学改进后，细菌在觅食时翻转方向确定，基于方向引导的 BFOA 求解精度提高、稳定性增强。

（3）运输方案分析。联盟后的配车配船方案可以看出：A 港承担 C、D 钢厂铁矿石供给量与 B 港相差不大，但在地理位置上，与 B 港相比 A 港距钢厂更近，这时 A 港的堆存装卸及集疏运能力较 B 港小。在运输方式的选择上，水路运输较多，这是由运输货物特性决定的，铁矿石作为大宗散货，时效性要求不强，选择水路运输，单次运量大且成本低。

3. 利益分配模型求解

（1）求解结果。由第 1 阶段模型求解可得联盟模式下港口服务供应链及钢厂合作产出产成品时的贡献度。由于第 2 阶段模型为多目标，决策变量较多，且用线性加权法将多目标转为单目标求解主观性较大。故本节利用 NSGA-II 求解，因求目标函数最大值，故对两目标做取负处理。经 MATLAB 编码得到利益分配的 Pareto 解的迭代图及求解结果如图 5.10（横坐标 f_1 取负处理，纵坐标 f_2 为函数值）、表 5.10、表 5.11 所示。

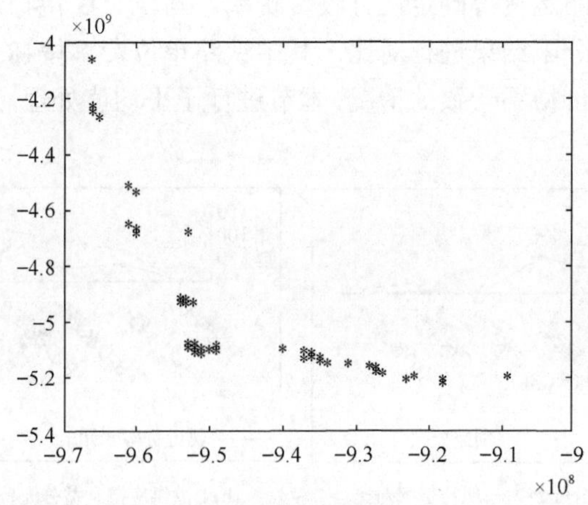

图 5.10 Pareto 迭代结果

表 5.10 第 1 批货物的利益分配情况

费率		w_{ij2}^K		w_{ij3}^K		w_{ij1}^K	ε_{ij1}	w_{ij}^G
		水路	铁路	水路	铁路			
类型	A-C	9.25	—	97.9	—	1.76	21.65	3799.30
	A-D	—	9.89	—	109.17	0.72	—	1864.50
	B-C	—	—	—	—	—	—	—
	B-D	17.68	12.43	98.13	110.78	1.22	39.91	3169.13

表 5.11 第 2 批货物的利益分配情况

费率		w_{ij2}^K		w_{ij3}^K		w_{ij1}^K	ε_{ij1}	w_{ij}^G
		水路	铁路	水路	铁路			
类型	A-C	15.46	21.40	98.22	83.59	1.37	20.31	3516.78
	A-D	—	—	—	—	—	—	—
	B-C	9.26	—	65.41	—	0.69	19.87	2960.38
	B-D	19.75	—	80.08	—	1.44	21.82	3156.97

（2）个体理性验证。个体理性是指联盟个体在联盟中所分得的利益不低于其加入联盟之前可获得的利益。个体理性同集体理性一样，是维持联盟稳定的关键，其主要保障联盟个体不会随意脱离联盟，保证联盟正常运作。由于港口与钢厂联盟前与联盟后所获总收益无等量对比参照，缺乏判定其满足个体理性的依据，故本节通过查阅“港口暂行收费标准”“铁路货物运价率表”“铁路货物装卸作业计费办法”及往年水路运费等确定现行收费费率，与 A、B 港口服务供应链上服务的两批货物的利益分配结果进行对比，其中铁路单位费率按$18.6+0.103d_{ij}$计算。对于两批货物服务价格不一致的情况，本节进行了平均值处理，对比结果如图 5.11 所示。

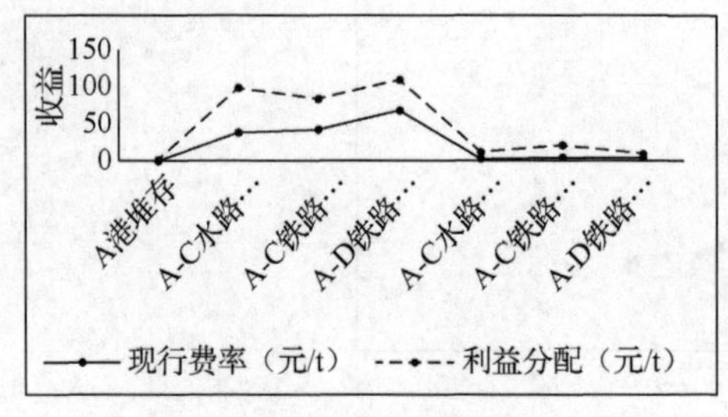

(a) A港供应链利益分配费率与现行费率对比

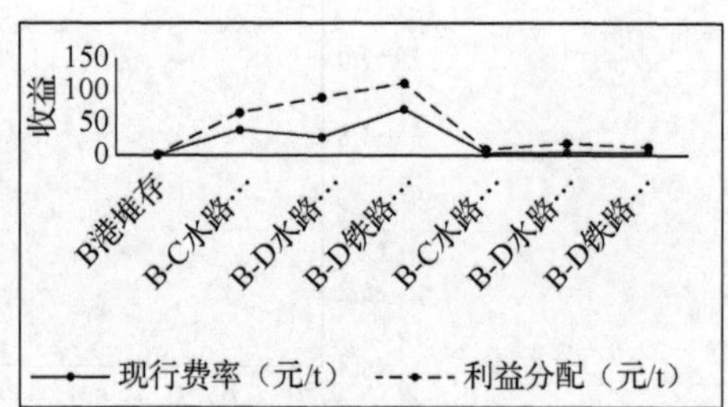

(b) B港供应链利益分配费率与现行费率对比

图 5.11 港口供应链个体理性分析

表 5.12 联盟前后钢厂收益对比 单位：元

收益	钢厂	
	C 钢	D 钢
联盟前	2.01×10^9	1.91×10^9
联盟后	2.77×10^9	2.23×10^9

对比表明，港口在联盟内的服务费率大于其加入联盟前的标准费率。因此，判定港口供应链上物流企业符合个体理性。通过计算 C、D 钢厂在独立运营模式下及联盟模式下的收益，计算结果如表 5.12 所示，由表可知，联盟后钢厂收益大于加入联盟之前，表明钢厂同时也符合个体理性。

（3）整体理性验证。依据计算结果对每一批次利益分配进行集体理性验证，即联盟个体获得收益总和应等于联盟总收益。为验证利益分配方案的合理性，本节计算了利益分配后每一批的收益情况，验证过程如表 5.13 所示。供应链联盟与外界发生资源交换主要是向“四大矿商”购买铁矿石支付采购费用，向需求商交付钢铁产成品获得销售收益两大渠道。由于联盟内所有企业视为一个整体，并未与外界产生其他交易，因此，联盟内每售卖一批钢铁产成品所获得的整体收益等于产成品销售额减去所用铁矿石的采购成本及联盟自身运营成本，为 56.75 亿元。

由表 5.13 可知，不同港口与钢厂合作售出的不同批次的钢铁产成品获得的总收益与 A 港、B 港、C 钢、D 钢总体应分配的利益总额相等，表明该利益分配方案符合整体理性原则。

表 5.13 整体理性分析 单位：元

合作	1-AC	1-AD	1-BC	1-BD	2-AC	2-AD	2-BC	2-BD	总收益
收益	1.68×10^9	7.89×10^6	0	1.31×10^9	1.17×10^9	0	2.24×10^9	1.19×10^9	5.67×10^9

（4）贡献度与收益一致性分析。根据计算结果，计算两批产成品中 A、B 港供应链上企业加入联盟增加的总收益，即将加入联盟后所获收益减去现行费率下可获收益，结果如表 5.14。

表 5.14 联盟个体收益情况 单位：元

供应链服务	堆存	水路运输	铁路运输	水路装卸	铁路装卸
A 港	7.17×10^7	8.88×10^7	8.23×10^5	1.32×10^7	2.01×10^5
B 港	8.42×10^7	9.97×10^7	1.27×10^5	2.48×10^7	5.09×10^4

同时，由 A、B 港口供应链不同服务的总收益可以看出，在 A、B 港服务供应链中，水路运输服务收益最大，这是因为 A、B 港服务供应链中水路运输铁矿石数量多，水路运输贡献度大于供应链内其他服务作业贡献度，故利益分配也随之增大。由图 5.11（a）、图 5.11（b）可知，水路运输费率增幅整体大于铁路运输，虽铁路运输成本高于水路运输成本，但其承运铁矿石数量小，整体贡献度低，故收益降低；此外，B-C 水路运输收益增幅小于 B-D 水路运输，是因为 B-C 水路运输铁矿石数量少，故收益增幅小；由于 C 钢售卖钢铁产成品数量高于 D 钢，而由表 5.12 可知 C 钢所获收益大于 D 钢收益。综上，表明该利益分配方案符合贡献与收益相匹配原则。

由以上分析可知，在合作博弈理论的指导下，在保证联盟整体理性与个体理性的前提下，以单位服务定价的方式寻求利益分配的 Pareto 解，依据贡献度对联盟内每一个环节进行利益分配具有合理性。且该利益分配方法求解速度快，无须搜集大量的数据资料，也无须了解任意两方联盟后的收益情况；在构建不同联盟后，都可根据自身联盟特点构建利益分配模型，也可叠加作业风险等其他影响因素，并选用合适的方法求解；同时，可以做到联盟内每产生一笔收益就可对每一环节进行利益分配。

本章以港口服务业与钢铁制造业“两业融合”为研究对象，为维持其稳定性，以共生理论为基础对“港-钢”合作关系进行仿真验证，表明“港-钢”在互惠共生的关系下，联盟稳定性进一步提高。在联盟体互惠共生的前提下，又以铁矿石分拨运输网络为研究主体，以运输成本最小为目标函数，以铁矿石分拨运输工具数量为决策变量构建第 1 阶段模型，优化内陆运输方案，得到了每种运输方式的铁矿石运量；以此为依据确定联盟内各方的贡献度，并作为第 2 阶段利益分配模型的输入，运用合作博弈理论在考虑利益分配公平原则基础上，构建了以港口供应链收益最大和钢厂收益最大的多目标优化模型，对参与联盟主体进行合理利益分配。

本章共生与利益分配研究为“港-钢”“两业融合”的产业联盟稳定运营提供了理论依据。在信息化时代，利益分配结果的及时、透明可以极大增加联盟个体成员“黏性”，助推产业集中度提升，发展规模经济。

第 6 章　精益+“前港后厂”工艺集成

“智能生产，精益先行”。精益生产是 MES 的精髓，MES 是精益生产落地的载体。本章工作是在“管-控”纵向集成（第 4 章）的基础上实现精益作业，“管-控”纵向集成是粗放型生产向精细化生产转型的科学化管理。通过“CPS+互联网”中间 MES 层，向下连接产业设备（DCS 层），向上对接工业优化应用（ERP 层），从“**设备互联→车间互联→企业内互联→产业间互联**”递进。

精益生产方式是 21 世纪世界公认的先进管理模式之一。近些年来，国内外港口企业已开始聚焦精益生产策略在港口管理中的应用，港口精益生产是通过作业资源调度、固定资源规划、资源改造升级等方式对各个作业环节进行集成优化，从而达到提高港口码头整体作业效率、柔性、降低成本及能耗的目的。由于精益生产对于作业标准化程度要求高，目前大多只应用于具有固定标准集装箱的港口码头。而本章的“前港后厂”作业工艺主要是针对无标准箱的干散货矿石码头堆场取配料工序环节的特殊性（港口向钢厂“依需供料”），即“前港”最后一道原料配送工序需对接“后厂”生产的头道工序。然而，钢厂生产对原料供应的连续性要求高，炼钢从烧结到浇铸成坯的整个生产阶段是一种流水线式的高温、高能耗的加工过程，产品前后工序之间不可中断。且“后厂”“多品种，小批量”的原料配送需求拉动“前港”取料作业更为频繁，这又将增加取料机故障的概率。且现有传统取料作业工序较为粗犷，不仅易造成“前港”配送作业的延误，更严重的是将连带导致后序钢厂生产事故，这也正是此环节区别于普通的散货港码头作业所在，成为“前港后厂”装卸工艺的特殊性。

此外，港口作为货物集散地，生产工艺较为复杂，涉及的安全生产问题范围广，综合性较高。其中，装卸工艺是影响港口安全生产的重要因素。而取料机应急调度方法能够针对故障事件快速响应恢复生产，是减少港口的损失，提高生产安全不可或缺的一环。因此，亟须探索精细化的港口取料工艺，使通过港口的物流更经济、更合理，从而达到安全、优质、低成本地完成装卸任务的目标。

本章在前期动态调度的基础上[103]，进一步将精益生产理念应用到“前港后厂”矿石码头装卸作业工艺，避免因“前港”作业取料机故障对“后厂”安全生产的影响，实现了“前港”物流链与“后厂”生产链无缝对接，拉动“前港”适应“后厂”“多品种、小批量”生产实时变化的 JIT 柔性精细化生产需求，形成精益+“前港后厂”工艺集成[150]。本章提出的“单元料堆”方法，正是借鉴离散制造业精益生产理念，将“前港”原料配送过程深入细化，抽象为 1 条 2 级标准化的零部件组装动态流水线。其中，1 级作业为本章的堆场取料过程生产零部件（1 个单元料堆即视为零件），2 级作业为混匀作业组装产品。这种零部件组合结构能够在最短时间内适应产品变型和订单变化，该离散化的精细生产工艺可实现标准化、模块化、软件化、数字化（人智→机智）；而基于模型的系统工程，借助“CPS+互联网”信息平台可以实现实时监控与预测，港口在执行调度（MES 层）作业时，通过底层（DCS 层）码头设备装卸作业的各个工序连续均衡生产以及物流、信息流畅通来实现其上层指标目标值，实现生产过程的可视化。精细化管控“港-钢”企业生产资源及相关作业工序，适应当今企业数字化转型发展的趋势；此外，建立机器人自动化柔性生产线可将现场作业的操作人员和安检人员的工作合二为一，既可实现安全生产、人员减配，又可为智能化提供方案。

6.1　“前港后厂”原料进口作业流程

6.1.1　矿石码头装卸工艺流程

根据货物的流向，矿石码头装卸系统分为进口与出口。由于本章涉及的内容为原料进口，故仅针对进口矿石码头装卸工艺，按货物到港后是否直取可将其工艺流程分为 2 种。

非直取：船舶到港→卸船（抓斗卸船机）→中间运输（皮带机）→堆场（斗轮堆取料机）→中间运输（皮带机）→装车（装车机）。

直取：船舶到港→卸船（抓斗卸船机）→中间运输（皮带机）→装车/装小船（装车机/装船机）。

而在“前港后厂”作业中，“前港”为“后厂”提供原料以及配套的运输、存储及加工等服务。“后厂”生产所需的原材料经海运抵达“前港”后，“前港”码头按照泊位计划安排船舶靠泊，并通过“抓斗卸船机-皮带机-斗轮堆取料机”的协同作业，将原料输送至码头堆场暂存。之后“前港”再依照“后厂”的生产计划，组织堆场取料及混匀作业，并将混匀料定时、定量送至“后厂”烧结原料槽。其作业流程如图 6.1 所示。

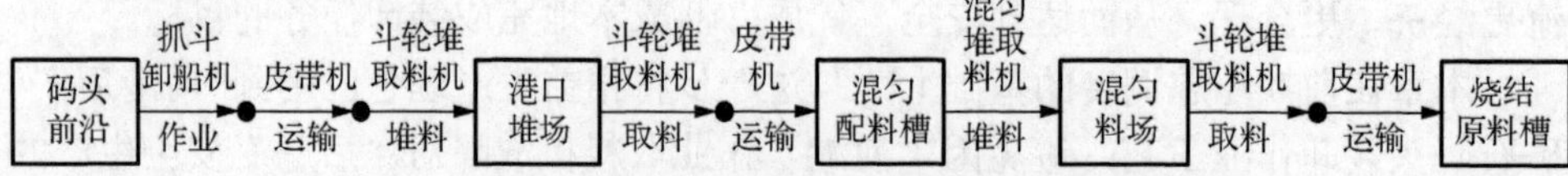

图 6.1　“前港后厂”原料进口作业流程示意图

因此，“前港”码头堆场作业效率与质量不仅关系到“前港”自身的生产效益，还会影响“后厂”的生产活动。对“前港”码头堆场作业设备进行优化调度，不但可以缩短原料配送时间，还可节省不必要的人工成本与作业成本，有助于实现“前港”作业管理的精细化。

6.1.2　矿石堆场布局

矿石堆场是指用于堆存矿石的专用露天堆场，是港口功能区的重要组成部分。此外，堆场还是前方码头作业与港外运输业务链接的关键。除了基本的存储功能外，还可为多种运输方式（公路、铁路、水路）的换装作业提供场地，其作业效率是衡量港口作业能力的重要指标之一。为合理利用堆场空间，方便设备配置与作业，大型矿石码头的堆场通常采用**分区**和**分类**的物料堆存措施。主要方法为：①将性能、养护措施以及消防方法相同的物料划分在一个保管区域内，该方法适用于中转速度较慢的堆场；②把物理性质相似的物料，置入同一堆场的同一货区中集中进行存储，如不同种类的铁矿石可进行集中存储，这也是大多数堆场常用的分类和分区方法；③根据发货的区域进行分类，即按照公路、铁路、水路划分保管区域，该分类方式使货物临近发货点，周转效率更高，故适用于中转量大且频繁的堆场。但要注意各区域内不同种类的货物依然要分开存放，避免发生混料。

堆场货物分区和分类之后形成货区。货区即特定货物的堆存区域，是堆场为方便区域管理而划分的存储单元，其在堆场内的布置形式主要包括横列式、纵列式及混合式：①横列式是指料堆摆放的方向交叉垂直于堆场方向。其优点是料条间距较大，便于堆场设备进行运输和堆取料作业，且堆存条件较好，但堆场面积利用率较低。②纵列式指的是料堆摆放的方向与堆场方向一致。其优点是尽可能压缩了通道面积，最大限度地利用存储空间，但货物的存取相对不便且存储条件较差，不利于特定物料的存储。③混合式指的是同一堆场中，一部分货区采取纵列式进行堆存，另一部分采取横列式进行堆存。其优点是同时具备以上两种形式的特点，货物堆存更为灵活，可满足多种货物的堆存需求；缺点是多货区难以进行大规模作业。

在图 6.2 所示的矿石码头堆场布局中，数量最多的矩形代表料堆，两排料堆中间为作业线，料堆、铁路与作业线的设备共同组成了堆场。按照料堆所处位置，堆场被分为**月台堆场**、**后方堆场**和**前方堆场**：①靠近铁路线的区域为月台堆场，用于存放发铁路的货物；②靠近泊位的为前方堆场，因其距离泊位近，作业效率快，用于存放水路中转且周转速度快的货物；③离泊位较远的为后方堆场，用于存放周转相对较慢的货物。此外，各区域均采用纵列式的堆存方式，最大限度地利用了堆场空间。

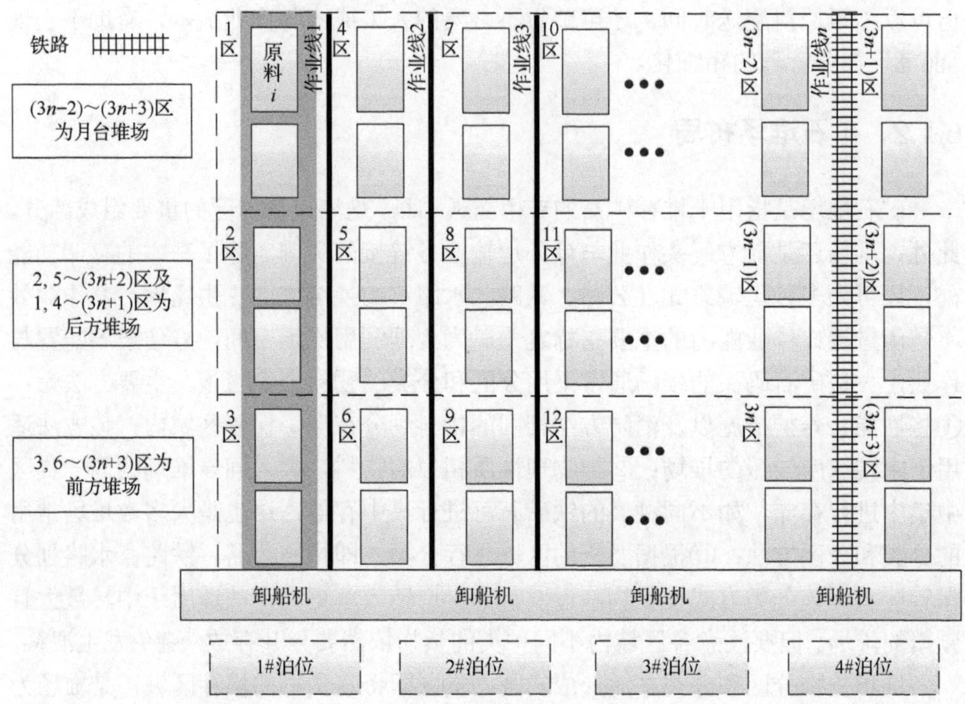

图 6.2　矿石码头堆场布局示意图

6.1.3　堆场取料作业主要设备

1. 取料设备

根据取料装置结构差异，码头取料设备可分为抓斗和斗轮两类。其中抓斗取料设备主要为门式抓斗起重机［图 6.3（a）］，但其十分依赖人工，在作业过程中驾驶员需实时关注抓斗位置并操作设备，对操作人技能要求高，且抓斗频繁的升降不利于作业效率的提高，故仅适用于小型堆场。斗轮取料设备主要包括**悬臂式斗轮取料机**［图 6.3（b）］、**门式斗轮取料机**［图 6.3（c）］及**悬臂/门式斗轮堆取料机**［图 6.3（d）］。由于其作业效率高，且作业具有连续性和规律性，易实现自动化，故被广泛应用于大中型堆场的作业[151]。

(a) 门式抓斗起重机　　(b) 悬臂式斗轮取料机

(c) 门式斗轮取料机

(d) 悬臂/门式斗轮堆取料机

图 6.3　取料设备图

（1）门式抓斗起重机。由门架、绞车、抓斗等结构组成。其中，门架起到支撑作用，抓取作业主要由抓斗和绞车进行。绞车为双卷筒结构，一组卷筒负责驱动抓斗做空间移动，将抓斗移动到指定位置；另一组卷筒控制抓斗的两腭板，通过收拢和放松钢丝绳，实现抓斗的开闭，完成取料和卸料。

（2）悬臂式斗轮取料机。取料作业时，整机运行到指定位置后，调整悬臂角度，通过斗轮运转实现物料抓取，随后通过取料机下方的皮带机将其运送至指定位置。此外，通过不断调整取料机的位置以及悬臂的角度与高度，可完成对料堆不同位置的作业。

（3）门式斗轮取料机。取料作业时，整机横跨于料堆之上，通过门架的升降、平移，以及斗轮的水平移动，可实现对料堆任意位置的取料作业。斗轮到达指定位置后，执行旋转取料，物料通过皮带机运出堆场。

（4）悬臂/门式斗轮堆取料机。其是将取料机与堆料机功能融为一体的堆场作业设备，通过斗轮和皮带机的正向旋转以及反向旋转，即可实现取料作业与堆料作业。其中，门式斗轮堆取料机只能负责 1 个料条的堆取料作业，而悬臂式斗轮堆取料机可同时负责相邻 2 个料条的堆取料作业。

取料机是矿石堆场的主要作业设备之一，其作业方式可分为堆取分开型和堆取合一型两种。其中，堆取分开机型即两种机型间隔布置，作业互不干扰，常用设备为悬臂式堆料机和悬臂式斗轮取料机。该作业方式适用于对取料作业和堆料作业同时有需求的、繁忙的大型堆场。此外，同时布置取料机和堆料机将导致堆场作业设备过多，占用额外的堆存空间，且需要配套设置专用的皮带机输送系统。堆取合一型即使用斗轮堆取料机完成堆料和取料作业，常用设备为悬臂式斗轮堆取料机。该作业方式适用于作业频率较低，且对同时进行堆料作业和取料作业的情况没有需求的小型堆场。由于斗轮堆取料机可独自完成取料和堆料作业，故可减少堆场作业设备的数量，释放更多的存储空间，且无须设置专用的皮带机输送系统。

实际作业中取料机的取料方法主要采取**场地利用优先**［图 6.4（a）］、**均匀取料优先**［图 6.4（b）］原则。

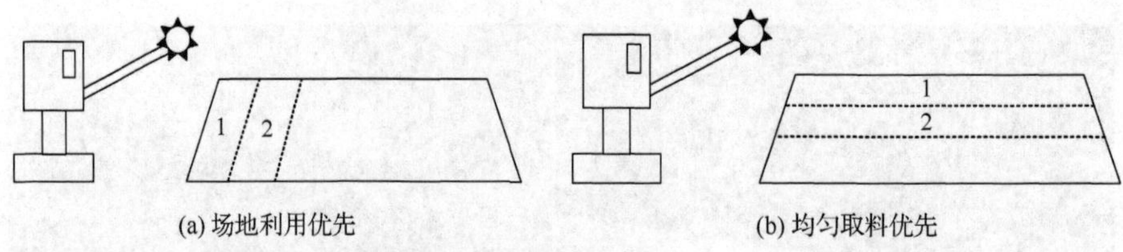

图 6.4　取料方法示意图

（1）场地利用优先是逐“片”取料的一种方式，取料机移动到料堆一侧后，将悬臂调整到与料堆平齐后由上到下切片式地吸取原料。随后，取料机再次调整位置，逐片进行取料作业，往复循环直至完成取料作业。由于在取料过程中，料堆长度不断减少，也就逐步减少堆场使用面积，可有效应对新物料的到来，故适用于用地紧张的堆场。但该取料方式使得料堆稳定性变差，易发生料堆垮塌，安全性较低，且作业过程中频繁调整取料机的臂架和回转角度，对操作人员的技术要求也较高，作业时间较长，物料输送相对不稳定。

（2）均匀取料优先是逐“层”取料的一种方式。首先，取料机移动到料堆侧面，并将悬臂调整到料堆上方，开始取料。然后，通过调整悬臂回转角度，完成取料机悬臂范围内的取料。最后，取料机移动，继续进行取料作业，直到取完该层的物料。该方式取料难度较低，物料输送较为稳定，且安全性较高，但取料过程中，料堆长度保持不变，高度逐渐下降，难以应对新物料到达的情况，故适用于用地富余的堆场。

2. 水平运输设备

带式输送机又被称为皮带机，是大型干散货码头以及料场主要的连续型固体物料水平输送机械之一。其构造简单便于维护，且具有较高的输送能力。输送作业时，驱动滚筒为输送带提供动力，牵引物料和输送带进行平稳的水平移动，适用于水平方向和倾斜方向输送物料，也可用于流水作业线，如图 6.5 所示。

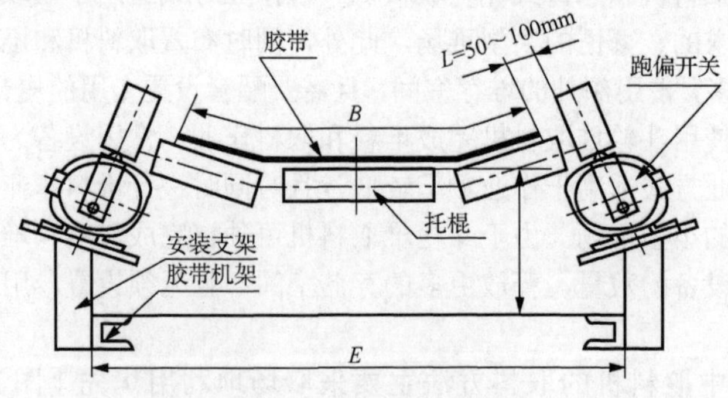

图 6.5　皮带机结构图

皮带机的主要优势为运输稳定、使用成本低、适应性较强、绿色环保。

（1）运输稳定，安全有效。由于作业过程中输送带与物料一同进行水平移动，二者之间不存在相对位移，故可有效保护物料。目前皮带机的运行已实现自动化，能够通过设置安全装置来实现非正常情况下的自我保护，相比其他运输设备具有较低的事故发生率。

（2）使用成本低。首先市场上绝大多数皮带机的机型均由电力驱动，能源受市场价格波动的影响较小。其次皮带机零部件替换方便，日常维修和维护成本较低。最后皮带机对技术人员的操作要求不高，且目前已基本实现自动化，作业过程中很少需要人为干预，人力成本较低。

（3）适应性较强，可满足多种物料的运输需求。目前，技术成熟的皮带机包括多种形式，运输带也有硅胶、聚氯乙烯（PVC）、聚氨酯（PU）等多种材质，通过更换运输带，就能够适应大多数散货物料运输的运输环境。此外，输送带上还可添加附件，以适应不同的生产作业需求。

（4）绿色环保，对环境污染小。首先，皮带机由绿色能源电力驱动，作业过程中不会产生硫化物、碳化物等污染物。其次，运输期间不会由于物料与输送带的摩擦而产生噪声，且驱动电机工作时的声音分贝也较小，不会产生噪声污染。最后，通过增加防尘罩和洒水设备，可最大限度减少粉尘污染。

6.1.4　矿石码头取料作业流程

取料作业是矿石码头的主要作业之一，其效率和质量直接影响物料周转速度、装卸成本等，决定码头的整体作业能力。矿石码头堆场取料作业流程为接收客户订单后，首先，将作业任务下达堆场作业调度系统，确定需进行取料作业的物料种类以及相应的数量。随后，调度系统根据堆场内料堆的分布，空闲设备等堆场作业条件，自动计算出效率最高、成本最低的调度方案。取料机作业完成后，料堆分布等发生改变，堆场信息再次上传调度系统，为下一次调度任务做准备。最后，取完的物料通过皮带机运出存储区，进行后续作业。值得关注的是，临港工业所需的物料可通过皮带机直接输送至厂区内。另外，堆场内可进行附加作业，如混匀作业如图 6.6 所示。现有取料作业工艺缺少生产应急机制，而“后厂”对取料作业的时间要求较高，若堆场内突发取料机故障等突发事件，会造成后序生产延误。

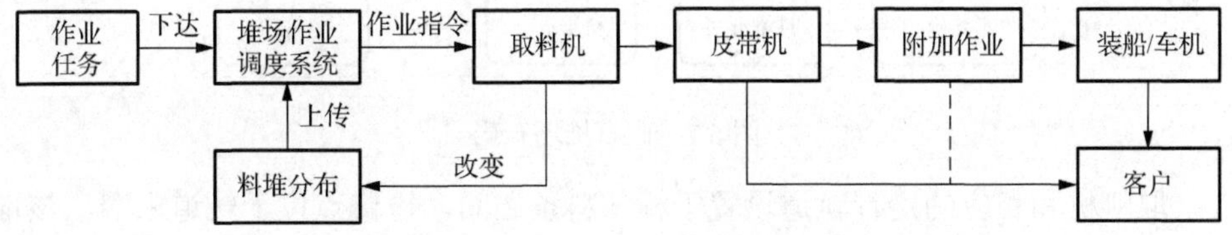

图 6.6　取料作业流程

6.2 “前港后厂”精细化取料工艺与应急调度

6.2.1 堆场布局及取料机配置

由于“前港后厂”的主要原料是铁矿石，故本节主要介绍铁矿石堆场的布局及取料机配置，传统的堆场取料作业工序配置在此不做赘述。由于铁矿石的性质较为接近，为便于集中管理，故在港口堆场内划分铁矿石专用堆场，用于存放各种类及品位的铁矿石。n 个料堆随机分布于各料条之中。但种类不同、品位不同以及所属客户不同的料堆应分别存放于不同料条或者料堆中，且为防止混料和满足取料机对作业场地的要求，同一料条中相邻料堆之间应留有间距 L。此外，为最大限度地利用堆场空间存储，料堆的底面宽度和料条宽度相同，且料堆容量不可过大，超出部分需形成另一个独立料堆。“前港”同时为多家钢厂提供铁矿石存储服务，料堆数量激增，大幅提高了料堆周转速度，故为最大限度利用堆场空间，料堆的存放采取纵列式，即料堆摆放与主通道平行，改进后的铁矿石堆场布局如图 6.7 所示。

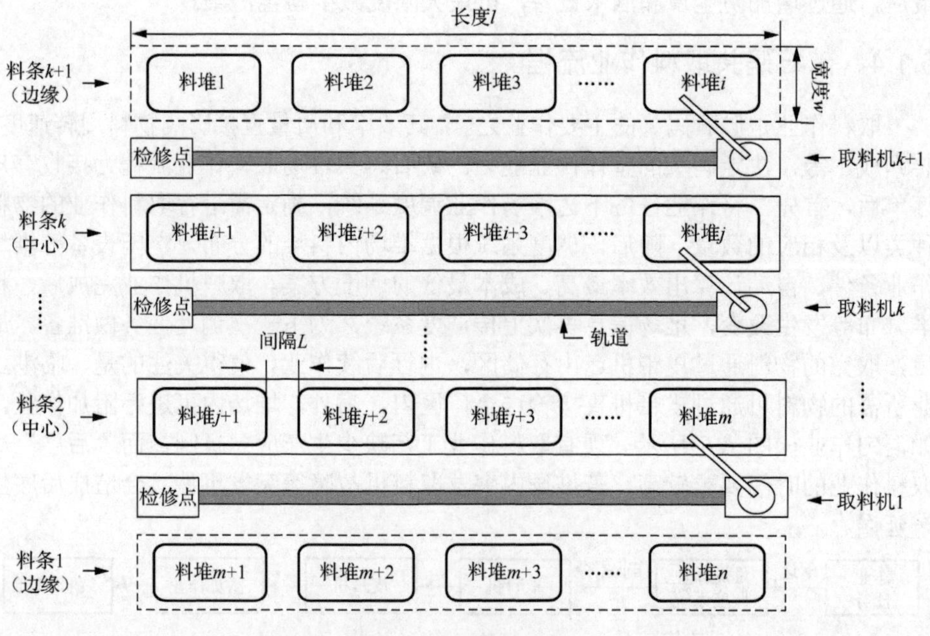

图 6.7 矿石堆场布局

取料机和相应的走行轨道设置于相邻料条之间，检修点位于轨道末端。该堆场共有 k 台取料机以及相同数量的走行轨道和检修点。由于“港-钢”合作下的矿石堆场具有作业频率高的特点，故取料作业采取“堆取分开”的模式，同时，使用悬臂式斗轮取料机以满足大规模作业需求。因为，门式斗轮取料机仅能作业 1 个料条，而悬臂式斗轮取料机可通过调整悬臂，作业通道两侧的料条，故选用悬臂式斗轮取料机，进一步提高作业效率，满足钢厂的生产需求，并且悬臂式取料机又可作业两侧的料堆，作业具有更多的选择性，可有效应对突发事件。

6.2.2　取料工艺特点

1. 取料机作业

对于单一料堆，作业期内只能由 1 台取料机作业 1 次，以防取料机工作期间发生碰撞，该过程是连续的，中间不发生其他突发事件；取料机作业轨道固定，作业过程需沿着轨道进行。因取料机轨道路径的限制，取料机只能作业其轨道两侧悬臂可触及范围内的料堆；取料机在进入作业流程前需进行安检和防护工作，每次生产作业均从检修点开始新的作业周期，作业结束后返回检修点，其走行路径及取料系统布局如图 6.8 所示。

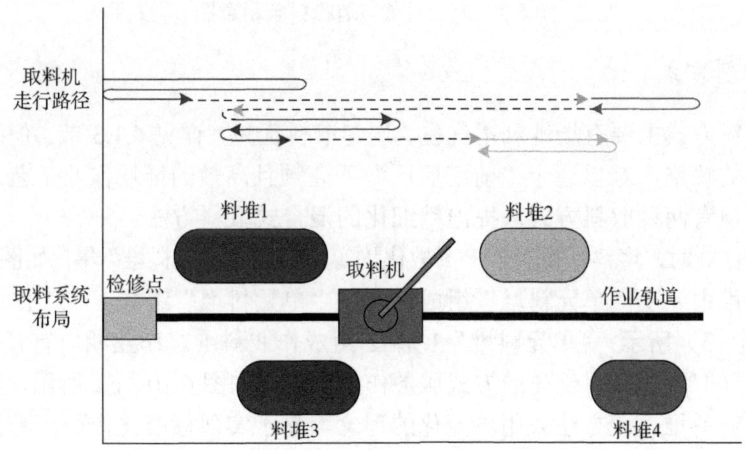

图 6.8　取料机走行路径及取料系统布局示意图

2. 料堆布局

为降低突发事件对取料机作业进度造成的影响，提高作业均衡率，同一种原料会被分散堆放在不同料条中，以防因设备故障或料堆坍塌等突发事件造成该种原料无法被作业。该布局方式也是提高堆场作业柔性和实现取料机应急调度的关键。且为进一步细化堆场布局，提高取料工艺的柔性，按照料条的位置，堆场的料条可被细分为**中心料条**、**边缘料条**：①中心料条即位于堆场中心位置的料条，可被多台设备同时作业，如图 6.9 所示，中心料条可同时被取料机 1 和取料机 2

同时作业。②而边缘料条仅可被 1 台设备作业，如边缘料条 1 仅可被取料机 1 作业，边缘料条 2 仅可被取料机 2 作业。由此可知，中心料条内的料堆作业选择性较多，通过合理的调度安排可在一定程度上避免作业突发事件的影响，且作业效率的上限也高。故为提高堆场作业效率，数量多、周转速率高的料堆应置于中心料条，其他料堆将置于边缘料条。

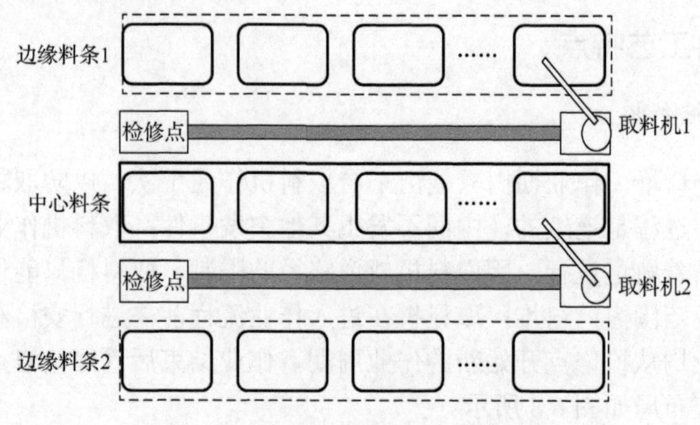

图 6.9　中心料条与边缘料条示意图

3. 取料方式

现取料方式主要有场地利用优先、均匀取料优先，详见 6.1.3 节。但两种方式都有不同的缺陷，难以适于“前港后厂”下高频且高效的堆场作业工艺。综上，本节基于现有两种取料方式，提出**精细化的混合式取料**方法。

取料作业时，将料堆视为若干离散化均等重量的“单元料堆”集，如图 6.10（a）所示，料堆由 q 个“单元料堆”组成。若干“单元料堆”组成 1 个“作业料堆”，如图 6.10（b）所示，“单元料堆”1 和 2 组成作业料堆。作业期内有且仅安排 1 台取料机采取均匀取料优先的方式服务作业料堆，如图 6.10（c）所示，取料机逐层作业作业料堆。该方法采用单元化的理念，易于实现**标准化**作业，减少无效生产，生产过程中料堆长度不断减少，可缓解堆场用地紧张的问题，且均匀化的取料方法使料堆不易发生坍塌，提高了安全性，对操作人员的技术水平要求较低。

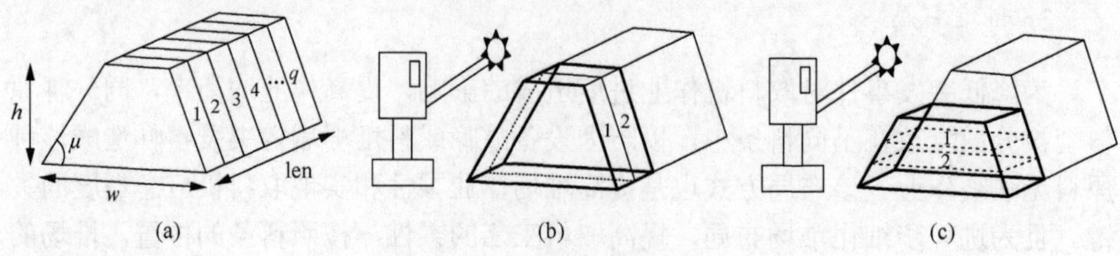

图 6.10　精细化取料方法

6.3　取料机应急调度模型及求解算法设计

6.3.1　应急调度流程

港航背景的应急调度是针对突发事件及灾时救援物资应急调配的紧急处置[152]，缺乏针对港口取料机应急调度的研究。针对“前港”生产作业需为钢厂提供定时、定点、定量的原料配送服务这一特殊性，为应对由于取料机故障而造成的“后厂”事故，本节基于现有港口取料工艺，设计了取料机应急调度方法。“后厂”的供料订单，主要包括所需原料的种类、数量，以及送达时间等。随后，供料需求传递至港口 MES 调度平台，MES 调度平台结合港口现有的作业条件，如料堆位置及数量等，制定最优的调度方案，以实现调度目标。最后，取料机按照最优调度方案进行精细化取料作业，并将混匀料直接输送到“后厂”生产线。当作业过程中取料机发生故障时，MES 调度平台将根据现有作业条件，包括可作业的取料机，以及现时的料堆容量等，重新制定调度方案进行作业。且当取料机故障修复之后，由于生产条件再次发生变化，将再次触发重调度，将修复完成的取料机编入作业序列，以最大限度地利用取料机的生产能力。如某堆场共有 3 台设备正在进行作业，若取料机 2 在某时刻发生故障，则将剩余任务重新分配给取料机 1 和 3；若在取料任务未完成之前，取料机 2 故障修复，则再度分配剩余任务给取料机 1、2 和 3，直至完成作业任务，如图 6.11 所示。

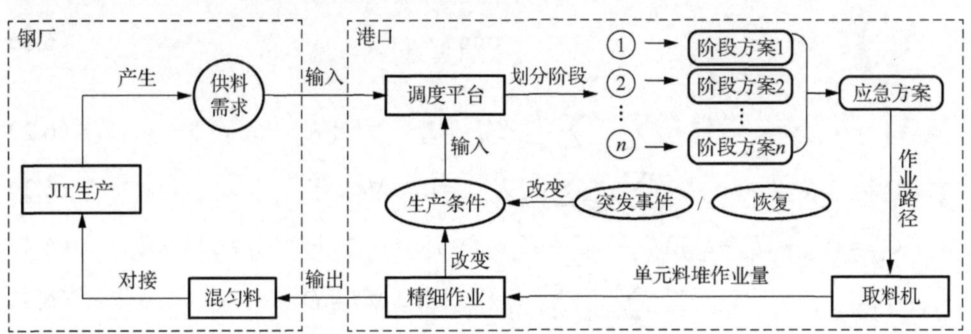

图 6.11　取料机应急调度作业流程

6.3.2　模型构建

1. 模型假设及参变量定义

模型假设：①取料机相同且取料速度、走行速度保持恒定，悬臂姿态调整不额外占用时间；②取料过程中忽略料堆滑落对取料量造成的影响且不发生其他突发事件；③料堆形状规整且密度均匀。

变量定义：S 为原料种类集合，$S=\{1,2,\cdots,s\}$，$s\geqslant 2$；Q_i 为料堆 i 的分割数集合，$Q_i=\{1,2,\cdots,q\}$，$q\geqslant 1$；G 为单元料堆的重量；G_s 为原料 s 的需求量；G_i 为料堆 i 的储量；P 为取料机的作业功率；v 为取料机的走行速度；L_{ij} 为取料机从料堆 i 走行至料堆 j 的距离；D 为调度阶段的集合，$D=\{1,2,\cdots,d\}$，$d\geqslant 1$；K_d 为调度阶段 d 内，可进行生产作业的取料机集合，$K_d=\{1,2,\cdots,k\}$，$k\geqslant 2$；I_d^k 为调度阶段 d 内，取料机 k 可作业料堆的集合，$I_d^k=\{1,2,\cdots,i\}$，$i\geqslant 2$；C_{di}^k 为调度阶段 d 内，取料机 k 作业料堆 i 的完成时间；t 为生产任务的完成时间，$t=\max\{C_{di}^k\}$；t_{dj} 为调度阶段 d 内，料堆 j 的作业完成时间，$t_{dj}=(\sum_{q\in Q_i}GY_{diq}^k)/P$；$U_{ij}$ 为取料机从料堆 i 走行至料堆 j 的调整时间，以 0 和 E 代表初始状态和终止状态。

取料机走行轨道路径限制的特性可通过调整时间来体现，当作业料堆均位于走行轨道两侧时，调整时间为 L_{ij}/v，相反，调整时间为 $+\infty$。

$$U_{ij}=\begin{cases}L_{ij}/v, & i,j\in I_k\\ +\infty, & \text{其他}\end{cases},\quad U_{0j}=\begin{cases}L_{0j}/v, & j\in I_k\\ +\infty, & \text{其他}\end{cases},\quad U_{iE}=\begin{cases}L_{iE}/v, & i\in I_k\\ +\infty, & \text{其他}\end{cases}$$

Z_{is} 为料堆 i 的原料是否为 s；如果是则为 1，否则为 0；X_{dij}^k 为调度阶段 d 内，取料机 k 是否作业料堆 i 后继续作业料堆 j，若是为 1，否则为 0；Y_{di}^k 为调度阶段 d 内，取料机 k 是否作业料堆 i 的第 q 个单元料堆，若是为 1，否则为 0。

2. 目标函数及约束

$$\min t \tag{6.1}$$

s.t.

$$\sum_{d\in D}\sum_{j\in I_d^k}X_{d0j}^k=1,\quad \forall k\in K_d \tag{6.2}$$

$$\sum_{j\in I_d^k}\sum_{d\in D}X_{djE}^k=1,\quad \forall k\in K_d \tag{6.3}$$

$$C_{dj}^k=(C_{di}^k+U_{ij}^k+t_{dj})X_{dij}^k,\quad \forall k\in K_d,\ d\in D,\ i\in I_d^k\cup\{0\},\ j\in I_d^k\cup\{E\} \tag{6.4}$$

$$\sum_{k\in K_d}\sum_{i\in I_d^k}X_{dij}^k=1,\quad \forall d\in D \tag{6.5}$$

$$\sum_{k\in K_d}\sum_{d\in D}\sum_{i\in I_d^k}\sum_{q\in Q_i}GX_{dij}^kY_{djq}^kZ_{js}=G_S,\quad \forall s\in S \tag{6.6}$$

$$\sum_{d\in D}\sum_{d\in D}\sum_{q\in Q_i}GY_{diq}^k\leqslant G_i,\quad \forall i\in I_d^k \tag{6.7}$$

$$Y_{diq}^k\geqslant Y_{diq+1}^k,\quad \forall k\in K_d,\ d\in D,\ i\in I_d^k,\ q\in Q_i \tag{6.8}$$

$$Z_{is}\in\{0,1\},\quad \forall i\in I_d^k,\quad \forall s\in S \tag{6.9}$$

$$X_{dij}^k\in\{0,1\},\quad \forall k\in K_d,\ d\in D,\ i\in\{0\}\cup I_d^k,\ j\in\{E\}\cup I_d^k \tag{6.10}$$

$$Y_{diq}^k\in N\text{且}Y_{diq}^k\leqslant G_i/G,\quad \forall k\in K_d,\ d\in D,\ i\in I_d^k,\ \forall q\in Q_i \tag{6.11}$$

其中，**目标函数**式（6.1）表示作业完成时间最小。**约束条件**：①式（6.2）表示每台取料机都有 1 个初始任务，以 0 代表初始状态；②式（6.3）表示每台取料机都有 1 个终止任务，以 E 代表终止状态；③式（6.4）表示每台取料机的作业次序中，相邻 2 个任务之间的完工时间关系；④式（6.5）表示任一调度阶段内，每个料堆最多由 1 台斗轮堆取料机作业 1 次；⑤式（6.6）表示取料数量满足任务要求；⑥式（6.7）表示取料作业量限制；⑦式（6.8）表示连续取料；⑧式（6.9）表示变量 Z_{is} 为 0-1 变量，取值均为 0 或 1；⑨式（6.10）表示决策变量 X_{dij}^{k} 为 0-1 变量，取值均为 0 或 1；⑩式（6.11）表示决策变量 Y_{di}^{k} 为正整数变量。

6.3.3 IBFOA 算法设计

大肠杆菌的觅食行为具有很强的智能性，其寻优过程给予人类求解 NP 难问题重要的启示。因此，基于仿生学原理开发了模拟细菌觅食行为的菌群算法[153]，第 5.3.2 节已详述。

1. BFOA 算法改进策略

（1）通过自适应步长提高算法性能。对于优化算法而言，步长越小计算结果的精度也将越高，但同时也会降低求解速度。为有效平衡二者的悖反关系，引入自适应步长[154]：前期使用大步长以提高求解速度，而当种群完成 cN_c 次趋向行为后，菌群个体均已处于较优位置，此时逐渐减少步长以增强局部搜索精度，如式（6.12）：

$$C(i)=\begin{cases}C(i), & j\leqslant cN_c\\ C(i)+(j-cN_c)\dfrac{1-\alpha}{(c-1)N_c}, & j>cN_c\end{cases} \tag{6.12}$$

式中，$C(i)$ 为个体 i 的移动步长；j 为已进行趋化行为的数量；c 为学习参数，取值范围为 0.6～1；α 为虚心参数，取值范围为 0～1。

（2）利用最优方向引导确定翻转方向。在标准菌群算法中，翻转方向 $\Delta(i)$ 为随机搜索方向，翻转运动虽然增加了种群多样性，但在求解复杂优化问题时，延缓了寻优速度，降低了求解精度和稳定性[155]。故本节引入粒子群算法（particle swarm optimization，PSO）的最优导向机制改进细菌个体的翻转行为。个体在翻转前，根据适应度大小确定最优方向，并沿此方向前进，以此迭代寻优，如式（6.13）：

$$\begin{cases}\theta^{i}(j+1,k,l)=\theta^{i}(j,k,l)+C(i)\varphi^{i}(j)\\ \varphi^{i}(j)=\Delta^{i}(j)/\sqrt{\Delta^{iT}(j)\Delta^{i}(j)}\\ \Delta^{i}(j)=w\Delta^{i}(j)+c_1r_1(AI^{g}(j,k,l)-AI^{i}(j,k,l))\end{cases} \tag{6.13}$$

式中，$\theta^i(j,k,l)$ 表示个体 i 在第 j 次趋化中的位置；$\varphi^i(j)$ 表示个体 i 在第 j 次趋化中的翻转角度；$\Delta^i(j)$ 表示个体 i 在第 j 次趋化中的翻转方向；AI^g 指当前群内最优个体 g 第 j 次趋化的适应值；AI^i 是个体 i 在第 j 次趋化中的适应值；c_1 是个体 i 的受益因子；r_1 是[0,1]的随机数；w 是线性权重。

（3）干扰细菌个体的前进行为，扩大求解空间。引入 PSO 改进 BFOA 后，有效提高了算法求解速度，但同时也缩减了种群多样性，易产生早熟现象。为扩大求解空间，对菌群的前进行为加上特殊扰动，使个体前进的每一步均落在半径为 r 的圆内，由此求解空间被有限放大，在保证求解速度的同时，使细菌个体能更好地对局部区域进行精确搜索[156-158]。公式描述如下：

$$\theta^i(j+1,k,l)=\theta^i(j,k,l)+C(i)\varphi^i(j)+rr_1 \tag{6.14}$$

2. IBFOA 算法流程

取料机应急调度将作业过程划分为若干调度阶段，每个阶段均进行独立的调度安排，涉及的决策变量包括：作业料堆、作业设备以及“单元料堆”的作业量。因此，初始种群编码共包括 n 个独立的阶段编码，每个阶段编码又分为 3 层，分别表示 3 个决策问题，即在某调度阶段内，按照怎样的次序作业哪些料堆，分别用哪台设备，各取多少个“单元料堆”。种群编码如图 6.12 所示。

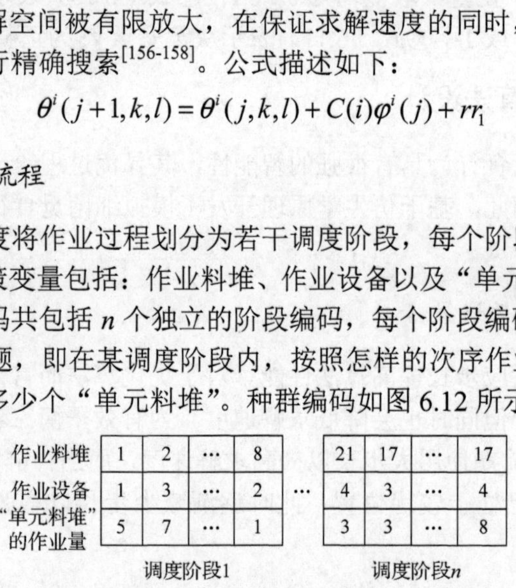

	调度阶段1				…	调度阶段n			
作业料堆	1	2	…	8		21	17	…	17
作业设备	1	3	…	2	…	4	3	…	4
“单元料堆”的作业量	5	7	…	1		3	3	…	8

图 6.12　种群编码示意图

以阶段 1 编码为例，第 1 层数字代表料堆序号，表示该调度阶段内，按照序号排列顺序作业哪些料堆；第 2 层数字表示第 1 层料堆对应的作业设备；第 3 层数字表示第 1 层料堆对应的“单元料堆”的作业数量。

IBFOA（improved bacterial foraging optimization algorithm）算法步骤如下。

步骤 1：初始化。①初始化参数，主要包括大肠杆菌的种群规模 S，个体的位置 X^i，算法的迭代次数 $T_{\max}$，个体的趋化次数 N_c、复制次数 N_{re} 以及迁徙次数 N_{ed}，趋化步长 C，迁徙概率 P_{ed}，细菌个体在营养梯度上游动的最大次数 N_s，学习因子 c_1 以及惯性权重 w。②将每个大肠杆菌个体的当前位置作为最佳位置 p_i，计算每个个体的适应值，并从当前适应值中找到全局极值，标记该细菌个体为 g，并记录其位置 p_g。

步骤 2：趋化。①根据式（6.13）确定大肠杆菌个体的翻转角度，进行一次以半径为 r 的圆为落脚点的前进游动，长度为式（6.12）确定的自适应步长。之后计算个体的适应值，如果优于该个体上一代的适应值，则继续向前游动。②计算大肠杆菌个体的适应值，如果比当前的个体极值要好，则将个体的当前位置作为个体极值的位置 p_i，并将其新的适应值标记为个体极值，否则保持不变。如果比当前的全局极值要好，则将个体的当前位置作为全局极值的位置 p_g，并将其新的适应值标记为全局极值，否则保持不变。

步骤 3：根据大肠杆菌个体的适应度值，移除较小的一半个体，复制另一半个体。

步骤 4：个体随机迁徙到寻优空间中。

步骤 5：判断是否达到终止条件。

6.4　算 例 验 证

6.4.1　算例描述

为应对供应链风险，港口 A 与钢厂 B 两企业联合开展“前港后厂”模式。订单的内容主要包括各种原料的需求量以及要求送达的时间。考虑到堆场作业的不确定性，原材料准时到达或一定时间内提前到达均是允许的，但绝对不能延误。某日，钢厂 B 向港口 A 发送原料配送指令，港口 A 收到指令后安排生产。根据调度安排，堆场作业在不发生突发事件的情况下，可以提前完成生产任务，但提前量不大，这也是“前港后厂”模式下港口业务常态。此次生产过程中，某一取料机突发故障，经过维修人员一段时间的紧急抢修后，恢复正常，但此次突发事件降低了港口堆场的作业能力，如何进行调度安排才能不造成生产延误？针对取料机故障事件，本节设计了取料机应急调度方法以及相应的精细化取料工艺，以提高港口取料作业的柔性，减少突发事件造成的影响。本节将基于实际数据设计仿真实验来验证该方法的有效性。

6.4.2　数据设置

仿真实验数据设计如下：堆场共有 5 个料条，料条长度 $l = 270\text{m}$，宽度 $w = 15\text{m}$；原料包括 6 种，属性如表 6.1 所示；根据原料和料堆的属性，可以计算出每个料堆的容量，这是模型的重要约束。料堆的容量 $G = \rho V$，已知各原料的密度 ρ，还需求得料堆的体积 V。料堆的外形近似于梯形体结构，上下底面为矩形，侧面均为梯形，如图 6.13 所示，其体积公式为 $V = \dfrac{h}{6}(2ab + ab_1 + a_1b + 2a_1b_1)$，其中：$a$ 代表下

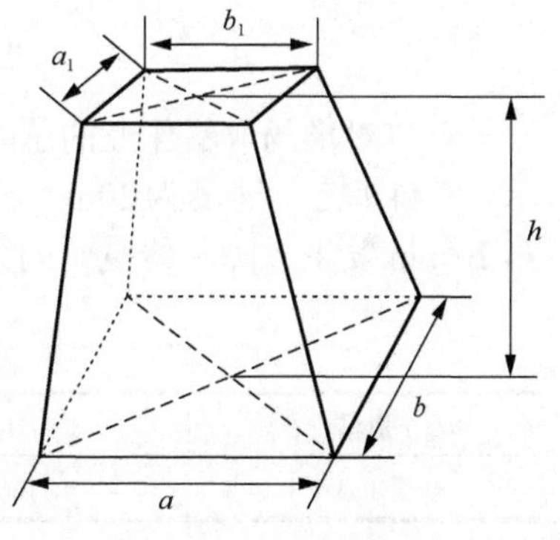

图 6.13　梯形体结构

底面的宽度；b 代表下底面的长度；a_1 代表上底面的宽度；b_1 代表上底面的长度；h 代表高度。在上述参数中，仅 h 未知。自然安息角 α 指的是块状、粒状或者粉状的物料在堆放时料堆能够达到的最大角度。

表 6.1　原料参数

序号	种类	密度ρ/（kg/m^3）	自然安息角α
1	菱铁矿	3800	35°
2	磁铁矿	5000	35°
3	赤铁矿	5000	35°
4	褐铁矿	3500	35°
5	石灰石	2700	35°
6	白云石	2900	35°

已知自然安息角 α ，通过三角函数即可求得料堆高度 $h=\dfrac{\tan\alpha(a-a_1)}{2}$。综上，可求得仿真实验的料堆数据，堆场布局如图 6.14 所示。其中，每个矩形表示 1 个料堆，料堆上的 3 个数字依次表示料堆编号、原料种类及料堆容量。

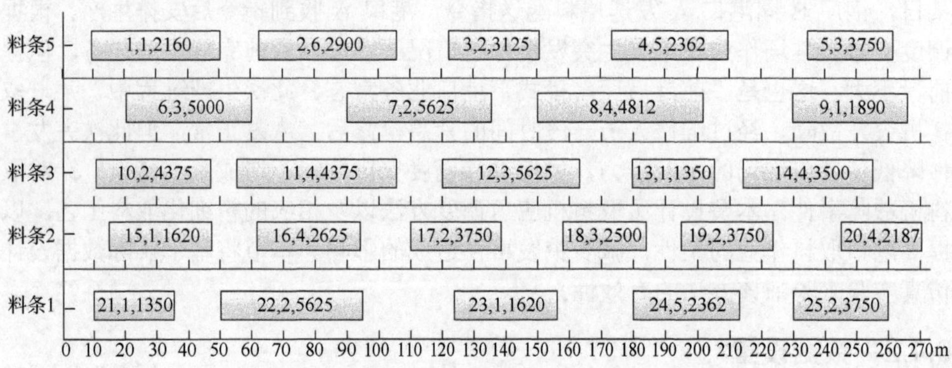

图 6.14　模拟堆场示意图

订单对堆场取料作业的总时间要求为 90～110min。钢厂生产需求如表 6.2 所示。取料机走行速度为 20m / min ，作业能力为 30t / min ；取料机 2 在开始工作后第 20min 发生故障，修复时间为 50min 。

表 6.2　订单需求

原料	1	2	3
需求量/t	1600	3300	3000
原料	4	5	6
需求量/t	1500	300	350

6.4.3 对比实验设计

为验证取料机应急调度方法及 IBFOA 的有效性，本节设计两项对比实验。

（1）智能求解算法。经典智能算法均具有各自不同的优势与劣势。如经典 PSO 原理简单，求解速度较快，但求解精度较低；经典菌群算法的寻优能力较强，但算法机制繁琐，求解速度较慢。“前港后厂”模式下的堆场精细化取料作业相比于传统取料工艺而言更为复杂，涉及的数据也更多，且应急调度对算法求解速度的要求高，触发应急调度时需立即求解出最佳方案。显然，现有群智能算法无法满足其求解需求。因此，本节从①改进自适应步长，②利用最优方向引导确定翻转方向，③干扰细菌个体的前进行为、扩大求解空间 3 个方面对 BFOA 算法进行改进，以提升算法性能。为验证改进算法对求解应急调度模型的性能，同时使用 IBFOA、经典 BFOA、经典 PSO 进行求解。通过 IBFOA 与经典 BFOA 的对比，可以验证算法是否得到有效改进。通过 IBFOA 与经典 PSO 的对比，可以验证 IBFOA 与传统智能算法相比是否性能更优。

（2）调度方法。对比实验的要点在于仅改变 1 个要素，其他要素保持不变，从而验证该要素在对比实验中的作用。故在“前港后厂”模式下验证取料机应急调度方法的有效性，应设置本节所提出的应急调度方法与传统的应急调度方法作为对比。但在传统模式下港口取料作业的应急调度多采用人工调度的方法，主观性与随机性太大，仿真实验中难以进行科学的量化。因此，本节将取料机故障条件下的应急调度方法与未发生故障的普通调度方法进行对比。普通调度方法与应急调度方法的区别在于普通调度方法运行过程中未设置取料机故障时间，但调度机制是相同的。首先验证普通调度方法的结果，得出其是否为最优结果，以此来保障其是否具有可参考性；然后比对普通调度的结果与应急调度的结果，验证应急调度是否达到了预期效果。

6.4.4 结果分析

1. 算法有效性分析

针对上述算例，根据本章提出的应急调度模型，在 MATLAB 平台编写仿真和算法程序。三种算法的参数如表 6.3 所示。为验证 IBFOA 算法的性能，分别运用 IBFOA、BFOA 和 PSO 算法求解应急调度模型，得到算法迭代曲线如图 6.15 所示。

表 6.3　算法参数设置

参数	T_{max}	S	c	ω	N_s	P_{ed}	N_c	N_{re}	N_{ed}
PSO	300	30	2	0.75	—	—	—	—	—
BFOA	300	30	—	—	4	0.25	50	2	1
IBFOA	300	30	2	0.75	4	0.25	50	2	1

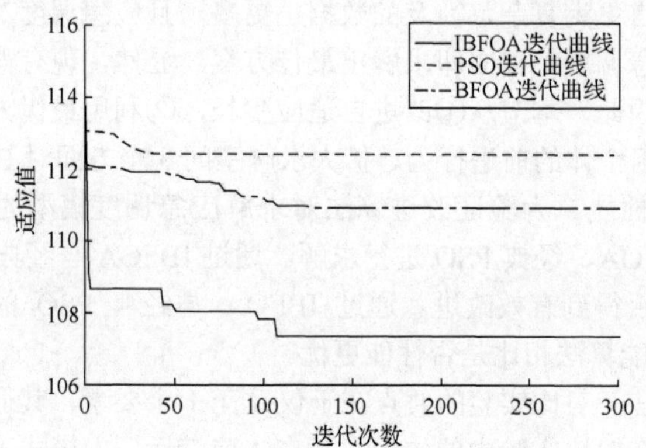

图 6.15　IBFOA、BFOA 和 PSO 迭代图

在算法迭代图中，横轴为迭代次数，纵轴为适应值，可以看出与其他两种算法相比，IBFOA 算法在寻优精确度等方面具有更好的性能，且收敛速度也有所提高，适用于求解复杂度相对高且具有快速响应特点的取料机应急调度问题。

2. 求解结果的对比分析

为验证取料机应急调度的优化效果，分别求解普通调度方案和故障条件下的应急调度方案，求解结果如表 6.4 和表 6.5 所示。

表 6.4 以列 1 行 1 中的数据“21(6)-15(5)-22(9)-23(2)”为例，21-15-22-23 代表取料机的作业路径，先后取料料堆 21-料堆 15……；（）内的内容代表取料机在该料堆的作业量，如 21（6）代表在 21 号料堆取料 6 吨。2 列分别代表不同取料机的作业路径及作业量，与前一列“设备”一一对应；如第 1 行的内容“21(6)-15(5)-22(9)-23(2)”“10(14)-11(4)-18(3)-14(2)”与设备列的“1-2”相对应，分别代表设备 1 和设备 2 的作业路径及作业量。作业时间两列代表设备 1、设备 2 的各自作业时间。

表 6.4　取料机普通调度方案

实验	设备	作业路径及作业量		作业时间/min		完成时间/min
1	1-2	21(6)-15(5)-22(9)-23(2)	10(14)-11(4)-18(3)-14(2)	90	89	91
	3-4	6(6)-12(5)-13(2)-14(9)-9(2)	1(2)-2(6)-8(5)-4(7)-5(2)	91	90	
2	1-2	15(7)-22(4)-18(3)-24(7)-20(2)	10(6)-16(4)-12(9)-13(4)	89	90	90
	3-4	6(2)-7(3)-11(9)-8(5)-9(4)	1(2)-2(6)-3(10)-9(2)-5(2)	90	90	
3	1-2	21(4)-22(9)-16(2)-23(2)-24(7)	15(5)-11(10)-12(4)-18(4)	88	90	90
	3-4	6(4)-11(4)-12(4)-8(4)-13(5)	6(6)-7(7)-3(7)-9(3)	89	90	
4	1-2	15(4)-22(2)-16(7)-23(3)-24(7)	10(2)-11(8)-17(6)-18(6)	90	89	91
	3-4	6(6)-7(6)-12(4)-8(6)	1(4)-2(6)-7(3)-3(4)-8(7)	91	89	
5	1-2	21(3)-22(6)-23(3)-18(8)-2(3)	15(3)-11(7)-17(9)-13(4)	91	92	92
	3-4	10(4)-11(5)-7(2)-12(8)-13(3)	1(3)-2(6)-7(2)-8(8)-4(4)	88	89	

表 6.5　取料机应急调度方案

实验	设备	阶段 1	阶段 2	阶段 3	作业时间/min	完成时间/min
1	1	22(3)-16(4)	16(2)-17(5)-19(3)	25(3)-20(5)	107	107
	2	10(6)	—	12(3)-18(2)-1(3)	103	
	3	7(3)-11(5)	8(4)-9(10)	14(4)	105	
	4	1(2)-6(2)-2(2)	2(4)-4(7)	5(9)	106	
2	1	16(2)-21(4)	17(7)-23(5)	20(3)-19(5)	111	109
	2	11(3)-17(3)	—	13(6)-18(3)	109	
	3	10(4)-11(3)	11(2)-12(11)	14(5)	105	
	4	2(6)	3(4)-4(7)-9(4)-8(2)	5(2)	108	
3	1	21(3)-15(5)	17(7)-18(3)-24(4)	23(2)-20(3)	109	113
	2	11(7)	—	12(2)-13(3)-19(3)	113	
	3	6(5)-11(3)	7(9)-12(4)	13(2)	105	
	4	1(4)-2(6)	6(2)-8(7)-7(4)	4(3)	112	
4	1	17(2)	23(1)-22(2)-24(5)	18(3)-19(2)	108	110
	2	15(1)	—	12(3)-17(2)-13(1)	110	
	3	11(4)	12(3)-8(4)-13(1)	14(4)	103	
	4	2(6)	6(3)-7(5)-3(4)	9(4)-5(4)	104	

续表

实验	设备	阶段 1	阶段 2	阶段 3	作业时间/min	完成时间/min
5	1	16(5)-23(3)	24(6)-18(9)	19(10)	114	114
	2	4(600)	—	4(200)-2(800)	104	
	3	6(12)	11(2)-13(9)	14(3)-17(5)	106	
	4	1(7)	2(6)-8(2)-4(7)	5(7)	102	

其中，任务完成时间取决于各取料机作业时间的最大值；普通调度的第 2 次实验结果最优，任务完成时间为 90.7866min（表中数据为美观起见，保留整数，文字描述为准确数值），最优调度结果如图 6.16（a）所示，作业路径如图 6.16（b）所示；应急调度的第 1 次实验结果最优，任务完成时间为 107.3372min（表中数据为美观起见，保留整数，文字描述为准确数值），处于时间窗[90,110]要求范围内，最优调度结果如图 6.17（a）所示，作业路径如图 6.17（b）所示。

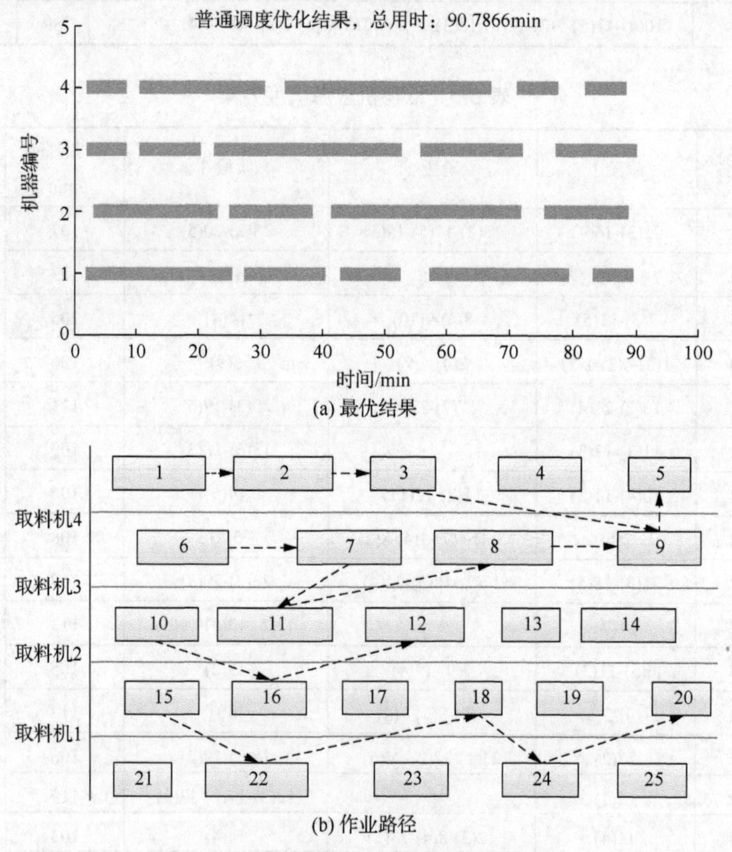

图 6.16　普通调度的最优结果与路径

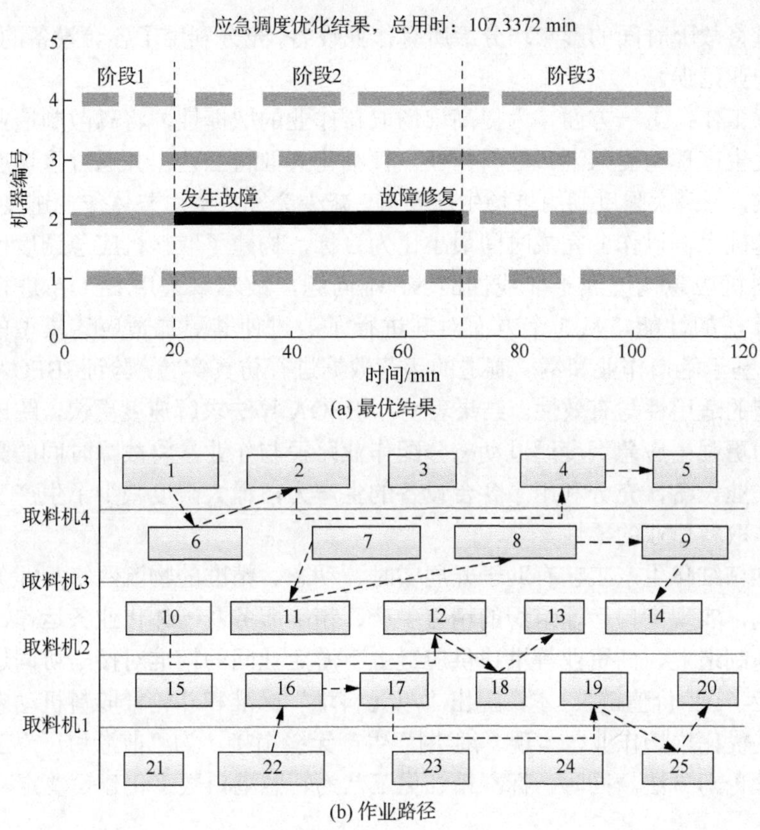

图 6.17　应急调度的最优结果与路径

综上分析可得：

（1）取料机作为大型装卸作业设备，移动速度较慢，“港-钢”频繁作业的情况下，走行调整时间在作业总时间中占比较大。故合理安排取料机作业次序，减少设备走行距离，是减少作业时间的关键。在上述两种最优方案中，取料机均沿料条进行单向走行作业，且多台取料机同时作业，均匀分配设备任务量，可实现任务完成时间最小的目标，符合取料作业实际情况。

（2）订单总量为 10050t，4 台取料机的作业能力为 120t/min，不考虑取料机作业调整时间的情况下约 84min 可完成订单任务，而普通调度的最优结果约为 90min，结合取料机走行距离，不难计算出普通调度已达到最佳优化效果。由此可证明应急调度中的单阶段调度的可行性。

（3）相比于普通调度，取料机 2 故障 50min 条件下应急调度的任务完成时间仅增加了 17min。同时，考虑到频繁的调度增加了作业的调整时间，则设备作业时间的增加量约为故障时长的 1/4。由此可知，应急调度可通过动态分配作业路径和作业量将故障时间的影响均分给所有作业设备，充分利用了各台设备的生产力，避免了作业延误。

本章工作：①一方面，为提高堆场取料作业的敏捷性，将离散制造业车间调度和柔性生产理论引入港口取料作业，精细化其取料工艺；并通过重调度的应急调度方案，可最大限度利用堆场生产要素，减少突发故障对整体作业进度的影响。②在此基础上，以作业完成时间最小化为目标，构建了取料机应急调度模型；而由于取料机应急调度属于非线性的 NP 难问题，故本章采用 BFOA 进行求解；为提高算法的性能，从 3 个方面对其进行了改进使其更加适应该模型的求解。③最后，基于港口作业和钢厂制造的运营数据进行仿真实验，验证 IBFOA 和应急调度模型的适用性与有效性。结果表明：IBFOA 算法求解速度更快，跳出局部最优的能力更强；应急调度通过动态分配作业路径与作业量将故障时间的影响摊分给所有作业设备，充分利用了各台设备的生产力，最大限度减少了生产延误，提高了港口取料作业的柔性。

标准精细化生产工艺有助于开展实时、动态、精准的物流网络与业务流程协同与控制，实现港口运输组织的精益生产、精准服务及一体化业务运作，从而促进港口与制造业、商贸业等港口供应链上下游企业间的精准对接与协同运作，优化“供应-产业-价值链”。本章提出“单元料堆”标准和斗轮堆取料机动态调度方案，通过优化堆场作业，实现“港-钢”生产无缝衔接，为“前港后厂”工艺集成提供了理论与方法。同时，标准精细化工艺为智慧港口数字化建设奠定基石。

第 7 章 “前港后厂，两头在港”端到端集成

深化“港-钢”“链-链”联盟的共生共赢，促进港口资源服务于钢铁制造，对于优化“港-钢”产业链资源配置，降低供应链成本，推动社会结构化绿色发展具有重大影响。闭环“信息流”的 MES 无缝集成方案（第 4 章），可有效地通过 MES 层使企业管理系统（ERP）与控制系统（DCS）的“信息流”畅通，使企业内在整个决策、管理到控制的过程中，生产指令正确下达，生产数据实时上传，确保信息不落地传输，奠定了港口“管-控”一体化**纵向集成**（企业内）和“港-钢”作业与生产的工序对接（第 6 章），但仍未深入到“设备互联→车间互联→企业内互联→**产业间互联**”中的产业间互联。

流程管理的核心是**流程**，是任何企业运作的基础，企业的所有业务都需流程来驱动[33]。一般的闭环流程包括：**事前**方案规划、**事中**执行监控、**事后**反馈总结。**事前确定目标；事中实时数据监控；事后反馈补偿**。因此，针对循环经济中物质闭环流动型经济的特性，为进一步优化“港-钢”产业链资源配置、节能减排、降低供应链成本与碳排放，本章运用控制论思想，构建了集“供-产-销”“业务流”于一体的“前港后厂，两头在港”闭环控制系统，使**企业间**供应链、物流链与生产链的“供应-产业-价值链”一体化，实现“港-钢”**端到端集成**。与此同时，港口亦与钢铁产业链下游汽车制造企业构建“前港后厂，两头在港”的入厂物流（零部件）与出厂物流（整车）**端到端集成**模式，拉动“矿石-钢铁-零部件-汽车”**产业链横向集成**，对产业供应链绿色转型与健康生态可持续发展具有重要意义。

7.1 绿色+智能“港-钢”供应链需求与挑战

7.1.1 “绿色+智能”需求现状

工业革命以来，人类科技飞速进步、经济迅猛发展，我们欢欣鼓舞的同时也面临着资源、生态与环境问题，当下人类社会正处于国际公认的环境高污染时期。我国也要面对经济高速增长中由于生产粗放，资源、能源利用效率低下以及污染排放所引发的生产性资源环境问题。历史将人类推到了必须从工业文明走向现代新文明的发展阶段，解决经济发展与资源利用、环境保护的矛盾问题，谋求人类经济、社会及生态的持续发展，已成为当代人的历史使命[159]。

2020 年是“十三五”规划的收官之年，我国钢铁工业高投入、高能耗、高排放的生产特性使其与环境之间的矛盾日益严重，故促进产业的“转型升级”、加快企业结构调整已成为钢厂发展的新业态、新局面[2,160]。

而中国超级大港，又为我们带来了什么[6-8,14]？曾几何时，港口亦一味地追求 GDP 而忽视社会价值，靠过度开发岸线争做世界强港；因缺乏科学发展观，造成对现有资源的浪费与不可再生资源的过度开发，以及物流过量运输排污引发的一系列的环境问题[9-12]。环保是一项系统工程，在追求经济效益的同时，也要实现社会价值。加强环保建设的步伐，优化配置现有港口资源，让环保建设与港口发展并进，已成为港口提升产能及绿色发展的关键[13,161]。

党的十九大报告强调，“必须坚定不移贯彻创新、协调、绿色、开放、共享的发展理念”“加快建立绿色生产和消费的法律制度和政策导向，建立健全绿色低碳循环发展的经济体系”。绿色发展是我国五大发展理念的重要组成部分，是经济社会发展的基本理念。

7.1.2　“港-钢”横向与纵向供应链

随着钢铁原材料铁矿石进口数量逐年加大，采购方式更为多元化，输入港更加广泛，现有物流体系已无法满足日益增长的运输需求。近年来，有关建立高效、绿色以及高竞争力的钢铁供应链的研究引起了业界的高度重视。建立新型的现代化钢铁供应链的组织模式与管理方式，对于保障企业供应、抵御市场风险、实现钢铁供应链优势资源集成配置、转变发展方式、降低生产成本以及提高自身竞争优势等具有关键作用。

如图 7.1 所示，“前港后厂”驱使**横向集成**（非德国 4.0 网状横向集成）的**制造供应链**与**纵向集成**的**港口供应链**的交会点从制造企业移至制造企业与港口企业，并以后者为核心，形成了特有的“港-钢”供应链体系，而港口企业作为两条供应链的交会点，具有承上启下的重要作用。

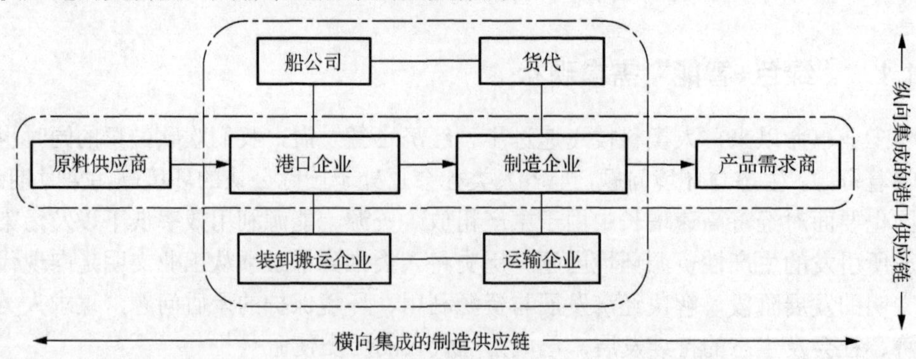

图 7.1　“前港后厂”驱动横向与纵向集成为社会化网状横向集成（德国 4.0）

因此，本章将“前港后厂”端到端集成的供应链定义为：以港口的视角，通过纵向集成有效整合各类物流服务供应商，为港口企业所在的横向集成的制造供应链提供高质量的物流服务（含增值服务），并通过对 4 流（物流、资金流、信息流、商流）的有效管理，在满足客户需求的前提下，实现总收益最大的目标。

7.1.3 港口供应链体系内外因素

港口供应链作为一个动态的开放式系统，必然受到系统外部和内部因素的共同影响。同时，系统内部因素也受到外部因素的影响。在内外部综合因素的影响下，极大地增加了系统的复杂性。

1. 内部因素对系统的影响

（1）安全库存。安全库存作为一个缓冲器，对企业能否高质量地完成订单至关重要。无安全库存，意味着在面对大量紧急订单时易发生缺货；但过多的安全库存，又会造成高昂的仓储成本。故为实现总成本最低，企业应对历史数据统计分析，运用理论与经验相结合的方式优化安全库存。

（2）运输成本。运输作为港口供应链中重要的一环，其成本在供应链总成本中占比大。运输成本的高低将直接影响总成本与运输计划的制定。故供应链内各企业应齐心协力、加强合作，在保证服务质量的前提下降低运输成本。

（3）信息系统。信息系统作为现代供应链最重要的平台，其效率的高低直接影响整条供应链的性能。先进的信息系统不仅能够实现供应链内部信息及时共享，还能为外部客户提供货物实时跟踪。故企业间应建立有供应链系统功能的信息集成平台与外部信息系统对接，实时共享需求信息。

2. 外部因素对系统的影响

（1）政策法规。政策法规是由政府制定并依靠国家强制力保证实施的，会对港口供应链系统造成一定的影响。

（2）生产能力。其高低与库存、运输成本息息相关。若企业生产能力高，则可在相同时间段内采用大吨位船舶运输作业，以形成规模效应。但当高生产能力与客户需求不匹配时会造成资源浪费、库存成本增加等问题。故企业应快速响应市场需求制订生产计划。

（3）订单信息。其作为一个动态因素将对系统产生重大影响。订单的变化将使供应链联盟伙伴、内部因素等都随之变化。故港口供应链要依订单信息实时调整内部运作，以最低的成本提供相对高质量的服务。

7.1.4 钢厂供应链

钢铁制造的整个供应链管理包含原材料采购（供应）和存储、产成品生产、存储及销售管理，而最为重要的是产品的制造过程。钢铁制造的原材料供应涉及港口、供应商、船舶公司、航运及贸易等企业，存储产成品销售涉及物流企业、运输企业、经销商（下游）以及用户等。钢厂供应物流、销售物流与生产物流未实现无缝连接，导致钢厂供应链各个环节出现断层[17,162]。为有效衔接钢厂供应链物流过程，将上述钢厂运营主要的采购、生产及销售 3 个环节，映射到企业物流系统即采购物流系统、生产物流系统和销售物流系统，如图 7.2 所示。

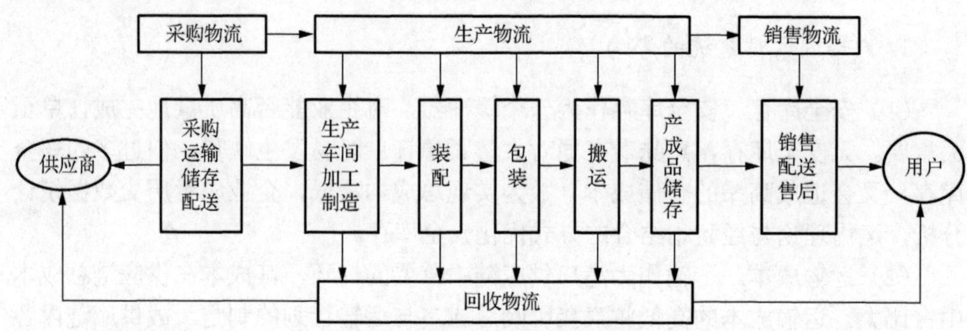

图 7.2　企业物流系统框架图

我国钢铁行业于 20 世纪 90 年代接受和认识供应链理念[163]，但这种由供应商、生产商、物流商、金融商及批发代理商结成联盟构成的钢铁生产供需网链结构，在支撑钢铁工业高质量发展方面仍略显不足[164]。由于国内资源供应长期处于紧张状态，市场波动幅度增加，铁矿石、焦炭等大宗原料价格逐年上涨，且海运费及到厂运费的常年居高不下，都直接影响到钢铁生产运营成本，迫使钢厂重新审视自身物流供应链结构，并着手加强建设与管理，促使我国钢铁物流的组织形式与管理方式逐步发生变化。

钢铁作为基础材料制造行业，具有原（矿石）、燃（煤炭）料消耗量大，生产工序环节多，物流链条长及资金回收周期长等特性。基于此，钢厂以优良的产品和优惠的价格优势去参与市场竞争是必要的，但若离开具有较高效率、较低运行成本的物流供应链长久且稳固的支撑，这种竞争将难以为继。据统计，钢产量与物流量呈现 1∶5 的比例，即每生产 1t 钢需要 5t 物流量，而随着我国铁矿进口量和钢材出口量的大幅增加，钢厂运输压力与运输成本逐渐增大，现有运输网络结构已不再适合钢厂日益激增的生产需求[165]。因此，如何完善进口铁矿快速卸货或倒驳方式，建立港口、铁路、公路快速疏港体系，减少高额运输费用应成为钢厂重点考虑的问题。

为打造低成本的钢铁供应链体系，国内钢厂纷纷与国内外铁矿、煤矿、焦炭、物流、港口、金融、钢材用户等企业开展合作，共同研制发展规划，开拓市场。自 2003 年宝钢集团同日本川崎汽船签订铁矿石长期运输合同以来，国内 10 余家大型钢厂也分别同国内、国外船务公司商谈或签署长期合作协议；2005 年底，面向首钢、唐钢等钢铁企业的曹妃甸矿石专用码头的落成；2007 年，中钢、鞍钢针对联合承建澳大利亚铁矿疏港铁路与港口项目和西澳尤冈基础设施公司建立合作伙伴关系；2015 年，中远、中海联合组建中国矿运有限公司并与巴西淡水河谷子公司签订购船协议，涉足淡水河谷铁矿石运输；2018 年底，中国宝武钢铁和全球铁矿石巨头之一的力拓集团继续深化合作，在宝钢资源上海总部签署宝瑞吉项目合作框架协议；2021 年，中国钢铁工业协会和中国船舶工业行业协会联合召开船舶用钢供需座谈会，签订战略合作协议；2022 年湖南长沙新港有限责任公司与湖南钢铁集团有限公司签订战略合作协议，上述双方将在大宗原材料及钢材产成品的多式联运、仓储、贸易等多方面展开合作，实现优势互补、资源共享。以上案例亦印证了物流理论中的一句名言“未来企业间的竞争将是供应链与供应链的竞争”。

综上，本节从钢铁制造和港口服务“两业融合”的“前港后厂”新模式出发，构建以“港-钢”利益最大化为目标的新型“港-钢”供应链系统。

7.2 智能+“业务流”闭环管控策略与方法

7.2.1 绿色+“业务流”闭环系统

资源循环经济即物质闭环流动型经济，以资源高效与循环利用（资源复用）为目标，以“3R”，即减量化（reduce）、再利用（reuse）、资源化（recycle）为原则，以物质闭路循环与能量递次使用为特征，按照自然生态系统物质循环和能量流动方式运行的经济模式[159]。

因此，针对钢厂物流需求，本节以物质闭环流动型经济视角，运用层级控制手段，把单一的“反馈回路”扩展为可处理复杂的“因果互动”和“递归组织”[106-108,166-168]，建立集“供-产-销”“业务流”于一体的“前港后厂，两头在港”闭环控制系统。“后厂”采购的原材料经海运抵达接卸港（前港）后堆存于码头堆场（第 8、9 章采购/物流与库存），“前港”再根据钢厂生产指令通过斗轮堆取料机、皮带机等机器设备进行取料和配料后，再将混匀矿定时、定点、定量送达“后厂”锅炉，即“前港”承担“后厂”生产的第 1 道工序（第 6 章原料供给精益工艺）。“后厂”生产出的外销产品亦堆存于“前港”堆场，“前港”再根据“后厂”销售计划指令将产品装船出运（第 9～11 章销售/仓储与物流）。“前港”作为“后厂”外部供应链上的关键节点，形成以采购和销售业务为起讫点的“闭环”业务系统，如图 7.3 所示。

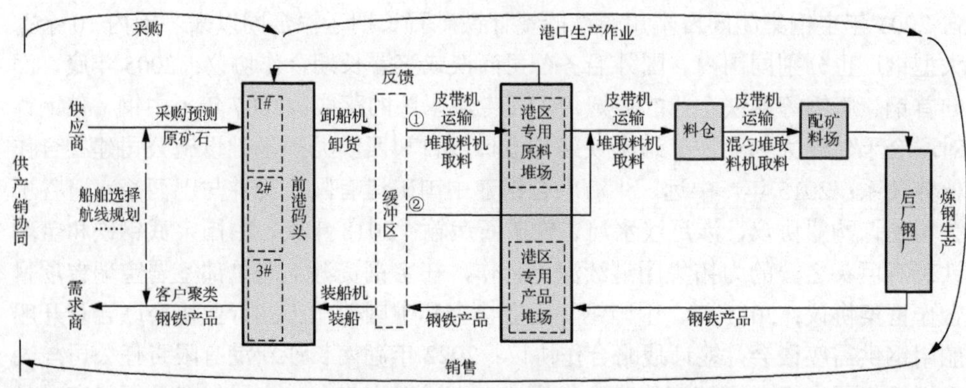

图 7.3　具有反馈功能的“前港后厂，两头在港”业务流闭环系统

“前港”不仅参与“后厂”的供应物流和销售物流，且促使“后厂”生产物流与供应物流、销售物流链接于一体。而该过程，不仅能加强港口企业与港口供应链纵向企业的合作；而且能促进港口物流链与钢铁生产链无缝衔接；更重要的是将钢厂供应、生产及销售链接成为不可分割的整体——供应链[169]。

无论是“前港”作业，还是“后厂”生产过程，都是直观可见的，而隐藏其背后的订单、排产、物料调拨、库存、销售、供应链等业务更是数字化的需求重地。“前港后厂，两头在港”的“港-钢”供应链系统是一个动态的复杂大系统，如何应对“前港后厂”端到端“大用户、大系统、大数据”的挑战？

7.2.2 管控策略

“CPS+互联网”工业互联网平台（图 3.7/图 4.4）下联产业属性，并逐步融合大数据、云计算等技术要素发展，通过内部协调机制、自组织服务体系，汇聚整个产业链的数据资源，结合下游实际需求和企业生产能力，通过跨领域关联数据的互相调用，科学制订生产计划，以数据的自流动带动资源配置的全局优化，实现供应链协同。

“前港后厂”使得港口成为钢铁生产链的重要节点，并通过“CPS+互联网”工业互联网平台，针对“**综合预测→计划与采购→物流与库存→生产全过程→仓储与物流→销售过程**”的关键环节，以“数据+模型+算法”驱动，进行原料的预测、采购与供应，生产的计划排程与控制，销售的物流分配、跟踪与反馈，促使其资源、价值的流动贯穿产业链上下游企业，达到业务协同、信息共享与资源复用，实现数据驱动的**端到端集成**、智能生产与业务创新。

7.2.3 “管-控”集成方法

以“业务流”（供-产-销）为载体的“前港后厂，两头在港”广义闭环控制系统，将钢厂的采购、销售作为业务系统的输入与输出，港口作业与钢厂生产的过程即**业务控制系统**的处理；采取“预测→决策→反馈→校正”的精益管控机制，如图 7.4 所示。

输入价值信息（采购订单），借助数据分析、模糊推理及知识库等将其数字化、模糊化，通过“机智”科学预测客户需求、外部环境等不确定因素（市场需求），降低不确定性，以帮助企业开展智慧决策（采购方案），实现港口精益生产和精准营销（智能执行）；销售是企业采购的最终目的，销售订单实时反馈于采购，为下一轮科学预测提供数据信息。但此过程需在图 3.7/图 4.4 中“**模糊规则库**”[93-96,121]［图 4.3（d）］和“**四维一体**”[107]基础上，通过“CPS+互联网”平台的“**人机交互界面**”，运用数据、机理和知识融合的建模、控制与优化方法，实现数据自流动、决策自反馈、模型/算法自适应与业务的闭环控制。

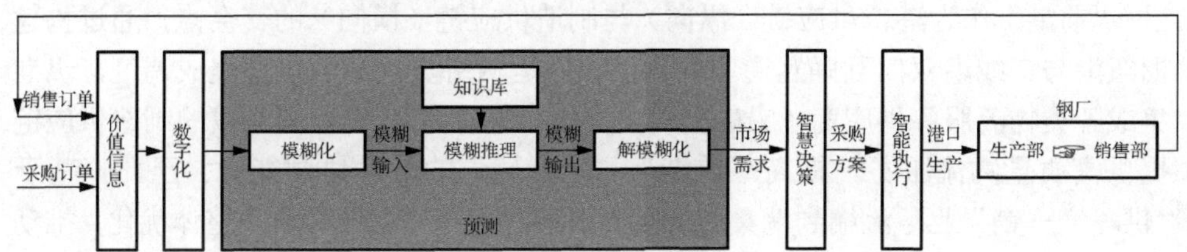

图 7.4 “预测→决策→反馈→校正”闭环控制策略

基于此，通过对 ERP 层端到端“链-链”联盟中供应链的预测、采购、生产、销售及数据挖掘等进行研究，将**业务流程串接**成“链”。大范围管控、配置各种生产要素，实现物物、人机、人人互联互通，带动 4 流（**技术流、物质流、资金流、业务流**）共推**优化管理流程**，形成数据自流动的“**业务流**”闭环控制，使得“**供**（第 8、9 章采购、物流库存）-**产**（第 6 章精益生产）-**销**（第 9～11 章销售、仓储物流）”**业务流程**闭环控制系统的资源配置按需响应、快速迭代和动态优化，不断提高配置效率，实现“前港后厂”**端到端集成**。

7.3 绿色+智能“前港后厂”横向集成

在“前港后厂”模式中，“后厂”不仅仅是钢厂，还可以拓展到汽车制造厂等相关制造业。为增强“前港”与“后厂”的联动性，推动产业链上下游企业的协同发展，本书将针对产业链相关环节，提出业务优化理论与方法，以期实现产业链横向集成。研究路线如图 7.5 所示。

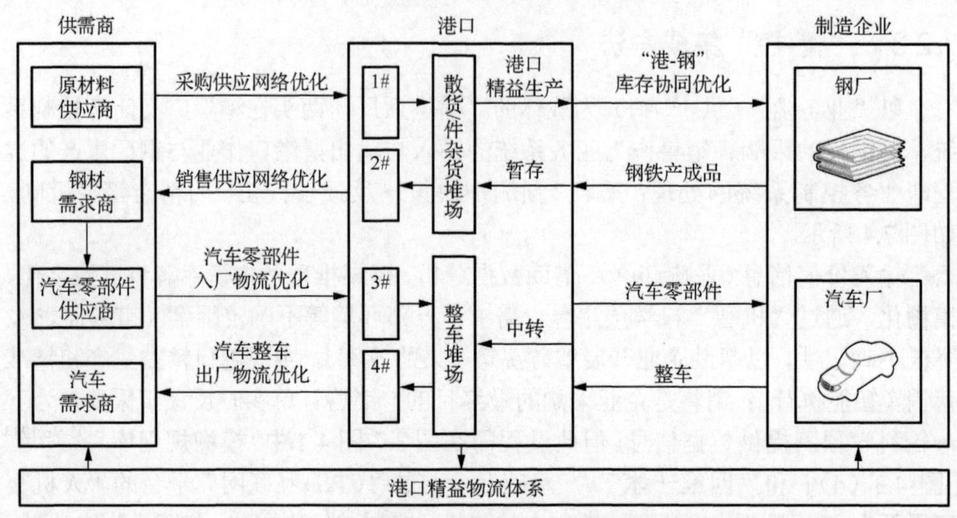

图 7.5 “前港后厂”产业链横向集成研究路线图

“前港”作为港口供应链（纵向）与制造供应链（横向）的交会点，通过构建枢纽港与支线港双向互联互通的货物运输航运网络及靠泊后作业集成调度，纵向集成各类物流服务供应商（船舶公司、货代、运输等），为横向集成的制造供应链提供高质量物流服务，提高“前港”与“后厂”的业务协同能力。至此，基于“供→产→销”业务流端到端集成实现“前港后厂”产业链协同的整体优化，推动产业链社会化生态圈的网状横向集成。详细内容请见第 8 章～第 13 章。

第 8 章　绿色+“前港后厂”采购供应链网络优化

“低碳经济”这一经济术语最早于 2003 年英国的能源白皮书《我们能源的未来：创建低碳经济》（*Our Energy Future: Creating a Low Carbon Economy*）中提出，而我国亦推进“低碳经济”，践行对环境的研究。2019 年初生态环境部推进重点行业污染深度治理的第一个重点就是推进钢铁行业的超低排放工作，同年 4 月《关于推进实施钢铁行业超低排放的意见》指出：企业应通过新建或利用已有铁路专用线、打通与主干线连接等方式，有效增加铁路运力；对短距离运输的大宗物料，可倾向采用管道或皮带输送机等方式运输。如何响应国家“低碳经济”的号召？一方面，CO_2 不仅是钢厂内制造过程中的主要污染排放物；另一方面，对于外部供应物流而言，铁矿石原材料在进口运输中涉及的运输方式主要有海运、铁路及公路运输，碳排放也在运输途中产生。因此，钢厂不仅要从内部生产制造出发，还应结合外部供应物流全面考虑。在进行采购供应链优化时，考核海运段船舶和陆运段车辆的碳排放，可形成一个既经济又环保的优化方案。

目前，越来越多的钢厂管理者逐渐认识到物流的质量、效率及成本在产品全生命周期中的重要作用：由于铁矿石产地及其运输特性等因素，我国进口的铁矿石大多采用海运运输，物流的质量和效率直接影响产品质量、客户体验度、销售业绩及企业利润等；且我国在短期内无法掌握国际铁矿石定价权，物流成本的降低可在一定程度上弥补居高不下的原料进口成本。因此，深化“前港后厂”模式，促使港口资源向钢铁制造业倾斜，对于优化“港-钢”资源配置，降低供应链总体成本，推动企业绿色发展具有重大意义。

2020 年 COVID 新冠疫情在全球范围内扩散，同年 12 月 21 日铁矿石普氏价格指数已上涨到 176.9 美元/t，达到全年最高点，较年内最低点翻番，创近 9 年来新高。铁矿石价格的大幅上涨，压缩了钢铁业的利润，不利于钢铁业供应链长期稳定的可持续发展。中国钢铁工业协会呼吁“要将铁矿石像粮食和石油一样，列为国家战略性资源”。铁矿石价格不仅会受供给与需求直接因素的影响，同时当市场面临经济、政策以及环境等众多不确定性因素时，也会使其价格波动幅度加大，导致市场机制失灵。因此，采购环节的竞争优势对钢铁企业发展起着至关重要的作用。集成供应链下的采购是全流程“端到端”集成运作体系，该模式让采购从过去的以成本为中心转变为以价值为中心，充分挖掘供应资源为企业带来的全程价值，帮助企业技术卡位，占领“制”高点。企业通过对采购资源的组合与管理，完善采购运作体系和流程，可实现快速响应市场需求，为客户提供多元化、全方位的解决方案，为业务运营安全提供有效的保障。

党的十九大报告明确提出，深化供给侧结构性改革要在**绿色低碳**和**现代供应链**等领域培育新增长点、形成新动能。实施绿色供应链正是实现**绿色**与**经济**并重的可持续发展的一种有效途径。因此，本章基于前期铁矿石采购研究[170,171]，针对“前港后厂”内在环境优势，从“绿色+前港后厂”供应链的角度出发，在考虑炼钢生产需求对原料采购影响的同时，也将环保成本设为目标，建立钢厂原料采购供应链。钢厂根据订单需求组织原材料（铁矿石、煤炭）采购，在原材料从供应商处运至港口再运往钢厂的过程中，建立采购供应链网络，实现供应商、港口、钢厂之间的信息、数据共享，监督物料的流通，减少采购物流过程中的不确定性。

8.1 “前港后厂”进口原料采购物流过程

采购物流是生产过程的**前端**，也是整个物流活动的**起点**。在“CPS+互联网”平台的ERP层中，客户订单需求拉动生产计划的制定，生产计划拉动原料采购，以此实现企业JIT采购。

钢厂是流程型制造企业，其采购供应链系统特征：①入厂前物料采购的运输量是钢铁产量的5～8倍，一旦缺料将导致设备停产、冶炼过程中断、生产停滞，进而造成巨大的经济损失，故对钢厂原料供应的实时、高效提出了更高的要求，不容许原材料供应发生短缺；②铁矿石来源相对集中，处于国外垄断状态，价格高位运行，采购成本急剧上升；③炼1t钢铁需要投入约1.5t品位在62%左右的铁矿石，钢铁原料需求及资金占用极大，故合理的库存仓储策略是降低采购成本的重要举措；④对进口矿石需求大，如宝钢和鞍钢铁矿石原料的进口率为70%～90%，故供应商合作伙伴的选择也很关键；⑤与港口关系密切，充分利用港口堆场资源将是优化采购供应链的重要帮手[172]。

钢厂是原材料采购的起点，港口是原材料采购运输的中转点，采购的组织与运输是钢厂、港口两企业决策层的重要任务。精益企业将供应商视为价值流的起点，科学地组织采购与运输将**从起点**消除浪费，精益**从源头**做起。“前港后厂”采购供应链正是在港口和钢厂紧密合作的开端，与钢厂制造链集成优化。因此，从铁矿石“**采购—海上运输—港口堆存—钢厂制造**”全流程优化采购供应链成本尤为重要[173,174]，如图8.1所示，钢厂采购的原材料经海运抵达接卸港后，通过皮带机运至钢厂，或直接堆存在港口堆场，再根据钢厂指令将原材料定时、定点、定量送达，即港口承担钢厂生产的第一道工序与钢厂采购的最后一环。

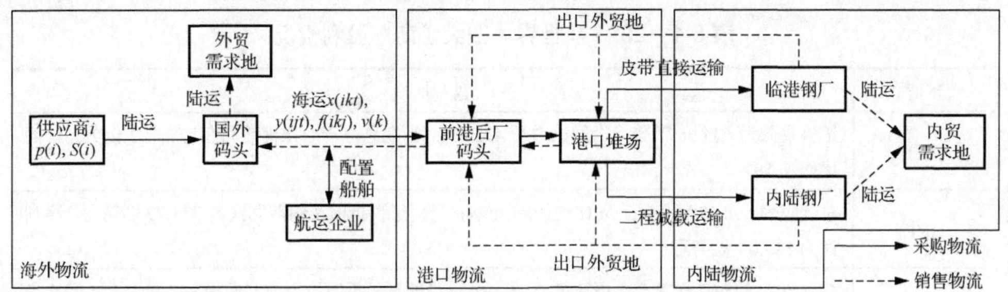

图 8.1 “前港后厂”进口原料采购物流过程

8.2 铁矿石采购供应链网络

8.2.1 矿石供应商与价格

1. *矿石供应商*

自 1992 年，从澳大利亚进口的铁矿石就占据了当年中国进口总额的 55.7%。而在 1992～2020 年这 28 年间，中国从澳大利亚进口的铁矿石在总量和金额上年均增速分别为 15.1%和 20%。巴西作为中国第二大铁矿石来源国，铁矿石品位高，近年来，从巴西进口铁矿石总额在总进口额中保持在 10%～30%的区间范围内。印度虽然铁矿石产量高，但由于其采取上调关税以及铁矿石出口运费等措施来限制铁矿石出口，已逐渐从中国市场退出。

2021 年，我国铁矿石有 63.9%来源于澳大利亚，21.8%来源于巴西，两者累计占我国进口总量的 85.7%，形成了澳大利亚和巴西双寡头垄断的局面。同年，澳大利亚的力拓集团（Rio Tinto Group，RIO）、必和必拓（Broken Hill Proprietary Billiton Ltd.，BHP）、福特斯丘金属集团（Fortescue Metals Group Ltd.，FMG）与巴西的淡水河谷（Companhia Vale do Rio Doce，VALE）“四大矿商”的盈利情况如表 8.1 所示。其中，由于 FMG 集团产品以低品位矿石为主，在目前价差水平下，折合 62%品位下成本最高。世界铁矿石供应呈现寡头垄断格局，除去“四大矿商”，其他矿业公司称为非主流矿商。

2016～2021 年全球主要矿商铁矿石年度产量如表 8.2 所示。其中，非主流矿商平均每年产出铁矿石 3.32 亿 t，占比 23.6%；而“四大矿商”平均每年产出铁矿石 10.75 亿 t，占比 76.4%，作为铁矿石海运市场最大的供应商，供给优势明显，其产量变动对供应的影响巨大。

表 8.1 2021 年世界“四大矿商”盈利情况

矿商	盈利情况
RIO	销售收入为 634.95 亿美元，同比增长 42.33%；当期息税折旧摊销前利润为 377.2 亿美元，同比增长 58%
BHP	总营收为 608.17 亿美元，同比增加 41.66%；当期息税折旧摊销前利润为 373.79 亿美元，净利润为 113.04 亿美元
VALE	总营收为 545.02 亿美金，同比增加 36.19%；当期息税折旧摊销前利润为 338 亿美金，同比增长 118 亿美金
FMG	销售收入增至 223 亿美元，税后净利润为 103 亿美元

表 8.2 2016～2021 年全球主要矿商铁矿石年度产量 单位：Mt

矿石供应商	2016 年	2017 年	2018 年	2019 年	2020 年	2021 年
VALE	348.85	366.51	384.64	301.97	300.40	315.60
RIO	281.32	282.48	337.80	316.85	312.20	321.60
BHP	226.96	231.35	277.90	271.78	288.00	253.50
FMG	169.40	170.40	171.10	173.50	175.00	176.00
四大矿商合计	1026.53	1050.74	1171.44	1064.10	1075.60	1066.70
Arcelormittal	55.20	57.40	58.50	57.10	58.00	56.20
Cleveland-Cliffs（CLF）	27.80	28.88	21.64	19.92	17.87	19.37
Roy Hill	22.00	42.50	53.00	55.00	60.00	61.00
Metalloinvest	40.70	40.30	40.36	39.62	40.40	40.70
CSN	32.17	29.92	28.11	32.09	30.50	36.10
LKAB	26.90	27.20	26.90	27.30	27.10	26.70
Anglo American:Minas Rio	16.20	16.80	3.20	23.07	24.10	24.00
Anglo American:Kumba	41.52	44.76	43.98	42.39	37.00	40.50
EVRAZ	19.91	18.04	13.52	13.76	14.21	14.24
Metinvest	29.64	27.46	27.35	29.03	30.43	31.34
非主流矿商合计	312.04	333.26	316.56	339.28	339.61	350.15
合计	1338.57	1384.00	1488.00	1403.38	1415.21	1416.85

数据来源：各公司公告，Wind，Mysteel，Bloomberg，光大期货研究所。

力拓集团（RIO）是世界上最大的矿石开采商和供应商之一，也是第二大铁矿石生产商，于 1873 年在西班牙成立，集团总部在英国，澳洲总部在墨尔本。力拓集团的首席执行官夏杰思谈到：RIO 与中国的合作历史可追溯至 20 世纪初，那时 RIO 从美国加利福尼亚矿山向中国供应硼砂；1983 年，RIO 成为第一批在中国成立办公室的外资矿业公司；1987 年，RIO 与中钢集团成立了恰那合营公司，为中澳合作开拓了道路。至此，中国成为 RIO 的最大市场，与中国的合作从单边贸易发展成多方面合作共赢的伙伴关系，在“走出去”贸易战略的加持下，RIO 成为盈利能力最高的矿业巨头。

必和必拓（BHP）是世界第三大铁矿石供应商，总部位于墨尔本，由 BHP 和比利顿（Billiton）于 2001 年合并而成。BHP 和 Billiton 分别成立于 1885 年和 1860 年，2001 年两家公司合并成 BHP Billiton 矿业集团，BHP 持股 58%，Billiton 持股 42%。集团矿山位于西澳皮尔巴拉（Pillbara）地区，由纽曼、扬迪和戈德沃斯 3 个矿区组成，3 个矿区探明储量约 29 亿 t，铁矿石年产量 1 亿 t，铁矿石经铁路运输至黑德兰和芬尼康岛的港口，经混匀后装船外运。BHP 与中国合作始于 1888 年，首笔交易于 1891 年向我国福州出口铅产品，20 世纪 70 年代，开始与中国开展铁矿石贸易。

福特斯丘金属集团（FMG）成立于 2003 年，是世界第四大铁矿石供应商及其国第三大铁矿石出口商，在皮尔巴拉地区拥有最大探矿领地，发现并拥有 45 亿 t 铁矿石资源。FMG 拥有直通黑德兰港长 620km 的铁路轨道，并对华出口大量铁矿石，而中国则向其出口大量中国制造的产品（如火车车轮、火车车皮与矿石运输船等），中、澳双方已达成双边贸易、互利共赢的合作模式。

淡水河谷公司（VALE）成立于 1942 年，是世界第一大铁矿石生产商和供应商，其铁矿石生产总量占巴西总产能的 80%；集团矿区位于“铁四角”地区和巴拉州，保有储量 40 亿 t，主要矿区可开采近 400 年。由于 VALE 所在地到达中国的距离相比于澳洲“三大矿商”最远，故打造载货量 40 万 t 的大型矿砂船（Valemax），成为世界上最大的散货运输船，以此提高港口运营效率、提高海洋运输减排效率、扩大铁矿石供应能力、降低铁矿石运输成本。2015 年，Valemax 矿砂船获批可停泊我国部分港口，包括环渤海的大连港、唐山港、青岛港，长三角港口群的宁波-舟山港。Valemax 船型获得了中国资金扶持，并且可授权中国设计与制造，这也是中、巴双方互利合作的良好象征。

“四大矿商”矿石储量丰富、品位高、历史悠久、铁矿石运输系统较完善，中国因庞大的消费市场和铁矿石的大量需求成为“四大矿商”的主要出口国。据《全球矿业发展报告 2019》显示，“四大矿商”合计产量占比 67.4%，其市场垄断格局抑制了我国在全球铁矿市场话语权。

2. *矿石价格*

铁矿石的价格走势影响钢铁行业生产成本的高低。而今进口铁矿石又成为我国钢厂的首要选择。我国矿石进口力度大，但在铁矿石定价上却没有相匹配的权利，铁矿石国际价格的不断上涨将使我国钢厂面临窘境。因此，如何控制矿石国际价，或规避被国外供应商支配的风险，对于钢厂降低成本、提高核心竞争力是一个转折点。2011～2016 年，矿石价格总体呈现下降趋势，但 2017～2021 年总体又开始呈现上升趋势。从数字表征上看仍居高不下，如图 8.2 所示。

为什么我国在铁矿价格谈判中的话语权微乎其微呢？有以下几个原因：①除几个大型钢厂外，余下钢厂数量多且规模小，企业之间比较分散，没有形成“团体赛”谈判力量，对矿石定价的影响力极低。②“一品两价”现象，指持长协矿协议的钢厂低价将国外铁矿运到国内市场后（长协矿市场），再高价倒卖给没有进口资质的小型钢厂（现货矿市场），此种现象抬高了国内市场铁矿石的价格，营造了中国矿石市场价格高的假象。③铁矿石“滞港”现象的影响，一是正值谈判重要时机，海关数据显示进口铁矿石数量在猛增；二是中间商为谋取高利，经常囤积矿石转卖至有需求的钢厂，但这种情形会出现在谈判前期国内市场矿石流转量空缺时。铁矿石“滞港”造成国内市场矿石数量短缺、矿石价格高位运行、矿石需求大的假象，这也增加了矿石供应商提价的砝码。

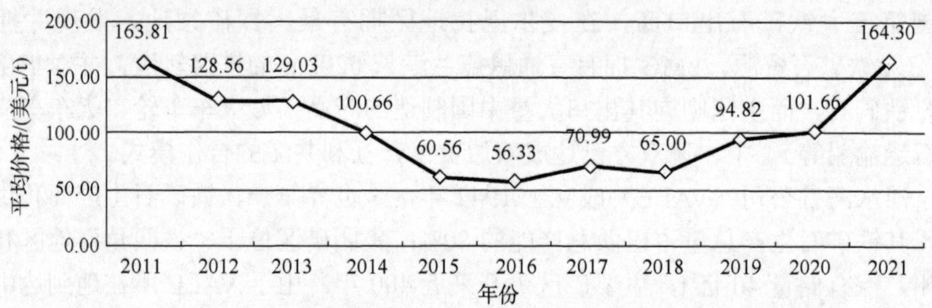

图 8.2　2011～2021 年中国进口铁矿石的平均价格

国际铁矿石市场用价格机制限制我国谈判能力，且现如今是四大价格指数在统一铁矿石市场价格。国际价格机制和四大价格指数变化充分表明了我国价格定价权的缺失。

（1）价格机制谈判历史。重大历史事件：2005 年，日本钢企与巴、澳矿石供应商签订了新型价格协定，中国钢铁工业协会被迫执行他们对出口至中国的铁矿石价格上涨 71.5%的要求；2006 年，我国又被迫接受巴、澳矿商对铁矿石价格上涨 19%的提议；2007 年，我国依旧未能保住矿石价格上涨底线，铁矿石价格上涨 9.5%连续 3 年涨幅累计已达到 100%；2008 年，我国在长协矿的价格谈判中再度失败，只能接受矿石价格上涨 65%的提议；2010 年，长协矿的价格谈判还是以失败告终，从此使用多年的年度定价方式取消，并以采取季度定价方式，但是这种方式与现货矿的市场价相关，最终季度定价下的矿石价格波动幅度和频率极不稳定；2020 年第 2 季度，BHP 等三大矿商采用以指数价格为基础的多种定价模式，导致铁矿石价格变动更加频繁。长协定价机制崩溃后，指数定价方式成为市场普遍接受的基准，同时铁矿石贸易量与需求量的剧增使市场逐渐推出了以不同指数定价为基础的铁矿石期货。这些历史事件汇总如表 8.3 所示。

表 8.3　铁矿石价格谈判历史事件

时间	事件
1950 年以前	现货交易为主
20 世纪 60 年代早期	供给短期合同出现
20 世纪 60 年代以后	长期合同出现
1975 年	长期合同转向短期合同
1980 年	年度合同谈判机制形成
2003 年	宝钢作为中国钢企的代表加入长协矿年度定价谈判
2008 年	力拓单独定价，“首发-跟风”模式被打破 第一份以现金结算的铁矿石掉期交易合约产生
2009 年	“首发-跟风”模式再度被打破
2010 年	长协定价机制彻底瓦解 季度定价与指数定价方式相继出现
2011 年	月度定价渐成趋势 印度推出以矿石指数（TSI）为结算价格的矿石期货（IOF） 新加坡推出基于 MBIO 指数的铁矿石期货
2013 年	大连商品交易所推出中国第一款铁矿石期货
2018 年	大连商品交易所铁矿石期货正式实施引入境外交易者业务
2020 年	与现货市场价格挂钩的季度谈判

（2）价格指数。其反映产品价格在不同时期的变化水平与变动程度。现货矿广泛（50%～60%）出现在中国市场，国际主流的矿石价格指数都是通过收集我国各种品位的现货矿价格并结合海运费率得出的。目前，国际铁矿石指数主要有美国的普氏（Platts）价格指数、英国《环球钢讯》（SBB）的 TSI 指数和英国《金属导报》（MB）的 MBIO 指数。

Platts 价格指数被 BHP 应用，是全球矿石定价的依据之一，工作人员每日要向矿山、贸易商、钢厂、货运商、金融机构等了解当日的交易情况，选出当日最具参考价值的价格作为待估价，并将其标准化为青岛港固定品位的参考价格。但是，中国钢铁工业协会认为数据缺乏科学性和真实性，且采集过程不透明，是估价而非指数，故 Platts 价格指数一直不被中国方面认可。

TSI 指数在新加坡和芝加哥交易所比较盛行。以钢厂、矿山和贸易商作为询价对象，采用三三制占比原则，采集每日的实际成交价格，并且 TSI 指数分析师通过整理计算转化成天津港两种品位（62%和 58%）的进口铁矿石到岸价。TSI

指数的所有数据实时性高、代表性强，实际成交数据源自于市场上的活性企业，故 TSI 指数逐渐在中国大范围接受。

MBIO 指数与 TSI 指数相同，以钢厂、矿山和贸易商作为数据来源，采用三三制占比原则，衡量不同品位铁矿石的矿厂地点和交货地点等因素，将从三方搜集到的数据上报给伦敦总部，专家先对每项指标的实际成交量进行吨位加权计算。MBIO 指数是以青岛港 62%品位铁矿石的 CIF 价为标尺，将 58%～66%品位铁矿石的价格折算成 62%品位铁矿石的价格。

除了上述 3 种国际价格指数外，中国铁矿石价格指数（CIOPI）于 2011 年 9 月 20 日由中国钢铁工业协会、中国五矿化工进出口商会、中国冶金矿山企业协会联合在北京正式推出。该指数由“国产铁矿石价格指数”和“进口铁矿石价格指数”组成，是对不同品位铁矿石价格的原始数据进行归一化分析得出的结果。第一项价格指数的数据来自全国 62%品位铁矿市场的含税价格，第二项价格指数的数据则为中国钢铁工业协会报送的矿石 CIF 价，最后参考沿海港口进口矿市场的成交价格采取加权计算得出。

当铁矿石供不应求时，国外矿山巨头处于议价强势期，钢厂和贸易商讨价还价的余地少，包括 BHP 在内的全球铁矿石巨头都参照 Platts 指数定价。随着全球铁矿石供应过剩局面的到来，国内买方议价能力增强，CIOPI 指数在四大铁矿石价格指数中的接受度和使用度也越来越高。2015 年 9 月，BHP 以私下议标的方式，首次在定价时采用了 CIOPI 指数。除此之外，上海钢联电子商务股份有限公司从 2005 年 7 月开始发布 Mysteel 铁矿石价格指数；2018 年 1 月 26 日，BHP 在与中国客户的合同续约中，采用了中国的 Mysteel 铁矿石价格指数；2019 年 1 月，Mysteel 铁矿石价格指数首次通过国际证监会组织（International Organization of Securities Commissions，IOSCO）所制定金融基准原则的外部审计鉴证，上海钢联电子商务股份有限公司成为中国第一家成功完成 IOSCO 鉴证的大宗商品公司。这是中国在长期铁矿石定价权争夺战中取得的成绩。

8.2.2 港口节点的选择

环渤海港口群密度大，港口间竞争较其他港口群更为激烈，更能带动地区经济的横向联合与纵深发展。辽宁沿海经济带地处我国环渤海地区和东北地区的枢纽区域，拥有大连港与营口港两个吞吐量超亿吨的大港，再加上盘锦港、锦州港、丹东港、葫芦岛港的辅助支撑，是东北地区蓬勃发展的综合运输体系。于东北地区而言，实现辽宁沿海港口的协调发展与港口之间优势资源的整合，对振兴东北老工业基地、扩大对外开放起着战略支撑作用。

（1）大连港。港阔水深（吃水 23m）、无结冰期、靠泊能力大，是东北地区核心的综合性外贸港口。拥有东北地区最大矿石码头，是中国主要的矿石接卸港之一，可接卸所有适航的散矿运输船舶。该港矿石码头地处大孤山半岛东南端，可接卸东北钢厂的进口矿，同时也为其他辐射范围区域的钢厂提供转水服务。该港矿石码头配备 4 台桥式抓斗卸船机（卸船效率为 2750t/h），二期转水码头配备 2 台桥式抓斗卸船机（卸船效率为 1800t/h）。目前，最高卸船效率为 16.1 万 t/d，全船平均作业最高效率为 6549.5t/h；配备 1 台轨道走行式装船机（装船效率为 4500t/h），装船效率受船舶大小限制，巴拿马型（Panamax）散货船可在 1 日内装船完毕离港。码头共有 4 个堆场，堆存能力达 822 万 t，后方规划 100 万 m^2 的堆场可堆存 1000 万 t；堆场共配备 10 台斗轮堆取料机（堆料效率为 5000t/h，取料效率为 4500t/h）；港内共有 3 条铁路线（850m/条，60 节/条），2 座装车楼（48s/节，4500t/h）。在环境保护方面，矿石码头作业通过采取舱内排水法与设置抑尘网、抑尘剂等，防治环境污染；并采用海水淡化技术解决生活用水及码头生产相关用水；采用海水源热泵系统提供制冷/制热条件，以节能降耗、美化环境。

（2）营口港。该港矿石码头是辽宁省的重点沿海港口之一，是东北地区矿石、石油等货物的重要中转运输港口。共有 6 个港区（营口、鲅鱼圈、丹东海洋红、仙人岛、盘锦和葫芦岛），78 个生产泊位（1 个 20 万 t 级泊位，2 个 30 万 t 级泊位），其 30 万 t 级矿石码头的投入，进一步完善了该港的整体能力，为东北地区的钢厂打造了一个集汽车、火车远距离与传送带短距离（鲅鱼圈）的低成本运输于一体矿石转运码头。该港的鲅鱼圈港区临港工业生产模式，吸引钢铁、石油等企业临港发展；鲅鱼圈港区最大吃水深度为 21.43m，拥有 1 个 30 万、1 个 20 万和 1 个减载的泊位，实际专业泊位 3 个，最多 1 昼夜可停靠 5 条好望角型（Capesize）散货船，矿石堆场堆存能力达 400 万 t。

8.2.3　运输系统的组合

大连港和营口港是东北大型专业化矿石码头，两港服务的主要客户为东北的钢厂，如鞍钢（在鞍山和营口港鲅鱼圈建有钢厂）、本钢、凌钢以及一些小型钢厂。营口港于钢厂而言，运输距离更短；大连港于钢厂而言靠泊能力更强，单位成本更低。因此，将大连港和营口港纳入港口节点。进口铁矿石运输系统的优化不仅涉及港口节点的遴选，还包括航运线路、陆运线路及运输工具（车、船）的选择。对于进口铁矿石运输而言，涉及的运输方式主要分为两种：①远洋运输（供应商至港口海上运输优化）；②陆上运输（接卸港到需求商的到厂分拨运输优化），包含的运输工具是船舶和车辆（汽车/火车）。

1. 远洋运输

“澳大利亚—中国”的航线通常从澳洲西部港口（黑德兰和丹皮尔港）起航，相距约 3600 海里（n mile），航行时间约为 15 日，是距离中国港口最短的进口矿航线。“巴西—中国”的航线从图巴朗港口起航，相距约 11000 n mile，距离劣势明显，海运时间大约 33 日。故从“量”上来说，澳大利亚铁矿石供应量大于巴西。

从运输方式的经济距离来看，供应商至我国口岸选择海上运输更合理。世界上散杂货市场的运输船主要有大灵便、小灵便、好望角船型，但随着运输市场的全球化，船型的大型化也逐渐被认可，实现整合运输逐渐成为大趋势。现在船型主要分为巴拿马型散货船（Panamax）、好望角型散货船（Capesize）、VLOC（very large ore carriers）和巴西为抢占中国市场所开发的超大型矿砂船 Valemax，4 种船型的系数如表 8.4 所示。

表 8.4　供应商—接卸港主要船型系数

参数	船型			
	Panamax	Capesize	VLOC	Valemax
总长/m	<294.1	<280	325	362
型宽/m	<32.3	<45	52.5	65
型深/m	19.2	24.65	24.3	30.4
吃水/m	12.04	18.2	18.1	23
服务航速/（n mile/h）	10～12.5	Abt.12.5	15	Abt.14.8
续航里程/万 n mile	2.4	2.0	3.0	2.55
载重/万 t	6.5～8.9	13～18.9	19～36.5	40

（1）Panamax 船指可通过巴拿马运河、载重 6 万～8 万 t 的干散货船，主要承运铁矿石（22%）、煤炭（40%）、粮食（43%）。受巴拿马运河船闸尺寸（320m×33.53m×25.49m）限制，该船型船舶尺寸为 294.1m×32.2m×19.2m，最大的容许吃水深度为 12.04m，航速 10～12.5n mile/h，本章定为 11n mile/h。

（2）Capesize 船主要指以承运铁矿石为主的好望角型散船（Capesize bulk carrier），该船型由于尺度限制需绕行好望角和合恩角，亦称作“海岬型”。BCI（波罗的海好望角船型运价指数）规定该船型载重 16 万 t，长小于 280m，宽小于 45m，吃水 18.2m，满载时航速 12.5n mile/h 左右，本章定为 12.9n mile/h。

（3）VLOC 比普通 Capesize 要大，比 Valemax 要小，除全新建造的 VLOC 外，市场上一部分 VLOC 是油改散而成，用来承运铁矿石。VLOC 的主要航线有巴西—中日韩、西澳黑德兰港口—中国、南非萨尔达尼亚湾港—中国等。

（4）Valemax 是淡水河谷为降低巴西到中国的航线成本，弥补巴西到中国航线过长导致的竞争劣势而量身定做的超大型矿砂船。其载重为 40 万 t，船长 362m，船宽 65m，船高 30.4m（相当于 10 层楼高），甲板面积相当于 3 个足球场大。巴西港口距中国港口约 11840n mile，船只的单次运力、燃料消耗、人力差异都影响运输效率和资金投入量。与其他散货船相比，用 Valemax 船从巴西运到中国，运费可省 4～6 美元/t，铁矿到岸价和钢厂运营成本大大降低。Valemax 船除具有运量大、单位成本低等特点外，还具有绿色环保的优点，该船排放的废气完全不含硫氧化物，氮氧化物较上一代船型减少 30%以上，CO_2 减少 15%以上，是一种较环保的船型；与此同时，Valemax 也可先在大型港口减载，然后挂靠普通 Capesize 港口，比较便利、全面。

2. 内陆运输

内陆分拨运输系统的优化是由港口与钢厂的地理位置决定的，我国内陆钢厂的铁矿石运输方式主要有海船直靠、三程运输、减载运输和江海直达运输。

（1）海船直靠是指海上矿砂船抵达港口直靠钢厂，这种组合运输方式适合临港钢厂，如上海港和宝山钢铁股份有限公司。此种与“皮带机距离”“前港后厂”模式最为类似。

（2）三程运输是指海上矿砂船将铁矿石从国外矿石供应商港口运抵我国港口后（比如大连港），再由稍小的灵便型船只（1 万～6 万 t 级）二程运输至附近港口（比如营口港），最后再由千吨级的驳船经内河运输至钢厂，如图 8.3 所示。

（3）减载运输又称一船二卸运输，指较大的矿砂船将铁矿石运抵我国第一个海港后，卸载一部分矿石，母船续航至另一港口的一种运输方式。到达各自港口后，再通过三程运输方式运抵钢厂，如图 8.4 所示。

（4）江海直达运输即大型矿石船经海运运抵我国海港后，再直接通过母船进入我国河流运输至陆港，再通过陆运（铁路、公路）运抵钢厂，如图 8.5 所示。

“前港后厂”下的铁矿石分拨运输与以上几种运输方式均不相同，铁矿石到达港口，进入堆场后直接通过皮带运输、铁路或者公路运往钢厂，如图 8.6 所示。

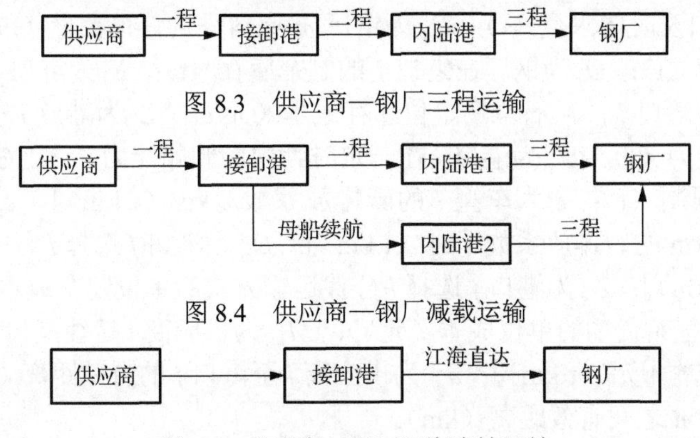

图 8.3　供应商—钢厂三程运输

图 8.4　供应商—钢厂减载运输

图 8.5　供应商—钢厂江海直达运输

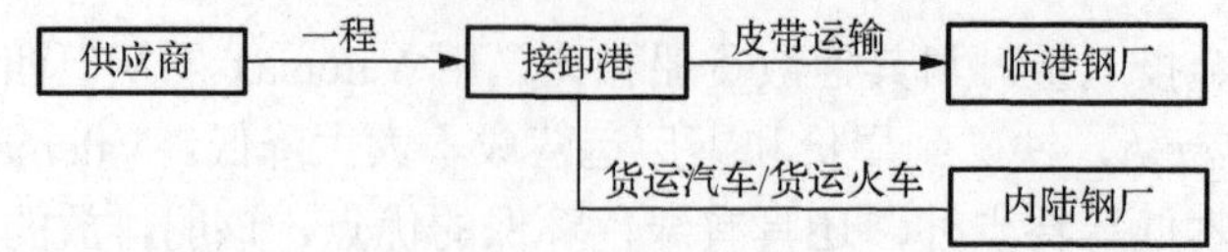

图 8.6　供应商—钢厂"前港后厂"联合运输

8.3　绿色+"前港后厂"采购优化模型

8.3.1　问题描述及参变量定义

钢厂 m 根据自身生产计划 q 拟定原材料采购单 Q 后，进行后续的供应商 i 谈判、挂靠港口 j 选择以及原料运输路线中运输方式 k, l 的选择。在进行合作伙伴、线路选择时，要根据港口、供应商以及市场上的行情数据作为衡量依据，选定成本最低、环保更优的原料运输组合方案。根据进口铁矿石供应链节点企业的特点，确保模型的可行性，做出如下模型假设与参数变量：①进口铁矿石品位一致；②整车与整船运输；③各项作业成本与运输工具种类已知；④运输过程中无天气和市场波动影响，即运输连续且价格已知。

参数变量：i 为可供选择的供应商伙伴，$i=1,2,\cdots,I$；k 为供应商至我国接卸港航线上船型，$k=1,2,\cdots,K$；j 为货物到我国后的接卸港，$j=1,2,\cdots,J$；m 为"前港后厂"系统内钢厂个数，$m=1,2,\cdots,M$；l 为我国港口将原材料运往钢厂路段上的车型，$l=1,2,\cdots,L$；C 为碳排放单位成本（元/t）；$Limit_k$ 为船型总数限制（艘）；$Limit_l$ 为车型总数限制（车）；v_k 为船型 k 的运力（t/艘）；v_l 为运输方式 l 的装载容量（t/车）；P_i 为供应商 i 处所提供的原料采购单价（元/t）；S_i 为供应商 i 的在一定时期内的原材料供应能力（t）；x_{ijk} 为供应商 i 将原材料运往港口 j 选择 k 船型总数量；y_{jlm} 为港口 j 将原材料运往钢厂 m 选择 l 分拨方式的总数量；q_m 为钢厂 m 生产原料及时需求量（t）；Q_m 为钢厂 m 原料采购订单数量（t）；N_m 为钢厂 m 的安全库存（t）；O_j 为钢厂在港口 j 的剩余库存（t）；E_j 为港口 j 处的堆场容量（t）；F_j 为港口 j 的矿石堆场单位库存成本（元/t）；L_j 为港口 j 在一定时期内的分拨运输能力（t）；U_j 为港口 j 在一定时期内的卸船能力（t）；Θ_j 为港口 j 各自的碳排放限制（t）；c_l 为车型 l 的碳排放系数［kg/（t·km)］；c_k 为船型 k 上每 1t 货物每 km 的碳排放系数［kg/（t·km)］；D_{jl} 为港口 j 选择 l 方式的单位运输成本［元/（t·km)］；Z_{jl} 为港口 j 选择 l 分拨运输方式的单位装车成本（元/t）；H_{jk} 为港口 j 卸 k 型船货物的单位成本（元/t）；M_{ijk} 为供应商 i 运往港口 j 选择 k 型船的单位运输成本［元/（t·km)］；d_{ijk} 为供应商 i 至港口 j 的有效距离（km）；d_{jlm} 为港口 j 与钢厂 m 之间有效距离（km）。

8.3.2 目标函数与约束条件

$$\min f_1 = \sum_{i=1}^{I}\sum_{j=1}^{J}\sum_{k=1}^{K} x_{ijk} v_k P_i + \sum_{i=1}^{I}\sum_{j=1}^{J}\sum_{k=1}^{K} x_{ijk} v_k d_{ijk} M_{ijk} + \sum_{i=1}^{I}\sum_{j=1}^{J}\sum_{k=1}^{K}\sum_{l=1}^{L}\sum_{m=1}^{M}\left(x_{ijk} v_k H_{jk} + y_{jlm} v_l Z_{jl}\right)$$

$$+\sum_{i=1}^{I}\sum_{j=1}^{J}\sum_{k=1}^{K}\sum_{l=1}^{L}\sum_{m=1}^{M}\left(O_j + x_{ijk} v_k - y_{jlm} v_l\right) F_j + \sum_{j=1}^{J}\sum_{l=1}^{L}\sum_{m=1}^{M} y_{jlm} v_l d_{jlm} D_{jl}$$

$$\min f_2 = C\sum_{i=1}^{I}\sum_{j=1}^{J}\sum_{k=1}^{K}\sum_{l=1}^{L}\sum_{m=1}^{M}\left(x_{ijk} v_k d_{ijk} c_k + y_{jlm} v_l d_{jlm} c_l\right)$$

（8.1）

s.t.

$$\sum_{i=1}^{I}\sum_{j=1}^{J}\sum_{k=1}^{K} x_{ijk} v_k \geqslant \sum_{m=1}^{M} Q_m \tag{8.2}$$

$$\sum_{i=1}^{I}\sum_{j=1}^{J}\sum_{k=1}^{K}\sum_{l=1}^{L}\sum_{m=1}^{M}\left(O_j + x_{ijk} v_k - y_{jlm} v_l\right) \geqslant N_m \tag{8.3}$$

$$\sum_{j=1}^{J}\sum_{k=1}^{K} x_{ijk} v_k \leqslant S_i, \forall i \tag{8.4}$$

$$\sum_{i=1}^{I}\sum_{k=1}^{K}\sum_{l=1}^{L}\sum_{m=1}^{M}\left(O_j + x_{ijk} v_k - y_{jlm} v_l\right) \leqslant E_j, \forall j \tag{8.5}$$

$$\sum_{l=1}^{L}\sum_{m=1}^{M} y_{jlm} v_l \leqslant \sum_{i=1}^{I}\sum_{k=1}^{K}\left(O_j + x_{ijk} v_k\right), \forall j \tag{8.6}$$

$$\sum_{j=1}^{J}\sum_{l=1}^{L} y_{jlm} v_l \geqslant q_m, \forall m \tag{8.7}$$

$$\sum_{l=1}^{L}\sum_{m=1}^{M} y_{jlm} v_l \leqslant L_j, \forall j \tag{8.8}$$

$$\sum_{i=1}^{I}\sum_{k=1}^{K} x_{ijk} v_k \leqslant U_j, \forall j \tag{8.9}$$

$$\sum_{i=1}^{I}\sum_{k=1}^{K}\sum_{l=1}^{L}\sum_{m=1}^{M}\left(x_{ijk} v_k d_{ijk} c_k + y_{jlm} v_l d_{jlm} c_l\right) \leqslant \Theta_j \tag{8.10}$$

$$\sum_{i=1}^{I}\sum_{j=1}^{J} x_{ijk} \leqslant \mathrm{Limit}_k, \forall k \tag{8.11}$$

$$\sum_{j=1}^{J}\sum_{m=1}^{M} y_{jlm} \leqslant \mathrm{Limit}_l, \forall l \tag{8.12}$$

$$x_{ijk}, y_{jlm} \in Int, \forall i, j, k, l, m \in Int \tag{8.13}$$

$$x_{ijk}, y_{jlm} \geqslant 0, \forall i, j, k, l, m > 0 \tag{8.14}$$

其中，**目标函数**式（8.1）将进口铁矿石供应链成本划分为 2 个部分：①采购物流成本 f_1 为采购成本、运输成本（海运和陆运）、装卸成本、库存成本；②针对“前港后厂”内在的环境优势，将环保成本考虑在内，即环境成本 f_2。**约束条件**：式（8.2）表示到港量满足钢厂采购订单；式（8.3）表示港口堆场持有库存大于钢厂生产的安全库存；式（8.4）表示不能超过供应商供应能力；式（8.5）表示到港量不能超过堆场的堆存能力；式（8.6）和式（8.7）分别表示港口分拨运输量要小于港口堆场总量且满足钢厂生产需求；式（8.8）表示港口的发运量不能超过各自港口的分拨运输能力；式（8.9）表示港口的卸船量不能超过各自的装卸能力；式（8.10）表示运输过程中碳排放总额不能超过港口碳排放限制；式（8.11）和式（8.12）分别表示船舶和车辆数量的限制；式（8.13）和式（8.14）分别表示变量的整数和非负界定。

8.4　基于 Pareto 优化的 MOGA 算法

8.4.1　MOGA 算法

遗传算法（genetic algorithms，GA）是模拟自然界生物遗传进化过程而形成的一种基于种群的启发式全局搜索算法，适用于处理多目标优化问题[175]。在传统 GA 的基础上，针对多目标优化问题的特点和处理要求，提出多目标 GA（multi-objective genetic algorithm，MOGA）的概念[176,177]，且已成为 GA 的一个重要分支。MOGA 根据适应度计算方法的差异分为基于 Pareto 优化和非基于 Pareto 优化的 MOGA。前者将传统的多目标优化概念与 GA 相结合，提出基于聚集函数法（aggregation function，AF）和向量评估法的遗传算法（vector evaluated genetic algorithm，VEGA），但普遍效率偏低、局限性大，故针对采购系统的多目标优化问题，仅对基于 Pareto 优化的 MOGA 进行介绍。

在多目标优化中，各个目标相互制约，其中一个目标性能的改善常常以损失其他目标的优化率为代价，不可能存在一个使所有的目标性能都达到最优的解集。解集通常是一个非劣解的集合即 Pareto 解集，其中有可行解和可行解集、Pareto 支配、Pareto 前沿等几个常用概念。

（1）可行解和可行解集：若决策变量 x 同时满足所有的约束条件，则称 x 为可行解，而所有可行解的集合称为可行解集。

（2）Pareto 支配：给定两个决策变量 x_1 和 x_2，若 x_1 和 x_2 满足式（8.15），则 x_1 Pareto 支配 x_2。

$$f_i(x_1) \leqslant f_i(x_2),\ \forall i = 1,2,\cdots,M,\ f_i(x_1) < f_i(x_2),\ \exists i = 1,2,\cdots,M \tag{8.15}$$

（3）Pareto 最优和 Pareto 最优解集：若一个决策变量 x^* 满足条件 $\exists x : x > x^*$，则称 x^* 为 Pareto 最优解，所有 Pareto 最优解的集合就是 Pareto 最优解集。

（4）Pareto 前沿：在 Pareto 最优解集中，每个 Pareto 最优解对应的目标函数值所组成的集合就换做 Pareto 前沿。

基于 Pareto 优化的多目标 GA 演化出了 1993 年的 MOGA、1994 年的小生境 Pareto GA（niched Pareto genetic algorithm，NPGA）、1994 年的非支配排序 GA（non-dominated sorting genetic algorithm，NSGA）和 2002 年的 NSGA-II 等改进算法[178]。①MOGA 算法思想简单且求解效率高，但过于依赖共享函数，易导致收敛过早陷入局部最优解；②NPGA 能快速找到较好的非支配最优解域且能较长维持种群更新期，但需设置共享函数和选择一个适当的锦标赛机制；③NSGA 的非支配最优解分布均匀，允许存在多个不同的等效解，但该算法的计算量庞大 O（MN3），不仅需预设共享函数，且还不具有精英保留机制。这 3 种均基于非支配排序，依赖共享函数，思想较简单。

NSGA-Ⅱ是最全面的多目标进化遗传算法之一，采用的快速非支配排序方法将计算复杂度降到 O（MN^2）；采用的拥挤距离（crowded distance）算法取代 NSGA 中的共享函数法，使 Pareto 前沿面中的个体扩展到整个 Pareto 前沿面，并尽可能地均匀分布，收敛效率高；引入精英保留机制，提高种群的进化水平和解的质量。因此，将对 NSGA-Ⅱ算法的思想和流程做介绍，并将此算法作为求解本章多目标成本最小化的方法。

8.4.2　NSGA-Ⅱ算法

NSGA-Ⅱ又称带精英保留机制的快速非支配排序 GA，非支配就是种群中是最优秀的个体，它们在该种群中不受其余个体支配[179]。此算法的关键在于快速非支配排序、拥挤度比较算子与精英保留策略，算法运行过程中需要设定支配（优于）个体 x_i 的个体数 (N_i) 与受个体 x_i 支配的个体数 (S_i)，该算法基本流程如下。

1. 快速非支配排序

步骤 1：比较并找出种群中所有 $N_i = 0$ 的个体，将其并入集合 Z_1。

步骤 2：针对集合 Z_1 中的个体 x_j，分别找到其支配的个体，并将该个体的 N 值减 1；被支配的个体 x_l，若 $S_l - 1 = 0$，则将个体 x_l 并入另一个集合 Z_2。

步骤 3：反复进行步骤 2 直到所有个体被分类，并将 Z_1 作为第 1 非支配最优解集，同时给该集合所有个体 1 个相同的非支配排序 i_{rank}，Z_2 作为第 2 非支配最优解集，以此类推。

2. 拥挤度比较算子

因在 NSGA 中需要设置共享参数，但设置指标需结合经验，太过主观难度又大，故引入拥挤度（即种群中给定点的种群密度），用来确保种群多样性。对于种群中的个体 x_i 和 x_j，经过排序和拥挤度计算之后，根据拥挤度比较算子进行选择，若满足以下 2 个条件之一，即可推定个体 x_i 支配（优于）个体 x_j：$i_{\text{rank}} > j_{\text{rank}}$，即

个体 x_i 所在的非支配层比个体 x_j 所处的支配层更优；$i_{\text{rank}} = j_{\text{rank}}$ 且 $d_i > d_j$，即虽个体 x_i 与个体 x_j 同处于一个非支配层，但 x_i 的拥挤度大于 x_j。

3. 精英保留策略

将父代与子代种群中个体混合后非支配排序，保留父代中优秀个体，流程如图 8.7 所示。

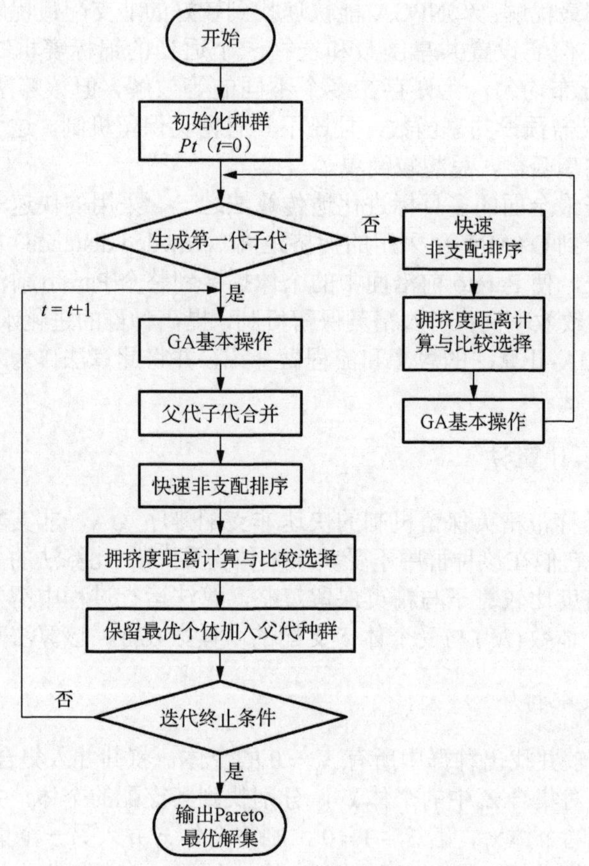

图 8.7 NSGA-Ⅱ算法的主要流程

8.5 案例验证

8.5.1 背景描述

以某地区 2 个钢厂（T_1、T_2，$M = 2$）的进口铁矿石业务为例：$m = 1$ 表示 T_1 钢厂，$m = 2$ 表示 T_2 钢厂，对 2 个钢厂的进口铁矿石订单进行运输。根据上述现状分析与理论介绍，矿石供应商选择来自澳大利亚和巴西的矿石供应商（$I=4$），分别是 RIO（$i=1$）、BHP（$i=2$）、VALE（$i=3$）和 FMG（$i=4$）；接卸港选取来自该地区的 2 个主要矿石码头的港口（$J=2$）：A 港（$j=1$）、B 港（$j=2$）；供应商至港口的可选船型有 4 种（$K=4$），分别为 Panamax 型船（$k=1$）、Capesize 型船（$k=2$）、VLOC（$k=3$）、Valemax（$k=4$）；港口至钢厂可供选择的车型 2 种（$L=2$），分别是道路运输车辆货车（$l=1$）、轨道运输车辆火车（$l=2$）。

首先，2 个钢厂形成 1 个联盟与港口签订“前港后厂”合同，整合 2 个钢厂的所有采购订单；其次，选择国外经济合理的供应商进行供货，并根据港口的基本特点，对船型、船只数以及接卸港进行航线组合；最后，港口再根据每个钢厂的生产需求，选择合适的分拨运输方式将铁矿石送至钢厂进行生产。整个过程涉及供应商、港口、钢厂、船型以及车型的选择，是一个大规模组合优化问题，旨在实现物流成本（$\min f_1$）和环境成本（$\min f_2$）达到总体最优。

8.5.2 模型数据整理

所需数据含港口、钢厂、供应商、运输工具、价格等，全部数据整理如下。钢厂铁矿石采购量 Q 分别为 250 万 t、550 万 t；安全库存 N 分别为 30 万 t、50 万 t；生产直接需求量 q 为 200 万 t、500 万 t；供应商供应能力分别为 350.1 万 t、280 万 t、110.9 万 t、89.6 万 t；铁矿石（62.5%）单价分别为 679 元/t、686 元/t、480 元/t、510 元/t；港口的碳排放 Θ_j 分别控制在 25 万 t、55 万 t 以内；初始库存 O_j 均为 15.5 万 t；接卸能力 U_j 分别为 350 万 t、600 万 t；堆场容量 E_j 分别为 300 万 t、600 万 t；分拨运输能力 L_j 分别不超过 250 万 t、550 万 t；存储成本 F_j 分别为 3 元/t 和 1.5 元/t。其相关数据为：①供应商-港口-钢厂的运输距离、运输时间、运费（表 8.5～表 8.7）；②港口船/车作业成本（表 8.8）；③碳排放相关数据（表 8.9，表 8.10）。

表 8.5　供应商-港口的海上运输距离表

港口 供应商	距离/n mile		距离/km	
	A 港	B 港	A 港	B 港
RIO	4200	4460	7778.4	8259.9
BHP	3400	3601	6296.8	6669.1
VALE	12000	11840	22224.0	21927.7
FMG	4200	4460	7778.4	8259.9

表 8.6　港口-钢厂的实际距离和有效时间

港口		车型	钢厂 T_1	钢厂 T_2
d_{jm} /km	A	—	230	10
	B	—	391	182
d_{jlm} /h	A	汽车	2.56	0.1
		火车	1.92	999*
	B	汽车	4.34	2.02
		火车	3.26	1.52

注：*表示此条路径不可行。

表 8.7　供应商-港口的运输时间和单位海运费

供应商	船型	d_{ijk}		M_{ijk}		供应商	船型	d_{ijk}		M_{ijk}	
		A 港	B 港	A 港	B 港			A 港	B 港	A 港	B 港
RIO	Panamax	404.9	381.3	3.75	3	VALE	Panamax	1089.4	1074.9	12.35	11.6
	Capesize	345.6	325.5	2.45	2.2		Capesize	929.9	917.5	8.1	7.75
	VLOC	301.5	283.9	2	2		VLOC	811.1	800.3	7.5	6.35
	Valemax	283.8	267.3	9999*	9		Valemax	763.7	753.5	7.5	5
BHP	Panamax	326.9	308.7	3.5	3.45	FMG	Panamax	404.9	381.3	3.75	3.75
	Capesize	279	263.5	2.35	2.15		Capesize	345.6	325.5	2.45	2.45
	VLOC	243.4	229.8	2.15	2.1		VLOC	301.5	283.9	2	2
	Valemax	229.2	216.4	9999*	9.5		Valemax	283.8	267.3	9999*	9999*

注：*表示此条路径不可行。

表 8.8　港口在港和出港相关作业成本

成本	k, l	A 港（j=1）	B 港（j=2）
卸船成本 H_{jk} /（元/t）	Panamax	1	1.05
	Capesize	1.3	2
	VLOC	1	0.95
	Valemax	1.5	0.8
装车成本 Z_{jl} /（元/t）	公路	2	2
	铁路	4.5	4.05
内陆运输成本 D_{jl} /［元/（t·km）］	公路	13	13
	铁路	15.5	15.5

运输是气体排放的主要来源之一，在核算进口铁矿石供应链成本时，船舶和车辆作为运输系统的构件，其碳排放成本不容忽视。针对“前港后厂”的特点和我国实际情况，设定运输装卸单位成本 C=286.5 元/t，运输方式（海运、公路与铁路）涉及运输工具的碳排放核定系数如表 8.9 和表 8.10 所示。

表 8.9　交通运输业单位换算周转量碳排放量　　单位：kg/（t·km）

运输方式	平均碳排量	小型	大型	汽油	柴油	内燃机车	电力机车
铁路	0.0217	—	—	—	—	0.0087	0.0077
公路	0.1218	—	—	0.1517	0.1553	—	—
水路	0.0115	0.0368	0.0072	—	—	—	—

表 8.10　船/车单位换算周转量碳排放系数　　单位：kg/（t·km）

碳系数	运输方式					
	Panamax	Capesize	VLOC	Valemax	汽车	火车
c_k, c_l	0.0368	0.0269	0.0115	0.0072	0.1517	0.0217

8.5.3　模型求解

针对本章构建的多目标优化模型，有 2 种基本方法可进行求解：①将多目标转化成单目标的权重系数法；②基于 Pareto 的优化方法。因权重系数法中系数的选取具有主观性和随机性，故在此基础上本章还将采用 NSGA-Ⅱ算法求解 Pareto 解，以比较解的优劣。权重系数法和 Pareto 优化法分别采用 LINGO11 与 MATLAB R2018a 进行编程，其中，设定系数为 α 将多目标转化成单目标，即 $\min F_1 = \alpha \min f_1 + (1-\alpha)\min f_2$，在本实验中取 $\alpha = 0.8$。权重系数法求出的总成本约为 102.69 亿元（图 8.8）；具体船/车方案如表 8.11 和表 8.12 所示；NSGA-Ⅱ求出 f_1 约为 96.067 亿元，f_2 约为 7.45 万元，总成本约为 96.07 亿元（图 8.9），具体船/车方案如表 8.13 和表 8.14 所示。由此可见，“前港后厂”模式下使用 Pareto 优化法比权重系数法更优。

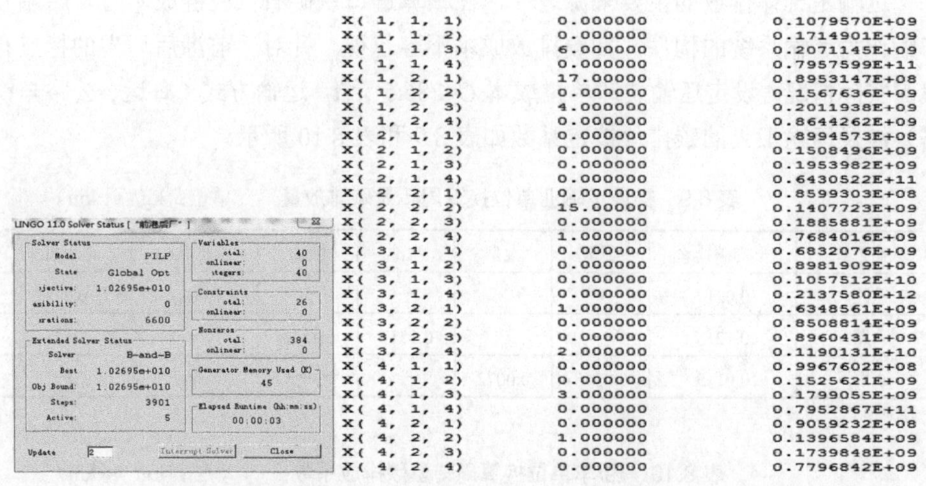


```
Global optimal solution found.
Objective value:                    0.1026952E+11
Objective bound:                    0.1026952E+11
Infeasibilities:                     0.000000
Extended solver steps:                   3901
Total solver iterations:                 6600

Y( 1, 1, 1)      1.000000        554.4198
Y( 1, 1, 2)      91997.00        5.176945
Y( 1, 2, 1)      101.0000        1313.135
Y( 1, 2, 2)      0.000000        650523.8
Y( 2, 1, 1)      0.000000        977.5644
Y( 2, 1, 2)      0.000000        459.5793
Y( 2, 2, 1)      33232.00        2229.725
Y( 2, 2, 2)      45768.00        1096.790
```

图 8.8 “前港后厂”进口铁矿石供应链成本 LINGO 优化结果

表 8.11 LINGO 下的供应商—港口船型组合方案

数量	港口	RIO				BHP			
		Panamax	Capesize	VLOC	Valemax	Panamax	Capesize	VLOC	Valemax
x_{ijk}	A 港	0	0	6	0	0	0	0	0
	B 港	17	0	4	0	0	15	0	1
数量	港口	VALE				FMG			
		Panamax	Capesize	VLOC	Valemax	Panamax	Capesize	VLOC	Valemax
x_{ijk}	A 港	0	0	0	0	0	0	3	0
	B 港	1	0	0	2	0	1	0	0

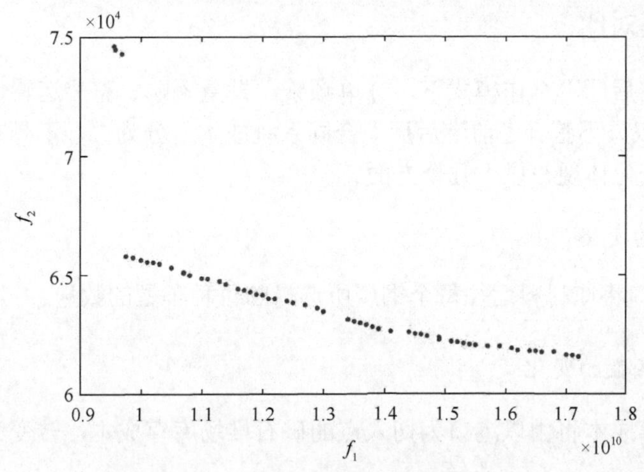

图 8.9　矿石供应链成本 NSGA-Ⅱ优化

表 8.12　LINGO 下的港口-钢厂车型组合方案

数量	港口	T_1 钢厂		T_2 钢厂	
		汽车	火车	汽车	火车
y_{jlm}	A 港	1	101	91997	0
	B 港	0	33232	0	45768

表 8.13　NSGA-Ⅱ下的港口-钢厂车型组合方案

数量	港口	T_1 钢厂		T_2 钢厂	
		汽车	火车	汽车	火车
y_{jlm}	A 港	0	31239	6565	0
	B 港	0	2095	34326	66637

表 8.14　NSGA-Ⅱ下的供应商-港口船型组合方案

数量	港口	RIO				BHP			
		Panamax	Capesize	VLOC	Valemax	Panamax	Capesize	VLOC	Valemax
x_{ijk}	A 港	0	3	2	0	4	0	0	0
	B 港	11	5	4	0	0	7	4	1
数量	港口	VALE				FMG			
		Panamax	Capesize	VLOC	Valemax	Panamax	Capesize	VLOC	Valemax
x_{ijk}	A 港	0	0	0	0	3	1	2	0
	B 港	0	0	1	2	0	0	0	0

8.5.4 验证对比

在“前港后厂”合作模式下，订单频繁、批量采购、整船运输、统一存储；若“港-钢”双方不签订“前港后厂”合同系统成本一分为二，不具有整体最优效果，故模型变化体现在以下几个方面。

1. 变量的变化

y_{jl}：港口将原材料运往每个钢厂所选择的每种车型的数量。

2. 目标函数的变化

（1）库存成本将由以港口为切入点的矿石堆场库存成本，转变为以钢厂为切入点的自有堆场库存成本 $\sum_{j=1}^{J}\sum_{l=1}^{L}\left(O+y_{jl}v_l-q\right)\text{warehouse}$ 。

（2）采购成本公式形式不变，但从钢厂联盟转向钢厂单独进行采购环节的组织，议价能力降低，单位成本更高，风险更大：$\sum_{i=1}^{I}\sum_{j=1}^{J}\sum_{k=1}^{K}x_{ijk}v_kP_i$ 。

（3）海运成本、卸船成本和海运段碳排放成本与采购成本的变化同理：海运段运输成本+到港卸船成本核算公式为 $\sum_{i=1}^{I}\sum_{j=1}^{J}\sum_{k=1}^{K}x_{ijk}v_kd_{ijk}M_{ijk}+\sum_{i=1}^{I}\sum_{j=1}^{J}\sum_{k=1}^{K}\left(x_{ijk}v_kH_{jk}\right)$；海运段碳排放成本核算公式为 $C\sum_{i=1}^{I}\sum_{j=1}^{J}\sum_{k=1}^{K}x_{ijk}v_kd_{ijk}c_k$ 。

（4）装车成本、分拨运输成本以及陆运段碳排放成本的变化，因陆运段只涉及一个钢厂，因此变化如下：装车成本+陆运运输成本公式为 $\sum_{j=1}^{J}\sum_{l=1}^{L}\left(y_{jl}v_lZ_{jl}\right)+\sum_{j=1}^{J}\sum_{l=1}^{L}y_{jl}v_ld_{jl}D_{jl}$；陆运段碳排放成本核算公式为 $C\sum_{j=1}^{J}\sum_{l=1}^{L}y_{jl}v_ld_{jl}c_l$ 。

所以，“港-钢”不签订合同时钢厂的目标函数如下：

$$
\begin{aligned}
\min f_1'=&\sum_{i=1}^{I}\sum_{j=1}^{J}\sum_{k=1}^{K}x_{ijk}v_kP_i+\sum_{i=1}^{I}\sum_{j=1}^{J}\sum_{k=1}^{K}x_{ijk}v_kd_{ijk}M_{ijk}+\sum_{i=1}^{I}\sum_{j=1}^{J}\sum_{k=1}^{K}x_{ijk}v_kH_{jk}\\
&+\sum_{j=1}^{J}\sum_{l=1}^{L}y_{jl}v_lZ_{jl}+\sum_{j=1}^{J}\sum_{l=1}^{L}y_{jl}v_ld_{jl}D_{jl}+\sum_{j=1}^{J}\sum_{l=1}^{L}\left(O+y_{jl}v_l-q\right)\text{warehouse}
\end{aligned}
$$

$$
\min f_2'=C\sum_{i=1}^{I}\sum_{j=1}^{J}\sum_{k=1}^{K}x_{ijk}v_kd_{ijk}c_k+C\sum_{j=1}^{J}\sum_{l=1}^{L}y_{jl}v_ld_{jl}c_l
$$

3. 约束条件的变化

合同不成立，钢厂的矿石就要输送至自营堆场，故必须考虑钢厂堆场能力的限制 ($\sum_{j=1}^{J}\sum_{l=1}^{L}\left(y_{jl}v_l\right)+\text{initial}\leqslant \text{steelkucun}$) 与分拨量要小于到港量 ($\sum_{l=1}^{L}y_{ji}v_l \leqslant \sum_{i=1}^{I}\sum_{k=1}^{K}x_{ijk}v_k$, $\forall j\in J$)，假设钢厂的初始库存（initial）均为 15.5 万 t。

4. 实验数据的变化

首先增添 2 个钢厂各自的库存持有成本，相关资料显示，一般制造行业的成本比例为 30%左右，业界通常做法是取年库存持有成本比例为 25%，每 1t 铁矿石的采购价为 500～700 元，研究期相当于 1 个月（取 2%），故设定钢厂铁矿石持有成本 h_c=10 元/t；钢厂的堆场能力设定为 300 万 t 和 600 万 t，其余数据均不变。

5. 传统模式下供应链成本优化结果

通过 NAGA-Ⅱ得出，钢厂 T_1 的物流成本 f_1 与环境成本 f_2 结果值分别约为 30.253 亿元和 3.17 万元，成本合计约 30.3 亿元（图 8.10）；钢厂 T_2 的物流成本 f_1 与环境成本 f_2 结果值分别约为 73.373 亿元和 7.27 万元，成本合计约 73.4 亿元（图 8.11），具体船/车方案如表 8.15～表 8.18 所示。

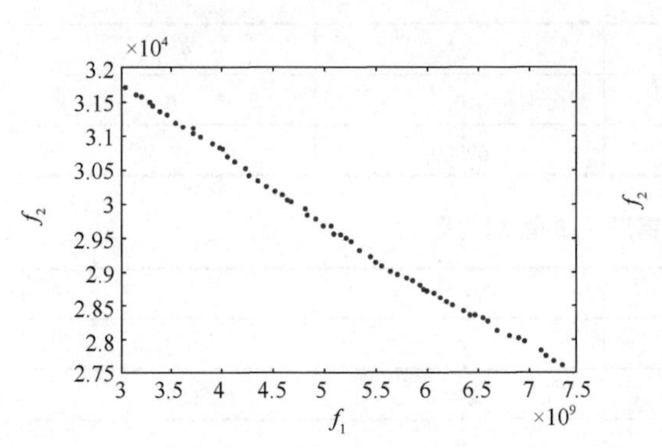

图 8.10　传统钢厂 T_1 的 Pareto 优化结果

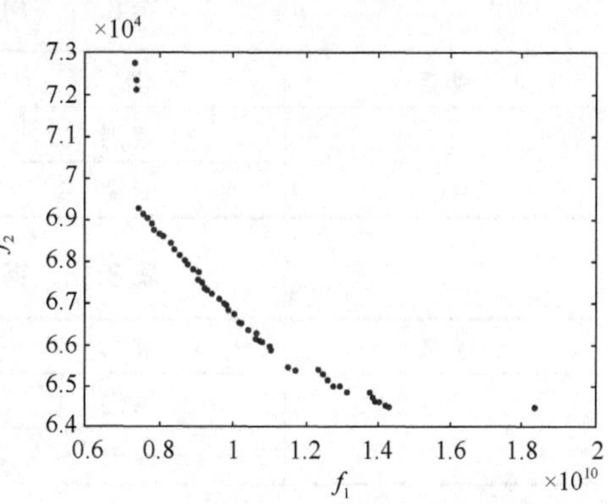

图 8.11　传统钢厂 T_2 的 Pareto 优化结果

表 8.15　钢厂 T_1 的配船方案

数量	港口	RIO				BHP			
		Panamax	Capesize	VLOC	Valemax	Panamax	Capesize	VLOC	Valemax
x_{ijk}	A 港	0	0	0	0	0	0	0	0
	B 港	0	0	0	0	1	0	7	0
数量	港口	VALE				FMG			
		Panamax	Capesize	VLOC	Valemax	Panamax	Capesize	VLOC	Valemax
x_{ijk}	A 港	0	0	0	0	0	0	0	0
	B 港	0	0	0	0	0	1	3	0

表 8.16　钢厂 T_2 的配船方案

数量	港口	RIO				BHP			
		Panamax	Capesize	VLOC	Valemax	Panamax	Capesize	VLOC	Valemax
x_{ijk}	A 港	0	0	0	0	0	0	0	0
	B 港	11	0	5	0	2	11	2	1
数量	港口	VALE				FMG			
		Panamax	Capesize	VLOC	Valemax	Panamax	Capesize	VLOC	Valemax
x_{ijk}	A 港	0	0	0	0	0	0	0	0
	B 港	0	0	0	0	0	1	3	0

表 8.17　钢厂 T_1 的配车方案

数量	港口	汽车	火车
y_{jl}	A 港	0	0
	B 港	69000	7575

表 8.18　钢厂 T_2 的配车方案

数量	港口	汽车	火车
y_{jl}	A 港	0	0
	B 港	68996	60910

综上可知，对比“前港后厂”Pareto 优化结果（96.07 亿元），传统模式下 2 个钢厂成本合计约 103.7 亿元,“前港后厂”模式较传统模式降低了约 7.4%的成本；并且从第 8.5.3 节求解结果可知，通过 Pareto 的优化方法比多目标转单目标的权重系数法结果更优，优化率大约为 6%，充分证明“前港后厂”模式和本章选取的 NSGA-Ⅱ算法的优越性。

8.5.5　结果分析

1. 供应链总成本

钢厂每月生产钢材 200 万～300 万 t，每吨钢材市场的售价在 3000～4000 元，每月毛利润在 60 亿～120 亿元。根据炼钢生产线可知，炼 1t 钢需高品位铁矿 1.6t。故在钢厂进口共 800 万 t 铁矿条件下，可炼钢 500 万 t 左右，市场可销售所得毛利润为 150 亿～200 亿元。由上面求解的“前港后厂”的成本较传统模式降低了约 7.4%，按照采购比例（5∶11）的原则，可估算出“前港后厂”模式下 2 个钢厂分担的成本值，见表 8.19。

表 8.19　“前港后厂”合约与否成本分配　　单位：亿元

成本	前港后厂		传统	
	钢厂 T_1	钢厂 T_2	钢厂 T_1	钢厂 T_2
企业各自成本	30.02	66.05	30.3	73.4
合计	96.07		103.7	

钢厂 T_1 与钢厂 T_2 合作条件下，成本值分别节约了 1%和 10%。相对于钢厂 T_2 而言，钢厂 T_1 在此模式中不占绝对优势，这是由钢厂 T_1 的规模决定的。“前港后厂”模式的定义里面提到，2 个企业形成 1 个联盟体加入“前港后厂”平台，市场占有强的一方要支付一定比例的利润给小企业，以削减小企业加入此平台面临的风险成本。钢厂 T_2 降低的 10 个百分点所带来的利润，就可以分配给在此交易中受损失或者获利极少的一方。如此，2 个甚至更多个企业的联盟关系将更加强固，在面对外贸谈判时，也会获得更多的边际收益。

2. 供应商的选择

（1）“前港后厂”模式：根据表 8.13、表 8.14 和表 8.20，2 个钢厂共同采购进口的 800 万 t 铁矿石，主要的矿石供应商是 RIO、BHP，虽然 VALE 的价格是“四大矿商”里面最低的，但是距离限制了其优势，FMG 的单价是第二低的，但生产能力限制了量的绝对数。

表 8.20　各个矿商供应商的贡献　　单位：万 t

模式	RIO	BHP	VALE	FMG
前港后厂	343	272	103	83
钢厂 T_1	0	168	0	85
钢厂 T_2	192	276	0	85

（2）传统模式：根据表 8.15～表 8.18 和表 8.20，因巴西矿石至中国港口的距离是澳大利亚矿石至中国的 3 倍，钢厂 T_1 和钢厂 T_2 的进口铁矿石几乎只选澳大利亚的 RIO、BHP 与 FMG 供应商，又因 BHP 至中国的海运费相比其他两供应商更优惠，故 2 个钢厂的矿石以 BHP 居多。

3. 配船与配车方案

（1）“前港后厂”模式下。①配船方案：近距离以 Panamax、Capesize 与 VLOC 为主，远距离以 Valemax 为主。②配车方案：以火车运输为主，承担近 600 万 t 分拨计划，汽运的铁矿石绝大多数满足钢厂 T_2 需求，因钢厂 T_2 离 A 港几乎零距离，汽运成本极小；由于 B 港距离钢厂 T_1 和 T_2 都比较远，因此 B 港的分拨运输方式以火车为主，见表 8.21。

（2）传统模式下。①配船方案：船型以中小型船为主，进口铁矿石采购量越大，船型越大。②配车方案：距离钢厂越远，越趋于选择火车运输，火车的经济距离更大。

配船与配车方案都考虑了距离与运输方式选择上的关系，可以充分利用大型船舶和火车运量大、批次少的优点，更节省时间与成本，见表 8.21。

表 8.21　“前港后厂”模式与传统模式下的运输工具使用量

模式		Panamax/只	Capesize/只	VLOC/只	Valemax/只	汽车/辆	火车/辆
前港后厂		18	16	13	3	40891	99971
传统	钢厂 T_1	1	1	10	0	69000	7575
	钢厂 T_2	13	12	10	1	68996	60910
	合计	14	13	20	1	137996	68485

4. 进口铁矿石单位成本

如表 8.22 所示，“前港后厂”模式的铁矿石单位成本是最低的，充分说明了“前港后厂”模式带来的经济效益。

表 8.22　“前港后厂”模式与传统模式下的船车承运量的具体分析

模式		船运载量/万 t	车运载量/万 t	采购量/万 t	生产需求量/万 t	总成本/亿元	铁矿石单位成本/（元/t）
前港后厂		801	700	800	700	96.07	1223
传统	钢厂 T_1	253	214.5	250	200	30.253	1233
	钢厂 T_2	553	534.5	550	500	73.373	1327

传统模式下钢厂 T_1 的铁矿石单价比钢厂 T_2 的低约 100 元/t，与“前港后厂”模式下相比，钢厂 T_2 较钢厂 T_1 来说更绝对地降低了铁矿石单位成本，是因当铁矿石采购数量达到一定值时，选择联合购买更能取得规模经济效益。同时也体现了中小微企业和大型企业的相互依赖，大型企业联合中小微企业实现订单批量采购、批量运输，并分配给中小微企业合作风险费，实现共赢。

5. 港口接卸结果分析

（1）“前港后厂”模式。根据表 8.23，到达 B 港矿石量居多，且以 RIO、BHP 与 VALE 为主：①B 港的接卸、堆存和分拨能力都强于 A 港；②根据实际运营情况，Valemax 船型（40 万 t/只）目前仅能停靠在 B 港，也是合乎实际的。根据表 8.24，Capesize（37%）、Panamax（32%）和 Valemax（15%）船型更受供应商青睐，本例的 Valemax 船型全部停靠在 B 港，若该船只上的货物需要送至 A 港，需要先挂靠 B 港，再通过减载运输停靠在 A 港。

表 8.23　供应商—港口的到港量　　单位：万 t

港口	RIO	BHP	VALE	FMG	合计
A 港	94	28	0	83	205
B 港	249	244	103	0	596
合计	343	272	103	83	801

表 8.24　船型的到港量　　单位：只

港口	Panamax	Capesize	VLOC	Valemax
A 港	7	4	4	0
B 港	11	12	9	3
合计	18	16	13	3
限制	20	16	13	6

（2）传统模式。根据表 8.25、表 8.26，供应商因钢厂采购批量与港口服务能力的不同，全部停靠在 B 港；船型以 Panamax、Capesize、VLOC 为主，因采购批量和距离因素放弃了远在南美洲的 VALE 供应商的矿石。

表 8.25　传统模式供应商-港口的到港量　　单位：万 t

钢厂	港口	RIO	BHP	VALE	FMG
T_1	A	0	0	0	0
	B	0	168	0	85
T_2	A	0	0	0	0
	B	192	276	0	85

表 8.26　传统模式下海上运输船型到港量　单位：只

钢厂	港口	Panamax	Capesize	VLOC	Valemax
T_1	A	0	0	0	0
	B	1	1	10	0
T_2	A	0	0	0	0
	B	13	12	10	1

6. 低碳分析

与第 8.5.5 节供应链总成本中的分析一样，按照采购比例原则（5∶11），可以得出“前港后厂”模式下 2 个钢厂各自的碳排放成本为 2.33 万元、5.12 万元。通过进一步计算得出，合作后钢厂 T_1 的碳减排率为 26.5%，钢厂 T_2 的碳减排率为 29.6%，总的来说优化率为 28.6%。与第 8.5.5 节供应链总成本和供应商的选择中的分析结果一致，采购量大的钢厂 T_2 减排率高于钢厂 T_1。

本章基于“前港后厂”模式，从采购供应链角度分析，以进口铁矿石采购物流成本优化为对象，构建了以采购物流与环境成本为双目标的组合优化模型；选取基于 Pareto 多目标优化算法，并采用权重系数法与之对比，以突出基于 Pareto 优化的 NSGA-Ⅱ算法的优点；分别求解传统模式与“前港后厂”模式，以验证“前港后厂”的优势；结果表明，基于 Pareto 的 NSGA-Ⅱ算法求解结果更优，“前港后厂”的成本优化率为 7.4%。综上，基于环保因素的模型，通过船舶与车辆的合理配置，降低了运输过程中的碳排放总额；全面督促企业将环境因素作为衡量可持续发展的重要指标，促进企业节能生产和绿色转型。

第 9 章　“前港后厂”库存协同优化

库存管理的目标是在保证企业正常运营活动不间断的前提下，通过有效地控制库存量以降低经营成本。如今，企业为充分发挥资金的效用，越来越重视库存控制。如何平衡库存与成本，实现 JIT 生产，已成为企业面临的难点。该如何制订科学的库存控制计划，即确定合理的订货时间和数量，以最少的费用满足企业生产经营需求？

9.1　供应链库存管理

9.1.1　供应链库存计划

供应链是供应商与需求商之间的一种链接，通过计划、采购、生产、仓储、配送及服务等一系列活动，使企业满足内外部客户的需求。其中，**计划是用精准“信息流”指挥“实物流”，是供应链管理的重要前提**，计划水平的高低，是影响企业交付、品质、库存、利润的主要因素。在制订库存计划时，主要运用以下几种方法。

（1）定量控制法，又称动态盘点法，是指对库存量设置一个订购点，并对收发物资动态盘点，当库存量一旦降至订购点数量，立即提出订购计划的方法。该方法能准确掌握库存量的变动，适用于需求量比较稳定且价值较低的货物。

（2）定期控制法，是按时间周期盘点货物，并提出订购计划的一种方法。该方法可实现多种物资同时订购，主要适于发货任务复杂、需求变化大的物资。

（3）最高最低储备量控制法，是指预先设置在库物资最高和最低储备定额，以其为库存量标准区间来控制库存的一种方法。

（4）警戒点控制法，是指预先规定比最低储备量稍高的警戒点，当库存量降至警戒点时，采取订货等措施的一种方法。

（5）ABC 控制法，是指根据物资的种类，按其重要程度、消耗数量及采购的难易程度等将物资分成 A、B、C 三类，对不同类别的物资实行不同控制和管理的一种方法。

而在**集成供应链**中，制订完整的计划还需注意以下 4 个层面。

（1）策略层：通过对客户、产品进行分类，制定差异化的供应策略。

（2）需求层：在当今批量小、品种多、销售预测不准、订单周期短的市场环境下，处理好供需平衡，实际上就是处理好交付与库存的关系。

（3）计划层：通过将库存计划与 ERP 相结合，使供应链最大限度地摆脱对销售预测的依赖，使生产商与供应商尽可能获得均衡的生产环境，实现快速交付。

（4）物控层：因受市场需求不确定性的影响，需要建立物控体系，定期盘查原材料、半成品及产成品的数量，及时消化处理。

通过 4 个层面协同决策，对不同的产品采用不同的库存控制方法，帮助企业制订完善合理的库存计划，降低企业库存成本。但在集成供应链中，一个节点企业仅以优化自身库存成本为目标来制订库存计划，而致其上下游企业库存成本增高，并不能实现供应链总成本的协同优化。

9.1.2 供应链库存管理的平衡条件

产品价格与需求预测是供应链管理的基础，也是库存管理的前提。客户需求的不确定性，映射出供应链的不确定性，这将导致企业对库存管理难度增加。供应链上的企业会根据前后节点的需求信息制订合理的采购与库存计划，企业库存多，客户需求得到满足，但库存成本飙升；企业库存少，成本低，但易出现缺货风险，在失去机会利润的同时降低客户满意度。故如何平衡库存成本与供应链总成本，以及客户服务水平之间的关系是企业需要关注的重点。

（1）批量折扣与库存成本。在确定性供应链中，采用批量数量折扣（全量折扣与边际折扣）易导致采购数量暴涨，使循环库存成本过高；采用周期数量折扣（总量折扣）虽然优于批量数量折扣模式，但仍会导致周期末端的库存成本升高。故采购时需综合考虑采购数量折扣与库存成本，确定合适的订货批量，在降低采购成本的同时避免库存成本的大幅提高。

（2）服务水平与库存保有量。一方面，高库存保有量可避免缺货情况的发生，提高服务水平，但保守的库存决策会给企业增添沉重的成本负担；另一方面，企业因缺乏库存管理的科学方案而陷入高库存低服务的旋涡中。故科学化库存管理可以在保障客户需求的同时降低库存。

（3）安全库存与缺货风险。安全库存是指为防止由不确定因素影响订货需求而准备的缓冲库存，可有效降低不确定因素（订货期间需求增加、到货延期等）对供应链造成影响。JIT 生产又称零库存生产，可满足企业低库存高服务的追求，精益管理成为企业追求的目标。但由于客户需求量、生产周期、物流系统等不确定因素的存在，若不能有效控制这些因素很容易造成企业正常生产经营活动中断，故需引进安全库存以冲抵不确定因素的影响。但安全库存过高就会导致库存剩余，增大库存成本；若过低又会产生断货风险。因此，供应链库存管理应科学设置安全库存，降低企业断供风险的同时缩减库存量。借助库存优化模型合理设置安全库存值，可进一步增强把控缺货风险的能力，在客户满意的前提下减少供应链中各节点的库存与成本。

9.1.3 供应链库存优化模型

供应链库存优化的目的是在维持企业服务效率的基础上，降低企业库存量与库存成本，追求“零库存”。库存成本主要包括订货成本、库存持有成本、缺货成本及运输成本。科学制订订货计划是优化库存成本的关键，而最优订货批量与订货时间对订货计划具有重要影响。

1. 定期订货模型与定量订货模型

定期订货模型是指订货周期固定、订货量不固定的库存模型，一般适于供货渠道相对固定、品种数量大、占用资金少且需定期采购或生产的产品，是“时间触发型模型”，如图 9.1（a）。定量订货模型是指订货量固定、订货周期不固定的库存模型，一般适于品种数量少、占用资金大的贵重产品，是“事件触发型模型”，如图 9.1（b）。

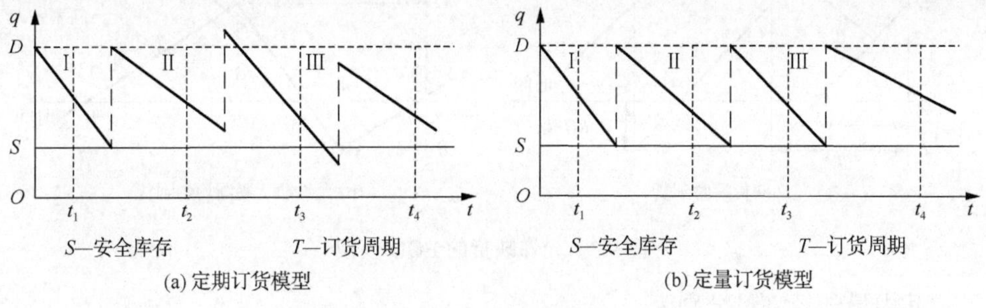

图 9.1 定期订货模型与定量订货模型

2. 经济订货量模型

经济订货量（economic order quantity，EOQ）模型，通过平衡订货成本与库存持有成本得出最佳订货量以实现总的库存成本最低，不允许缺货且备货时间短，如图 9.2 所示。

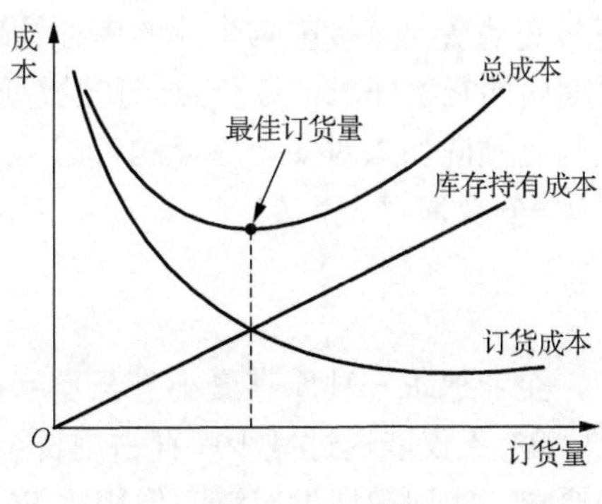

图 9.2 EOQ 模型

最佳订货量与订货周期的公式分别为$Q^*=\sqrt{\dfrac{2C_3D}{C_1}}$、$t^*=\sqrt{\dfrac{2C_3}{C_1D}}$。其中，$Q^*$为最佳订货量；$t^*$为最佳订货周期；$D$为年需求量；$C_1$为单位库存成本；$C_3$为单次订货成本。

EOQ 模型最早由福特·哈里斯（F. W. Harris）于 1913 年提出，是多数企业最常用的订货模型，后期学者根据具体情况，对经典 EOQ 模型进行扩展与改进，提出考虑补货的 EOQ 模型、允许缺货的 EOQ 模型及考虑订货提前期的 EOQ 模型等。

（1）允许缺货的 EOQ 模型。在某些情况下，短时间的缺货损失费用小于不允许缺货情况下的存储与管理成本，此时可采用允许缺货的 EOQ 模型。根据补货速率可分为瞬时到货和逐步均匀到货模型等，如图 9.3 所示。

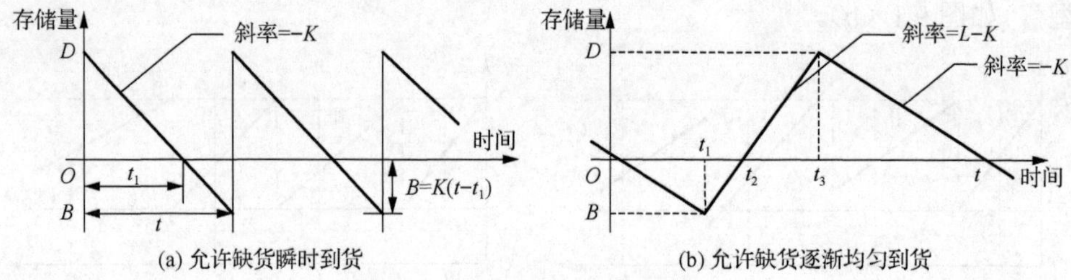

图 9.3　允许缺货的 EOQ 模型

其中最佳经济量分别为

$$Q^*=\sqrt{\frac{2C_3D}{C_1}}\sqrt{\frac{C_2}{(C_1+C_2)}};\quad Q^*=\sqrt{\frac{2C_3D}{C_1}}\sqrt{\frac{(C_1+C_2)}{C_2}}\sqrt{\frac{P}{P-D}}$$

式中，C_2为缺货损失成本；P为产品的单位成本。

（2）考虑订货提前期的 EOQ 模型。订货提前期是指发出订货需求到货物验收完毕所需的时间，包括产品的准备、加工和运输时间等。供应链通常存在较长的提前期，提前期的长短与变动情况直接影响企业的库存管理策略。①在计算订货点时需要考虑订货提前期内的货物需求：订货点=订货提前期×需求速率。②若企业库存管理策略保守，则更倾向加入对安全库存的考虑，此时订货点变为：订货点=订货提前期×需求速率+安全库存。

3. JIT 批量模型

在 JIT 批量模型下，企业追求一种库存最小甚至零库存的生产系统，具有批量小、批次多的特点[180]。JIT 不仅能通过减少库存占用资金使企业利润得到优化，同时可灵活应对客户的要求，实现敏捷供应链。但相比 EOQ 模型，JIT 模型因批次的增多，增大了订购成本与运输成本。因此采用 JIT 批量模型需平衡库存成本与订货和运输成本之间的关系。

9.2 “港-钢”供应链库存协同优化

9.2.1 “前港后厂”库存协同运作

通过“CPS+互联网”信息集成平台，“前港后厂”可实现需求与生产的集成优化。供应商根据“后厂”铁矿石需求计划备货运送至“前港”；“前港”对进口铁矿石进行存储作业，并按“后厂”生产计划供应铁矿石[181]，如图 9.4 所示。

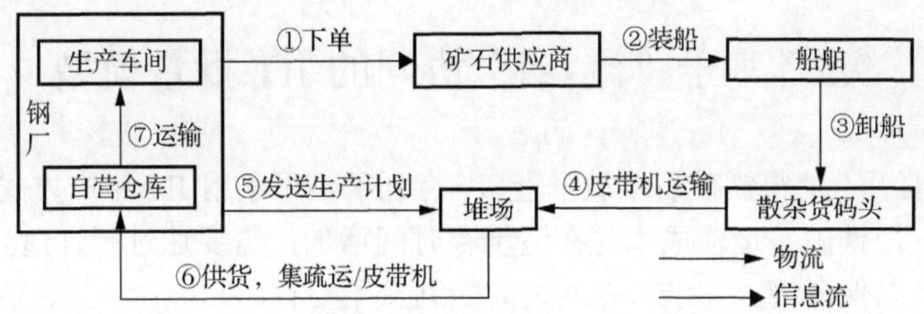

图 9.4 “前港后厂”需求与生产协同计划运作图

“前港后厂”库存协同优化不仅使钢厂的库存得以优化，同时港口资源得到充分“复”用。

（1）“后厂”运营过程中会产生大量物流活动，须保有一定库存以协调供需。仅靠“后厂”自营仓库对原材料与产成品进行存储，不仅浪费土地资源，也降低了企业资金周转率。

（2）“前港”可利用其富裕的码头堆场空间为“后厂”提供堆货场地。“后厂”不仅可将从供应商购得的大量原材料堆存至码头堆场，也可堆存其产成品。“前港后厂”协同发展在为“前港”带来增值服务的同时，也降低“后厂”的土地成本。

（3）“后厂”将原材料堆存于码头堆场后，“前港”根据企业生产计划将原材料批量运至“后厂”自营堆场（仓库）。为保证企业正常生产，自营仓储需维持一定的安全库存，如此在保障企业工作效率的同时，节省了大量的库存成本。

9.2.2 “前港后厂”供应链全局优化

如何优化“前港后厂”资源配置以降低供应链库存成本？通过优化配置“前港”土地资源和“后厂”物资资源，可有效降低库存成本，进而减少供应链成本，具有典型的共生特征[131]。而库存成本的优化效果依赖于订货计划的合理制定。目前，订货模型主要有定期订货模型[182]、允许缺货的 EOQ 模型[183]、JIT 批量模型[184]

等。需求拉动式生产的钢厂具有周期长、连续性强等特点，定期订货模型和允许缺货模型不能满足其库存物资的稳定供应，而 JIT 批量模型通过按需实时采购的方式可有效降低库存量[185]。但其具有批次多、批量小、提前期短等特点[186]，在降低钢厂库存成本的同时，加大了港口的作业批次，增加了港口作业成本，导致供应链成本居高不下。

因此，本章以优化“前港后厂”全局供应链成本为目标，构建了“港-钢”间合作与非合作条件下的 JIT 批量模型，得出 2 种情形下的经济订货批量与单次最优接卸量；通过控制港口铁矿石发运与接卸量，优化库存成本，并比较分析合作前后供应链成本与企业成本的变化趋势。结果表明，合作不仅降低了供应链总成本，且合理的利益分配补偿额可实现“港-钢”共生共赢。

9.3　基于“港-钢”协同的 JIT 批量模型

“前港后厂”使得铁矿石堆放于港口，有利于钢厂采用 JIT 生产方式。但在 JIT 批量模型下，铁矿石运输成本与在港堆存时间增加，需要通过制订适当的需求与生产计划，以保证钢厂与港口企业之间的利益不受损。

9.3.1　非合作条件下 JIT 批量模型

1. 模型假设及参变量设计

本章模型仅研究 JIT 供应链中的 1 个港口与 1 个钢厂之间的关系，并对研究周期内的模型做以下假设：①钢厂采购与生产计划保持不变；②钢厂的需求量为 Q_m t，且呈均匀分布；③不考虑铁矿石价格波动因素；④不考虑恶劣天气、自然灾害、交通事故等特殊因素的影响。

参数变量：Q_m 为 1 个周期内，钢厂铁矿石的需求量（t）；p 为钢厂订购铁矿石的单价（元/t）；S_f 为钢厂单位订单处理成本（元/单）；S_p 为港口单位订单处理成本（元/单）；P_p 为单位港口管理费（元/t）；S_p' 为港口分批次接收铁矿石的单位处理成本（元/次）；h_p 为港口的周期库存费率（%）；h_f 为钢厂的周期库存费率（%）；a 为运输 Q_m t 时的单位港口装卸费用（元/t）；a' 为运输 Q' t 时的单位港口装卸费用（元/t）；b 为 Q_m t 从供应商运至港口的单位运价（元/t）；b' 为 Q' t 从供应商运至港口的单位运价（元/t）。

决策变量：q 为非合作条件下钢厂的经济订货批量（t）；q' 为合作条件下钢厂的经济订货批量（t）；Q' 为合作条件下港口单次接收铁矿石量（t）。

2. 目标函数

钢厂周期订货总成本为 4 部分［式（9.1）］：采购成本（订购和海运成本）、

订单处理成本（商品的内陆运输、装卸成本等）、周期库存成本及港口管理费（卸船、堆存管理费等）。港口总成本含 3 部分［式（9.2）］：卸船、订单处理（设备调整、堆取料费用等）及周期存储成本。

$$C_f=\left(p+b\right)Q_m+\frac{Q_m}{q}S_f+\frac{q}{2}h_f p+P_p Q_m \tag{9.1}$$

$$C_p=aQ_m+\frac{Q_m}{q}S_p+\frac{Q_m}{2}h_p p \tag{9.2}$$

此时，供应链总成本为

$$C_T=C_f+C_p=\left(p+b+a+P_p\right)Q_m+\frac{Q_m}{q}(S_f+S_p)+\frac{q}{2}h_f p+\frac{Q_m}{2}h_p p \tag{9.3}$$

对式（9.1）中 q 进行求导，得到式（9.4）非合作条件下钢厂的经济订货批量。

$$\frac{\mathrm{d}C_f}{\mathrm{d}q}=0\Rightarrow q=\sqrt{\left(2Q_m S_f\right)/\left(h_f p\right)} \tag{9.4}$$

在 JIT 生产方式中，供应方的生产批量等于需求方的订货批量，故钢厂与港口企业的总成本分别为式（9.5）和式（9.6）。

$$C_f=\left(p+b\right)Q_m+\sqrt{2Q_m S_f h_f p}+P_p Q_m \tag{9.5}$$

$$C_p=aQ_m+\sqrt{\left(Q_m h_f p\right)/\left(2S_f\right)}S_p+\frac{Q_m}{2}h_p p \tag{9.6}$$

9.3.2 合作条件下 JIT 批量模型

因供应链中供需双方的非对称性[187]，为实现供应链整体最优，本章集成考虑供需双方利益的重新分配与港口库存的优化。1 个计划周期内，钢厂自营仓库存变化如图 9.5（a）所示，总量为 Q_m 货物分 k 次从港口运至钢厂仓库，每次运输 q；港口堆场库存变化如图 9.5（b）所示，总量为 Q_m 货物分 m 次从供应商处运至港口，每次货物分 n 次从港口运至钢厂自营仓库，且 $mn=k$ 。

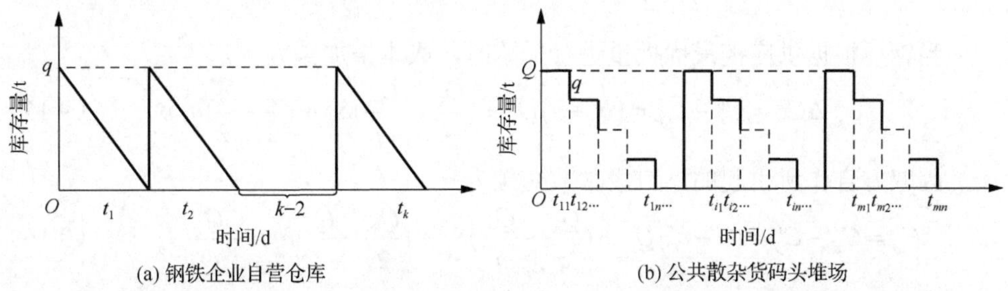

(a) 钢铁企业自营仓库　　(b) 公共散杂货码头堆场

图 9.5 铁矿石库存变化规律

钢厂与港口的周期订货总成本如式（9.7）与式（9.8）所示，其中$\frac{Q_m}{Q'}S'_p$表示港口分批次接收铁矿石的处理费，其他总成本构成因素不变。

$$C'_f=(p+b')Q_m+\frac{Q_m}{q'}S_f+\frac{q'}{2}h_f p+P_p Q_m \tag{9.7}$$

$$C'_p=a'Q_m+\frac{Q_m}{q'}S_p+\frac{Q_m}{Q'}S'_p+\frac{Q'}{2}h_p p \tag{9.8}$$

此时，供应链总成本为

$$C'_T=C'_f+C'_p=\left(p+b'+a'+P_p\right)Q_m+\frac{Q_m}{q'}(S_f+S_p)+\frac{q'}{2}h_f p+\frac{Q_m}{Q'}S'_p+\frac{Q'}{2}h_p p \tag{9.9}$$

对式（9.9）中q'与Q'进行求导，得到合作条件下钢厂的最优订货批量与港口的最优接收铁矿石批量式（9.10）、式（9.11）：

$$\frac{\mathrm{d}C'_T}{\mathrm{d}q'}=0\Rightarrow q'=\sqrt{(2Q_m(S_f+S_p)/(h_f p))} \tag{9.10}$$

$$\frac{\mathrm{d}C'_T}{\mathrm{d}q'}=0\Rightarrow Q'=\sqrt{(2Q_m S'_p/(h_p p))} \tag{9.11}$$

故钢厂与港口的总成本分别为

$$C'_f=(p+b')Q_m+S_f\sqrt{\left(2Q_m h_f p\right)/(S_f+\mathrm{S}_p)}+P_p Q_m \tag{9.12}$$

$$C'_p=a'Q_m+S_p\sqrt{\left(Q_m h_f p\right)/\left(2(S_f+S_p)\right)}+\sqrt{2Q_m S'_p h_p p} \tag{9.13}$$

合作条件下供应链总成本的节约额为

$$\begin{aligned}\Delta C_T=C_T-C'_T=&\left(a-a'+b-b'\right)Q_m+(\frac{Q_m}{q}-\frac{Q_m}{q'})(S_f+S_p)\\&+(\frac{q}{2}-\frac{q'}{2})h_f p+(\frac{Q_m}{2}-\frac{Q'}{2})h_p p-\frac{Q_m}{Q'}S'_p\end{aligned} \tag{9.14}$$

当钢厂根据供应链最优批量进行采购时，成本增加额为

$$\Delta C_f=C'_f-C_f=(b'-b)Q_m+(\frac{Q_m}{q'}-\frac{Q_m}{q})S_f+(\frac{q'}{2}-\frac{q}{2})h_f p \tag{9.15}$$

因双方合作所引起的港口成本节约额为

$$\Delta C_p=C_p-C'_p=(a-a')Q_m+(\frac{Q_m}{q}-\frac{Q_m}{q'})S_p+(\frac{Q_m}{2}-\frac{Q'}{2})h_p p-\frac{Q_m}{Q'}S'_p \tag{9.16}$$

因此，从钢厂角度分析，利益补偿额G应不小于合作后钢厂增加的成本，即$G\gg\Delta C_f$；而从港口角度分析，港口所得的利益补偿额G应不大于节约额，即$G\ll\Delta C_p$。故$\Delta C_f\ll G\ll\Delta C_p$，即

$$(b'-b)Q_m+(\frac{Q_m}{q'}-\frac{Q_m}{q})S_f+(\frac{q'}{2}-\frac{q}{2})h_f p \ll G \ll (a-a')Q_m +(\frac{Q_m}{q}-\frac{Q_m}{q'})S_p+(\frac{Q_m}{2}-\frac{Q'}{2})h_p p-\frac{Q_m}{Q'}S'_p \tag{9.17}$$

9.4 “前港后厂”库存协同案例分析

某钢厂年产量钢材 1590 万 t，生产 1t 钢材需要 1.6～2.0t 铁矿石，进口铁矿石单价为 700 元/t，1 周进口 20 万 t。铁矿石经海运至 D 港卸货，可使用船舶类型与运价见表 9.1。钢厂向港口发送 1 次订单的固定成本为 1 万元，自营库仓储费率为 0.3%。D 港处理 1 次钢厂订单的固定成本为 2 万元，港口存储费率为 0.1%，港口接卸 1 批进口铁矿石需固定成本为 3 万元。同时，钢厂需要向港口支付 38 元/t 的港务费。根据式（9.4）可得非合作条件下，钢厂经济订货批量 q 为 4.36 万 t，此时钢厂总成本 C_f 为 16031.16 万元，港口总成本 C_p 为 706.17 万元，供应链总成本 C_T 为 16737.33 万元。根据式（9.10）和式（9.11）可得“钢-港”合作条件下，每次向港口运输 13.09 万 t 铁矿石堆存，钢厂经济订货批量为 7.56 万 t。此时钢厂总成本为 16074.58 万元，港口总成本为 656.46 万元，供应链总成本为 16731.04 万元，供应链总成本节约额为 6.29 万元，港口总成本节约额为 49.71 万元，钢厂总成本增加 43.42 万元，如表 9.2 所示。故当利益补偿范围为 43.42万 $\ll G \ll$ 49.71万时，钢厂与港口均可降低成本。

表 9.1　进口矿运输船类型与收费标准

船舶大小/万 t	运费/（元/t）	卸船费/（元/t）
20	63.1	34.5
15	65.2	32.1
10	73.6	30.4
5	80.6	27.6

数据来源：前瞻数据网。

表 9.2　合作前后钢厂与港口成本变化情况

成本	q/万 t	Q'/万 t	C_f/万元	C_p/万元	C_T/万元
合作前	4.36	20.00	16031.16	706.17	16737.33
合作后	7.56	13.09	16074.58	656.46	16731.04
变化情况	+3.20	−6.91	+43.42	−49.71	−6.29

实验结果表明，在“前港后厂”模式下，利用本章所构建的 JIT 批量模型制订合理的需求与生产计划，可使库存成本降低，进而优化供应链总成本。然而，“港-钢”协同下经济订货批量的增加与单次最优接卸量的减少，虽然在一定程度上降低了港口总成本，但增加了钢厂总成本，使其利益受损，故可通过利益补偿额对双方利益进行重新分配，降低钢厂损失。

当前市场竞争与合作正逐渐从企业转向供应链，企业间信息共享可以有效降低外部不确定性，提高供应链整体绩效[188]。本章在“前港后厂”合作条件下不仅能有效降低供应链的总成本，并可通过利益补偿额实现钢厂与港口共同获利，也促使了企业从独立竞争转向产业联盟发展方式。

第 10 章　绿色+“前港后厂”销售物流网络优化

港口是全球供应链网络的关键节点，同时也是我国钢铁产成品“走出去”的必经之路。进入新世纪以来，中国钢铁业的产品结构与品种研发发生了结构性的变化，同时在技术进步的支持下，中国钢材的进出口发生了转折性变化，中国已成为钢材净出口大国。“一带一路”倡议使中国与共建国家结成休戚相关的命运共同体[189]，在为我国钢铁“走出去”带来新机遇的同时，也为我国沿线港口带来更多挑战。在我国推行质量强国与供给侧结构性改革战略、提高产品质量、发展绿色物流之时，如何优化供销网络、降低产成品物流成本、推行绿色销售，既对我国供应链、产业链体系结构提出了更高的要求，亦是未来发展中亟须解决的问题。

我们基于“CPS+互联网”集成平台，强化“前港”枢纽作用，有效集成国际贸易、“后厂”制造与物流等相关活动，实现“港-钢”业务协同，促进资源节约，增强产业链综合实力[26-32,142]。其中，销售物流作为供应链物流中的最后环节，是企业产成品最终能否获得其价值的重要因素，也是企业扩大再生产的关键。因此，本章以钢铁产成品销售为研究对象，考虑销售运输过程中的碳排放，构建“前港后厂”的钢铁产成品销售物流网络[190]。至此，完成“前港后厂”“供→产→销”一体化的产业间闭环管理。

10.1　“前港后厂”销售物流网络

10.1.1　构建销售物流网络的意义

钢厂构建销售物流网络，发展“干线区域配送”运输模式，可助力企业在未来竞争中争取更大的市场占有率，是建立稳定供货渠道、培育供应链竞争优势的重要手段。出于“港-钢”合作共赢的考虑，大型钢厂有实力也有能力改变我国钢铁业发展局面，促使钢铁贸易资源要素向具有规模优势的钢铁制造企业转变。其应用意义主要包括以下 4 个方面。

（1）转变钢厂运营模式。“前港后厂”销售物流网络体系将拉近企业与终端客户的距离，促进企业运营模式由按订单生产逐步转变为引导消费市场发展的新型运营方式；针对客户个性化需求打造高端钢材产品，促进企业实现产品结构升级；当前钢材销售市场已从卖方市场转变为买方市场，利用准确的终端需求来优化生产将是提高企业核心竞争力的重要手段。

（2）充分利用港口资源，节约钢厂仓储成本。目前，港口可为钢厂提供货物存储业务。其中，大部分港口（如天津港）所提供的免费保存期限为 1 周；部分港口的重点客户，其存储期限可延长至 1～3 个月；对于某些大客户，部分港口的免费保存期限甚至可达 1 年。“前港后厂”的钢厂可将原材料及产成品直接堆存港口堆场，避免自建/扩建仓库所需要的人工及仓库占地成本，不仅能更好地优化供应链成本，还为钢厂节约昂贵的土地资源。

（3）企业物流社会化，形成新的利润增长点。通过销售物流网络，港口可充分发挥节点资源聚集优势，并借助“CPS+互联网”集成平台，聚集各类社会化的专业物流资源，逐步拓展多样化的物流服务功能，最终发展成提供集交易、仓储、运输、装卸搬运、金融服务于一体的综合物流服务提供商，培育企业新的利润增长点。

（4）通过铁路集疏港系统完成钢铁产成品运输，提升物流效率。目前，部分货物通过汽车完成港口至企业的运输作业。然而，在港口的集疏运系统中，铁路系统更适合承担大批量货物的运输，同时铁路系统具有安全性高、成本低、受天气影响小、货物包装简单等汽运无法比拟的优势。铁路集疏港系统可进一步降低供应链成本，促使销售物流体系更稳定[191,192]。

10.1.2 钢铁产品销售物流网络节点

销售及其物流网络中各条线路均起于企业生产部门到最终客户为止[193]。销售网络节点是销售活动发生的交易场所，并不一定伴随实体物流活动的产生，且这些节点也是连接物流线路的关键要素，是组织各种物流活动、完成物流功能、提供物流服务的重要场所。销售物流网络节点的层次体系划分如下。

（1）制造企业：物流网络中产成品的始发地，是若干个已确定的网络节点。在接到客户订单后，需按客户要求生产钢材，并在订单规定的时间内，将产品运抵客户手中。

（2）物流枢纽：是钢铁产品从工厂到配送中心的中转集散点，是以深加工功能为核心，集仓储、分拨中转、提供信息等功能于一体的物流节点。按照市场需求与网络发展程度，可分为核心物流枢纽节点、区域物流枢纽节点及省域物流枢纽节点等层级。①核心物流枢纽节点是物流枢纽体系中的最高层级，物流活动最密集，通常包括航空、铁路、公路及水路等多种运输方式，辐射范围较大，集聚功能强。②区域物流枢纽节点主要服务于区域之间，辐射范围较窄，规模较小，具备一定的综合物流服务功能。③省域物流枢纽节点主要服务于省市区域内的物流发展需求，并有效衔接区域物流枢纽节点和基层配送中心。

（3）基层配送中心：负责将产品配送到每一客户手中，是销售物流网络中与客户相连的最后触手。基层配送中心覆盖范围较小、时效要求高，具备开平、剪裁等一般加工功能，使产品最终符合客户对产品的数量、尺寸等的需求。

（4）客户：销售物流网络末端节点。在整个销售物流的过程中，运输不仅能为产品的销售赢得时间与空间效应，同时也能为产品销售创造更高的价值，故运输可视为销售物流系统中最重要的影响因素。而运输方式的选择会对销售物流系统的工作效率与成本把控产生关键影响，故要对物流系统的客户要求、服务及货物特点等方面进行全面考量[194]，选出最适合钢厂销售物流的运输方式。钢厂产成品常用的运输方式为铁路和水路运输，而对量小且距离近的订单，可采取公路运输以确保钢厂销售物流时效性及客户满意度。

“前港后厂”销售物流流程如图 10.1 所示。值得关注的是“前港”不仅指海港，还包含陆港等在内的多种港口。陆港具有整合运输和方便通关的优点，故企业的货物运输还可经由陆港中转，以简化出口手续，提升物流效率[195,196]。其合作共赢模式如图 10.2 所示。

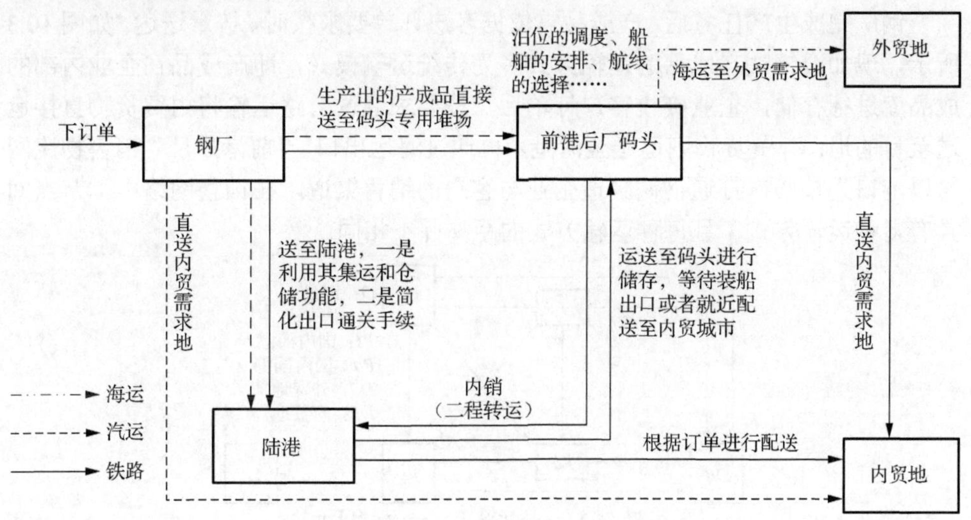

图 10.1 “前港后厂”销售物流流程

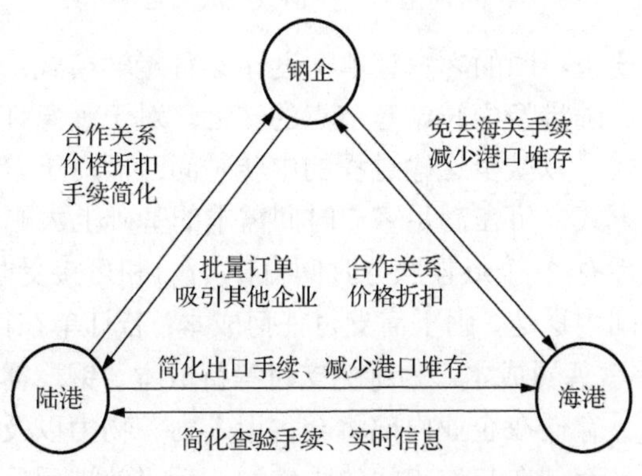

图 10.2 “互联网+前港后厂”的合作共赢模式

将企业产品订单运往需求地，运输方式的组合问题是销售物流运输的关键所在。钢厂产品库区包括钢厂库区和港口库区。钢铁产成品，一部分存于钢厂库区，另一部分运往港口仓储库区。当订单下达时企业进行销售物流的运输规划。港口既作为钢厂的附属仓储库区，也是销售物流系统中的节点企业；陆港因具有整合运输和方便通关的优点，也应是“前港后厂”销售物流系统里需考虑的一个运输节点。

10.2　绿色+销售优化模型

10.2.1　问题描述

钢厂完成生产任务后，产成品需依据客户订单要求按时、按量送达。如图 10.3 所示，现如今钢铁产成品的运输方式多为传统运输模式，即产成品在企业内部的成品库进行存储，企业接收客户订单后，按要求通过公路运输将内贸货物直接运送至目的地；外贸货物则运送至海港，再通过海运出口。“前港后厂”销售物流网络以港口为核心，打通钢铁制造企业与客户的销售渠道，在销售网络中，节点间具有多种运输方式，且每种运输方式的距离并不相同。

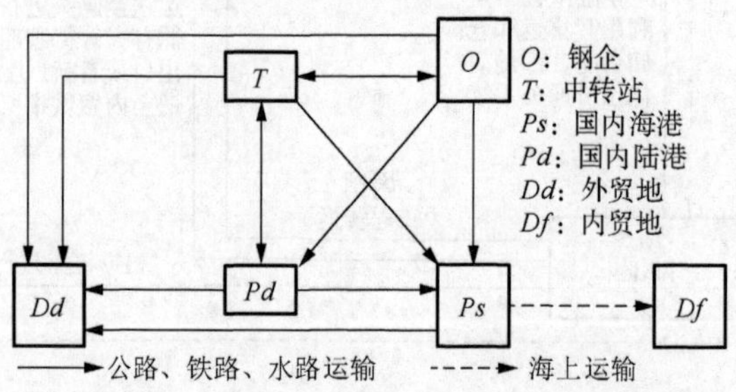

图 10.3　“前港后厂”钢铁产成品运输网络

本章针对时间要求不同的客户订单，设计 2 种运输模式：①起讫点间的直接运输；②通过海港、陆港及中转站等节点的转运。对于紧急订单，企业可选择第①种直接运输的方式，以减少运输过程的中转时间；而对于普通订单，则可以优先选择第②种运输方式，可在满足客户时间需求的基础上大幅降低成本。

考虑每个订单都有 1 个最佳服务时间窗$[t_{de}, t_{dl}]$和可接受时间窗$[t_{dE}, t_{dL}]$。若订单在最佳服务时间内送达，则不需支付任何成本；若订单在可接受时间内送达，则需支付相应的等待/惩罚成本。为避免支付等待成本，钢厂需将产成品存储一段时间后再进行运输。存储在企业内部将会占用人力、物力以及土地资源，目前部分钢厂考虑将产成品存储在起讫点间的中转站。而“前港后厂”的钢铁产成品运输网络中，钢厂可将产成品存至港口，不仅可降低钢厂仓储成本，使港口资源得到充分利用，而且可将公路运输转为铁路或水路运输，以降低对环境的污染。

10.2.2　模型构建

在传统运输模式中，钢铁产成品运输的总成本主要包括：钢厂与目的地/港口间直达的公路运输成本；为保证产成品在最佳服务时间窗内到达，存储在企业内部的仓储成本和碳排放成本；以及外贸货物在港口由公路运输转为海运的中转、清关及海运成本。

在“前港后厂”的钢铁产成品销售物流网络中，需对每条路线的运输方式和货运量进行决策，协调控制网络中的仓储、时间和碳排放，有效降低企业的运输成本，保证服务质量。

1. 模型假设及参变量设计

模型假设：①产品从钢厂启运的时刻为 0；②在相同起讫点间，只能选择 1 种运输方式，且每条路径上具有充足的交通工具；③中转成本是指不同运输方式的换装费用，装卸成本是指同一运输方式的换装费用，且在每个节点仅能发生 1 次中转或装卸；④忽略不同运输方式在中转节点换装的运输距离。

参变量设计：I 为销售物流网络中所有节点的集合，$I=O\cup T\cup P\cup D$；O 为起点的集合，T 为中转站的集合，P 为港口的集合，D 为销售目的地的集合。M 为销售物流网络中所有运输方式的集合，$M=1$ 代表公路运输，$M=2$ 代表铁路运输，$M=3$ 代表水路/海上运输。E 为政府对钢厂碳排放量的限制。e 为运输网络上的总碳排放量。Ce 为市场的碳交易价格。e_m 为运输方式 m 的单位碳排放量。Le_m 为运输方式 m 的单位装货碳排放量。ULe_m 为运输方式 m 的单位卸货碳排放量。v_m 为运输方式 m 的平均速度。d_{ij}^m 为货物从节点 i 到节点 j 采用运输方式 m 的运输距离。Cc_i 为货物在节点 i 的清关成本。c_{ij}^m 为货物从节点 i 到节点 j 采用运输方式 m 单位运输成本。Lc_m 为运输方式 m 的单位装货成本。ULc_m 为运输方式 m 的单位卸货成本。Lt_m 为运输方式 m 的单位装货时间。ULt_m 为运输方式 m 的单位卸货时间。Sc_i 为货物在节点 i 的单位仓储成本。St_i 为货物在节点 i 的仓储时间。Q_i 为节点 i 的最大货物仓储能力。SQ_i 为节点 i 的最大货物处理能力。t_d 为将货物运送到目的地 d 的时间。$f(t_d)$ 为销售目的地 d 的时间成本函数。α 为提前到达目的地的等待成本系数。β 为延迟到达目的地的惩罚成本系数。$[t_{de},t_{dl}]$ 为销售目的地 d 的最佳服务时间窗。$[t_{dE},t_{dL}]$ 为销售目的地 d 的可接受时间窗。

决策变量：

$$x_{ij}^{m}=\begin{cases}1, & \text{从节点}\,i\,\text{到}\,j\,\text{采用运输方式}\,m\\0, & \text{否则}\end{cases}$$

$$x_{i}^{mn}=\begin{cases}1, & \text{在节点}\,i\,\text{运输方式从}\,m\,\text{转到}\,n\\0, & \text{否则}\end{cases}$$

$$y_{i}=\begin{cases}1, & \text{货物在节点}\,i\,\text{进行装卸作业}\\0, & \text{否则}\end{cases}$$

$$z_{i}=\begin{cases}1, & \text{货物在节点}\,i\,\text{进行仓储作业}\\0, & \text{否则}\end{cases}$$

$$w_{i}=\begin{cases}1, & \text{货物在节点}\,i\,\text{进行清关}\\0, & \text{否则}\end{cases}$$

其中，q_{ij} 为从节点 i 到节点 j 运输的货运量；q_i 为在节点 i 需要处理的货运量。

因每种运输方式运费的计算方式不同，查阅“公路货物运价率表”“铁路货物运价率表”和“水路运输对应航区的运价率表”，可得 3 种运输方式的运价率。故单位运输成本 c_{ij}^{m} 如下：

$$c_{ij}^{m}=\begin{cases}0.36\times d_{ij}^{m}, & m=1\\18.6+0.103\times d_{ij}^{m}, & m=2\\0.12\times d_{ij}^{m}, & m=3\end{cases} \tag{10.1}$$

2. 目标函数及约束条件

钢铁产品销售物流网络总成本可分为节点间不同运输方式的运输成本、不同运输方式间的中转成本、各节点处的装卸成本与仓储成本、出口货物在海港/陆港的清关成本、时间等待/惩罚成本以及碳交易成本，如式（10.2）。当碳排放量超过政府要求的碳排放权时，需购买碳排放权；当碳排放量小于政府要求的碳排放权时，可将多余碳排放权转卖给其他需要的企业。

$$\begin{aligned}\min z=&\sum_{i,j\in I}\sum_{m\in M}c_{ij}^{m}q_{ij}x_{ij}^{m}+\sum_{i\in T\cup P}\sum_{m,n\in M}(ULc_{m}+Lc_{n})q_{i}x_{i}^{mn}+\sum_{i\in T\cup P}\sum_{m\in M}(ULc_{m}+Lc_{m})q_{i}y_{i}\\&+\sum_{i\in T\cup P}Sc_{i}St_{i}q_{i}z_{i}+\sum_{i\in P}Cc_{i}q_{i}w_{i}+\sum_{d\in D}f(t_{d})+Ce(e-E)\end{aligned} \tag{10.2}$$

s.t.

$$e=\sum_{m\in M}(e_{m}\sum_{i,j\in I}d_{ij}^{m}q_{ij}x_{ij}^{m})+\sum_{m,n\in M}\sum_{i\in T\cup P}(ULe_{m}+Le_{n})q_{i}x_{i}^{mn}+\sum_{i\in T\cup P}\sum_{m\in M}(ULe_{m}+Le_{m})q_{i}y_{i} \tag{10.3}$$

$$t_d = \sum_{i,j \in I} \sum_{m \in M} d_{ij}^m x_{ij}^m / v_m + \sum_{i \in T \cup P} \sum_{m,n \in M} (ULt_m + lt_n) q_i x_i^{mn} \\ + \sum_{i \in T \cup P} \sum_{m \in M} (ULt_m + Lt_m) q_i y_i + \sum_{i \in T \cup P} St_i q_i z_i \tag{10.4}$$

$$f(t_d) = \begin{cases} \alpha(t_d - t_{dl}), & t_{dl} < t_d \leqslant t_{dL} \\ 0, & t_{de} \leqslant t_d \leqslant t_{dl} \\ \beta(t_{de} - t_d), & t_{dE} \leqslant t_d < t_{de} \\ +\infty, & \text{其他} \end{cases} \tag{10.5}$$

$$\sum_{m \in M} x_{ij}^m \leqslant 1, \forall i, j \in I \tag{10.6}$$

$$\sum_{m,n \in M} x_i^{mn} \leqslant 1, \forall i \in T \cup P \tag{10.7}$$

$$x_{ki}^m + x_{ij}^n \geqslant 2x_i^{mn}, \forall i \in T \cup P, \forall m, n \in M \tag{10.8}$$

$$\sum_{k \in I} \sum_{m \in M} x_{ki}^m q_{ki} = \sum_{j \in I} \sum_{m \in M} x_{ij}^m q_{ij}, \forall i \in T \cup P \tag{10.9}$$

$$\sum_{j \in I} \sum_{m \in M} x_{ij}^m q_{ij} \leqslant CQ_i, \forall i \in T \cup P \tag{10.10}$$

$$z_i q_i \leqslant Q_i, \forall i \in T \cup P \tag{10.11}$$

$$x_i^{mn} + y_i \leqslant 1, \forall i \in T \cup P, \forall m,n \in M \tag{10.12}$$

$$y_i \leqslant z_i, \forall i \in T \cup P \tag{10.13}$$

$$x_{ij}^m, x_i^{mn}, y_i, z_i, w_i = \{0,1\} \tag{10.14}$$

$$q_{ij}, q_i \in Z^+ \tag{10.15}$$

式（10.3）表示网络中运输、中转及装卸作业的碳排放总量；式（10.4）表示货物从起点至各个销售目的地的时间，由运输、货物中转、装卸及仓储时间组成；式（10.5）表示销售目的地 d 的时间成本函数，在最佳服务时间窗 $[t_{de}, t_{dl}]$ 内到达不需支付任何费用，在可接受时间窗 $[t_{dE}, t_{dL}]$ 内送达需支付一定等待/惩罚成本；式（10.6）为确保每 2 个节点间仅选择 1 种运输方式；式（10.7）为保证一批货物在每个节点仅进行 1 次转运；式（10.8）为保证中转节点前后的连贯性，若货物在节点 i 由运输方式 m 转移到运输方式 n，则该批货物从节点 k 到节点 i 必须用运输方式 m，从节点 i 到节点 j 必须用运输方式 n；式（10.9）为确保每个节点的运入与运出量相同；式（10.10）为保证经过节点 i 货物不超过该节点的货物处理能力 CQ_i；式（10.11）为保证在节点 i 存储货物不超过该节点的最大仓储能力 Q_i；式（10.12）为确保在节点 i 仅能进行中转或装卸作业；式（10.13）为保证装卸和仓储间的关系，若在节点 i 对货物进行装卸作业，则一定需在节点 i 进行仓储作业；式（10.14）、式（10.15）表示目标函数的非负约束。

10.3 RPSO-IHS 算法

本章将钢铁产品销售物流网络优化为混合整数规划模型，可采用 GA、模拟退火（simulated annealing，SA）算法、和声搜索（harmony search，HS）算法及 PSO 算法等集群智能求解方法[197-200]。由于 PSO 算法与其他算法相比具有搜索能力较强且对初始参数依赖较小的特性，故拟改进 PSO 算法对该模型求解。

10.3.1 PSO 算法的基本原理

1995 年埃伯哈特（Eberhart）和肯尼迪（Kennedy）等提出的一种模拟动物社会行为的 PSO 算法，具有搜索速度快、操作简单、所需参数较少等优点，可以解决不同的优化问题[101]。在算法中体现为：将每只鸟抽象为一个粒子，模拟鸟类的觅食行为，在搜索空间中以一定的速度飞行，通过综合分析个体与群体的飞行经验，动态调整飞行方向和速度，逐渐向解空间更好的区域移动。其中，待优化问题在搜索空间中的潜在解用粒子的位置表示，粒子飞行的方向与距离可通过粒子的速度加以控制，而每个粒子的优劣则可以通过一个适应度函数加以评价。

在算法运行过程中，每个粒子在 D 维搜索空间内均匀初始化，并记录粒子的初始速度和位置。这些粒子在搜索空间内随机进行搜索，并记录粒子个体最优位置。同时，粒子间信息共享，自适应趋向全局最优粒子的位置，以此求得全局最优解。PSO 算法的速度更新公式由 3 部分组成：①探索的速度更新；②自我开发的速度更新；③社会开发的速度更新。

在 D 维空间中搜索时，利用每个粒子 i 的位置向量 $x_i^d=[x_{i1},x_{i2},\cdots,x_{iD}]$ 和速度向量 $v_i^d=[v_{i1},v_{i2},\cdots,v_{iD}]$ 计算其当前状态，其中 d 是解向量空间的维数。此外，粒子 i 将保留其个体先前的最佳位置向量 $\text{pbest}_i=[\text{pbest}_i^1,\text{pbest}_i^2,\cdots,\text{pbest}_i^D]$。整个 PSO 算法搜索到的最佳位置表示为 $\text{gbest}=[\text{gbest}^1,\text{gbest}^1,\cdots,\text{gbest}^D]$，第 i 个粒子速度和位置的更新见式（10.16）和式（10.17）。

$$v_i^d(t+1)=\omega v_i^d(t)+c_1r_1\left(\text{pbest}_i^d(t)-x_i^d(t)\right)+c_2r_2\left(\text{gbest}^d(t)-x_i^d(t)\right) \tag{10.16}$$

$$x_i^d(t+1)=x_i^d(t)+v_i^d(t+1) \tag{10.17}$$

式中，c_1、c_2 为学习因子；r_1 和 r_2 为 $[0,1]$ 内均匀分布的随机数。为了在算法前期保持较高的全局搜索能力，后期有较高的开发能力，拟采取线性递减的惯性权重公式：

$$\omega=(\omega_{\text{start}}-\omega_{\text{end}})(t_{\max}-t)/t_{\max}+\omega_{\text{end}} \tag{10.18}$$

10.3.2　HS 算法的基本原理

在音乐即兴中，每个音乐家都会在可能的音调范围内即兴创作任何音调，最终由所有音乐家创造一个新的和声。如由 10 名演奏者组成的乐队，每人演奏一种乐器，合奏起来对应一组和声 $X=\{x_1, x_2, \cdots, x_{10}\}$。乐队演奏者不断进行排练配合得到最好的和声效果，整个过程使用一个 $f(x)$函数来衡量和声的效果好坏，这个 $f(x)$ 就相当于乐队指挥，对乐队演奏出的每组和声进行权衡，若不满意音效就继续排练，直到获得满意和声音效为止，这就是和声算法的最优化过程。经过反复练习，好的音调储存在音乐家的记忆中，使他们有更多机会在以后的练习中产生一种令人愉悦的和声。HS 算法正是模拟了音乐演奏的原理，即乐师们在音乐创作中凭借自己的记忆，通过反复调整乐队中各乐器的音调，最终达到一个美妙和声的过程[201]。

当每个演奏者从他的乐器中即兴演奏 1 个音调时，有 3 个选择：①从记忆中即兴演奏任何音调；②修改存在于记忆中的音调；③从可能的音调范围中即兴创作任何音调。Geem 等将这 3 个选项转化为 3 个操作：①记忆库取值；②随机选择；③音调调节率。这些操作主要由 2 个参数控制：①和声记忆库取值率（harmony memory considering rate，HMCR）；②音调调节率（pitch adjusting rate，PAR）。该算法的主要步骤如下。

步骤 1：对所需参数进行初始化，最大迭代次数 $T_{\max}$、和声记忆库储量（harmony memory size，HMS）、和声微调带宽（bandwidth，BW）或称为基音调整步长、HMCR、PAR。

步骤 2：初始化和声记忆库（harmony memory，HM），即解向量的存储空间，并评估 HM 中的每个解向量的目标函数值 $f(x)$。

步骤 3：即兴创作新的和声，即每个决策向量的值是根据 HMCR 进行随机选择，或是从先前存储在 HM 中随机选择，具体操作如下。

$$x_i^{\text{new}} = \begin{cases} x_i^{\text{new}} \in \left\{x_i^1, x_i^2, \cdots, x_i^{\text{HMS}}\right\}, & r_1 < \text{HMCR} \\ x_i^{\text{new}} \in \left[\text{LB}_i, \text{UB}_i\right], & \text{其他} \end{cases} \tag{10.19}$$

$$x_i^{\text{new}} = \begin{cases} x_i^{\text{new}} \pm r_2\text{BW}, & r_2 < \text{PAR} \\ x_i^{\text{new}}, & \text{其他} \end{cases} \tag{10.20}$$

式中，r_1, r_2 为 $[0,1]$ 内的随机数。若 $r_1 < \text{HMCR}$，则 x_i^{new} 在 HM 中随机选取，否则在解向量内随机选取 1 个变量。检查新生成和声向量中的每个分量，并据 PAR 判断是否需用 BW 进行微调。

步骤 4：对 HM 进行更新。确定存储在 HM 中的最差和声 x^{worst}，如果 $f\left(x^{\text{worst}}\right) \leqslant f\left(x^{\text{new}}\right)$，则用新和声替换最差的和声，并更新 HM。

步骤 5：检查算法是否满足终止条件。若未达到终止条件，则返回步骤 3。

从 HS 算法寻优过程来看，新和声是从记忆库中随机产生的，通过函数对其进行评估分析，若新和声优于记忆库中最差的和声则进行替换。在对新和声进行适应度值评估分析时，参数记忆库取值概率如何设置，对新和声是否微调，微调步长如何设置将影响算法的寻优效果。

10.3.3　改进 PSO 算法

1. 拓扑结构

拓扑结构能够决定种群中粒子的信息交换方式，改进粒子间的合作学习策略。常见的拓扑结构如图 10.4 所示。

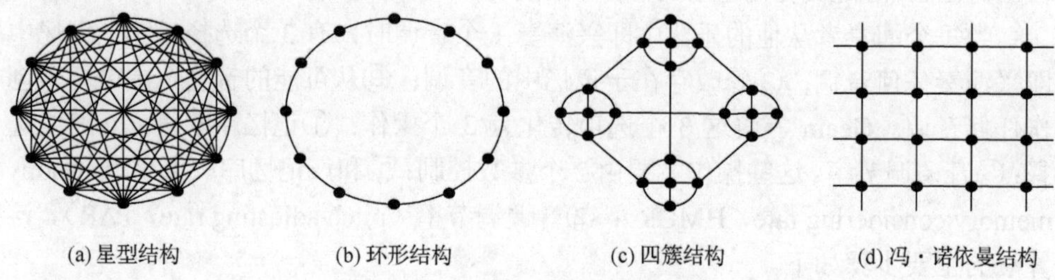

图 10.4　几种常见的拓扑结构

（1）星型结构（star structure）：也被称为全拓扑结构，即所有粒子相互连接，在全局范围内进行信息交换。该结构的信息传递速度与收敛速度较快，但易陷入局部最优。

（2）环形结构（ring structure）：所有粒子首尾相连成 1 个环状，每个粒子与其相邻的 2 个粒子进行信息交换，使用局部邻居的概念，每个粒子只与最近的邻居沟通。故算法需要更长的迭代次数，但求得解的质量会更好。

（3）四簇结构（four-cluster structure）：将所有粒子分成 4 簇，簇内粒子进行信息交互，簇间的连接粒子实现信息交换，让信息在整个种群中得到共享，该结构灵活性更强，收敛速度较快。

（4）冯 · 诺依曼结构（von Neumann structure）：每个粒子与其相邻的 4 个粒子相连进行信息交换，构成方形结构。粒子找到的最优解只影响周围的 4 个邻域粒子，从而维持其他粒子的多样性，避免粒子陷入早熟。

2. 编码与解码

为使销售物流网络更清晰，方便进行编码设计，可建立虚拟的网络节点。在图 10.3 中最长的运输路线为 *O*—*T*—*Pd*—*Ps*—*Dd*/*Df*，通过建立虚拟网络节点将图 10.3 展开为 4 个阶段的虚拟网络图，如图 10.5 所示。其中，2 个相同节点间的运输路径为虚拟路径，从 Ps 到 Dd 有 3 种运输方式可以选择，而从 Ps 到 Df 只能通过海上运输。

为实现一条路线上运输节点及方式的整数编码，设 g 表示各个节点的集合 $g\in\{1,2,3,4,5\}$。其中，$g=1$ 代表节点 Ps；$g=2$ 代表节点 Pd；$g=3$ 代表节点 T；$g=4$ 代表节点 Dd；$g=5$ 代表节点 Df。规定用 A 表示采用运输方式 m 将货物运至节点 g，A 计算方式如下：

$$A=\begin{cases}3g+m-3, & g=\{1,2,3,4\}\\ 3g-3, & g=5\end{cases} \tag{10.21}$$

由式（10.21）可看出，4 个阶段中到达每个节点采用的运输方式均可通过 A 计算得出并以整数表示。如路线 O—T—Pd—Ps—Dd/Df 上，到达每个阶段节点的不同运输方式用整数进行编码，如图 10.6 所示。

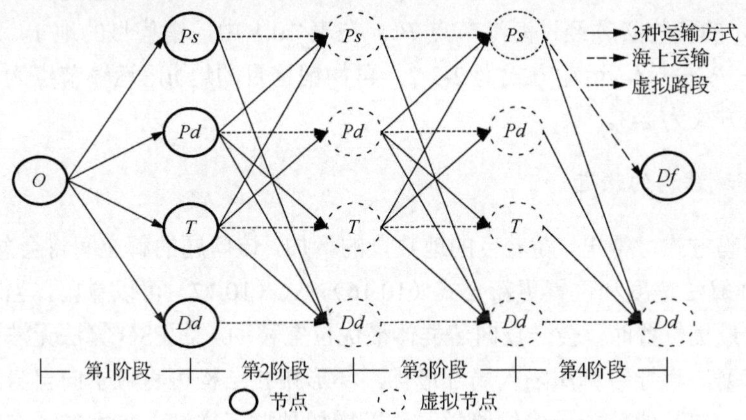

图 10.5　各节点间的运输方式及流向

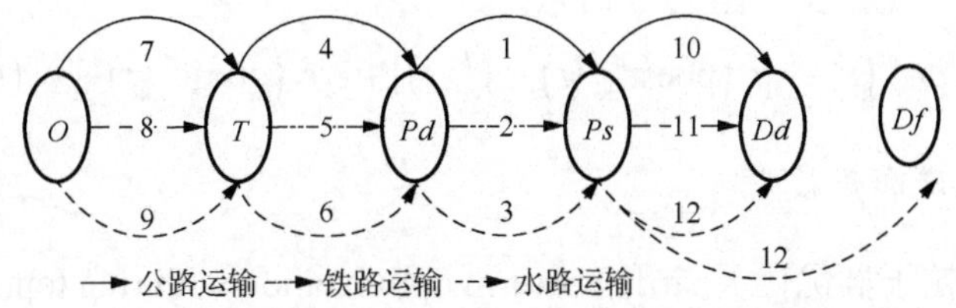

图 10.6　最长一条路径上不同运输方式的编码

根据该模型中的变量特性以及上述对销售物流网络多层结构的分析，拟采用矩阵整数编码方式辅助运算，编码矩阵由 4 层组成，见表 10.1。

表 10.1　矩阵整数编码

阶段	D					
	1	…	i	i+1	…	n
2	8	…	2	3	…	12
3	6	…	5	12	…	12
4	12	…	10	12	…	12

销售目的地 Dd 用$1,2,\cdots,i$表示，Df 用$i+1,i+2,\cdots,n$表示。编码矩阵的前 3 层为前 3 个阶段选择运输方式 m 到达节点 k，第 4 层为选择运输方式 m 到达最后 1 个节点。具体编码规则：若 n 和 n+1 阶段选择的节点为同 1 个，则第 n+1 阶段的运输方式和第 n 阶段的运输方式必须相同；若两条路线在某阶段从同一个节点出发，且在该阶段选择的节点为同一个，则必须选择同一种运输方式；运到销售目的地 Df 的货物必须经过海港节点 Ps。在表 10.1 中，销售目的地 1，运输节点为 O—T—Pd—Dd，运输方式为 2-3-2；再如销售目的地 n，运输节点为 O—Ps—Df，运输方式为 2-3。

3. 邻域结构的改进

由编码方式可得出，随着目的地数量的增加，该问题的解空间将会急剧扩大。而从 PSO 算法速度和位置更新公式（10.16）、式（10.17）可以看出，当粒子较早到达自身最优位置时，会一直向着群体最优位置移动。而 PSO 算法无法保证搜索空间的广度，将导致算法陷入局部最优。环形拓扑结构可将粒子向自身最优位置学习转变为向其他粒子最优位置学习，以增加种群多样性，扩大粒子在解空间的搜索范围[202]。故本章采取环形拓扑结构对 PSO 算法的邻域结构进行改进，改进后的速度更新公式如式（10.22）所示。

$$v_i(t+1)=\omega v_i^d(t)+c_1r_1\left(\text{pbest}_{i+1}^d(t)-x_i^d(t)\right)+c_2r_2\left(\text{gbest}^d(t)-x_i^d(t)\right) \tag{10.22}$$

4. 融合改进和声搜索

环形拓扑粒子群优化（particle swarm optimization with ring topology，RPSO）算法虽然扩大了 PSO 种群的多样性，但仍存在求解时陷入局部最优和收敛速度慢的问题。故本节在 RPSO 算法的基础上，融合改进和声搜索（improved harmony search，IHS）以生成新的和声，提高粒子跳出局部最优的能力，具体流程如图 10.7 中虚线框部分。IHS 算法步骤如下。

步骤 1：设置相关参数，并以 PSO 种群的大小作为 HM 的规模。

步骤 2：根据 HMCR，生成$[0,1]$间的随机数 r_3。①若$r_3 < \text{HMCR}$，那么就在 HM 中随机选定一组和声，并以带宽 bw 进行微调，生成新和声，$x_{\text{new}}(d) = x_a(d) + r_3\text{bw}$，并进行下一步；否则转到③。bw 的更新公式如下。

$$\text{bw} = \text{bw}_{\max} \text{e}^{\left(\frac{\ln(\text{bw}_{\min}/\text{bw}_{\max})t}{t_{\max}}\right)} \tag{10.23}$$

式中，$\text{bw}_{\max}$、$\text{bw}_{\min}$为最大带宽、最小带宽。

② 根据 PAR，生成$[0,1]$间的随机数 r_4。若$r_4 < \text{PAR}$，则选取当前适应度值最优的一组和声作为新和声，以降低①中生成的新和声具有较差性能的概率；否则不做更改，转到步骤。PAR 的更新公式如式（10.24）所示。

$$\text{PAR} = \text{PAR}_{\min} + \frac{\text{PAR}_{\max} - \text{PAR}_{\min}}{t_{\max}} \times t \tag{10.24}$$

式中，$\text{PAR}_{\max}$、$\text{PAR}_{\min}$为最大调节概率、最小调节概率。

③ 在解空间中随机生成 1 组新和声。

步骤 3：若生成的新和声优于当前最差和声，则用新和声替代最差和声；否则以一定的概率替代最差的和声。

本节提出的 IHS 算法主要改进 2 处：①改进旨在增加粒子变异概率，避免 PSO 算法陷入局部最优解；②改进旨在提高算法生成新和声的性能，减少生成新和声比原有和声更糟的概率。

5. RPSO-IHS 算法步骤

具有环形拓扑和改进和声搜索的粒子群优化（particle swarm optimization with ring topology and improved harmony search，RPSO-IHS）在环形拓扑结构增加种群多样性的基础上，引入 IHS 算法。IHS 算法可作为增加寻找全局最优解概率的手段，在保证算法具有一定收敛速度的同时，确保了算法搜索的广度，最终使该算法达到满意的搜索效果。RPSO-IHS 算法步骤如下。

步骤 1：设置并初始化相关参数。根据设计的编码方式生成初始种群。

步骤 2：根据式（10.2）计算适应度值，更新粒子个体最优 pbest_i 与全局最优 gbest。

步骤 3：根据环形拓扑结构的更新公式（10.22）和式（10.17）更新粒子飞行速度与位置，并重新计算个体的适应度值，更新粒子个体最优和全局最优。

步骤 4：现有种群的个体最优位置及其适应度值构成 HM，根据 IHS 算法进行操作，从而生成新和声，并以一定的规则接受新和声。

步骤 5：判断是否达到最大迭代次数，满足则输出结果，否则转到步骤 2（图 10.7）。

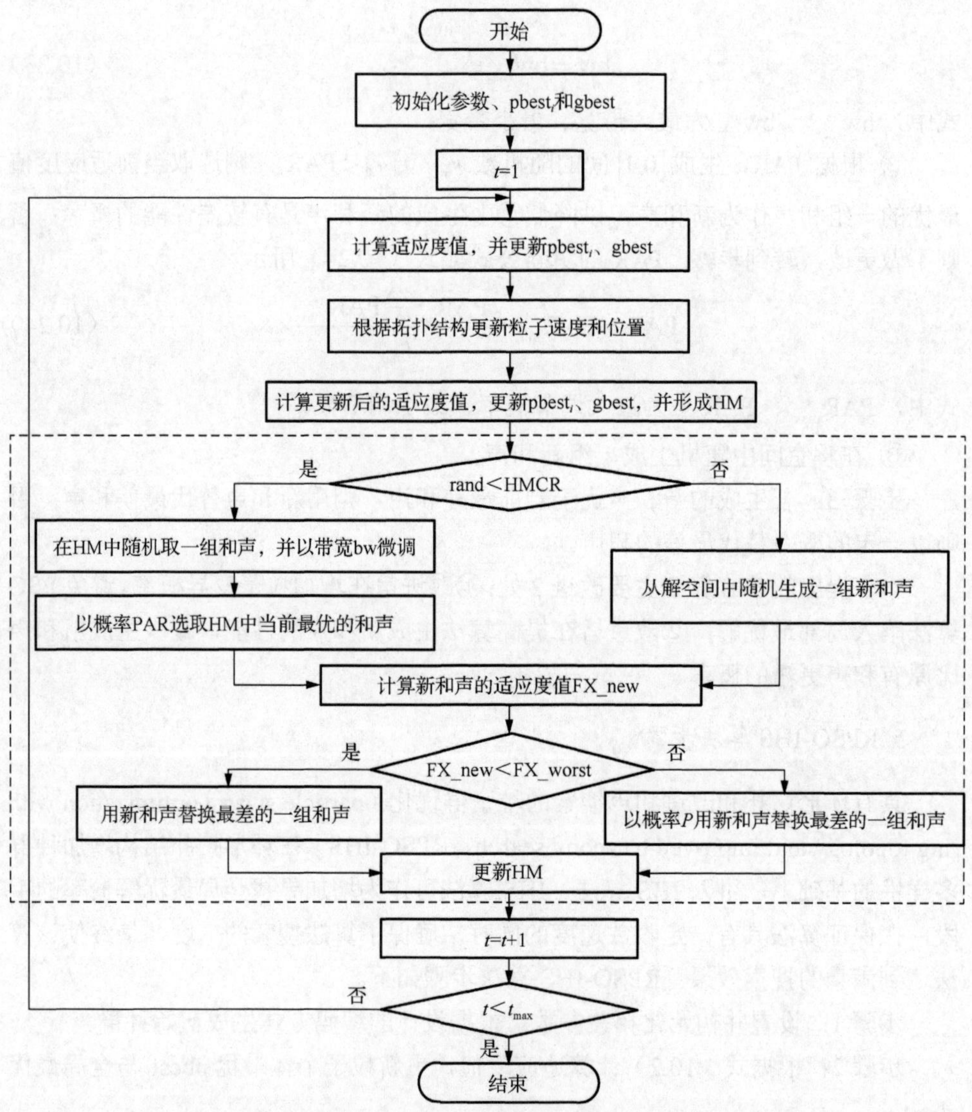

图 10.7　RPSO-IHS 算法的流程图

10.4 算例验证

10.4.1 基础数据与结果分析

本节以我国某钢厂为研究对象。该钢厂位于我国中部地区 S 市，其贸易对象面向全国的同时也遍布海外，选取海港 *Ps* 作为外贸运输的出口港。由企业内部的客户订单可知，该企业需为 6 个销售目的地运输钢材，每个订单上标注了目的地、钢材需求量及时间窗要求，其中 2 个订单为外贸订单，如表 10.2 所示。运输网络中的海港、陆港及中转站的仓储成本与处理能力也不尽相同。该钢厂与某一中转站具有合作关系，故中转站的相关数据可由钢厂提供。港口的相关数据通过查阅港口费率表和国家统计局得到。各节点的参数如表 10.3 所示。

表 10.2　各个目的地的需求量以及时间窗要求

目的地	需求量/*t*	时间窗/d			
		tE	*te*	*tl*	*tL*
D_1	1150	6.21	6.63	7.08	7.75
D_2	892	2.54	3.00	3.38	3.71
D_3	3457	10.83	11.21	11.58	12.04
D_4	2046	12.54	13.04	13.38	13.67
D_5	5343	18.38	18.96	19.54	19.71
D_6	3258	14.92	15.79	16.13	16.50

表 10.3　各节点的相关参数

节点	*Ps*	*Pd*	*T*
仓储成本/［元/（t·d）］	10	10	23
容量/t	10250	8690	6750
货物处理能力/t	18500	15830	9760
清关成本/（元/t）	115	98	—

碳交易价格根据计算碳交易网中不同城市碳交易价格的平均期望得出为 31.64 元/t。并规定提早到达的等待系数为 1 元/（t·h），延迟到达的惩罚系数为 1.5/（t·h）。实际情况下，每 2 个节点间公路、铁路、水路 3 种运输方式的运距并不相同。且不同运输方式的运输速度、碳排放量、装卸成本也不同，通过查阅《中国公路铁路水路图集》、船舶信息网、国家统计局及相关文献得到。运输网络中各节点间不同运输方式的相关参数，如表 10.4 所示。

表 10.4　不同运输方式的相关参数

运输方式	公路	铁路	水路
平均速度/（km/h）	80.0000	100.0000	40.0000
用碳量/［kg/（100t·km）］	1.8000	0.4000	0.2400
碳排放量/［kg/（t·km）］	0.0490	0.0109	0.0065
装货成本/（元/t）	1.7500	2.4500	16.8000
卸货成本/（元/t）	2.4750	3.5000	21.8000
装货时间/（h/t）	0.0225	0.0234	0.0250
卸货时间/（h/t）	0.0272	0.0266	0.0279
装货碳排放/（kg/t）	0.0500	0.0650	0.0700
卸货碳排放/（kg/t）	0.0600	0.0700	0.0750

针对上述算例，运用所提出的模型及求解方法，在 MATLAB 平台上编写算法程序。根据已有研究经验，各参数的取值如下：种群大小为 200，算法的最大迭代次数为 800，学习因子 $c_1=c_2=2$，惯性权重 $\omega_{start}=0.9$、$\omega_{end}=0.4$，从记忆库中取 1 组和声的概率 $HMCR=0.95$，带宽 $bw_{max}=5$、$bw_{min}=0.1$，调节概率 $PAR_{max}=0.99$、$PAR_{min}=0.01$。用 RPSO-IHS 算法和 PSO 算法分别求解“前港后厂”的运输网络优化结果，得到的适应度进化曲线如图 10.8 所示。

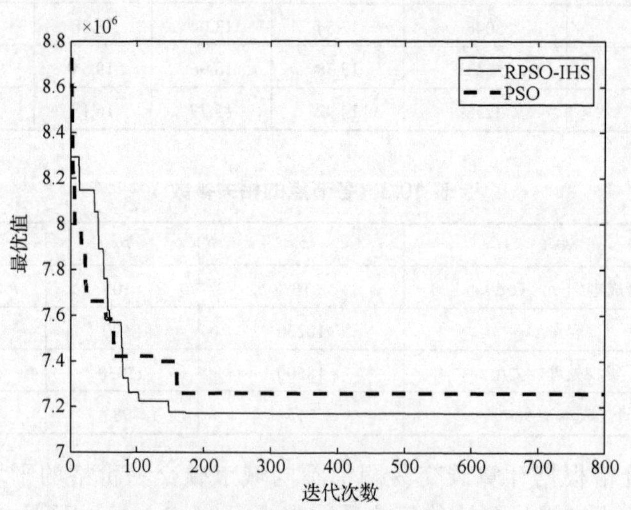

图 10.8　RPSO-IHS、PSO 适应度比较

从图中可看出，RPSO-IHS 算法能扩大 PSO 算法的种群多样性，并在保证一定收敛速度的同时增强粒子跳出局部最优的能力。运用 RPSO-IHS 算法分别求解 3 种模式的钢铁产成品运输优化结果，其 3 种模式主要包括：

（1）传统模式，即运输方式仅采用起讫点之间的公路运输，产成品仅能存储在企业内部的成品库，外贸订单仅能在海港进行清关。

（2）非“前港后厂”，即运输方式可为单一运输或联运，产成品可存于中转站，外贸订单能在海港或陆港进行清关。

（3）“前港后厂”，即在非“前港后厂”的基础上，能将产成品存储在港口。由于产成品在钢厂内部存储的人力和物力费用不易计算，故定企业内部与中转站单位存储费用相同。

3 种不同模式下的优化结果如表 10.5 所示。通过碳交易将碳排放成本内在化，优化钢铁产成品运输网络总成本。根据表 10.5 可知，“前港后厂”与传统模式相比，运输网络总成本降低 25.97%；与非“前港后厂”相比，总成本降低 4.3%。由此可知，“前港后厂”下的运输方案相较于其他两种模式更优。不仅如此，在 3 种不同模式下的运输方案中，“前港后厂”模式下的运输方案可有效降低运输网络的碳排放量。

表 10.5　3 种模式下的钢铁产成品运输结果

运输网络模式	总成本/元	总碳排放量/kg	运输节点	运输方式	仓储节点	存储时间/h	清关节点	送达时间/h
传统模式	9.6853E+06	5.4036E+05	O-D_1	1	O	149.63	—	159.00
			O-D_2	1	O	53.47	—	72.00
			O-D_3	1	O	263.84	—	269.00
			O-D_4	1	O	310.99	—	313.00
			O-Ps-D_5	1-3	O	6.52	Ps	455.00
			O-Ps-D_6	1-3	O	177.91	Ps	379.00
非“前港后厂”	7.4953E+06	3.2247E+05	O-T-Ps-D_1	3-2-3	T	12.02	—	159.00
			O-Pd-D_2	3-2	—	—	—	73.49
			O-T-D_3	3-2	T	80.14	—	269.00
			O-T-D_4	3-2	T	200.68	—	313.00
			O-Ps-D_5	2-3	—	—	Ps	453.98
			O-Pd-Ps-D_6	3-2-3	—	—	Pd	380.68
“前港后厂”	7.1703E+06	3.1974E+05	O-Ps-D_1	2-3	Ps	76.25	—	159.00
			O-T-D_2	3-2	T	4.47	—	72.00
			O-T-D_3	3-2	T	80.14	—	269.00
			O-T-Pd-D_4	3-2-3	Pd	77.22	—	313.00
			O-Ps-D_5	2-3	Ps	1.02	Ps	455.00
			O-Pd-Ps-D_6	3-2-3	—	—	Pd	380.68

通过比较 3 种不同模式下的优化结果，3 种模式下订单所需的货物均满足客户订单数量和时间窗的要求。在清关节点方面，“前港后厂”和非“前港后厂”2 种模式，由于存在中转节点装卸时间，外贸货物在客户订单时间窗要求充足的前提下，货物会在陆港 *Pd* 进行清关。在仓储节点的选择方面，“前港后厂”模式与非“前港后厂”模式将有效降低存储在钢厂内部的货物数量，缩减企业仓库建设的规模；且在“前港后厂”模式下，除中转站外，港口也存在仓储能力，存储在中转站的部分货物也将转为在港口存储，以保证货物在订单的最佳服务时间窗内送达。同时，减少海港与陆港资源的浪费，提高海港、陆港的中转与仓储能力利用率。在运输方式的选择方面，与传统模式相比，“前港后厂”模式和非“前港后厂”模式将选择铁水联运方式代替单一的公路运输，减少运输过程中的碳排放量，降低对环境的污染。

10.4.2 仓储成本的灵敏度分析

为探究“前港后厂”模式下，仓储成本对港口资源利用率及钢厂总成本的影响，本节分别从不同仓储成本、仓储成本与等待成本关系两方面进行分析。

1. 不同仓储成本的分析

基于表 10.3 中的中转站单位仓储成本，将海港与陆港的单位仓储成本分为（10，10）（10，23）（23，10）（23，23）4 种情况，不同情况的计算结果见表 10.6。

表 10.6 不同仓储成本的计算结果

情况	单位仓储成本		总成本/元	总碳排放量/kg	仓储节点，存储时间/h					
	海港	陆港			D_1	D_2	D_3	D_4	D_5	D_6
1	10	10	7.1703E+06	3.1974E+05	*Ps*	*T*	*T*	*Pd*	*Ps*	—
					76.25	4.47	80.14	77.22	1.02	—
2	10	23	7.2247E+06	3.2494E+05	*Ps*	*Ps*	*T*	*Ps*	*Ps*	—
					76.25	3.78	80.14	71.87	1.02	—
3	23	10	7.2337E+06	3.2528E+05	*Pd*	*Ps*	*T*	*Pd*	*Ps*	—
					82.63	3.78	80.14	77.22	1.02	—
4	23	23	7.3216E+06	3.1974E+05	*Ps*	*T*	*T*	*Pd*	*Ps*	—
					76.25	4.47	80.14	77.22	1.02	—

根据表 10.6 的数据，从仓储节点和存储时间来看，目的地 1～5 的货物均在中转节点进行了仓储作业。并以第 1 种情况 $Sc_{Ps} = Sc_{Pd} < Sc_T$ 为样本，分析其他 3

种情况。当 $Sc_{Ps} < Sc_{Pd} = Sc_T$ 时，货物将会在海港存储，海港存储货物量增加，陆港存储货物量降低；当 $Sc_{Pd} < Sc_{Ps} = Sc_T$ 时，存储在中转站的部分货物将会转移到陆港存储，海港存储货物数量减少；当 $Sc_{Ps} = Sc_{Pd} = Sc_T$ 时，货物存储情况和第 1 种情况相同。比较 4 种不同仓储成本的结果，情况 2、3 与情况 1 相比，虽然在港口存储的货物量有所增加，港口资源利用率提高，但运输网络的总成本和总碳排放量也有所增长。为更清晰地判断港口资源利用率，规定港口的仓储能力利用率=港口实际使用仓储容量/港口可用仓储容量。根据表 10.6 可计算出海港与陆港仓储能力利用率，得出结果如图 10.9 所示。当海港与陆港单位仓储成本相同时，港口仓储能力利用率为 45%，海港仓储能力利用率远高于陆港。当海港与陆港单位仓储成本不相同时，港口仓储能力利用率为 50%。

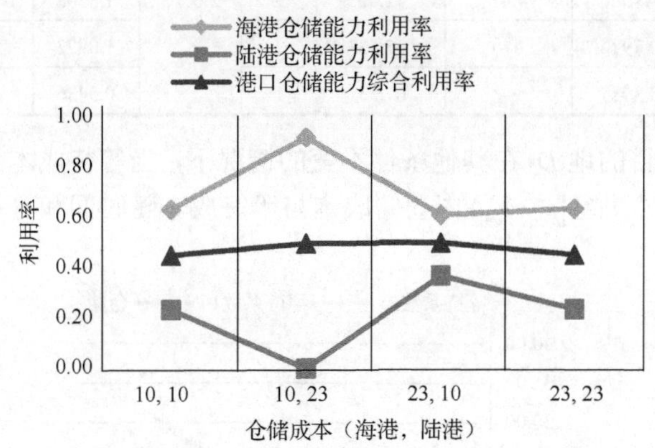

图 10.9　不同仓储成本的港口仓储能力利用率

通过对表 10.6 和图 10.9 的分析可知，当海港与陆港的仓储成本不同时，对港口仓储能力的利用率较高；但当港口的仓储成本相同时，对港口仓储能力的利用率较低。由此可见，港口资源的利用率根据港口仓储成本的变化而变化，随着港口利用率的增加，港口和钢厂间合作的“黏性”也增强。

2. 仓储成本与等待成本关系的分析

从表 10.6 中可以看出，到达目的地 D_2 和 D_5 的货物存储时间较少，分别为 4.47h 和 1.02h。而在客户的时间窗 $\left[t_{dE}, t_{de}\right)$ 内，货物可直接送到目的地避免支付仓储成本，但需支付提早到达的等待成本。基于“前港后厂”模式情况 1（$Sc_{Ps} = Sc_{Pd} < Sc_T$），分析等待成本和仓储成本间的关系，得出结果如表 10.7 所示。

在表 10.7 中，当等待成本系数为 5 时，在运输网络设计中，钢厂倾向于选择支付更少费用的方式；当等待成本系数为 3 和 4 时，对于客户 D_5 在其可接受服务时间窗内送货总成本会更低，对于客户 D_2 仍会用仓储代替提前送达；当等待成本系数为 1 和 2 时，到达 D_2 和 D_5 都将早于客户要求的最佳服务时间窗送货，减少货物运输的总成本。

表 10.7　不同等待成本下的计算结果

等待系数	D_2 仓储成本/万元	D_2 等待成本/万元	D_2 仓储时间/h	D_2 送达时间/h	等待系数	D_5 仓储成本/万元	D_5 等待成本/万元	D_5 仓储时间/h	D_5 送达时间/h
5	1.0258	1.9934	4.47	72.00	5	2.6715	2.7181	1.02	455.00
4		1.5947	4.47	72.00	4		2.1745	—	453.98
3		1.1960	4.47	72.00	3		1.6308	—	453.98
2		0.7974	—	67.53	2		1.0872	—	453.98
1		0.3987	—	67.53	1		0.5436	—	453.98

图 10.10 为目的地 D_5 在其他条件不变的情况下，当等待成本系数分别为 5 与 1 时，在可服务时间窗 $\left[t_{dE}, t_{de}\right)$ 内仓储成本与等待成本随时间和等待成本系数变化的关系图。

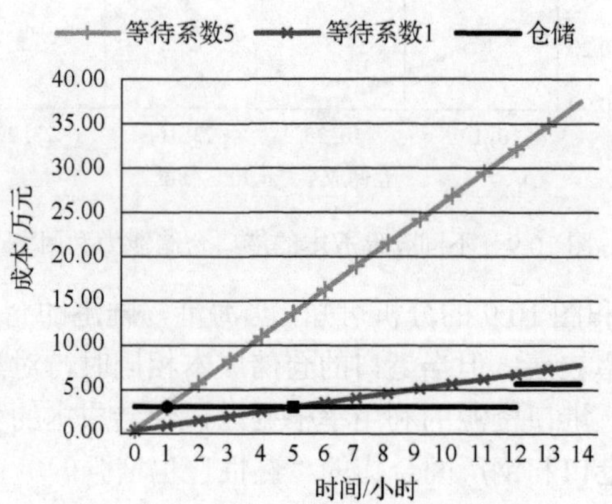

图 10.10　目的地 D_5 仓储与等待成本的关系

由图 10.10 可知，仓储成本与时间呈分段函数，等待成本与时间呈正比例关系，且在仓储成本与等待成本间存在平衡点，随着时间和等待成本系数的变化，对于仓储作业的选择也会发生变化。因此，钢厂在选择运输方案时，应考虑仓储成本与等待成本的关系，即根据仓储成本和等待成本之间的函数关系判断是否需进行仓储作业，这将影响港口资源利用率及钢铁产成品运输网络的总成本。

本章对“前港后厂”钢铁产成品销售物流网络优化，通过案例分析验证“前港后厂”模式相对于传统运输模式的优势。同时可得知，在“前港后厂”模式中，应集成考虑多方面因素，合理地制定仓储成本，以提高港口资源的利用率，降低运输网络总成本。

至此，本研究基于“CPS+互联网”集成平台，通过“信息流”闭环打通上层供应链（ERP 层）与底层生产线（DCS 层）信息壁垒（第 4 章），针对“**综合预测→计划与采购→物流与库存→生产全过程→仓储与物流→销售过程**”，搭建“港-钢”企业间业务协同链条，实现“供→产→销”业务端到端集成（第 5～10 章），深入到“设备互联→车间互联→企业内互联→**产业间互联**”中的**产业间互联**。

第 11 章　“前港后厂”衍生物“资”银行金融服务

2020 年初新冠疫情（COVID-19）突然暴发，其规模之大、范围之广、时间之长，对全球供应链带来的巨大冲击，警醒我们去思考：供应链上各企业在其发展战略与管理模式中，应如何建立应对突发事件的长期预警机制及防范供应链断裂的应对措施。因此，在面对诸如新冠疫情等突发事件时，钢铁供应链应做出怎样的调整？如何通过供应链上各企业间的合作“黏性”增强供应链“韧性”，降低突发事件对企业日常经营生产的影响？2019 年国家发展改革委等 15 部门发布的《关于推动先进制造业和现代服务业深度融合发展的实施意见》就已提出：“提高金融服务制造业转型升级质效。坚持金融服务实体经济，创新产品和服务，有效防范风险，规范产融结合。依托产业链龙头企业资金、客户、数据、信用等优势，发展基于真实交易背景的票据、应收账款、存货、预付款项融资等供应链金融服务。鼓励发展装备融资租赁业务。”

2022 年 2 月工业和信息化部、国家发展改革委、生态环境部发布《关于促进钢铁工业高质量发展的指导意见》，指出：要推进企业兼并重组。鼓励行业龙头企业实施兼并重组，打造若干世界一流超大型钢铁企业集团。鼓励钢铁企业跨区域、跨所有制兼并重组，改变部分地区钢铁产业“小散乱”局面，增强企业发展内生动力。

“前港后厂”是“大钢铁、大码头”深度合作、资源共享、共拓市场的创新模式。制造业作为我国经济支柱型产业，进出口交易的批量化使得一些企业面临存储配置问题。而“前港后厂”可将大型钢厂的大量原材料与产成品存放在港口堆场，解决了大型钢厂的存储配置问题，但并没有解决因库存量的增大占用了大型钢厂的可利用资金这一问题。同时，中小微钢厂作为制造业的重要组成部分，市场份额大，但面临规模小、订单不确定、获取物资成本高等难题。

因此，“前港后厂”模式可开展金融衍生服务，“前港”可利用大钢厂的大量库存物资作为“准备金”，为中小微钢厂提供一条可行的物资借贷渠道；大钢厂将富余物资借贷给中小微钢厂，可在不增加库存成本的同时提高安全库存。这不仅解决了中小微钢厂的融资难问题，也实现了大钢厂库存物资的增值。通过以“大手拉小手”拧成一股绳，重构大钢厂、大港口和中小微钢厂多方组成融“资”系统，形成共生共赢的产业联盟形态，改变“小散乱”的局面。更重要的还能以“团体赛”的力量应对“四大矿商”“卡脖子”及类似新冠疫情对全球供应链带来的巨大冲击。

11.1 传统物流金融服务

11.1.1 各方需求性分析

2000 年起，中小微企业特别是民营企业的蓬勃发展已成为推动中国经济发展的重要力量。截至 2017 年底，我国民营企业数量超过 2700 万家，个体工商户超过 6500 万户，注册总资本超过 165 万亿元，贡献了 50%以上的税收、60%以上的国内生产总值、70%以上技术创新成果、80%以上的城镇劳动就业、90%以上的企业数量[203,204]。在世界 500 强企业中，我国民营企业由 2010 年的 1 家增加到 2021 年的 35 家。我国民营企业已经成为推动我国经济发展不可或缺的重要力量，成为创业就业的主要领域、技术创新的重要主体、国家税收的重要来源，在我国市场经济发展、政府职能转变、农村富余劳动力转移、国际市场开拓等方面发挥了重要作用[205]。然而，中小微企业的发展也面临人才、技术、资金等诸多方面的瓶颈，资金短缺已成为制约中小微企业发展的主要障碍。

中小微企业的融资渠道主要是银行贷款，以固定资产抵押担保向银行提出贷款需求为主，但其固定资产在企业总资产中占比较小，而占比较大的流动资产却没在融资过程中得以充分利用，如库存商品、在制品、途中产品、原料等资源[206]。目前，我国商业银行的运作模式为分业经营形式，即以低利率借入存款，高利率放出贷款，存贷间的利差是银行利润的主要来源。我国在加入世界贸易组织（World Trade Organization，WTO）后，外资银行的进驻使我国金融市场竞争加剧[207]。中小微企业数量多、分布广、资金分散且需求量大，发展贷款业务潜力大，已成为国内银行业务竞争的主战场之一。

另外，随着全球经济一体化的发展，物流服务的需求方对第三方物流企业的要求越来越复杂。若要在当前激烈的市场竞争中脱颖而出，必须不断进行业务创新，在原有服务的基础上，引入资金流的服务内容[208]。因此，第三方物流企业可结合自身优势，搭建制造企业与银行等金融机构的桥梁，为客户提供**物流**、**资金流**和**信息流**三者**集成**的创新服务——融通仓。

11.1.2 融通仓业务模式

“融”指金融，“通”指物资的流通，“仓”指物流的仓储。融通仓是**金融**、**物流**、**仓储**三者集成、统一管理与综合协调。其基本运作流程为[209,210]：制造商将其产成品或原材料作为担保物存入融通仓，银行据此发放贷款给该企业，企业通过销售产品所得进行分期还款。融通仓作为一个以质押物资的仓管监管、价值评估、公共仓储、物流配送、拍卖为核心的综合性第三方物流服务平台，既为银行拓展业务范围，又为生产企业解决融资困难，是生产企业与银行之间的一个重要纽带。融通仓主要包括物流服务、金融服务、中介服务、风险管理服务以及这些服务之间的组织协同；核心思想是在物流、商流、信息流的整合与互补互动关系中寻找时机；目的是提升服务质量、提高经营效率、减少运营资本、降低运作风险，并通过协同多方行为拓宽服务范畴，实现资源复用，优化供应链整体绩效，提升供应链竞争力。

融通仓为中小微企业提供了新的融资渠道，中小微企业在发货后可直接拿到大笔货款，从而大幅提高资金周转率。对于一些从事生产高附加值产品，具有供应链内部联系紧密及发货频率高等特点的产业来讲（如手机类电子产品、家用电器），融通仓能为其带来可观的收益。即使对那些价值较低，但规模庞大的重化工业，由于其发货量与总货值较大，融通仓亦可助力。

由于我国 GDP 规模庞大，2023 年已达 126 万亿，故物流费用水涨船高，2023 年物流费用已超 18 万亿，占 GDP 的 14.7%。在所有物流费用中，运输费、仓储保管费是主要部分，约占全部费用的 85%。其他费用，包括管理费、加工费、信息费等，占比约 15%。根据中国物流与采购联合会的统计数据，2021 年的物流总费用分类中，运输费用 8.9 万亿元，占比约 53.3%；仓储保管费用 5.6 万亿元，占比约 33.5%；管理费用 2.2 万亿元，占比约 13.2%。最近 10 年的情况基本类似。我国的粗钢产量占全球 55%以上，大量的铁矿石、产成品、焦炭的运输成本，远远高于成品价值的 15%，故融通仓可给银行带来商机[211,212]。在物流运营过程中，发货方将货权转给银行，银行根据物品价值以一定比例通过第三方物流商将货款付给发货方。提货方向银行结清货款后，银行需向第三方物流企业给出发货指示，将货物运至提货方同时转让货权。但若提货方无法在规定时间内偿还贷款，银行可在国际或国内市场上拍卖该批货物，或要求发货方承担回购义务。

1. 第三方物流服务供应商是银行的重要助手[213]

（1）质押物监管。银行为控制风险，不但需了解质押物的规格、型号、质量、净值、销售区域与承销商等信息，还应查货权凭证原件辨别真伪，但这些工作超出银行日常的业务范畴。因第三方物流企业在货物流通中扮演了实际执行者与监控者的角色，故可协助银行做以上工作。

（2）商品流动情况掌控。企业安全库存水平是可融资的底线，通常商品处于流动变化中，而银行无法准确了解其每日变动情况，若第三方物流企业能掌握商品分销环节，向银行提供商品流动情况，则可大大提高这一限额。

近年来，物流的高速发展使第三方物流服务商在资产规模、运营规范化与信息系统水平等方面取得了巨大进展，服务拓新正成为其战略方向，而融通仓为其提供增值服务[214]。

融通仓可以从服务周边中小型制造企业，转而成为一个有正规价值评估体系，并能够结合信息网络平台的综合性服务。其以流动商品仓储为基础，是涵盖中小微企业信用整合与再造、物流配送、电子商务与传统商业的综合性服务平台。融通仓服务提供者可利用信息网络平台，整合线下仓储资源，更新调整价值评估系统，能够促使融通仓成为未来制造企业必须依靠的第三方物流服务商[214]。融通仓的运作模式主要分为两种：仓单质押和保兑仓[215]。

2. 仓单质押模式

（1）仓单质押模式亦称为质押担保融资。根据质押人（中小微企业）与金融机构（银行）签订的质押贷款合同以及与第三方物流签订的仓储协议，将中小微企业采购的原材料或待销的产成品存入第三方物流企业设立的融通仓；第三方物流企业负责货物验收、价值评估及监管工作，并据此向银行出具证明文件；银行根据贷款申请和价值评估报告为生产经营企业发放贷款；中小微企业正常销售其融通仓内产品；第三方物流企业需确保其客户销售产品的收款账户为中小微企业协作银行开设的特殊账户，同时予以发货；收货方将货款汇入销售方在银行开设的特殊账户；银行从生产企业的账户中扣除相应资金以偿还贷款。如果生产企业不偿还或没有能力偿还贷款债务，银行有权从质押物中优先受偿，如图 11.1 所示。

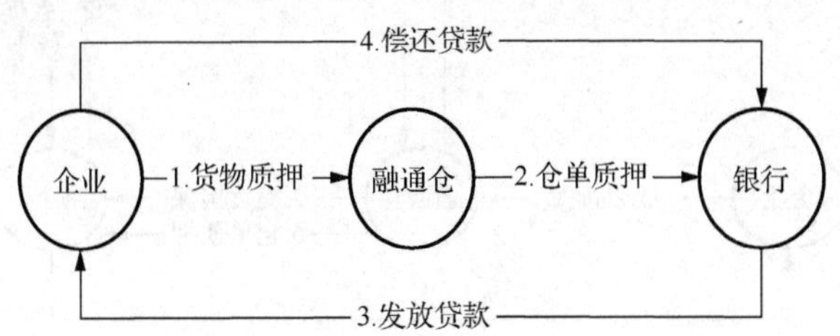

图 11.1 仓单质押方式一

（2）信用担保融资。第三方物流企业（这里特指融通仓企业）根据与其长期合作的中小微企业的信用等级配置其信贷配额，为生产企业提供信用担保，并以受保企业存储在其融通仓内的货物作为质押品或反担保品以确保自身信用担保的安全。该模式使得仓单质押的流程更为简单，金融机构不参与具体的业务，直接由融通仓中心处理。融通仓企业不仅可整合社会公共资源，还可利用企业自身资源，对其进行监管。然而，该模式相对而言会增加风险，需银行对融通仓制定相应的审查策略，保证融通仓按其规范合理操作，如图 11.2 所示。

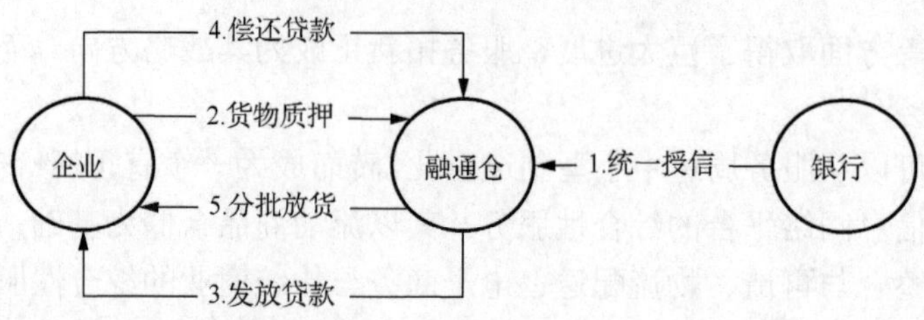

图 11.2 仓单质押方式二

3. 保兑仓模式

融通仓的第 2 种操作模式为保兑仓模式（买方信贷）。保兑仓模式主要解决经销商难以融资的问题，同时帮生产企业盘活库存，协助第三方物流企业与银行创造新的利润点。由于经销商受限于其资金，为购买更大批量的商品，需先向银行申请承兑汇票；银行从中收取手续费；保兑仓存储生产商的商品为其估值，并将仓单质押给银行；银行在收到经销商还款时将仓单转交经销商，并向生产商承兑汇票，流程如图 11.3 所示。

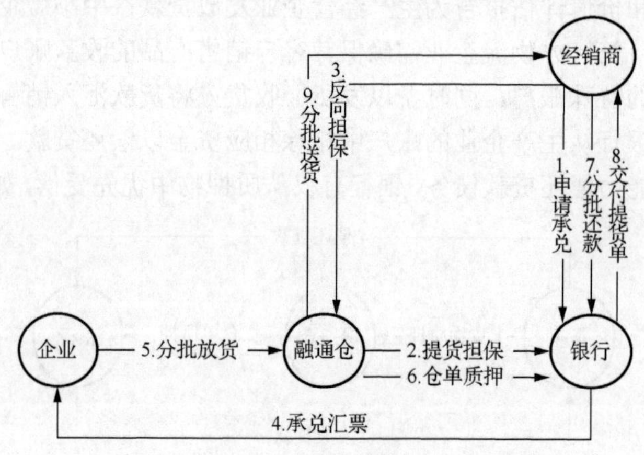

图 11.3 保兑仓模式

融通仓业务凭借其创新便捷的融资模式可以给参与各方带来可观效益，虽可降低一定的融资风险，但收益与风险还是并存。从融通仓业务风险产生的诱因上，可以将融通仓业务风险大致划分为质物、监管、信用、技术与法律 5 类[216,217]。

11.1.3 物资银行业务模式

物资银行与融通仓类似，都是我国物流领域与现代金融领域相结合进行的创新尝试，但两者依然有细微差别。融通仓业务模式要求第三方物流企业不仅是银行与中小微企业之间的桥梁，也是中小微企业第三方物流服务的主要提供者。而物资银行业务模式中，第三方物流企业可只提供仓储服务或由具有合法营业资格的仓储企业提供服务。

1988 年，物资银行是在国家采取宏观调控政策、治理整顿后提出的概念性“银行”，主要解决企业间相互拖欠，形成的三角债、多角债等问题。物资银行模式是从一维交易模式向多维交易模式的转化，通过物权易换、市场再发现、价值再创造，寻找真正产能直接消费者的过程。物资银行能够把滞淀的存货资本转为活化的资本收益，即通过结合财务、期货、金融等工具及全球化供应链采购的系统运作方式，嫁接、移植因盲目投资而形成的产能过剩和资产滞淀，从而将不产生效益的负资产转化为创造价值的有效资产[218]。

物资银行业务是指在生产流通企业需要向银行贷款，但又没有足够的不动产、有价证券或第三方提供担保的情况下，企业可以将其所拥有的生产原料、存货、商品等动产，通过具有合法经营资格的第三方物流提供商的服务，与银行进行动产质押以获得银行贷款，并由银行、企业和第三方物流提供商三方签定相关协议的业务活动[219]。物资银行实际上是一种金融服务性概念，适合于一切以盈利为目的的商业银行和中小微企业[220]。

①从物流角度讲，物资银行的运作模式是以产品生产过程中供应链上下游为经营对象，利用对供应链的集约化管理，推动物流良性快速流转，从而实现资金流良性周转，获取经济效益过程；②从供应链管理角度讲，物资银行是追求为供应链系统提供包含精细化内涵的资本绩效服务；③从市场服务角度讲，物资银行是为中小微企业提供供应链解决方案的机构，其业务范围包括：财务成本控制和管理、产品汇率的解决方案及综合商社化的市场订单配置方案。

11.2 “后厂”“大手拉小手”物“资”

11.2.1 “前港”开展物“资”银行可行性分析

1. 可行性分析

大型企业是实现物资银行业务的一个重要环节，以上物资银行的概念以及“前港后厂”模式下大型钢厂与中小微钢厂的特性，奠定了港口开展物资银行的可行性。“后厂”（大型钢厂）以“大手拉小手”形式参与“前港后厂”模式下物资银行的优势和可行性，主要包括以下几点。

（1）较强的议价能力。作为世界第一大铁矿石消费国，我国大型钢厂在世界范围内采购量巨大，相较于中小型钢厂，其在铁矿石采购中拥有较强的议价能力。通常大型钢厂与国外的铁矿石供应商所签订的合同都能保证一段时间内的原材料供应，避免由于市场价格波动引起的生产成本增加。故大型钢厂可在生产中获得生产成本优势，为物资银行的产生提供了动因。

（2）较为稳定的生产计划。我国的大型钢厂多为国有企业，有着较为稳定的供应商和下游企业，在排除大经济环境突发影响的情况下，其订单和产量（或趋势）基本稳定，更易预测并制订生产计划。因此，原材料供应可稳步提供，面对突发订单也可灵活处理，为物资银行处理供应和借贷业务提供了良好的预测基础。

（3）批量的库存。由于大宗商品批量化以及钢厂拉动式生产的特性，铁矿石原材料大批量进口后堆存港口堆场，并根据生产计划的安排随用随取。批量的库存虽能保证生产的顺利进行，却占用了企业大量资金，且目前仍缺乏对这些库存进行有效利用的相关研究。

以上特性使得大型钢厂在物资银行运作中尤为重要，因此，本章提出将待用的大宗原材料作为物资银行的“准备金”，以供借贷使用的同时，盘活大型钢厂库存，助推物资银行诞生，为其创造额外的经济效益。大型钢厂除拥有货物所有权外，在针对供应链上游的谈判和议价方面对物资银行运营模式发挥重要作用。

第一，大型钢厂对形成区域产业园区的促进作用。一旦钢厂落户，资本就容易跟进其周边区域，形成以钢铁产业为基础的制造业工业集群。随着钢材的需求在周边区域的显著提升，中小微钢厂会伴随着资本的涌入而诞生，一段时间后会**形成“前港后厂”的区域模式**。

第二，大型钢厂的信誉高、实力强，港口能为其专门开设堆场、码头泊位、斗轮堆取料机甚至直达传送带。而大型钢厂也可率先向港口提出开设物资银行服务，帮助港口建立物资银行。

相对于大型钢厂，中小微钢厂作为物资银行的主要服务对象，由以下特点决定其参与港口开展该业务。

（1）订单不确定性。面对突发订单，中小微钢厂可能因原料供应有限而无法接受订单，也可能因市场价格波动使得预期利润严重缩水，更可能因无法响应订单而丢失长期客户。

（2）灵活性。当“前港后厂”形成产业园区或地方特有的工业园时，中小微钢厂可完成一些大型钢厂不愿意接手的小批量、小订单，实现产品多样化。其灵活性亦能促进大型钢厂调整产品结构，升级改进技术，推动行业的发展。

（3）被动性。面对市场内短期价格波动的原材料，中小微钢厂处于被动状态。中小微钢厂虽为买方，但在钢铁行业中，高品质铁矿石由国际上的几个大型供应商所垄断；由于采购量有限和订单不确定性，无法精确地预测与制订采购计划，导致原材料价格易受市场供需影响；钢铁产量和铁矿石需求量存在一定的季节性影响，在铁矿石需求旺季，铁矿石价格会出现周期性增长，这会导致中小微钢厂在业务繁忙的同时，因原材料价格上涨而导致预期利润受损。

综上分析，中小微钢厂在此物资银行模式下的作用不容忽视，可以说是中小微钢厂的存在决定了物资银行存在的必要。中小微钢厂是物资银行的主要服务对象，其对于钢铁原材料的即时需求，为物资银行提供服务基础。物资银行企业（港口）为这些中小微钢厂提供原材料的及时供应，中小微钢厂在享受这些便利服务的同时，也需向物资银行支付使用费用。整个过程使供应方有利可图，也使该物流服务产生了其应有的价值。

中小微钢厂也是调节市场价格的主体。相对于大型钢厂在对外贸易中签订的协议价格，其灵活的采购模式是造成短期市场价格波动的主要因素。在物资银行系统中，中小微钢厂通过借贷物资完成生产，并分散自己的原材料采购订单，避免出现阶段性原材料价格增长。当订单随时间平稳出现，中小微钢厂的市场价格调节作用就显现出来，对于稳定市场、构建良性的发展环境有极为重要的作用。这也应归功于物资银行的生产资料调节功能，促进过剩的生产资料向需求方移动，可以说，物资银行是在尊重市场调控的基础上，为促进物资流通的自然产物。

2. 主要优势

通过物“资”银行与“前港后厂”的融合运用，大钢厂、大港口和中小微钢厂多方组成融“资”系统，可形成共生共赢的“团体赛”产业联盟形态。

（1）对于大钢厂，参与物资银行融资模式，可在不影响自身生产计划的前提下，将铁矿石租借出去。此时，其富余的库存可变现为丰厚资金，实现产业与金融的融合——“产融结合”。

（2）对于大港口，因其本身具备存储、转运、装卸与监管货物等基本职能，可成为融通仓模式的第三方物流企业；而在物资银行模式下，港口即为中小微钢厂提供物资借贷渠道，同时又扮演银行的角色。由于港口承担 2 种角色的职能与责任，能够有效避免在融通仓模式下因信息不对称所造成的融资风险。该模式下港口可帮助大型钢厂借贷物资，并收取监管费用、装卸搬运费以及租借业务手续费等，有利于提升其增值服务能力和综合服务水平，推动港口智慧化转型升级。

（3）对于中小微钢厂而言，采取“借物资还物资”的方式能有效缩短订单完成时限，不但大大提高中小微钢厂的信誉度，还能为其吸引更多的客户。在此运作过程中不涉及大量资金的流动，融“资”风险较其他模式低。

11.2.2 “前港后厂”物“资”银行的运作

1. 港口的准备工作

港口为便于物资银行业务的顺利运营，需加强如下业务运作。

（1）中控。负责信息收发与调度，在收到中小微钢厂需求信息时及时安排作业任务。

（2）操作。进行港口前端实地作业，作业线主要包括专用码头的泊位、岸桥、传送带、斗轮堆取料机及堆场。操作部门保证操作人员的及时到位确保完成任务的高效性。

（3）风险控制。实现对借贷总量的控制以及借贷利率的确定。同时对中小微钢厂的资信进行系统性评估，审核相应单证材料，计算合作风险，制定应急预案。

（4）信息安全。保证信息平台信息交换顺畅与防范信息平台遭受非法攻击。

（5）对外事务。处理好与合作钢厂间关系，及时传递资源信息，维持业务的正常运转。

2. “前港后厂”下物资银行的具体操作流程

在“前港后厂”衍生的“物资银行”系统中，依托港口将大型钢厂的库存矿石物资作为“准备金”，以“大手拉小手”为中小微钢厂提供物“资”（矿石）借贷渠道，以此来降低因铁矿石市场供应链断裂造成的生产风险。中小微钢厂收到下级经销商激增的订单时，可向“前港”借贷堆场内“后厂”的富余物资，优先组织生产，之后在规避溢价风险后再购买铁矿石归还“前港”，其融资流程如图 11.4 所示。

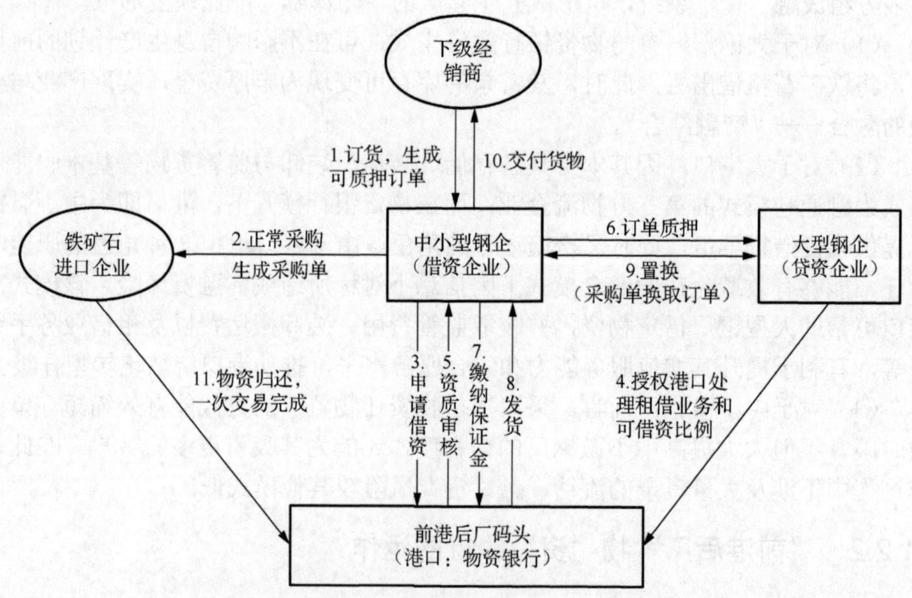

图 11.4 “前港后厂”物“资”银行业务流程示意图

11.2.3 应用分析

“前港后厂”下物“资”银行业务以中小微钢厂（以下简称借“资”企业）为

核心企业。借“资”企业在收到订单后，需立即获取铁矿石进行生产以完成订单，时间越短则越能降低缺货风险。

中小微钢厂获取铁矿石的方法有：A. 基于“前港后厂”采取物资银行融“资”模式，借“资”企业在采购物资的同时租借大型钢厂（以下简称贷“资”企业）堆放在港口堆场的铁矿石，以节省时间降低缺货成本，如图 11.5 上半部分；B. 借“资”企业直接采购铁矿石，等待采购的物资运抵原材料仓库后再进行生产以完成订单，如图 11.5 下半部分。

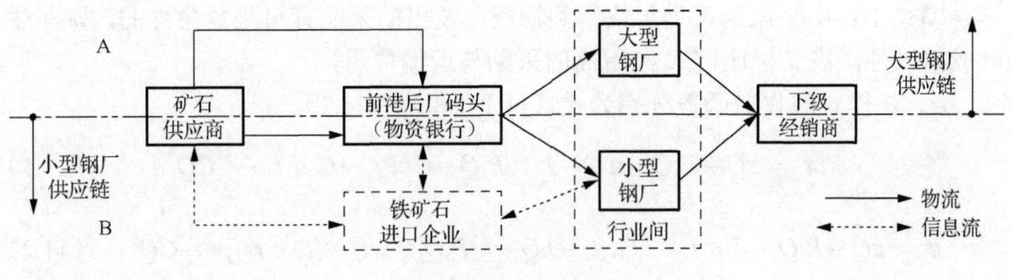

图 11.5　铁矿石供应链

本节通过建立借“资”企业的博弈模型，分析借“资”企业在不同情况下采取借“资”或者买“资”的优劣势。若中小微钢厂采取借“资”方式，应分析系统内各企业的获利情况，以验证该模式可行性。

1. 小钢厂融“资”方式对比分析

基于 A、B 两种模式建立融“资”决策模型以确定小（中小微）钢厂的最优决策方案。

模型假设：①小钢厂是 pull 生产，库存为零；②小钢厂的生产成本为$CQ^2/2$，表明其与需求量的关系；③小钢厂买资与还资都通过铁矿石进口企业完成；④A 模式下港口负责装卸费用，B 模式下小钢厂自付装卸费用。

参数定义：L_f为 A 模式的融“资”费率（手续费）；t_f为融“资”模式下的操作时间（d）；Q为小钢厂完成订单所需的铁矿量（t）；z为小钢厂的产成品销售单价（元/t）；w为物资银行租借给小钢厂的铁矿单位租金（元/t）；c为小钢厂的生产成本系数；α为 A、B 模式供应商至港口的海运费比例；β为 A、B 模式港口至小钢厂的运费比例；P_A为 A 模式小钢厂的进口铁矿采购单价（元/t）；P_B为 B 模式小钢厂的进口铁矿采购单价（元/t）；k_s为 B 模式的在途时间费率（缺货费率）；h为 B 模式在接卸港的单位装卸成本（元/t）；t_s为国外铁矿供应商至我国港口的海运时间（d）；t_r为我国港口至小钢厂的二程运时（d）；d_s为国外铁矿供应商至我国港口的海运距离（km）；d_r为我国港口至小钢厂的二程运距（km）；C_s为 A 模式国外铁矿供应商至我国港口的海运运输费率［元/（km·d）］；C_r为 A 模式我国港口至小钢厂的二程运输费率［元/（km·d）］；c_s'为 B 模式国外铁矿供应商至我国港口的海运运输费率［元/（km·d）］；c_r'为 B 模式我国港口至小钢厂的二程运输费率［元/（km·d）］。注：$C_s = \alpha C_s', C_r = \beta C_r', 0 < \alpha < 1, 0 < \beta < 1$。

两种模式目标函数对比分析：

模式 A：中小微钢厂通过接受突发订单获取利润，主要成本为向大型钢厂支付的租金，向物资银行（港口）支付的货物运输费、手续费等，以及完成订单义务的生产成本。

模式 B：中小微钢厂为尽快得到物资，发出的采购订单是紧急性的，除了生产成本以外，需支付比模式 A 更高的采购与运输费用。

A、B 模式的收益函数分别为式（11.1）和式（11.2）。

$$\pi_A = zQ - P_A Q - wQ - L_f t_f P_A Q - C_s d_s t_s - C_r d_r t_r - \frac{1}{2}CQ^2 \tag{11.1}$$

$$\pi_B = zQ - P_B Q - C_s' d_s t_s - C_r' d_r t_r - hQ - k_s P_B Q[t_s + t_r - (t_f + t_r)] - \frac{1}{2}CQ^2 \tag{11.2}$$

将 A、B 两种模式的收益函数作差，得到关于融资费率 L_f 和需求量 Q 的二元一次函数，如式（11.3）所示，并将其分解为式（11.4）和式（11.5）两部分。

$$\begin{aligned} F(L_f, Q) &= \pi_A - \pi_B \\ &= [P_B + h + k_s P_B(t_s - t_f) - P_A - w - L_f t_f P_A]Q \\ &\quad + C_s' d_s t_s + C_r' d_r t_r - C_s d_s t_s - C_r d_r t_r \end{aligned} \tag{11.3}$$

$$a = P_B + h + k_s P_B(t_s - t_f) - P_A - w - L_f t_f P_A \tag{11.4}$$

$$b = C_s' d_s t_s + C_r' d_r t_r - C_s d_s t_s - C_r d_r t_r \tag{11.5}$$

得到基于需求量 Q 为变量决策函数 $f(Q) = aQ + b$，令 $f(Q) = 0$，可得到需求量的临界值 Q^*，如式（11.6）所示。

$$Q^* = -\frac{b}{a} = -\frac{C_s' d_s t_s + C_r' d_r t_r - C_s d_s t_s - C_r d_s t_s}{[P_B + h + k_s P_B(t_s - t_f) - P_A - w - L_f t_f P_A]} \tag{11.6}$$

在以上 Q 的讨论基础上，将式(11.4)看作融资费率 L_f 的函数，并令其为 $g(L_f)$ 函数表达式，如式（11.7）所示。

$$g(L_f) = -t_f P_A L_f + [P_B - P_A + h - w + k_s P_B(t_s - t_f)] \tag{11.7}$$

同理，令 $g(L_f) = 0$，可求得融资费率临界点 L_f^*，并令 $L_f^* = \theta$，则如式（11.8）所示。

$$\theta = \frac{(P_B - P_A + h - w) + k_s P_B(t_s - t_f)}{P_A t_f} \tag{11.8}$$

对上述式（11.1）～式（11.8）进行分析，可得小型钢厂的具体融资方案，如表 11.1 所示。

表 11.1 融“资”费率和需求量下的融“资”决策方案

$L_f^*=\theta$	L_f	$g(L_f)$	Q^*	Q	决策方案
$\theta<0$	$L_f<\theta$	$g(L_f)<0$	$Q^*>0$	$Q>Q^*$	B
				$0<Q<Q^*$	A
	$L_f>\theta$	$g(L_f)>0$	$Q^*<0$	—	A
$\theta>0$	$L_f<\theta$	$g(L_f)>0$	$Q^*<0$	—	A
	$L_f>\theta$	$g(L_f)<0$	$Q^*>0$	$Q>Q^*$	B
				$0<Q<Q^*$	A

利用上述推理分析，以实际业务系统相关数据进行实例分析，如表 11.2 所示。假定借“资”企业的钢铁订单量为 8 万 t，已知生产 1t 钢铁需要耗费品位为 62%左右的铁矿石量的比例为 1∶1.6，故可得出铁矿石需求量为 Q=8×1.6=12.8 万 t。

表 11.2 融“资”决策模型相关参数数据

参数	取值	参数	取值	参数	取值
L_f	20%	P_A	584 元/t	d_s	11000 n mile
t_f	3 d	P_B	716.4 元/t	d_r	500 n mile
w	8 元/t	t_s	30 d	C_s	24.8 元/（km·d）
z	1720 元/t	t_r	3 d	C_r	34.74 元/（km·d）
C	520 元/t	k_s	1%	C'_s	31 元/（km·d）
Q	12.8 万 t	h	10 元/t	C'_r	57.9 元/（km·d）

由表 11.2 及前文所得结论，可得融“资”费用临界点和需求量临界点为

$$L_f^*=\frac{(P_B-P_A+h-w)+k_sP_B(t_s-t_f)}{P_At_f}\approx 18.7\%>0\text{；}\ Q^*=-\frac{b}{a}\approx 16.6(\text{万t})$$

因为$\theta>0$，$g(L_f)$图像如图 11.6（a）所示。假设$g(L_f)>0$，根据以上分析，当实际融资费率$L_f>\theta$（20%>18.7%）时，具体决策需结合需求量Q来确定；已知实际需求量 12.8 万 t 远小于需求量临界点 16.6 万 t，如图 11.6（b）所示，故选择 A 模式。假设$g(L_f)<0$，根据以上分析有：当实际融资费率$L_f>\theta$（20%>18.7%）时，如图 11.6（c）所示，无论需求量多少，均选择 A 模式（物资银行融资模式）。所以，结合以上$g(L_f)<0$情况，该企业应选择 A 模式。

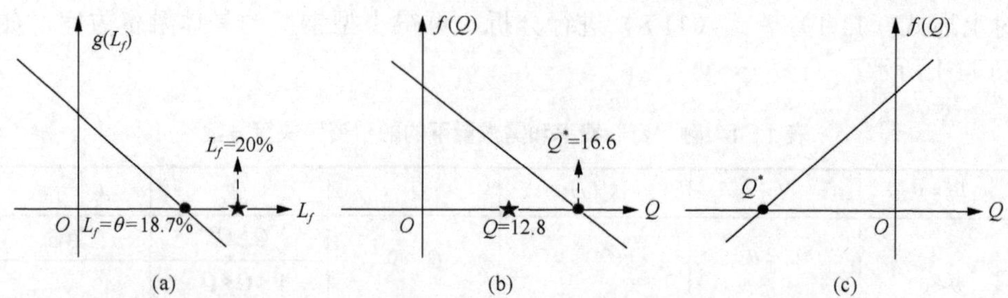

图 11.6　融“资”费率与需求量下的融“资”决策过程图

根据上述分析，中小微钢厂在急需物资进行生产的情况下选择 A 模式获利更大，故“前港后厂”下的物资银行业务能够给企业带来实质性的优势。在实际生产过程中，企业可根据真实的情况和数据选择 A、B 两种获取物资的方式。

2. “前港后厂”物资银行系统模型

“前港后厂”物资银行系统模式能够为企业提供一种良好的融资方式，企业在选择这种融资方式时，需要对系统内各部分的收益情况进行分析，为此建立了物资银行总收益最大化模型。

模型假设：①“前港后厂”的物流成本和效率比一般模式具有优势；②港口在“前港后厂”环境开展物资银行的固定投入成本不纳入计算中；③中小微钢厂以集群方式出现，只统计其整体的业务量；④模拟中小微钢厂集群中个体满足借贷物资条件，可据其自身订单量借贷应需物资；⑤所有中小微钢厂会按合同约定缴纳滞纳金或者租金。

参数定义：n_j 为第 j 次借取铁矿石的货量(t)；t_j 为第 j 次借取铁矿石的时间(d)；ρ_1 为中小微钢厂向大型钢厂支付利息率；ρ_2 为表示中小微钢厂向物资银行支付手续费率；x_1 为表示加急订单的提价率；x_2 为表示中小微钢厂向物资银行支付的滞纳金费率；ΔI_j 为表示第 j 次借取中小微钢厂节约的铁矿石溢价费用；θ 为单位质量的铁矿石在“前港后厂”环境节约的物流成本；d_j 为表示第 j 次借贷时中小微钢厂延期偿还物资的日数；C_0 为表示物资银行单位物资借贷的运营成本。

目标函数与约束条件为

$$\text{Max}\,\Delta p=\sum_{i=1}^{3}\Delta p_i \tag{11.9}$$

式中，Δp_i 对应的是三者的收益函数，Δp_1 为大型钢厂收益函数，主要是铁矿石的租借费用；Δp_2 为中小微钢厂集群的收益函数，包括下级经销商带来的加急订单收入、租借铁矿石节省的溢价收入、过程中节省的物流成本以及所需支付的物资租借成本与手续费率；Δp_3 为港口收益函数，包括中小微钢厂支付的手续费与开展物资银行模式的运营费用。

$$\Delta p_1 = \sum_{j=1}^{n} n_j t_j \rho_1 \tag{11.10}$$

$$\Delta p_2 = \sum_{j=1}^{n} \left[n_j x_1 + n_j \Delta I_j + n_j \theta - n_j t_j \left(\rho_1 + \rho_2 \right) - n_j d_j x_2 \right] \tag{11.11}$$

$$\Delta p_3 = \sum_{j=1}^{n} \left(n_j t_j \rho_2 - n_j C_0 \right) \tag{11.12}$$

s.t.

$$\Delta p_i \geqslant 0, \quad i=1,2,3 \tag{11.13}$$

$$r_{活} \leqslant x_1 \leqslant r_{年} \tag{11.14}$$

$$x_2 \leqslant r_{银} \tag{11.15}$$

约束条件：式（11.13）为确保吸引各企业参与物资银行业务，各企业利润均应大于 0；式（11.14）为确保中小微钢厂会使用物资银行而非直接贷款购买原材料；式（11.15）为确保中小微钢厂归还物资，而非直接以货币形式偿还。

3. 数据验证与分析

由于“前港后厂”模式下物资银行业务还未在我国开展，故本节以“前港后厂”为基础，收集普氏 62%铁矿石价格指数，如表 11.3 所示。

表 11.3　普氏 62%铁矿石价格指数表

日期	指数	日期	指数	日期	指数	日期	指数	日期	指数	日期	指数
2015/5/26	63.50	2015/7/27	52.00	2015/9/29	55.85	2015/11/27	44.05	2016/1/28	42.60	2016/3/31	54.10
2015/5/27	62.75	2015/7/28	53.50	2015/9/30	55.65	2015/11/30	42.50	2016/1/29	42.40	2016/4/1	55.10
2015/5/28	61.00	2015/7/29	56.75	2015/10/1	55.15	2015/12/1	40.50	2016/2/1	43.35	2016/4/5	54.70
2015/5/29	61.50	2015/7/30	55.50	2015/10/2	54.65	2015/12/2	40.70	2016/2/2	44.00	2016/4/6	54.65
2015/6/2	62.75	2015/7/31	55.25	2015/10/5	54.90	2015/12/3	40.50	2016/2/3	44.75	2016/4/7	54.30
2015/6/3	63.50	2015/8/3	55.75	2015/10/6	54.90	2015/12/4	39.60	2016/2/4	46.00	2016/4/8	53.60
2015/6/4	64.75	2015/8/4	55.75	2015/10/7	54.80	2015/12/7	39.50	2016/2/5	45.50	2016/4/11	56.50
2015/6/5	64.75	2015/8/5	57.25	2015/10/8	55.95	2015/12/8	39.30	2016/2/10	44.20	2016/4/12	59.50
2015/6/8	64.25	2015/8/6	56.00	2015/10/9	56.40	2015/12/9	39.20	2016/2/11	44.00	2016/4/13	60.00
2015/6/9	64.75	2015/8/11	56.00	2015/10/12	55.90	2015/12/10	38.60	2016/2/12	42.90	2016/4/14	58.75
2015/6/10	65.75	2015/8/12	56.25	2015/10/13	54.90	2015/12/11	38.60	2016/2/15	46.30	2016/4/15	58.30

续表

日期	指数	日期	指数	日期	指数	日期	指数	日期	指数	日期	指数
2015/6/11	65.75	2015/8/13	57.00	2015/10/14	54.30	2015/12/14	39.05	2016/2/16	46.30	2016/4/18	60.55
2015/6/12	65.00	2015/8/14	56.50	2015/10/15	53.55	2015/12/15	38.50	2016/2/17	46.50	2016/4/19	62.60
2015/6/15	64.00	2015/8/17	56.75	2015/10/16	53.80	2015/12/16	39.15	2016/2/18	47.15	2016/4/20	65.35
2015/6/16	62.50	2015/8/18	56.75	2015/10/19	53.10	2015/12/17	39.35	2016/2/19	48.20	2016/4/21	70.50
2015/6/17	61.00	2015/8/19	56.75	2015/10/20	52.80	2015/12/18	40.05	2016/2/22	51.20	2016/4/22	65.85
2015/6/18	61.00	2015/8/20	56.25	2015/10/21	52.30	2015/12/21	40.55	2016/2/23	50.00	2016/4/25	65.60
2015/6/19	61.00	2015/8/21	56.25	2015/10/22	51.80	2015/12/22	40.75	2016/2/24	49.90	2016/4/26	61.65
2015/6/22	60.00	2015/8/24	54.25	2015/10/23	51.75	2015/12/23	40.30	2016/2/25	49.55	2016/4/27	61.00
2015/6/23	60.75	2015/8/25	53.25	2015/10/26	50.75	2015/12/24	40.30	2016/2/26	49.10	2016/4/28	63.50
2015/6/24	62.25	2015/8/26	53.50	2015/10/27	51.00	2015/12/28	41.45	2016/2/29	49.30	2016/4/29	65.85
2015/6/25	60.75	2015/8/27	54.25	2015/10/28	49.25	2015/12/29	42.75	2016/3/1	51.05	2016/5/3	63.85
2015/6/26	60.50	2015/8/28	56.25	2015/10/29	49.65	2015/12/30	43.05	2016/3/2	52.60	2016/5/4	61.50
2015/6/29	60.50	2015/8/31	56.25	2015/10/30	49.90	2015/12/31	43.25	2016/3/3	51.30	2016/5/5	60.20
2015/6/30	59.50	2015/9/1	56.25	2015/11/2	48.60	2016/1/4	42.70	2016/3/4	53.50	2016/5/6	58.35
2015/7/1	58.50	2015/9/2	56.75	2015/11/3	48.60	2016/1/5	42.65	2016/3/7	64.20	2016/5/9	54.85
2015/7/2	56.25	2015/9/3	56.75	2015/11/4	48.40	2016/1/6	42.25	2016/3/8	62.00	2016/5/10	56.10
2015/7/3	55.00	2015/9/4	56.75	2015/11/5	47.80	2016/1/7	41.70	2016/3/9	57.50	2016/5/11	56.25
2015/7/6	51.25	2015/9/7	57.00	2015/11/6	47.80	2016/1/8	41.50	2016/3/10	57.35	2016/5/12	55.45
2015/7/7	49.75	2015/9/8	57.75	2015/11/9	48.30	2016/1/11	41.05	2016/3/11	56.20	2016/5/13	53.45
2015/7/8	44.50	2015/9/9	58.25	2015/11/11	48.30	2016/1/12	39.85	2016/3/14	55.00	2016/5/16	54.40
2015/7/9	48.75	2015/9/10	59.25	2015/11/12	48.10	2016/1/13	39.50	2016/3/15	52.10	2016/5/17	57.45
2015/7/10	48.75	2015/9/14	58.00	2015/11/13	48.00	2016/1/14	39.25	2016/3/16	53.20	2016/5/18	57.00
2015/7/13	50.00	2015/9/15	57.00	2015/11/16	47.70	2016/1/15	41.00	2016/3/17	56.00	2016/5/19	55.00
2015/7/14	50.75	2015/9/16	57.00	2015/11/17	46.80	2016/1/18	42.65	2016/3/18	57.00	2016/5/20	54.25
2015/7/15	50.00	2015/9/17	57.60	2015/11/18	46.50	2016/1/19	42.75	2016/3/21	58.50	2016/5/23	52.10
2015/7/16	50.00	2015/9/18	57.70	2015/11/19	45.30	2016/1/20	41.30	2016/3/22	58.00	2016/5/24	51.65
2015/7/20	52.75	2015/9/21	57.70	2015/11/20	45.30	2016/1/21	41.10	2016/3/23	56.75	2016/5/25	50.50
2015/7/21	52.50	2015/9/22	57.65	2015/11/23	44.75	2016/1/22	41.60	2016/3/24	55.50	2016/5/26	50.00
2015/7/22	51.00	2015/9/23	57.05	2015/11/24	44.00	2016/1/25	41.60	2016/3/28	56.10	—	—
2015/7/23	51.25	2015/9/25	56.85	2015/11/25	44.20	2016/1/26	41.50	2016/3/29	54.25	—	—
2015/7/24	51.25	2015/9/28	55.85	2015/11/26	44.20	2016/1/27	42.60	2016/3/30	54.10	—	—

在此数据基础上分析市场上铁矿石价格差异，模拟出中小微钢厂的铁矿石溢价，并根据南方某些中小微钢厂的生产数量和订单情况合理假设借贷数量与日数，如表 11.4 所示。

表 11.4 模拟数据

j	ΔI	N_j	D_i	j	ΔI	N_j	D_i
1	12.19	7740	41	27	5.54	5041	51
2	10.19	5777	0	28	4.54	7550	46
3	12.19	6602	0	29	4.34	7830	34
4	13.44	3450	0	30	3.34	5221	0
5	12.94	5958	0	31	3.59	5939	0
6	11.19	3444	0	32	4.64	5046	0
7	9.69	3168	0	33	2.99	3537	56
8	9.44	7156	25	34	6.19	7545	0
9	4.94	7722	0	35	4.69	5881	0
10	0.69	7527	0	36	6.69	7701	0
11	2.19	3827	0	37	4.19	6122	0
12	4.44	4226	13	38	2.79	5828	0
13	5.94	4704	0	39	3.39	3067	0
14	4.69	3946	0	40	2.99	7380	0
15	4.94	3694	0	41	8.19	3469	0
16	5.19	7816	0	42	7.44	5629	0
17	5.44	7204	0	43	6.99	6776	0
18	5.44	6073	0	44	19.19	4934	0
19	2.94	7388	0	45	10.34	5639	0
20	1.94	5693	0	46	10.19	4182	0
21	5.44	7185	36	47	8.89	7891	46
22	5.44	3098	0	48	3.54	7839	0
23	5.69	4212	0	49	4.94	4348	0
24	6.44	5540	0	50	3.09	3637	44
25	6.94	3041	0	51	6.14	7017	29
26	5.74	5822	0	52	2.94	3569	40

表 11.4 中数据模拟是以 1 周为单位，即在 1 年内中小微钢厂集群向物资银行进行 52 次借贷。数据模拟时考虑了延误交货的影响，因而本模拟反映的数据总体较为客观，具有现实意义。

Marco Dorigo 于 20 世纪 90 年代提出的蚁群优化（ant colony optimization，ACO）算法，是一种通过模拟自然界蚂蚁觅食行为来优化实际问题的智能优化算法，具有分布式计算、信息反馈及鲁棒性（robustness）强等特征，并且能与其他算法相融合[222]。本章模型目标为求利润最大值，采用 ACO 算法对模型进行求解，在求解时对其进行倒数处理，故当目标值收敛到最小值时可表明目标函数能够收敛到最大值，经多次迭代后的结果如图 11.7 所示。

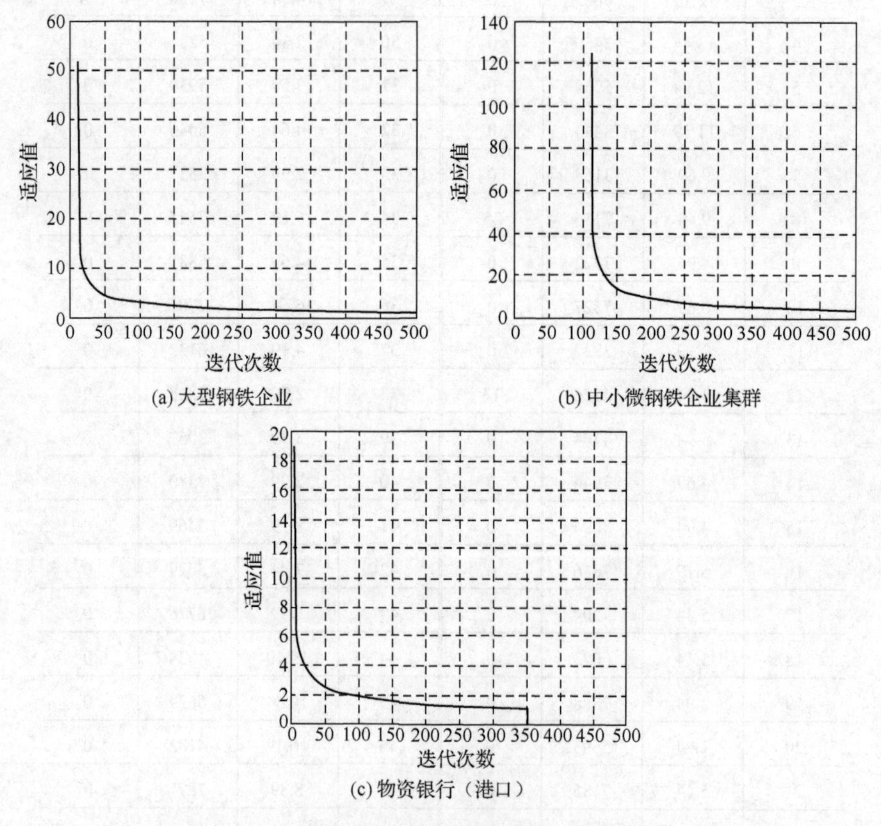

图 11.7　迭代过程

由图中可知，物资银行业务能为各企业带来可观收益，证实了“前港后厂”物“资”银行系统模式的优越性。在解决了中小微钢厂融资困境的同时，为大型钢厂带来了额外收益；港口作为物“资”银行与物资需求方直接互动，在此系统中成为主要受益方，拓展增值服务，加强了其与上下游企业的横向合作，延伸了港口供应链。

11.3　“CPS+互联网”助力“大手拉小手”共建工业大生态

我国 2019 年发布的《关于推动先进制造业和现代服务业深度融合发展的实施意见》亦明确指出：激发专精特新中小微企业融合发展活力。发挥中小微企业贴近市场、机制灵活等优势，引导其加快业态模式创新。以国家级新区、产业园区等为重点，完善服务体系，提升服务效能，推动产业集群融合发展。

“前港后厂”的物“资”银行是产业和市场两种形态上的新型产业联盟。“前港”的**“土地资源”**与“后厂”的**“矿石资源”可**实现资源“复”用的优化配置。面对“小散乱”中小微企业融资难，“前港后厂”衍生的物“资”（矿石）银行服务不但使大钢厂无须再搞大开发自建/扩建码头，而且在解决了中小微钢厂融“资”难问题的同时，实现了大钢厂库存的增值。并且此种面对“小散乱”却形成以“大手拉小手”共赢的联盟，以“团体赛”来提高铁矿石采购议价权的模式，还可保证充足的应急物资，提高供应链“柔韧性”以应对国际供应链突发中断风险。更重要的是，港口建设的基础性资源是国家宝贵的战略性资源，具有稀缺性和不可再生性。

“互联网+信息平台”的大数据的自流动、透明化、时效性等特点可降低信息不透明带来的诸多风险，故工业互联网是产业联盟的催化剂。2019 年和 2020 年，工业和信息化部推出的《2019 年跨行业跨领域工业互联网平台清单》《2020 年跨行业跨领域工业互联网平台清单》就是要推动大、中、小企业的从简单的技术传递向可交易、可协作的服务生态转型。2021 年《政府工作报告》中指出：发展工业互联网，促进产业链和创新链融合，搭建更多共性技术研发平台，提升中小微企业创新能力和专业化水平。由此可见，工业互联网是发展产业联盟的重要推手，国家高度重视“大手拉小手”，倡导大企业带动小企业，共同发展。2023 年《政府工作报告》指出：支持工业互联网发展，有力促进了制造业数字化智能化。2024 年《政府工作报告》指出：实施制造业数字化转型行动，加快工业互联网规模化应用，推进服务业数字化，建设智慧城市、数字乡村。

在数字化环境下，企业之间会产生一种非常复杂的多维立体网络关系，整合多方资源的平台型组织应运而生[33]。“工业互联网+云”推动了制造业生产方式和企业形态根本性变革，形成全新的工业生产和服务体系。本书“前港后厂”模式可基于工业互联网平台——“CPS+互联网”，通过“大企业建平台，中小微企业上云”，以“大手拉小手”串联起多家实体企业；针对现有异地分布多企业车间协同生产计划的关联协调问题，建立以云制造思想为指导的基于动态制造资源能力服务化的分布式协同生产调度，解决制造资源服务动态变化下的快速响应处理问题[223]。由此，基于“CPS+互联网”平台的“前港后厂”模式由传统的线性向网络化转变，使得传统企业之间的竞合趋于生态化、平台化，助力“港-钢”供应链向绿色化、智能化方向发展，实现多家实体企业共赢发展，共建工业大生态。与此同时，通过“前港后厂，两头在港”的“引进来、走出去”“抱团取暖”共同应对国际铁矿石“四大矿商”“卡脖子”。

第12章　绿色+汽车入厂与出厂（场）物流

2017年世界经济论坛发布的《第四次工业革命对供应链的影响》白皮书指出，79.9%的制造业企业和85.5%的物流企业认为在不考虑金融影响的前提下，数字化转型将产生积极影响。数字化变革将使制造企业成本降低17.6%，营收增加22.6%，物流服务业成本降低34.2%，营收增加33.6%，零售业成本降低7.8%，营收增加33.3%[33]。而2019年我国《关于推动先进制造业和现代服务业深度融合发展的实施意见》就提出："完善汽车制造和服务全链条体系。加快汽车由传统出行工具向智能移动空间升级。推动汽车智能化发展，加快构建产业生态体系。"

作为钢铁供应链下游的汽车产业具有市场潜力大、产业关联度高等特点，是我国重要的支柱产业。汽车产业链上游对接钢铁、石化、机械等产业，下游涉及港口、物流、销售等行业，主要包括产品技术、零部件采购、汽车制造厂商、销售与服务4个方面，供需网络繁复，产业影响力大。当下，中国正成为世界汽车制造业的集聚中心，产品与服务创新持续推动汽车市场和汽车工业高速发展，据统计2021年我国乘用车销量达2627.5万辆，汽车保有量达3.95亿辆。

汽车产业链具有横向延伸长、跨界融合面宽的特点，且随着汽车市场的成熟，依靠单一企业或供应链的传统竞争战略已无法满足当下多元化的市场需求。此外，受能源、环保、消费需求多样化等因素的要求，汽车制造企业改进整车制造体系、优化成本、挖掘新利润空间迫在眉睫。

而"前港后厂"组建以合作共赢为目标，推动汽车产业链上下游相关产业协同发展。以汽车制造为核心的企业联盟，统筹优势资源，促进企业间相关业务的生态"联"接，实现产业链结构优势互补，促进汽车产业链横向集成的链式发展，最终形成以循环经济为主体的工业大生态。本章内容为"两头在港的闭环""入厂物流+出厂物流"服务。

12.1　"港-钢"与汽车产业链协同发展

汽车物流指汽车供应链上的原材料、零部件、售后配件及整车在各个环节之间的实体流动过程，是整车制造企业与原材料供应商、零部件供应商、第三方物流公司以及销售公司等相关企业进行业务联系的桥梁和纽带，如图12.1所示。

据统计，欧美汽车制造企业的物流成本只占总销售额的8%左右，日本甚至可以达到5%，而我国普遍在15%以上。若真的存在如此这般巨大差异的汽车物流成本，笔者认为问题的根源与其说是国内汽车制造企业在物流管理方面的不足，不如说是"链"上企业协同不够。多元化的市场需求迫切需要汽车供应链上下游企业搭建业务协同链条，并通过完备的汽车物流服务系统以及信息平台打破汽车产业相关业务壁垒，实现敏捷供应，保障汽车 JIT 生产。

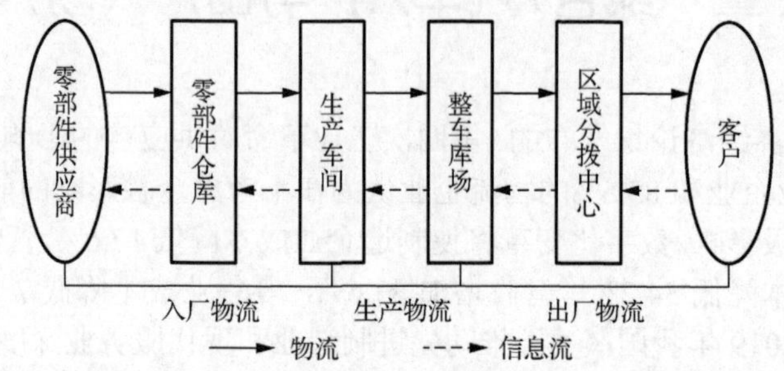

图 12.1　汽车物流

本章提倡："前港"运营下的汽车物流强调供应链的整合与强化，重视对整个价值链环节的控制与管理，以实现产品的及时交付。通过"CPS+互联网"平台（图 3.7、图 4.4），**整合采购、物流仓储、零部件上线、整车配送等业务环节**，实现**计划**、**制造**、**运输**等全流程的**集成**优化，打造一体化汽车物流服务供应链，探索钢厂、港口、汽车产业链**横向集成**的理论与方法。

12.2　汽车制造供应链与零部件入厂物流

"前港后厂"构建"港-钢"汽车制造供应链，港口将物流服务延伸至汽车零部件业务，依托庞大的客户渠道，打通钢铁制造与汽车制造的物流大通道，提高物流效率，降低物流成本，为下游汽车制造企业提供高质量物流服务。

12.2.1　汽车零部件入厂物流模式

汽车物流主要分为 3 个环节（图 12.1）：入厂物流（又称供应物流、采购物流）、生产物流、出厂物流（又称销售物流）。其中，入厂物流是连接供应商与装配企业之间物料供应的重要活动，也是后续生产连续与稳定运行的保障。而汽车制造行业常采用以销定产的大批量定制生产模式，整车制造涉及零部件企业众多，且位置分散。如丰田、大众、福特等汽车企业已基本实现在全球范围内开展资源配置，在经营上普遍采取汽车联盟和本土化战略，零部件采购实行全球化、模块化、平准化物流拉动与 JIT，这无疑对汽车零部件入厂物流模式提出了更高要求。同时，其零部件品种与数量远大于产成品，且需求速率以及供应商位置等不尽相同，因而零部件的运输及仓储成本要比产成品的高。因此，科学、高效的汽车零部件入厂物流过程，对降低汽车制造企业物流总成本至关重要。

为拓展利润空间，汽车制造企业的重点已由外部价格竞争转向对内部成本的控制。通过实施 JIT 生产方式，追求“零库存”，减少资金的占用。而“零库存”战略中的最低安全库存基本需求，导致零部件供应具有小批量、多频次的特点，由此增加的物流成本也是汽车制造企业面临的问题。物流被喻为第三方利润源泉，而入厂物流是汽车物流总成本之一。

根据运作方式的不同，零部件入厂物流可分为直配（direct shipping）模式（图 12.2）、集配中心（supply-hub）模式（图 12.3）及基于 supply-hub 模式的循环取货（milk-run）模式（图 12.4）。

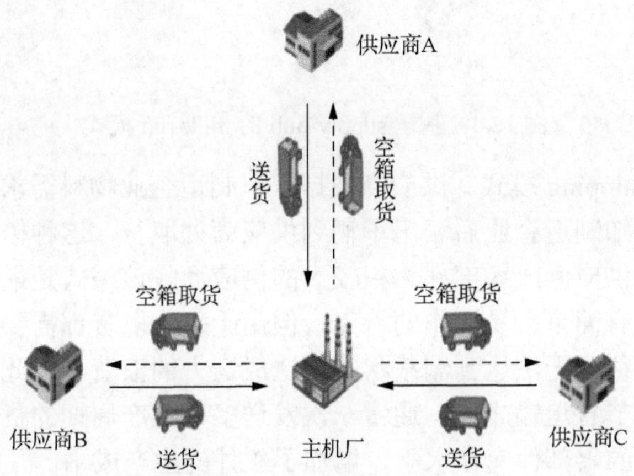

图 12.2　direct shipping 模式

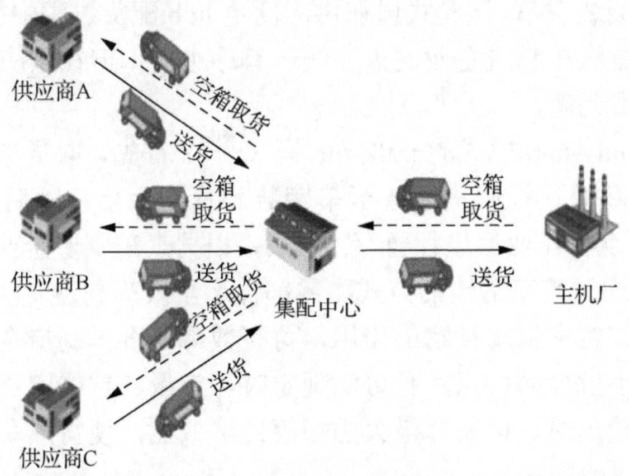

图 12.3　supply-hub 取货模式

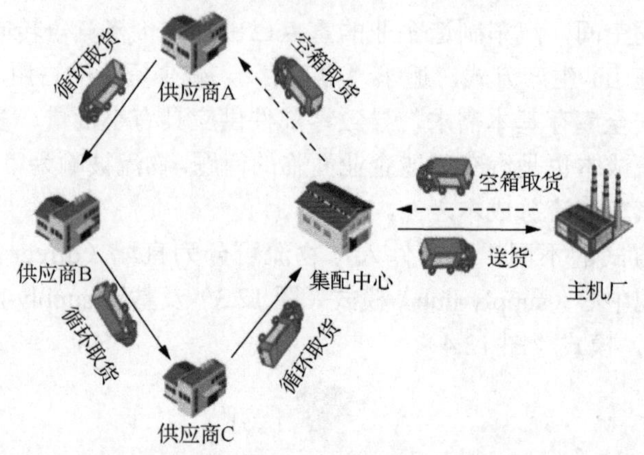

图 12.4　基于 supply-hub 的 milk-run 模式

（1）direct shipping 模式。供应商根据汽车制造企业物料需求计划进行零部件生产备货，并通知制造企业后派出车辆到供应商处取货，这种模式主要针对汽车制造企业附近的供应商或零部件体积较大的供应商。该模式是最传统也是最直接的取货模式，具有简单、易操作的特点，但由于每次取货都需要单独指派一辆运货车，而运货车往往无法达到满载状态而造成运力的浪费。因此，供应商往往为减少运输次数、节省运输成本，通常一次发送多个生产周期的货物，致使汽车制造企业保持较高的零部件库存水平，增加了额外的生产成本。

（2）supply-hub 模式。取货车辆统一将货物运送至 hub，当汽车制造企业有生产需求时，由 hub 统一安排车辆运至汽车制造企业。该方法有效提高了 hub 到汽车制造企业的车辆装载率。该模式虽在供应商至 hub 配货过程中提高了运输效率，使得零部件可根据汽车制造企业的需要统一有序进厂，但在供应商至 hub 运输过程仍存在运力浪费问题。

（3）基于 supply-hub 模式的 milk-run 模式[224]。首先，取货车辆按照既定顺序依次前往各供应商处进行取货，直至车辆装满货物为止；随后车辆将货物运抵 hub，进行拆分、组合作业后进行暂存；最后，根据汽车制造企业生产计划，配货车辆从 hub 出发通过整车运输的方式将零部件运至汽车制造企业。其中，hub 起着运输中转节点和暂存保管货物的作用，可有效降低汽车制造企业的库存。该模式具有多频次、小批量的特点，且可实现定时、定量、定线取货，当供应商与汽车制造企业距离较远时，可发挥最大的规模经济效益，使得汽车制造企业可以更好地控制零部件供给情况。

12.2.2　入厂物流时间窗

零部件入厂物流是带有时间窗的路径优化问题，需在传统路径优化问题的基础上增添时间窗约束，使车辆的到达与离开时都具有明显限制。通常设定取货车辆应该在时间段$[a_i,b_i]$内到达，并且开始取货。其中，a_i为供应商 i 允许最早接受服务时间，而b_i为供应商 i 允许最晚接受服务时间。若车辆到达时间早于a_i，则车辆就开始等待；车辆到达的时间晚于b_i，则将会导致供应链上此点之后的所有时间点延后，零件不能在规定时间内全部运回。面对此种情况就需车辆司机及时通知调度中心，再由调度中心进行相关决策来应对此突发状况。时间窗根据约束限制的不同，可分为硬时间窗$[a_i,b_i]$、软时间窗(a_i,b_i)及混合时间窗$[a_i,b_i)/(a_i,b_i]$。

（1）硬时间窗约束，指到达供应商处取货的车辆必须严格遵守供应商 i 设定的时间窗$[a_i,b_i]$，不允许早于a_i时刻取货和晚于b_i时刻取货。若不在时间窗$[a_i,b_i]$内，惩罚时间成本被赋予一个极大值 M。

（2）软时间窗约束，指若取货车辆没有在供应商 i 规定的时间窗(a_i,b_i)内达到，其惩罚函数会依据违反时间的长短给予等待时间成本或延迟时间成本。

（3）混合时间窗约束，是硬时间窗约束和软时间窗约束$[a_i,b_i)/(a_i,b_i]$的综合体，即在一定的范围内依据柔性时间窗对时间成本进行惩罚；在一定的范围内依据硬时间窗对时间成本进行惩罚，同一个供应商可以混合使用软时间窗和硬时间窗。

12.3　疫情下准时性与绿色化的入厂物流

汽车制造供应链是敏感、脆弱且极度依赖上游供应商零部件供给的系统，汽车制造需要上万个零部件[224,225]，缺少其中任何一个零部件都会造成生产线的停摆。2020 年新冠疫情暴发以来，我国汽车生产受到极大影响，道路管控与隔离等因素，会导致道路连通性受阻，使得零部件无法准时、有效供给，直接影响汽车制造企业的 JIT 生产。

此外，近年来随着化石燃料的大量利用，空气中 CO_2 等温室气体含量不断升高，这直接导致海平面上升、气候异常、冻土融化等一系列全球环境问题[226]，给经济和环境带来巨大的直接或间接损失。2021 年 3 月《中华人民共和国国民经济和社会发展第十四个五年规划和 2035 年远景目标纲要》提出实施以碳强度控制为主、碳排放总量控制为辅的制度。减少碳排放已成为我国“十四五”规划战略目标。当前，我国碳排放前三的来源分别是发电与供热（51%）、制造业与建筑业（28%），以及交通运输（24%）[227]，由此可知，交通运输是碳排放的主要来源之一，具有巨大的减排优化空间。而汽车零部件入厂物流过程中的碳排放是交通碳排放的重要组成部分，该如何减少汽车零部件入厂物流过程的碳排放？

12.3.1　需求可拆分 milk-run 模式

JIT 供应已成为汽车装配线的关键问题。为满足 JIT 生产需求，汽车制造企业的入厂物流大都采用 supply-hub 模式（图 12.5）。但该模式极度依赖供应商间的默契配合，若干线运输下供应商之间缺乏合作，存在信息不透明、不对称、不同步，就很难达到契合，常常会导致运力不足或运输车辆不能满载。不但增加运输成本，进而造成供应链上游供货环节，甚至整条供应链难以整合、协同。所以，供应商采用干线运输将零部件运至 hub 的形式存在局限性。

为提高汽车产业链效益，降低零部件入厂物流成本，本节将需求可拆分的 milk-run 与 supply-hub 协同，构建具有单边柔性时间窗的需求可拆分（split delivery vehicle routing problem，SDVRP）milk-run 路径优化模型。在保证整车厂 JIT 生产前提下，利用需求可拆分的 milk-run 代替干线运输，改进 supply-hub 的干线运输环节，优化汽车零部件入厂物流过程（图 12.6）。同时，在考虑新冠疫情导致**道路连通受抑制但非完全阻断**的情况下，规划汽车零部件入厂物流过程，以应对因疫情断链造成的停产风险；同时为减少入厂物流过程中的碳排放，引入了碳交易模型，并建立综合费用最低的优化数学模型。

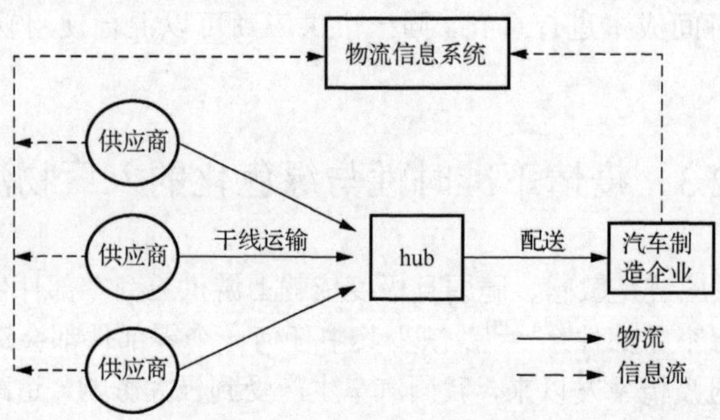

图 12.5　supply-hub 运作模式

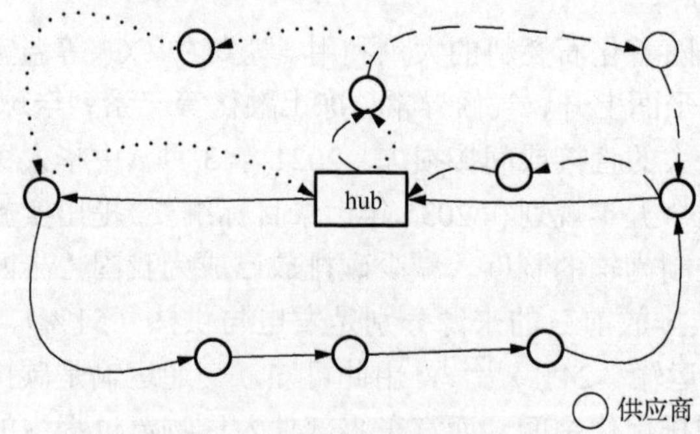

图 12.6　基于 supply-hub 需求可拆分 milk-run 模式

12.3.2　疫情下低碳化的 JIT 取货模型

1. 道路连通性分析

某一路段连通性是指该路段畅通情况的指标，用畅通概率表示。道路连通性会随着疫情防控政策的变化而变化，可通过拥挤概率来求得。拥挤概率为 i 到 j 地的实时车流量 m_{ij} 与最大车流量 M_{ij} 的比值，连通性 r_{ij} 等于 1 减去拥挤概率，如式（12.1）所示。

$$r_{ij}=1-\frac{m_{ij}}{M_{ij}} \tag{12.1}$$

针对某一固定距离路段，道路连通性越差，车辆行驶时间越长，但道路连通性与道路通行时间难以用数学公式量化。通过查阅文献研究发现拥堵指数 φ_{ij} 可对其直接量化，该指数等于实际通过某一路段的时间 t_{real} 与道路完全畅通的理想状态下所用的时间 t 的比值，如式（12.2）所示。

$$\varphi_{ij}=\frac{t_{\text{real}}}{t} \tag{12.2}$$

该指数也可通过百度地图交通出行大数据平台直接获取。故通过实际通行时间即可由理想通行时间乘以拥堵指数得到，而理想通行时间可通过两地的距离 d_{ij} 除以速度 v_{ij} 得到，如式（12.3）所示。

$$t_{\text{real}}=t\varphi_{ij}=\frac{d_{ij}\varphi_{ij}}{v_{ij}} \tag{12.3}$$

2. 成本分析

（1）单边柔性时间窗成本。为保证零部件入库的准时性，取货车辆的最晚取货时间不能晚于供应商的供货时间窗下限，但若车辆早到则需要在供应商节点处等待取货，由此本节设计单边柔性时间窗。另外，在实际作业过程中，车辆到达供应商节点后并非立即取走货物，而是需要一段时间进行装货，将供应商 i 处所需取货的零部件装车完毕的时间记为 t_i，车辆的晚到时间窗下限为 b_i'，则车辆应该在 $b_i'-t_i$ 时刻到达才能保证在供应商晚到时间窗下限之前取走货物。

早到时间窗惩罚成本为 λ，晚到时间窗成本为一极大惩罚值 M，时间窗成本如式（12.4）所示。

$$C_{\text{time\_window}}=\lambda\sum_{k\in K}\sum_{i\in V}\max(a_i-G_i^{k},0)+M\sum_{k\in K}\sum_{i\in V}\max(G_i^{k}-b_i,0) \tag{12.4}$$

（2）碳排放成本。运输过程中的碳排放主要是由发动机内燃油消耗产生的，碳排放量与燃油消耗量成正比，可通过燃料消耗量乘以碳排放系数得到碳排放量，如式（12.5）所示。

$$E = \sum_i F_i V_i \tag{12.5}$$

式中，F_i 为第 i 种燃料的燃油消耗系数；V_i 为第 i 种燃料的使用量，由此可测算出燃油消耗排放总量。而碳排放系数通常为一常量，故只要计算出燃油消耗量即可求出碳排放量，此处采用的综合燃油消耗模型，主要有发动机功率模块、发动机转速模块、燃油消耗率模块组成，其燃油消耗量计算过程如式（12.6）～式（12.9）所示。

$$P_{\text{tract}} = (Ma + Mg\sin\theta + 0.5C_d\rho Av^2 + MgC_r\cos\theta)v/1000 \tag{12.6}$$

$$P = P_{\text{tract}}/\eta_{tf} + P_{\text{acc}} \tag{12.7}$$

$$FR = \xi(kNV + P/\eta)\kappa \tag{12.8}$$

$$F_{ij} = FRd_{ij}/v\psi \tag{12.9}$$

式中，P_{tract} 为车辆发动机牵引功率大小；M 为车辆自重和负载的总重量；a 为车辆行驶时的实时加速度；g 为重力加速度；θ 为车辆当前行驶道路坡度倾角；C_d 为空气阻力系数；C_r 为车辆滚动阻力系数；ρ 为空气密度；A 为车辆正面迎风面积；v 为车辆实时行驶速度；P 为求发动机输出功率大小；η_{tf} 为发动机转动功率；P_{acc} 为发动机损失功率；FR 为求燃油消耗率大小；ξ 为空燃比；k 为发动机摩擦系数；N 为发动机转动速度；V 为发动机排量；η 为柴油机效率参数；κ 为柴油热值；F_{ij} 为求 i 地到 j 的燃油消耗量大小；d_{ij} 为 i 地到 j 的距离；ψ 为燃料单位从 g/s 转换为 kg/L 的单位转换因子。

碳交易机制本质上是一种市场调节机制，是企业被分配的碳配额，若企业在实际生产中产生的碳排放量大于该碳配额，则企业需以当前碳交易价格购买超出部分的碳排放量的排放权；反之，当企业实际过程中产生的碳排放量小于企业的碳配额时，企业可到市场以当前碳交易价格出售未使用的碳配额；此外，还有当实际碳排放超过额定碳排放，而企业未购买或未完全购买相应的碳排放权时对企业的惩罚成本，故碳交易费用的计算公式可表示为式（12.10）。

$$C_{\text{co}_2} = \begin{cases} C_eQ_d + C_p(Q_1 - Q_2 - Q_d), 0 < Q_d < Q_1 - Q_2 \text{或} Q_d < Q_1 - Q_2 < 0 \\ C_eQ_d, \quad \text{其他} \end{cases} \tag{12.10}$$

式中，C_{co_2} 为碳交易成本；C_e 为单位碳交易成本；Q_d 为碳交易量；C_p 为企业超出额定碳排放后又未完全购买超出部分碳排放量的单位碳排放惩罚成本；Q_1 为企业实际碳排放量；Q_2 为企业碳排放配额。式中第 1 种情况表示当企业未完全购买超出部分碳排放量时其碳排放成本为购买部分碳交易成本与未购买部分的碳惩罚成本之和；第 2 种情况表示正常购买超出部分碳配额的碳交易成本或出售剩余碳配额的获利。

（3）hub 相关成本。受制于 hub 卸货能力，当多辆车同时到达时，往往会在 hub 处形成车辆排队等待现象，进而导致车辆等待时间成本，T_i^k 为车辆 k 运载零部件 i 到达 hub 的时间，T_i^{k-1} 表示前一辆车运载到达 hub 的时刻，单位等待时间成本为 λ（元/h），则当车辆 k 到达 hub 时若上一辆车仍未卸货完成，则会产生相应的车辆等待时间成本 C_{wait}，如公式（12.11）所示。

$$C_{\text{wait}}=\begin{cases}0, & T_i^k-T_{i-1}^{k-1}\geqslant t^{k-1}\\ \lambda^*(T_i^k-T_{i-1}^{k-1}), & T_i^k-T_{i-1}^{k-1}<t^{k-1}\end{cases} \tag{12.11}$$

疫情下受各地管控政策影响，各供应商所在城市封城管控的概率增加，故对于每个供应商节点处所提供的零部件都需储备一定量的安全库存，以减少封城导致的道路不畅通带来的负面影响。记 t_{safe} 为保持 hub 安全库存的最晚供货时刻，χ 为 hub 零部件 i 低于安全库存的单位时间惩罚成本（元/h），t_{safe}^i（h）表示保证零部件 i 安全库存的最晚供货时间。此外，当车辆到达时间晚于卸货工人下班时间时，需支付额外的加班工资，单位时间加班工资为 ζ，t_0^k 为零部件 i 的卸货时间。则车辆到达 hub 后产生的成本 C_{hub} 可用式（12.12）表示。

$$C_{\text{hub}}=\chi(T_i^k-t_{\text{safe}}^i)+\zeta(T_i^k-t_{\text{off}}+t_0^k)+C_{\text{wait}} \tag{12.12}$$

3. 问题假设及参变量定义

问题假设：①考虑单配送中心的入厂物流取货模型，始点和终点是同一个 hub，各供应商位置已知、供货量在出发前是确定的，取货过程中不再变化；②该问题研究中使用同一型号车辆，即车辆的发动机参数、载重、容积、迎风面积等都相同，车辆不允许超载，行驶过程中不考虑车辆抛锚等小概率意外事件；③任意 2 节点间距离都按直线距离计算，且具有连通的通路。每个供应商节点都可被多辆车访问；④各供应商节点处时间窗不随时间变化，且车辆有总巡回时间限制。

参变量定义：Q 为车辆最大容量（m^3）；m 为使用车辆数量；f_1 为每辆车固定使用成本（元）；M 为为一极大的惩罚值；λ 为供应商节点早到时间窗单位惩罚成本（h/元）；$V=\{i,j|i=0,1,2,\cdots,v;j=0,1,2,\cdots,v\}$为节点集合，$i,j$ 为供应商节点，0 为 hub；$K=\{k|k=1,2,\cdots,k\}$，K 指车辆集合，k 指其中一辆车；G_i^k 为车辆 k 到供应商节点 i 的时间；a_i 为供应商 i 的最早接受服务时间（h）；b_i 为供应商 i 的最晚接受服务时间（h）；c_e 为当前单位燃油价格（元/L）；F_{ij} 为车辆 k 从 i 到 j 的燃油消耗量（L）；χ 为 hub 零部件 i 低于安全库存的单位时间惩罚成本（元/h）；β_i 为零部件 i 在 hub 处单位存储成本［元/（$\text{m}^3\cdot\text{d}$）］；ζ 为 hub 处卸货人加班工资（元）；${t_{\text{safe}}}^i$ 为保证零部件 i 安全库存的最晚供货时间（h）；t_{off} 为 hub 处工人正常的下班时间；T_i^k 为车辆 k 运载零部件 i 到达 hub 的时间；T^k 为车辆 k 的最大巡回时间限

制；t_i^k为车辆 k 在供应商节点 i 的装货时间；t_0^k为车辆 k 在 hub 处的卸货时间；P_i^k为车辆 k 在 i 处的取货量（m^3）；R^k为车辆 k 行驶的路径连通性下限；d_i为供应商 i 的供货总量（m^3）；d_{ij}为 i 到 j 的距离（km）；φ_{ij}为道路拥堵指数；r_{ij}为 i 到 j 的连通性；m_{ij}为该时刻 i 到 j 的车流量大小；M_{ij}为 i 到 j 的最大容许车流量。

决策变量：

$$x_{ij}{}^k=\begin{cases}1,\text{车辆}k\text{从}i\text{行驶到}j\\0,\qquad\qquad\text{其他}\end{cases}\quad \forall i,j\in V,\forall k\in K；\ P_i^k\text{为车辆}k\text{在}i\text{处的取货量。}$$

4. 目标函数与约束条件

目标函数式（12.13）为总成本最小 Z。其中，C_{fixed}为车辆固定成本，由车辆折旧与维修费用、司机工资及车辆路经高速公路所缴纳的过路费用等组成；$C_{\text{time_window}}$为时间窗成本，即允许早到不允许晚到；C_{stock}为零部件库存成本；C_{fuel}为车辆燃油成本，等于单位燃油价格乘以总燃油耗量，而由 i 到 j 的燃油耗量 F_{ij}由式（12.9）求得；实际碳排放量由式（12.5）求得，车辆碳交易成本 C_{co_2} 由式（12.10）求得；车辆达 hub 后产生的时间成本 C_{hub}由式（12.12）求得。

$$\begin{aligned}\min Z&=C_{\text{fixed}}+C_{\text{time\_window}}+C_{\text{stock}}+C_{\text{fuel}}+C_{\text{hub}}+C_{\text{co}_2}\\&=mf_1+\lambda\sum_{k\in K}\sum_{i\in V}\max(a_i-G_i^k,0)+M\sum_{k\in K}\sum_{i\in V}\max(G_i^k-b_i,0)\\&\quad+\sum_{i\in V}\sum_{j\in V}\sum_{k\in K}\beta_iP_i^kx_{ij}^k+ce\sum_{i,j=0}^{n}F_{ij}x_{ij}^k+\chi(T_i^k-t_{\text{safe}}^i)+\zeta(T_i^k-t_{\text{off}}+t_0^k)+C_{\text{wait}}+C_{\text{co}_2}\end{aligned}\tag{12.13}$$

s.t.

$$\sum_{j\in V}x_{ij}^k-\sum_{j\in V}x_{ji}^k=0,\forall k\in K,i\in V\tag{12.14}$$

$$\sum_{i\in V}x_{0i}^k=1,\forall k\in K\tag{12.15}$$

$$\sum_{i\in V}x_{i0}^k=1,\forall k\in K\tag{12.16}$$

$$\sum_{k\in K}\sum_{j\in V}x_{ij}^k\geqslant 1,\forall i\in V\tag{12.17}$$

$$\sum_{i\in V,i\neq 0}p_i^k\leqslant Q,\forall k\in K\tag{12.18}$$

$$\sum_{k\in K}P_i^k=d_i,\forall i\in V\tag{12.19}$$

$$\sum_{i\in V,i\neq 0}t_i^k+\sum_{i\in V}\sum_{j\in V}\frac{d_{ij}\varphi_{ij}}{v_{ij}}x_{ij}^k+\sum_{i\in V}\max(a_i-G_i^k,0)\leqslant T^k,\forall k\in K\tag{12.20}$$

$$P_i^k \geqslant 0, G_i^k \geqslant 0, \ \forall i \in V, \forall k \in K \tag{12.21}$$

$$\prod_{i,j=1}^{n}\left(1-\frac{m_{ij}}{M_{ij}}\right) > R^k \tag{12.22}$$

约束条件：式（12.14）为到达 i 的车辆数与离开 i 的车辆数相等；式（12.15）和式（12.16）为所有取货车辆最终都回到 hub；式（12.17）为供应商 i 处的零部件至少被 1 辆车取走；式（12.18）为货车不能超载；式（12.19）为供应商处供应的所有零部件最终都会被取走；式（12.20）为每辆车单次巡回总时间不能超过最大时间限制；式（12.21）为非负约束；式（12.22）为要求车辆 k 行驶的路径的连通性达到要求，某 1 路径连通性等于该路径中每 1 段路径连通性乘积。

12.3.3　改进 TS 算法

根据上述分析，本节拟采用禁忌搜索（tabu search，TS）算法进行求解。TS 算法虽具较强的跳出局优能力，但其对初始解依赖性较强[228]，初始解的优劣将直接影响搜索最优解的质量与效率。故本节采用插入法替代随机生成法生成初始解，同时结合问题实际，改进邻域搜索中的相关算子，并引入自适应更新权重，改进禁忌搜索算法（improved TS，ITS）进行求解。

1. 初始解构建

生成初始解的方法有节约里程法、插入法及扫描法等，本节采用插入法生成初始解，其生成初始解的具体步骤如下。

步骤 1：首先设置 U 为未访问集合，W 为空集（后续放入产生的初始路径），判断 U 是否仍为空集合，若为空集则初始解构建完毕，否则转下一步。

步骤 2：从未访问集合 U 中选取当前距离 hub 最远的一个节点，将其从集合 U 中删除。

步骤 3：再从集合 U 中任选一点，将该点插入当前路径中，判断其插入后车辆能否在该节点的最晚服务时间取货，若满足时间窗要求，则将该点插入 W 中。

步骤 4：若 W 为空集合，则重复执行上一步，直到 W 非空为止。

步骤 5：在集合 W 中找出可以使当前取货路径总里程最短的节点，并计算当前路径所需的总时间，判断其是否超过路径巡回总时间限制 T，若超过路径巡回总时间限制则转步骤 3，否则转下一步。

步骤 6：判断此时车辆是否超出最大容量限制，若超限则转步骤 1，否则转下一步。

步骤 7：判断此时车辆是否超重，若超出则转步骤 1 拆分当前路径，否则将该点从 U 中删除并转步骤 1。

2. 领域变换规则

由于本节所考虑的 milk-run 模型具有车辆容量和时间窗限制，故每 1 个解都至少需要包含当前节点序号 i、到达该节点的时间 t_i、取货量 Q_i 此 3 个信息，同时每 1 段取货路径都应有 1 个唯一路径标号 P_i 以便在邻域搜索时对路径进行标记，故可用 $[i, Q_i, t_i, P_i]$ 表示每个解。例如[3, 35, 11.5, 103]表示在 103 号路段中，车辆到达第 3 个供应商节点的时间为 11:30，取货量为 35。需要注意的是，每辆车从 hub0 出发，最终回到 hub0，故每行以 0 开头和结尾，2 个 0 中间的所有节点组成 1 个车辆的完整取货路径，例如：[0, 0, 7, 832; 13, 33, 11.2, 1358; 14, 22, 17, 519; 0, 0, 19, 1835]表示车辆的巡回路线为 0-13-14-0。本节选用目标函数作为评价函数，在 TS 算法中，使用邻域搜索算法更新候选解[229,230]，选用其中的 or-opt 交换法中的前插法、后插法，λ-interchange 交换法中的 1-0 交换法、1-1 交换法，点逆序作为算子对候选解进行更新。具体操作情况如下。

（1）前插法。随机选取某 1 辆车的取货路径及其中 2 个供应商节点，将前序供应商节点删除，然后插入后序供应商节点之前。由于模型带有时间、容量、道路连通性约束，而前插法为在 1 条路径内进行操作，总的实际车辆装载容量和路径连通性不变，故只需要考虑时间窗和总巡回时间约束要求即可，如图 12.7 所示。

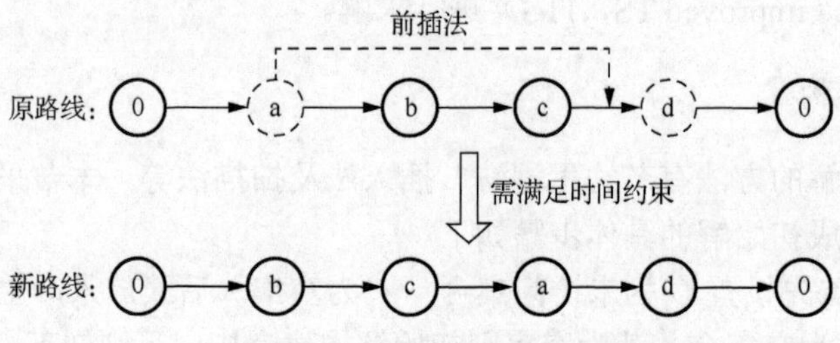

图 12.7　前插法示意图

（2）后插法。随机选取某 1 辆车的取货路径及其中 2 个供应商节点，将前序供应商节点删除，然后插入后序供应商节点之后。后插法与前插法类似，都是在 1 条路径内操作，故插入后只需满足时间窗和总巡回时间约束即可，如图 12.8 所示。

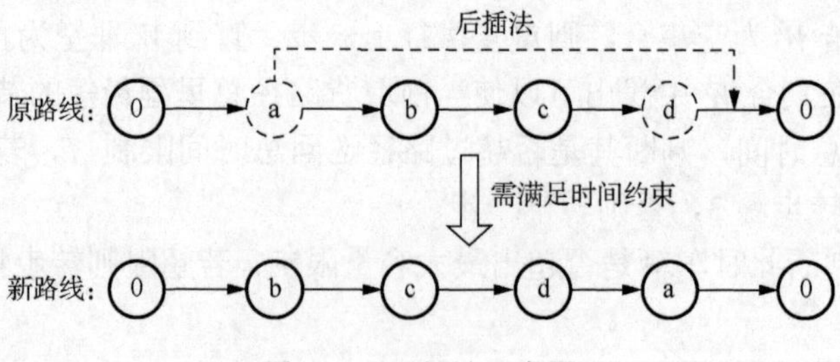

图 12.8　后插法示意图

（3）改进的 1-0 交换。在路径 l_1 上选中某点 i，路径 l_2 上选中某点 j，欲将 i 点插入路径 l_2 中 j 点之后，首先判断此时在路径 l_2 上进行取货作业的车辆 k_2 的剩余容量 Q_2^{l2} 是否小于车辆 k_1（在路径 l_1 上进行取货作业的车辆）在路径 l_1 上 i 点的取货量 p_{i1}，若小于则交换失败，本次交换终止，否则继续判断插入后车辆 k_2 到达 l_2 中各供应商节点是否晚于各节点晚到时间窗 b_j；若晚于 b_j 则交换失败，本次交换终止，否则判断插入后路径 l_2 的总巡回时间是否大于该路径巡回最大时间 T^{k2}；若大于则交换失败，本次交换终止，否则判断插入后路径 l_2 的连通性是否小于该路径最小连通性限制 R^k，若小于则交换失败，否则交换成功，将 i 点插入路径 l_2 中，并将 i 点从路径 l_1 中删除。图 12.9 为 1-0 交换示意图。

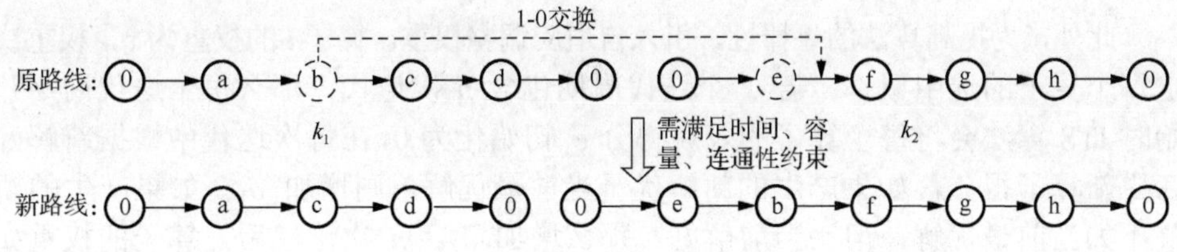

图 12.9　改进 1-0 交换的示意图

（4）改进的 1-1 交换。从路径 l_1、l_2 上各选取一点 i、j，欲将 i 点放入路径 l_2 的 j 点位置，将 j 点放入路径 l_1 中 i 点位置，首先判断此时在路径 l_2 上取货作业车辆 k_2 的剩余容量 $Q_2^{l_2}$ 是否小于车辆 k_1（在路径 l_1 上取货作业车辆）在路径 l_1 上 i 点的取货量 p_{i1}，若小于则交换失败，本次交换终止，否则继续判断插入后车辆 k_2 到达 l_2 中各供应商节点是否晚于各节点晚到时间窗 b_j；若晚于 b_j 则交换失败，本次交换终止，否则判断插入后路径 l_2 的总巡回时间是否大于该路径巡回最大时间 T^{k2}；若大于则交换失败，本次交换终止，否则判断插入后路径 l_2 的连通性是否小于该路径最小连通性限制 R^k；若小于则交换失败，否则再次重新重复上述步骤判断将 l_2 上节点 j 插入路径 l_1 中 i 点所在位置，依次判断插入后车辆容量、供应商时间窗、总巡回时间、路径连通性的限制，若其中任意 1 个约束不满足，则交换失败，否则交换成功；将 i 点插入路径 l_2 中，并将 i 点从路径 l_1 中删除，将 j 点插入路径 l_1 中，并将 j 点从路径 l_2 中删除，如图 12.10 所示。

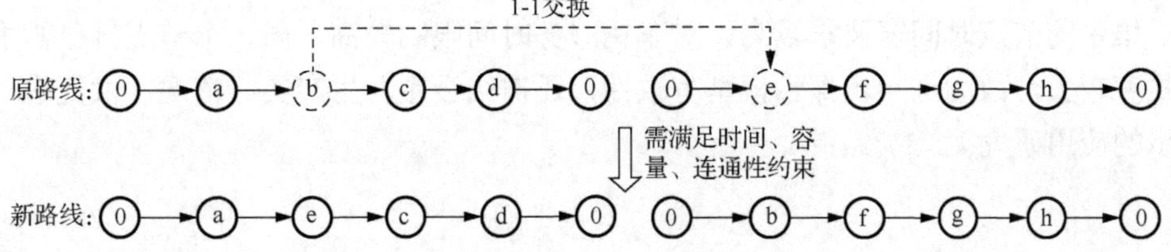

图 12.10　改进 1-1 交换的示意图

（5）逆序。随机选取某 1 车辆的取货路径，在该辆车取货路径中选取 2 个位置，逆转这 2 个节点之间的所有节点。逆序与前插法类似，都是在 1 条路径内操作，故插入后只需满足时间窗和总巡回时间约束即可，如图 12.11 所示。

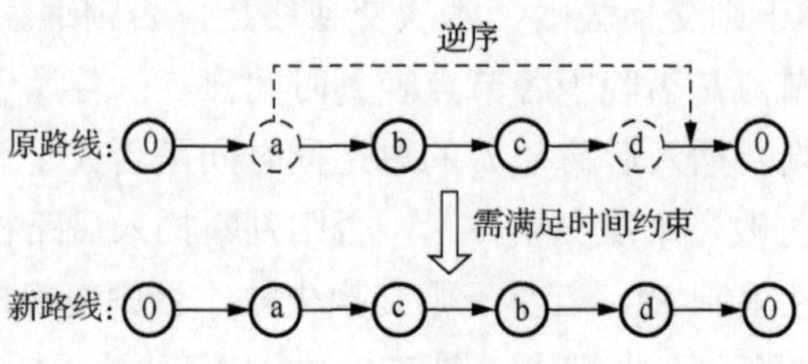

图 12.11　逆序示意图

此外，为提高算法的鲁棒性，引入自适应调整权重。算子 i 的权重为 τ_i，权重决定每个算子的选中概率。若 1 个迭代周期包含 n 次迭代，那么每个迭代周期开始时 ITS 算法会将每个算子的表现得分 φ_i 初始化为 0，在每次迭代中根据新解好坏更新算子得分，如果产生的新解优于当前最优解，则增加 δ_1；如果产生的新解不如当前最优解，但比当前解好，那么增加 δ_2。m 次迭代后，算子的权重如式（12.23）所示。

$$\omega_i = \begin{cases} (1-\xi)\omega_i, & \Omega(i)=0 \\ (1-\xi)\omega_i + \xi \dfrac{\tau_i}{\Omega_i}, & \Omega(i)\neq 0 \end{cases} \tag{12.23}$$

3. 算法有效性分析

当前我国汽车产业呈**集群分布**，主要有长三角集群、珠三角集群、京津冀集群、中部集群、成渝西部集群、东北集群，各集群内供应商在地理位置上呈现聚集状态。这与 Solomon 测试集中 C_1 类中的 9 组数据的节点位置分布相似，故通过对比 TS 算法改进前后的最优解和运行时间情况，得到如表 12.1 所示结果。

由表 12.1 可知，改进后的最优解均优于改进前的最优解，这表明改进后的算法全局寻优能力得到了增强；改进后的运行时间相比于改进前更短，即改进后可以更快地寻得最优解，这表明改进后算法的寻优效率得到了提升。但 Solomon 测试集中的节点时间窗要求较高，对车辆服务时间限制较高，同一个节点拆分需求难度较大，故为进一步探索模型有效性，还需结合企业生产实际情况，做更进一步的应用研究。

表 12.1　TS 算法改进前后最优解和运行时间变化

序号	TS		ITS	
	最优解	运行时间	最优解	运行时间
*C*101	181580	2′12″	157300	1′44″
*C*102	154560	2′10″	146670	1′32″
*C*103	132740	1′55″	121130	1′40″
*C*104	127130	1′23″	98566	1′16″
*C*105	143790	3′28″	118510	2′35″
*C*106	147321	2′21″	102820	2′12″
*C*107	139950	1′41″	134720	1′17″
*C*108	113563	1′21″	99764	0′58″
*C*109	114500	2′14″	83473	2′1″

12.3.4　应用研究分析

某 W 汽车制造企业年产汽车 70 万台，其供应商横跨长三角和东北多个省市，现主要研究长三角地区供应商取货情况，采用 supply-hub 与 milk-run 相结合方式，且某一供应商供货量可由多辆车拆分取货，其 hub 与供应商位置坐标 *X*/*Y*、供货量 d_i（m^3）及时间窗要求如表 12.2 所示。其路网中的拥堵指数可通过百度地图交通出行大数据平台直接获取。任意 2 节点间的车流量情况和最大容许车流量在高德开放平台申请“Web 服务 API 接口”相关密钥，然后拼接上 HTTP 请求路径参数同申请的密钥一起发送，收到 HTTP 请求返回的 JSON 格式数据后对数据进行解析处理，即可获得相应的路径最大容许车流量和实时车流量。

表 12.2　供应商信息表

i	*X*	*Y*	d_i	时间窗/h	*i*	*X*	*Y*	d_i	时间窗/h
0	35	35	—	—	13	30	25	33	[6.5,7.5]
1	41	49	23	[9.5,10.5]	14	15	10	34	[11,12]
2	35	17	32	[6.5,7.5]	15	30	5	43	[8,9]
3	55	45	12	[8.0,9.0]	16	60	5	20	[13,14]
4	55	20	31	[11.5,12.5]	17	23	51	43	[13.5,14.5]
5	15	30	21	[12.5,13.5]	18	8	32	13	[12.5,13.5]
6	25	30	12	[9,10]	19	14	62	15	[14,15]
7	20	50	12	[10,11]	20	77	14	23	[15,16]
8	10	43	12	[7,8]	21	5	68	25	[15.5,16.5]
9	55	60	44	[8.5,9.5]	22	64	24	45	[16,17]
10	30	60	37	[12,13]	23	83	35	20	[16,17]
11	20	65	41	[12,13]	24	56	14	10	[15,16]
12	50	35	22	[10.5,11.5]	—	—	—	—	—

1. 参数指标设置

结合模型特点，采用 MATLAB R2016a 对问题进行仿真求解。

（1）ITS 算法相关参数设置：最大迭代次数 900；邻域候选解个数设置 60；禁忌步长 5。

（2）燃油消耗相关的参数设置[231]：货车以行驶速度 60km/h 进行取货作业，燃料与空气质量比为 1，发动机摩擦因子为 0.2kJ/L，发动机转速为 33r/s，发动机排量为 5L，柴油发动机效率参数为 0.9，柴油热值为 44kJ/g，传动系统效率为 0.4，加速度始终为 0m/s^2，道路倾角为 0°，空气阻力系数为 0.7，滚动阻力系数为 0.01，车辆迎风面积为 3.912m^2，空气密度为 1.2041kg/m^2，重力加速度为 9.81m/s^2。

（3）模型其他相关参数设置[224]：车辆最大容量限制为 60m^3；早到时间窗惩罚成本为 12 元/h；燃油价格为 9.01 元/L；碳交易价格设为北京某日碳交易市场碳交易价格为 98.2 元/t，CO_2 转化因子为 3.0959 kg CO_2/kg；额定碳排放量设置为初始解的碳排放量；hub 库存最大容量为 600m^3；车辆提前到达供应商节点的等待成本为 12 元/h；路径连通性不能小于 $2\times10^{-n/2}$（n 为该路径供应商节点数）；车辆单次巡回最大时间限制为 15h；保证零部件安全库存的供货时间为 22:00；车辆在 hub 处等待成本为 100 元/辆；卸货员工下班时间为 19:00；零部件低于安全库存的单位惩罚成本均为 200 元/h；卸货工人的加班工资为 40 元/h；车辆固定成本为 400 元/辆；零部件装卸货速度均为 1.2min/m^3；车辆行驶速度为 60km/h。节点 1～24 零部件仓储费率［元/（d·m^3）］分别如表 12.3 所示。

表 12.3　零部件库存费率　　　　单位：元/（d·m^3）

i	1	2	3	4	5	6	7	8	9	10	11	12
β_i	1	2	3	2	2	3	2	1	1	2	2	3
i	13	14	15	16	17	18	19	20	21	22	23	24
β_i	1	0.5	1	1	3	2	4	1	3	3	4	2

2. 特定指标分析

将 W 企业现阶段采用的物流规划方案与本节提出的模型求解结果进行对比发现：改进前后总使用车辆数不变均为 12 辆，而车辆固定成本占汽车零部件入厂物流很大一部分，这表明 W 企业现有物流规划方案具有一定先进性。接下来主要从到达 hub 时间、碳排放、取货耗时变化等方面分析现有规划方案，即改进前方案与改进后方案的区别。车辆到达 hub 的时刻散点图如图 12.12 所示。对比改进前后的车辆到达 hub 时间变化可以发现：改进前车辆到达时间较为集中，容易形成排队等待现象，且部分零部件到达时间晚于保证该零部件安全库存的最晚供货时间和工人下班时间，使得该零部件有缺货风险及需要支付额外的加班工资，而改进后该情况明显改善；另外，改进后车辆到达 hub 的时间相对更加均匀，hub 处排队等待情况减少。根据上述分析可以看出对车辆到达 hub 处的时间成本的考量是有效的，如图 12.13 所示。

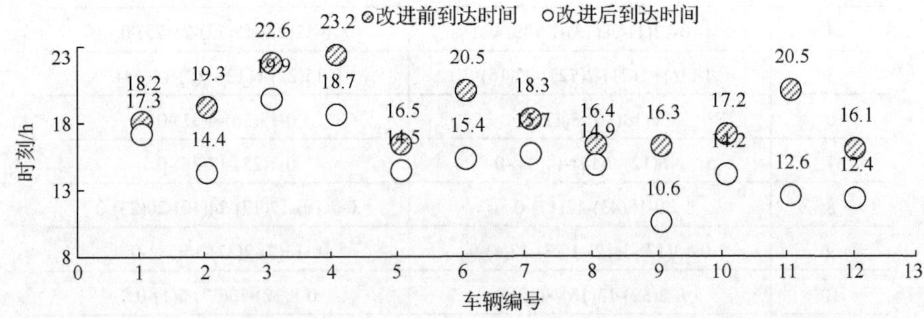

图 12.12　改进前后各车辆到达 hub 的时间变化

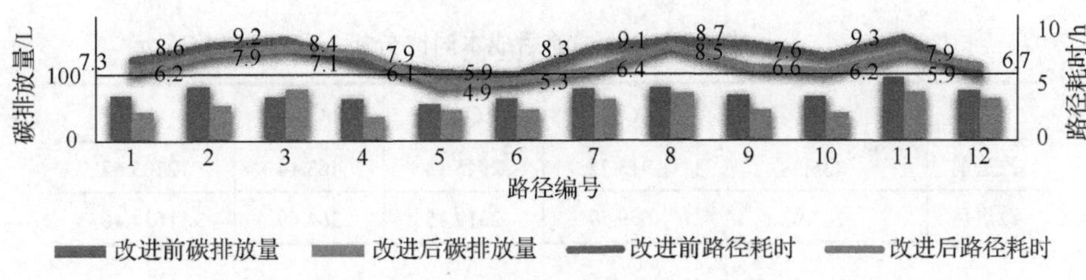

图 12.13　改进前后碳排放量和路径耗时对比分析

结果对比分析可得出：改进后 12 条路径中有 11 条路径碳排放量显著减少，10 条路径的巡回耗时明显减少。另外，观察柱状图和折线图的变化趋势可以发现，当路径巡回耗时增加时，该路径的碳排放量也随之增加；当巡回耗时减少时该路径的碳排放量也有一定程度的减少，这表明两者之间存在相关性。

3. 整体分析

从全局角度出发，对比企业现阶段入厂物流规划方案与改进后入厂物流规划方案结果：①改进前后的取货路径对比如表 12.4 所示（括号内数字为车辆在该节点的取货量）；②改进前后的算法迭代过程对比如图 12.14 所示；③改进前后的各项成本对比如表 12.5 所示。

表 12.4　改进前后取货路径对比

路径序号	改进前	改进后
1	0-24(10)-22(30)-23(20)-0	0-16(20)-22(20)-23-0
2	0-10(2)-11(40)-19(15)-0	0-11(37)-19(15)-0
3	0-10(35)-21(25)-0	0-22(25)-0
4	0-12(1)-18(13)-17(43)-0	0-12(22)-18(13)-21(25)-0
5	0-11(1)-5(21)-20(23)-22(15)-0	0-15(22)-6(12)-7(2)-11(4)-0
6	0-13(16)-8(12)-0	0-13(26)-4(31)-0
7	0-6(12)-7(12)-14(34)-0	0-1(23)-17(26)-0
8	0-15(43)-12(17)-0	0-5(10)-17(17)-24(10)-20(23)-0
9	0-13(17)-3(12)-1(23)-12(4)-0	0-13(7)-2(32)-15(21)-0
10	0-2(32)-13(16)-8(12)-0	0-8(12)-10(37)-5(1)-0
11	0-4(31)-16(20)-0	0-3(12)-9(24)-0
12	0-9(44)-0	0-14(34)-0

表 12.5　改进前后成本对比分析　　单位：元

	$C_{\text{time\_window}}$	C_{hub}	C_{fuel}	C_{CO_2}	Z
改进前	336.38	913.72	2945.18	463.14	12705.67
改进后	287.93	669.59	2319.15	364.69	11634.46

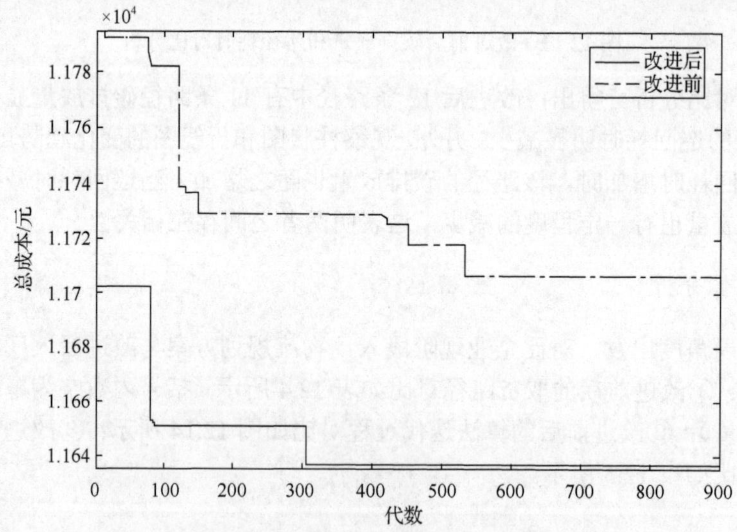

图 12.14　不同模型改进前后迭代过程

根据上述结果分析可知以下几点。

（1）对比改进前后算法收敛情况，改进后的算法在初始解生成上比原算法更优，而在后续迭代过程中，ITS 算法在 300 多代以后就寻到最优解，而原 TS 算法在 500 多代才开始收敛，这表明改进后的 ITS 算法具有更强的全局寻优能力。

（2）对比改进前后各项成本变化，发现供应商节点处的时间窗成本降低 14.40%，这表明优化后车辆提前到达供应商节点现象减少；车辆到达 hub 后的时间相关成本降低 26.71%，这表明车辆能够均匀有序且准时到达 hub，减少在 hub 处的等待时间成本和可能产生的触发安全库存惩罚成本；碳排放成本降低 21.26%，这表明优化后可有效降低碳排放量；改进前、后总行驶里程分别为 709.94km、779.39km，而改进后总里程增加 69.45km 的原因是改进后的模型舍弃了部分里程较短、连通性较差（拥堵指数高）的路段，这些路段车辆行驶缓慢和怠速等待情况更多，碳排放和巡回耗时反而增多，故从全局最优角度出发，舍弃部分连通性较差的路段更优；总成本降低 8.43%，这表明对 W 企业入厂物流的规划是合理且有效的。

通过应用研究分析得出以下结论。

（1）减少疫情对入厂物流的冲击的方法：①加入道路连通性限制，减少车辆选择连通性较差的路径，节约巡回时间，提高入库准时性；②在 hub 处设定零部件最晚入库时间限制，保证 hub 库存量不低于安全库存量，以减少疫情等不确定性因素对汽车生产过程的冲击。

（2）在制定入厂物流规划时，对车辆到达 hub 时刻进行考量，合理制定取货计划，可使零部件平准化入库，减少车辆在 hub 处排队入厂现象，提高作业效率。

（3）在设计入厂物流模型时，通过综合燃油消耗模型将燃油消耗量转化为碳排放量，并利用碳交易机制将其转化为碳排放成本纳入目标函数中，通过 ITS 算法对问题进行求解，可有效降低碳排放量，推动入厂物流绿色化。

此外，在疫情下分析影响汽车零部件入厂物流准时性和碳排放量的因素，一方面可优化入厂物流过程，为零部件准时、平准化进厂提供理论依据；另一方面可降低入厂物流过程中的碳排放，减少企业运输作业对环境的影响，符合企业和社会的长远利益。

12.4　汽车出厂（场）物流

12.4.1　滚装码头与汽车产业链

汽车滚装码头是指能够满足滚装船进行整车装卸作业的码头，主要停靠装卸整车的滚装船舶，负责进出口汽车的集疏运工作。早在 20 世纪 70 年代，滚装码头就已经在美国、欧洲、日本等著名汽车工业国家兴盛起来。德国不来梅港（Port of Bremen）是德国汽车的重要出口口岸，该港的汽车码头建有连通梅赛德斯-奔驰（Mercedes-Benz）汽车和宝马（BMW）汽车制造基地的专用铁路线，不仅作为汽车的分拨中心，还提供包括交货前检测（pre-delivery inspection，PDI）、发运、加装与改装、镀金与油漆、清洗与除蜡、贴膜等一系列增值服务。

相比之下，我国汽车滚装码头则起步较晚，2004 年 5 月 21 日上海港、天津新港、广州黄埔港、大连新港 4 个沿海港口和内蒙古满洲里、深圳皇岗 2 个陆地口岸，以及新疆阿拉山口口岸被指定为国家汽车整车进口口岸。在不同的腹地产业支持下，各大港口借此发展机遇，纷纷投资建造大型专业化滚装码头，抢占汽车物流市场，促使我国滚装专业码头建设快速发展。截至 2021 年，目前我国已有 29 个整车进口口岸，其中水运口岸 16 个，陆运口岸 11 个，航空口岸 2 个。我国汽车滚装码头建设已形成以大连、天津、上海、广州、海口等港口为沿海纵轴，以重庆、武汉、芜湖、南京等港口为长江流域横轴的水路运输网架构。

滚装运输具有运输能力大、安全和环保的优势，其运输成本比陆上运输（铁路运输和公路运输）低 20%～30%，为降低汽车整车物流运输成本，汽车制造企业在整车批量运输时趋向于选择水运方式。目前，我国汽车滚装行业已初具规模，未来发展将从模仿学习阶段步入全方位超越阶段，逐渐向口岸汽车物流服务商转型，通过码头装卸与汽车物流服务的高度结合，促使上下游产业深度融合，共建专业口岸汽车物流平台[232,233]。

依托专业化的滚装码头，汽车制造企业可借此简化整个汽车物流供应链的仓储、运输等业务流程，促进汽车流通过程中时间和空间的压缩。各大港口纷纷抓住这一契机，持续推进与大型汽车制造企业之间的合作，以增加企业收益。兴海汽车滚装码头是深圳长航滚装物流有限公司重点投资的汽车滚装码头，与国内外多家大型汽车制造厂商建立长期合作关系，常年为长春一汽、北京现代、华晨宝马、广汽丰田、海南马自达、武汉东风、芜湖奇瑞、重庆长安等客户提供经济、快捷、安全、“零公里”的整车出厂物流服务。天津港除拥有环球滚装码头外，又与上汽安吉物流股份有限公司在北港池共同出资建设海嘉滚装码头，并于 2022 年 1 月 14 日正式投产，主要承接上汽的整车出厂滚装业务。随着“一省一港”改革趋势的逐渐发展，2019 年 1 月 4 日，招商局主导完成了大连港、营口港、盘锦港、绥中港整合工作，辽港集团正式挂牌成立。2020 年，辽港集团新开通 7 条外贸航线，推进华晨宝马的出口及仓储业务，实现了大连口岸商品车外贸航线的“零”突破。目前，辽港集团正以汽车贸易展示、二手车交易、增值服务和保税商贸为定位，打造东北亚汽车服务平台。

12.4.2　滚装码头在整车出厂（场）物流中的功能

在整车出厂物流中，汽车滚装码头的上游主要是汽车制造企业（整车出厂物流的起点），下游包括运输车辆的船方和最终消费者（整车出厂物流的终点）。作为汽车出厂物流中整车运输的中转节点[232]，滚装码头在整车物流的管理中发挥着重要作用，可按照客户个性化的物流需求及时保质地为消费者提供整车服务，拥有强大的生长空间[234]。

整车出厂物流中各个参与者的业务活动在一定程度上依赖于滚装码头。汽车制造企业控制着整车流动，有权决定运输路径与附加服务的选择，努力寻求在码头实现更长时期的免费堆存，而不是利用自身有限的存储能力；深海远洋滚装船舶和地方滚装船的拥有者期望在码头泊位系统服务上与码头建立直接联系，寻求较短的停泊时间。同时，汽车制造企业、深海运输船方与码头管理者之间也存在着不同的利益冲突：制造商和运输商追求船舶更短暂的停留时间，由此码头需要配备更多数量的驾驶人员，增加了管理成本；而码头管理者则希望花费更少的成本，但这将导致滚装船舶的停泊时间更长。因此，为解决上述利益冲突，汽车码头管理者需运用更少的人力和操作机械来产生更高的生产能力，以满足各方需求。

（1）**码头进口作业流程**（图 12.15），即汽车通过滚装船舶运抵汽车码头，卸载并在堆场储存，再通过运送车辆离开堆场送到客户手中的过程。首先，码头客户部接收船方的信息，并由码头生产管理系统制订作业计划。滚装船舶靠泊后，车辆送达检验区进行交验，交验手续完成后，车辆依照堆场作业计划进行停放。随后货主依相关单证到车辆客户服务区办理提车手续，完成离港作业。由于滚装码头堆场空间资源有限，存放超过一定期限的车辆要进行疏港作业。

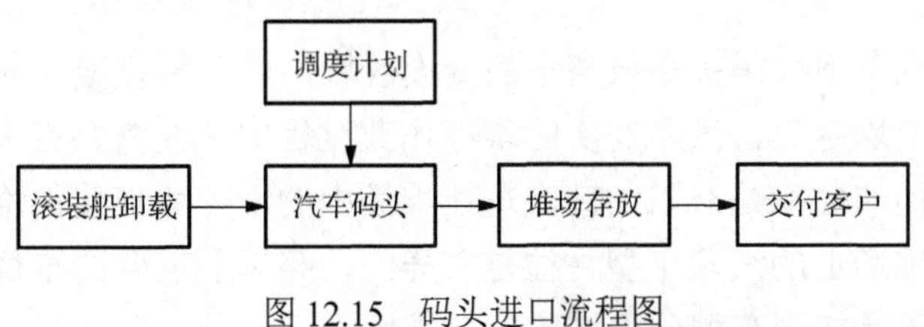

图 12.15　码头进口流程图

（2）**码头出口作业流程**（图 12.16），即汽车制造商分批次将整车经铁路或公路运至码头，经滚装船装载出运的过程。首先，滚装码头基于“CPS+互联网”平台的物流信息交换获得船舶的船期等信息，并根据船舶的船期确定集港时间，通知货主办理好所有出口的业务单证。车辆由搬运车运抵码头并 PDI 检测。有条码车辆检测完后可入堆场，无条码车辆要制作条码后再入堆场存放。海关查验车辆相关信息后，码头根据船舶配载图装载汽车。车辆离开码头堆场进入滚装船。

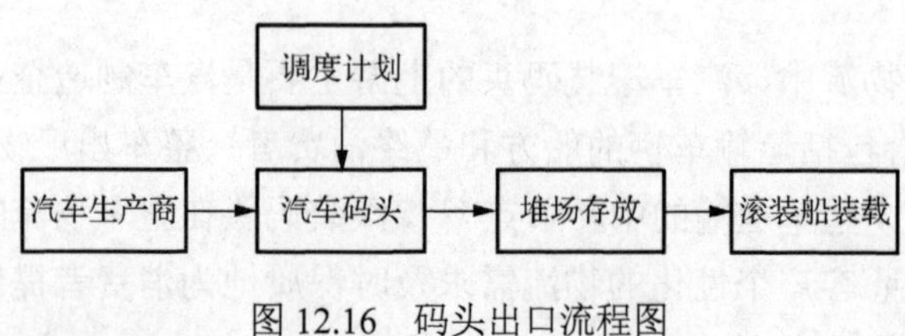

图 12.16 码头出口流程图

（3）**码头中转作业流程**（图 12.17），即汽车在滚装码头依次完成卸载、暂存、装载作业的过程。汽车滚装船舶靠泊码头后，放下尾跳板，商品汽车从滚装船上解绑，由码头操作人员驾驶车辆通过尾跳板驶离船舱，停放在指定存放区。在进行出运时，由码头操作人员驾驶车辆到装卸作业区，通过尾跳板进入船舱，停放到滚装船上指定的甲板位置，并进行系固绑扎。装船完毕后收起尾跳板，滚装船解缆离开汽车码头泊位。

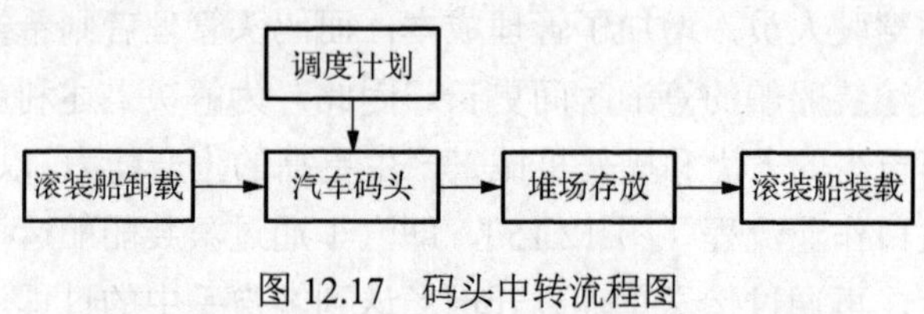

图 12.17 码头中转流程图

12.5 堆场空间分配优化模型

12.5.1 整车出厂（场）物流堆场作业

堆场作为汽车滚装码头存放整车的专设区域，具有库存缓冲的重要作用[235]。相比集装箱的堆垛存储，汽车在实际堆存作业过程中往往需要更大的堆存区域，而汽车专用堆场的面积是有限的。汽车在堆场中的堆存特点使得堆场调度优化变得十分重要。堆场上的汽车车型往往是多样的，整车所需要的车位尺寸也是不同的，故汽车一般是按照车型分区域停放在堆场。

（1）停放两种形式：①是车辆以斜放为主，辅以少量直放，便于汽车进出但会造成堆场面积的浪费；②是车辆以直放为主，辅以少量斜放，可视实际情况对车位进行调整，空出的车位也可作为通行道路。车辆在堆场可以根据车位进行堆存，即一辆整车占用一个车位，整车的堆存位置可用三维标识进行标记，便于计算机进行数字化（代码化）管理，但以最大整车尺寸为标准划分车位会引起部分堆场资源的浪费；而以数辆整车占用一个车道堆存，同型号的批次车辆集中堆存，可提高堆场面积的利用率，但却增加了管理的复杂度。

（2）堆场作业计划两种策略：①在堆场资源较充裕的情况下，以滚装船为对象制订作业计划，属于同一滚装船的整车集中堆放在一起，以提高装载效率，但降低了堆场资源的利用率；②以批次为对象制订作业计划，便于充分利用堆存空间，即根据堆场堆存的状况为到达码头的批次整车制订作业计划，但会导致堆场上车辆转运次数的增加。随着码头吞吐量的加大，堆场车位资源紧缺的现象日趋凸显，传统方式逐渐暴露缺陷。如堆场车位利用率不高、倒车较多等，这都对计划的制定提出了更高要求。

（3）码头管理者主要从两方面优化：①建设新堆场扩大堆存面积；②调度优化即在固定堆场空间条件下优化分配资源，最大限度提高堆场资源复用潜力。由于新堆场的规划与设计需要较长周期且造价昂贵，故主要在现有码头堆场规模的基础上，对堆场进行有效调度与分配，以充分发挥堆场资源的潜能。目前，关于码头堆场优化的研究主要集中于集装箱堆场，通过泊位与堆场的协同分配或场桥与自动导向车（automated guided vehicle，AGV）等水平运输工具的协同作业[236,254]进行优化，其目标都是减少集装箱装卸各环节设备的作业时间。与集装箱相比，汽车不需要任何装卸设备，通常由 8～10 个驾驶人员将车辆开至滚装船上，随后由一辆皮卡将人员接回堆场继续运送，而一次出口的车辆可达几百辆甚至上千辆。因此，车辆堆放位置与滚装船靠泊泊位间的水平距离对出口车辆的装船作业有着重要影响。

堆场车位调度和分配对码头泊位与堆区车辆停放的距离具有直接影响。现有滚装码头堆场的研究大部分集中在堆场调度策略的仿真模拟上，通过顺序、混合以及多阶段互补摆放等方式，选取最优的调度策略以缩短泊位与堆场车位之间的行驶距离，但其忽略了滚装船舶所属车辆的集中程度。汽车除不能堆垛外，还属于易损货品，在堆存时需要谨慎和集中化处理，在实际中还要考虑单条船舶出口车辆的集中程度，单条船舶的车辆要尽量安排在相邻的停车道中，以加快出口车辆的选择速率，提高堆场作业效率。

12.5.2　模型构建

本节模型主要研究汽车出口作业的堆场空间分配问题，以车辆停放堆区与相应滚装船停泊位置间的总距离最小为目标，确定堆场作业计划。同时，考虑同一艘船舶所属车辆的集中程度，根据各航次船舶所需装载车辆数确定最优停车堆区位置、停车道以及车位的分配，得出最终计划分配方案。由于用来卸载汽车的码头缓存区在最初的码头规划中已确定，且一些缓存区需由车辆运送者或客户固定，故车辆的存储空间分配主要受堆场停车区域选择的限制。

1. 问题假设及参变量定义

问题假设：①不考虑缓存区域的选择；②所有车辆都可在堆区的标准车位中停放；③码头堆场堆放车辆一般遵循同一车型、同一尺寸的车辆尽量堆放在同一个堆区的规则；④船舶靠泊前已根据滚装船舶的配载计划确定车辆的装船顺序。

参变量定义：T 为 1 个计划期内的计划阶段数，$t \in T = \{1,2,\cdots,|T|\}$ 为 1 个计划期的计划阶段；I 为在这 1 计划期内堆场内的堆区，$i \in I = \{1,2,\cdots,N_1\}$，$N_1$ 为自然数，表示堆区的数量；N_2 为堆场中停车道总数；N_3 为堆场中停车位总数；M 为计划期内需要装船或集港的滚装船舶数量；C_i 为堆区 i 中可堆放车辆的容量，$i \in I$；A_{jt} 为在 t 阶段内属于船 j 的集港车辆数量；D_{jt} 为在 t 阶段内装载到船 j 出口的车辆数量；d_{ij} 为船 j 所属泊位和堆区 i 间的运输距离；B_{ij0} 为计划期初始时堆区 i 中船 j 出口车辆数量；W_{it} 为第 t 阶段入堆场，分配堆区 i 中，将要在此滚动计划周期以外装船出口的车辆数量；S_j 为分配给船 j 车辆的堆区数；S_i 为堆区 i 中停车道的集合；SK_i 为堆区 i 中空闲的停车道集合，$SK_i \subseteq S_i$；D_i 为堆区 i 中空闲的停车道数；DL_i 为堆区 i 中最大相邻空闲停车道数，$DL_i \leqslant D_i$；DM_i 为堆区 i 中最大停车道数；B_i 为堆区 i 中空闲车位数；B_i^s 为堆区 i 道 s 中车位数；BK_i^s 为堆区 i 道 s 中空闲车位数；α_{ij} 为空闲车道的相邻程度系数，$\alpha_{ij} \in [0,1]$。

其中，α_{ij} 的取值需根据情况确定，如果堆区 i 中存在相邻的空闲车道并且能够满足船舶 j 出口车辆对停车位的需求，则 $\alpha_{ij}=1$；若堆区中不存在相邻的空闲车道，$\alpha_{ij}=0$；其他情况取值为最大相邻空闲道数与车辆占用停车道的比值：

$$\alpha_{ij} = \begin{cases} 0, & \text{堆区中不存在相邻的空闲车道} \\ 1, & DL_i > N_d \\ DL_i / N_d, & \text{其他} \end{cases} \tag{12.24}$$

决策变量：$x_{ij} = \begin{cases} 1, & \text{船 } j \text{ 有出口车辆堆存在堆区 } i \text{ 中} \\ 0, & \text{否则} \end{cases}$；$N_d$ 为滚装船装载出口车辆需占用的停车道数量；A_{ijt} 为在 t 时刻到达港口并分配到堆区 i 中，属于船 j 的车辆数量；D_{ijt} 为在 t 时刻从堆区 i 中取出并装船出口，属于船 j 的车辆数量。

2. 目标函数与约束条件

目标函数：式（12.25）表示使计划安排的出口车辆停放堆区位置与相应滚装船舶间的水平距离最小；式（12.26）表示滚装船舶所属车辆的集中程度最大。

$$F_1 = \min \sum_{i=1}^{N_1} \sum_{j=1}^{M} d_{ij} (B_{ijo} + \sum_{t=1}^{T} A_{ijt}) \tag{12.25}$$

$$F_2 = \max \sum_{i=1}^{N_1} \sum_{j=1}^{M} x_{ij} \alpha_{ij} \tag{12.26}$$

s.t.

$$\sum_{i=1}^{N_1} A_{ijt} = A_{jt}, \forall j \in M, \forall t \in T \tag{12.27}$$

$$\sum_{i=1}^{N_1} D_{ijt} = D_{jt}, \forall j \in M, \forall t \in T \tag{12.28}$$

$$\mathrm{D}_{ijt} \leqslant \sum_{s=1}^{t-1} (A_{ijs} - D_{ijs}) + B_{ijo}, \forall i \in N_1, \forall j \in M, \forall t \in T \tag{12.29}$$

$$\sum_{j=1}^{M} \left[B_{ijo} + \sum_{k=1}^{t} (A_{ijk} - D_{ijk}) \right] + \sum_{k=1}^{t} W_{ik} \leqslant C_i, \forall i \in N_1, \forall t \in T \tag{12.30}$$

$$x_{ij} \geqslant \frac{1}{C_i} (B_{ijo} + \sum_{t=1}^{T} A_{ijt}), \forall i \in N_1, \forall j \in M \tag{12.31}$$

$$x_{ij} \leqslant B_{ijo} + \sum_{t=1}^{T} A_{ijt}, \forall i \in N_1, \forall j \in M \tag{12.32}$$

$$\sum_{i=1}^{N_1} x_{ij} \leqslant S_j, \forall j \in M \tag{12.33}$$

$$N_d = [D_{jt} / (N_3 / N_2)] + 1, \forall j \in M, t \in T \tag{12.34}$$

$$0 \leqslant BKs_i^s \leqslant B_i^s, \forall i \in I, \forall s \in S_i \tag{12.35}$$

$$DL_i \leqslant D_i \leqslant DM_i, \forall i \in I \tag{12.36}$$

$$A_{ijt},\ D_{ijt} \in Z^+ \tag{12.37}$$

约束条件：式（12.27）保证在第 t 阶段要在堆场中分配的船 j 的车辆数等于在同一阶段船 j 的集港车辆数量；式（12.28）确保在第 t 阶段装船出口的船 j 的车辆数等于从堆场的各个堆区中取出的车辆总数；式（12.29）确保在第 t 阶段，从堆区 i 中取出装船出口的车辆数不超过该阶段此堆区中堆存的车辆数；式（12.30）表示堆区 i 的堆放容量约束；式（12.31）和式（12.32）建立了变量 x_{ij} 和 A_{ijt} 之间的关系；式（12.33）表明属于船 j 的出口车辆所占用的堆区个数限制；式（12.34）表示滚装船出口车辆占用的停车道数约束；式（12.35）表示堆区 i 道 s 中空闲车位数的约束，不能超过此区、道中的车位总数；式（12.36）表明堆区 i 中空闲停车道的约束，空闲停车道数不小于堆区中最大相邻空闲道数，且不大于该堆区中最大停车道数；式（12.37）表示正整数约束。

12.5.3　车位调度策略

以上模型仅解决了车辆的堆区选择问题，为便于“CPS+互联网”平台实现堆场车辆的调度作业管理，还需对车辆在堆区中车位上的具体摆放给出相应的调度策略。当前国内外大部分汽车滚装码头采取的车辆摆放方式是顺序摆放，流程如图 12.18 所示。

顺序摆放时，首先将船舶按靠港时间前后从小到大编号 1,2,…,M，堆场中的堆区、道和车位按地理位置顺序编号。如将 1 号堆区 1 车道 1 车位编号为(1,1,1)，1 号堆区 1 车道 2 车位编号为(1,1,2)，按此序依次将车位编号。计划车位分配时依次把堆场中空闲车位编号最小的车位分配给船舶，直到所有的船舶所需车位计划完成。顺序摆放方式的优点是方便易行，操作较简单，但此方式车辆集中程度较低，且没有虑及车辆停放位置与船舶间的运输距离。

本节对某艘滚装船所属车辆的摆放提出以下混合计划策略：首先，对存在该滚装船车位的堆区按照已占用及计划占用的车位总数进行从大到小的排序；然后，查看各堆区中的最后 1 个车位是否被该船占用，若是则在该堆区中按照车位编号从大到小对该船安排计划，否则按车位编号从小到大对该船安排计划。若堆区中没有该船的车位，则按照优化模型选择的堆区对该船进行计划；同时，如果选择的堆区第 1 个车位被其他船占用，最后 1 个车位空闲，则按照车位编号从大到小进行计划，否则按照车位编号从小到大进行计划安排。计划期内通过优化的堆区选择和车辆摆放策略，为不同船舶的出口车辆确定了最终的堆场空间分配方案。当车辆到达堆场时，操作人员即可按堆场的空间分配计划来停放车辆，摆放方式思路如图 12.19 所示。

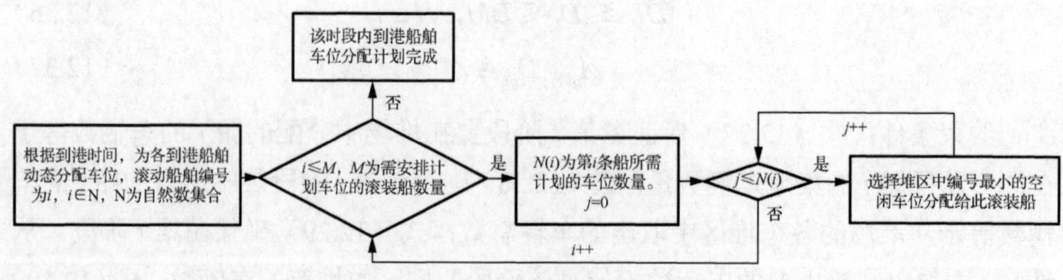

图 12.18　顺序摆放方式思路图

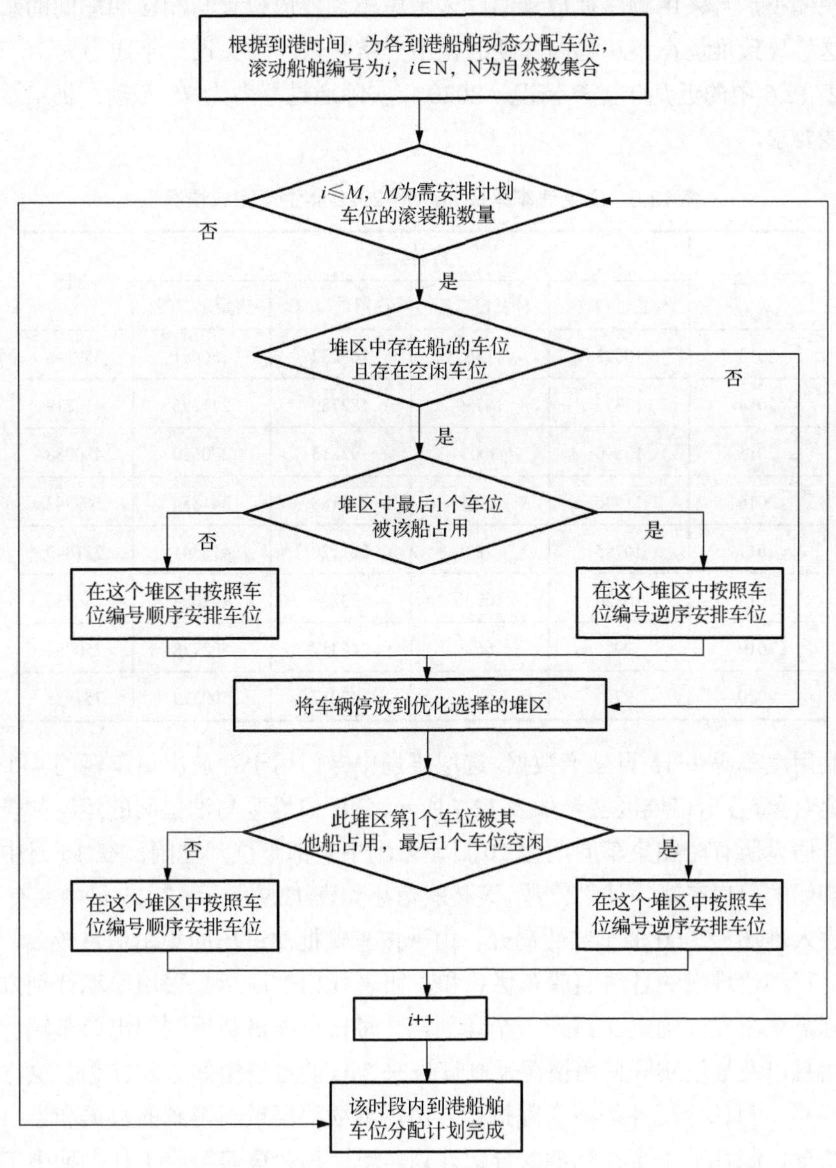

图 12.19　混合摆放方式思路图

12.5.4　应用研究

以 D 港汽车滚装码头为实例分析对象，其泊位长度 640m，建有 35m 长突堤，泊位水深 11m，可满足所有汽车滚装船型全天候靠泊作业。堆场面积 45 万 m^2，堆存能力 2.5 万辆，设有内外贸车辆堆存区、待装卸区。目前，D 港汽车码头堆场面积偏小，且采用顺序摆放策略，未考虑车辆停放位置与相应船舶间的水平距离，这将导致堆场在集疏港高峰期的使用非常紧张。码头设计年通力为 78 万辆，但据表 12.6 中的近几年生产情况，2020 年实际通过能力为 75 万辆，仍未达到设计产能要求。

表 12.6　D 港汽车码头 2013～2020 年生产完成情况表

年份/年	贸易类型				合计
	外贸进口/辆	外贸出口/辆	内贸进口/辆	内贸出口/辆	
2013	10073	11362	169232	166481	357148
2014	14396	15739	182789	241295	454219
2015	13590	3003	192815	270680	480088
2016	11546	1354	215188	341854	569942
2017	10795	784	221120	478341	711040
2018	10324	690	233214	492004	736232
2019	997	662	246357	502738	750754
2020	972	623	247017	509373	757985

利用汽车码头 15 日生产数据，选取堆场中专门用于存放出口车辆的 4 个堆区为研究对象，各出口堆区容量如表 12.7 所示，各出口堆区与泊位间的运距如表 12.8 所示。假设所有船舶集车周期为 10 日，堆场中全部车位都空闲。在 15 日中，共有 4 艘船的出口车辆需计划停放。滚装船信息如表 12.9 所示。在 15 日中共有 3726 辆车进入堆场，2960 辆车装船离开。由于按车辆批次进场的集车信息较多，故只给出每日到达堆场的各滚装船车辆总和，如表 12.10 所示。采用滚动计划方法，从实际需求出发，确定 3 日为 1 个计划期。每日根据最新得到的出口车辆和船舶数据信息以及堆场实际使用情况，制订未来 3 日的堆场空间分配计划。执行计划时只有第 1 日的分配计划被实际执行，然后继续根据最新得到的数据和当日计划执行情况，制订下 1 个计划期的分配计划，新计划会覆盖掉前 1 计划期中制订的后 2 日计划。

表 12.7　各出口堆区容量　　　　单位：辆

出口堆区	1	2	3	4
C_i	800	1000	1000	800

表 12.8　各出口堆区与泊位运输距离　　　单位：m

泊位	堆区			
	1	2	3	4
1	140	180	200	240
2	220	200	160	180

表 12.9　各滚装船信息

船舶编号	船舶到港时期	船舶所需车辆数/辆	船舶停靠泊位
1	4	382	1
2	10	1285	2
3	15	1293	2
4	20	766	1

表 12.10　每日进入堆场的车辆信息

日期		1	2	3	4	5	6	7	8	9	10	11	12	13	14	15
船舶	1	123	140	119												
	2			43	87	141	237	318	226	170	63					
	3								25	231	367	332	256	107		
	4												26	179	258	303

综合目标函数式（12.25）和式（12.26）以及约束条件，该问题为一个多目标整数规划模型。多目标规划问题要寻求非劣解或有效解，其求解的基本思想是通过各种方法将多目标规划问题转化为单目标规划问题，求解方法包括约束法、分层序列法、功效系数法（efficacy coefficient method，ECM）和评价函数法 4 种。其中，目标函数式（12.25）的量纲是距离，而式（12.26）的量纲是系数比值。与其他方法相比，ECM 特别适用于处理不同量纲的多目标规划问题，故本节主要采用 ECM 利用 Lingo11.0 求解。当以 3 日为 1 个计划期时，第 13 个计划期需要的是第 14、15 日的数据，故共对 13 个计划期的结果进行分析。不同计划期中在各个堆区为不同船舶计划分配的车位数量，如表 12.11 所示，括号中的数字表示船舶的编号，根据车辆的混合摆放策略可确定 4 艘船舶车辆在堆场中的摆放位置。15 日中各船、车停放计划如表 12.12 所示，其中开始位置是指某艘船所属的出口车辆在堆区内摆放时的起始车位编号，结束位置是指摆放时的终止车位编号，所占用道是车辆在堆区内所有占用车道编号。码头现行的顺序摆放方式停放计划，

如表 12.13 所示。优化后与现行计划的车辆运输距离、单艘船舶车辆集中程度的比较，如表 12.14 所示。

表 12.11 各堆区计划分配的车位

堆区	计划期						
	1	2	3	4	5	6	7
1	382(1)	259(1)	119(1)				
2				781(2)	714(2)	459(2)	233(2)
3	271(2)	465(2)	696(2)				
4						930(3)	55(3)

堆区	计划期						
	8	9	10	11	12	13	
1							
2	63(2)				463(4)	740(4)	
3		930(3)	955(3)	695(3)	363(3)	107(3)	
4							

表 12.12 混合摆放策略的车辆停放计划

船舶	开始位置	结束位置	所占用道
1	1.1.1	1.12.22	1.1-1.12
2	3.1.1	3.20.40	3.1-3.20
2	2.1.1	2.12.5	2.1-2.12
3	3.1.1	3.20.40	3.1-3.20
3	4.1.1	4.16.13	4.1-4.16
4	2.1.1	2.19.6	2.1-2.19

注：1.1.1 表示 1 号堆区第 1 道第 1 个车位，依此类推

表 12.13 顺序摆放策略的车辆停放计划

船舶	开始位置	结束位置	所占用道
1	1.1.1	1.12.22	1.1-1.12
2	1.12.23	1.20.30	1.12-1.20
2	2.1.1	1.8.27	2.1-2.20 1.1-1.8
3	3.1.1	4.16	3.1-3.20 4.1-4.16
4	4.16.14	1.18.19	4.16-4.20 1.1-1.18

表 12.14　优化与实际计划比较

	车辆水平运距/m	车辆集中度
优化	船 1：53480 船 2：225000 船 3：216740	船 1：1 船 2：0.63 船 3：0.56 船 4：1
实际	船 1：53480 船 2：266700 船 3：216740	船 1：1 船 2：0.56 船 3：0.56 船 4：0.9

由于在 15 日内只有船 1、船 2、船 3 的所属车辆离开堆场，故只有这 3 艘船的所属车辆拥有水平运输距离。在现行的实际计划下，船 1、船 2、船 3 所属车辆的运输距离总和为 536920m，利用模型和车位调度策略优化后，运输距离总和为 495220m，减少了 41700m，车到船的运输距离显著降低。当船需要装载的车辆数增大时，优化后减少的车辆运输距离也会更多。因此，优化后相同数量的驾驶人员在同样时段内能够装运更多的车辆，有效减少船舶的在港时间，提高周转率。同时，从表 12.12 和表 12.13 的车辆停放结果可以看出，现行计划的车辆摆放比较混乱，同 1 车道中同时摆放有 2 艘船舶的车辆，这增加了取出车辆的难度，而优化后的计划保证了各船舶所属车辆较高的集中堆放程度，尽量避免了不同船舶车辆间的混合，极大地利用了堆场空间。本节实验数据选取经济常态发展的 2013～2017 年作为验证（期间东北地区经济年均增长 5.2%）。之所以选此阶段数据，源于自从 2018 年第 4 次经济普查，东北 GDP 大幅下降，故需重振东北老工业基地。

12.6　助推“矿石→钢铁→零部件→汽车”横向制造链集成

工业 4.0 时代，智能制造是我国制造业转型升级的战略支点，以 5G、人工智能、工业互联网、物联网为代表的**新基建**，将加快推动汽车产业链上下游企业协同，为汽车制造业的信息化与智能化升级创造条件。通过“CPS+互联网”（图 3.7、图 4.4）平台的 ERP 层获得船舶、货物以及客户的相关信息，并根据业务现状经平台 MES 层制订相关作业计划，如堆场计划、增值服务计划、靠泊计划、装卸计划等内容。业务子模块包括单据处理、装卸、出入库、盘点等。码头在“CPS+互联网”平台 MES 层的作业流程可以分为整车进口、出口以及中转作业。由此带来汽车码头与上下游企业之间的信息共享，促进整车出厂物流的顺畅流通和发展。

因而，第三方物流企业、供应商及汽车制造企业之间可借助新基建红利建立信息共享机制打通供应链，**实现精益生产向精益管理的延伸**。“前港”通过物流服务，打通汽车产业链“**供→产→销**”业务关键节点，促进“后厂”（汽车厂以及汽车上游的钢厂）相关业务的协同；钢厂提供专用钢材用于汽车零部件生产，汽车厂进行零部件装配及关键生产，整车通过滚装码头销往世界各地，并以此构建以汽车生产为核心的产业结构，促进“**钢铁-港口-汽车**”产业链相关业务的**横向集成**。此外，车辆尾气排放是城市空气污染的主要来源，运输里程的缩短，降低了能耗与碳排放，进而助推物流绿色化。

第 13 章 绿色+班轮航线网络规划及靠泊集成作业优化

“公转铁”“铁转水”“散改集”是推动我国交通运输网络结构持续优化的重要举措。我国是海洋大国、航运大国，集装箱运输的发展进一步深化了海运在交通运输体系中的重要作用。海运虽速度慢、易受气候等自然条件的影响，但与其他运输方式相比，具有通用性好、基建成本低、运输能力大、排污量低以及全球地理环境影响等特点，使得海运成为国际货运的主渠道，我国外贸进出口货运量的90%以上通过海运完成。港口作为水陆运输的集结点和枢纽处，可有效保证船舶安全进出和停泊。我国港口在总体规模、作业效率及科技创新等方面处于世界前列，但与经济社会发展要求和人民群众新期待相比，还存在区域港口发展不平衡、绿色发展水平不高、安全基础不牢等问题。与世界先进港口相比，我国港口专业物流与现代服务功能有待强化；口岸物流通关便利化程度与营商环境有待改善；在多式联运，特别是集装箱铁水联运方面仍有差距。因此，通过规划集装箱航运网络，强化港口物流枢纽功能，并集成优化港口岸桥与集卡调度任务，对于提升我国航运绿色发展水平及港口综合实力具有现实意义。

所谓“散改集”，就是将矿石、煤焦、粮食等大宗货物装箱运输，在装卸运输过程中被打包的货物不用分散卸下车又装上短驳汽车，而是直接吊卸整个集装箱，装卸过程基本实现货物零损耗，装卸效率大大提高，装卸费用大幅降低。例如，天津南疆港区码头（前港）用印有“中国铁路”字样的敞口式集装箱载满来自大洋彼岸的铁矿粉“换乘”火车，运至“后厂”（天津钢铁集团有限公司）第一时间投入生产，生产原料实现了从海上到工厂的不间断卸货、提离，减少了作业环节中的环境污染与货物损耗，使得货场清清爽爽，沿线山清水秀。同时，“散改集”班轮运输可减少船舶公司空箱调运损失，降低散货企业运输成本。在此过程中，货物无须进行换装，一票到底，减少了换装费用，缩短了交接时间，有利于发展多式联运，兼顾了安全与效益、效率与质量，让企业实现经济与社会效益双丰收，是当前散货码头践行“绿色+”的有益探索，也是未来绿色物流体系的发展趋势。

因此，为全面推广“散改集”等绿色航运新模式，提升产业链绿色发展水平，本章以集装箱班轮运输及其靠泊岸桥与集卡作业集成调度为研究对象，一方面，综合考虑航运市场货运需求变化与国际燃油价格波动对班轮航线的影响，基于区域港口联盟规划进出口航运支线网络，以增强“前港”与“后厂”的联动性；另一方面，岸桥与集卡的集成优化调度方案，可提高港口对于集装箱的装卸效率。通过“散改集”以及班轮航运物流链实现港口进出口业务链的纵向集成，探索“绿色+智能”前港后厂实现途径。

13.1 集装箱航运网络优化

超巴拿马型集装箱时代推动航运经济与营运条件持续变化，班轮运输以其特点成为了海上运输的主力军，推动着货物运输向集合化、自动化及合理化方向发展。航运企业为扩大利润区间，大幅缩减大型集装箱船舶在主干航线上挂靠的节点，并尽可能实现满载，以减少船舶在港停留时间。而由此引发干线与支线运输的分离，推动了国际航线结构由线状向网状转化，逐步形成了全球干支线航运网络，并通过建立发达的支线运输网，由枢纽港向周边港口辐射，确保干线上的少量港口覆盖更大的腹地以吸引更多箱量。

然而，集装箱班轮航运市场易受国家政策等众多不稳定因素的影响，市场波动幅度较大，这无疑加大了航运企业的管理难度。2014～2021 年内贸集装箱航运市场的供求关系呈现周期性“供不应求→供过于求→动态平衡”循环变化趋势；其中，供过于求所占时间远大于其他供求关系。该时期内，支线运输企业普遍采用低价战略争夺运输市场，企业经营效益大幅降低。这是由于：一方面，政府主管部门对内支线网络发展缺乏统一的规划布局，各港口之间功能定位不明确，港口腹地交叉与功能雷同引发“内卷”竞争，不仅削弱了区域枢纽港的国际竞争力，且造成了巨大的资源浪费；另一方面，集装箱支线运输在时间与货源分布等方面具有特殊性，支线运输企业的决策制定主要基于成本估计与个人操作经验，缺少对各方面综合分析的统筹规划。故支线运输决策相较干线运输更为复杂，也更需要智能化的决策支持。

13.1.1 集装箱航运支线网络基本理论

1. 航运支线网络的概念及界定

按船舶运营方式划分，海上运输可分为班轮运输（定期船运输，班轮就指集装箱船舶）与不定期船运输。由于目前生产的全球化与贸易的国际化，相较于不定期船运输，班轮运输具有固定船期表，更能吸引稳定的货源，因而成为船公司主流的运营方式。其主要是利用固定船舶在固定航线、固定港口间从事货物运输，并按运价表或协议运价收取运费报酬获利。

内支线班轮运输（以下简称“内支线运输”），是班轮运输的一种，其服务于国际进出口集装箱，主要指固定船舶在与干线船舶衔接的固定航线上从事外贸进出口集装箱运输。内支线运输需在海关监管下，在国内港口之间运送国际贸易集装箱，为国际航线船舶提供喂给与配送服务，所用船舶多为小型船舶。经营内支线运输，必须事先经交通部批准，并向港务局、海监局出示相应批准文件。

内支线运输分类与概念如表 13.1 所述。其中，专用内支线集装箱运输可使干线集装箱运输经营管理一体化，而公共内支线集装箱运输能充分发挥社会公共船公司的积极性，特别是地方货运网络的优势，缓解因季节需求波动造成的货源缺少问题，有利于资源的合理利用[237]。

表 13.1　内支线运输的分类与概念

按航运范围划分	沿海内支线运输	国内沿海港口之间的内支线运输
	内河内支线运输	内河港口至内河港口或沿海港口之间的内支线运输
按存在形式划分	专用内支线集装箱运输	干线船公司经营的内支线集装箱运输，如中远、中海、中外运经营的内支线集装箱船舶所装载货物专门用于本公司干线集装箱船舶的喂给运输
	公共内支线集装箱运输	不属于干线船公司的其他社会支线船公司，与干线船公司签订支线运输协议，向干线集装箱船舶进行的喂给运输

本章 13.1 节所述的轴辐式内支线集装箱运输网络是指沿海港口或港口联盟之间，以干线挂靠的港口为枢纽港，围绕其所形成的喂给运输网络。支线运输网络包括区域枢纽港、多个支线港和支线运输航线等基本要素。固定船舶在该区域港口之间，按公布的船期表有规则地在支线航线上从事外贸进出口集装箱运输[238]。

2. 内支线班轮航线特点

按支线港所处位置，可分为沿海内支线班轮运输与内河支线班轮运输。其中，沿海内支线运输指在国内沿海港口间进行的内支线运输。内河支线运输指在内河港口至内河港口或沿海港口间进行的内支线运输。此外，干线班轮航线主要使用大型船舶进行远距离的跨洋运输。相比之下，内支线班轮航线具有以下特点：①支线船舶船型较小，船舶载箱率偏低；②港口之间距离近、航线短、航次周转快；③网络相关性强，船舶航行时间限制严格。

3. 轴辐式航运网络

适宜的航运网络是企业提供海上运输服务的运营基础。不同于点对点及多港挂靠航线模式，轴辐式航运网络具有转运环节，航线分为干、支线两个部分，如图 13.1 所示。

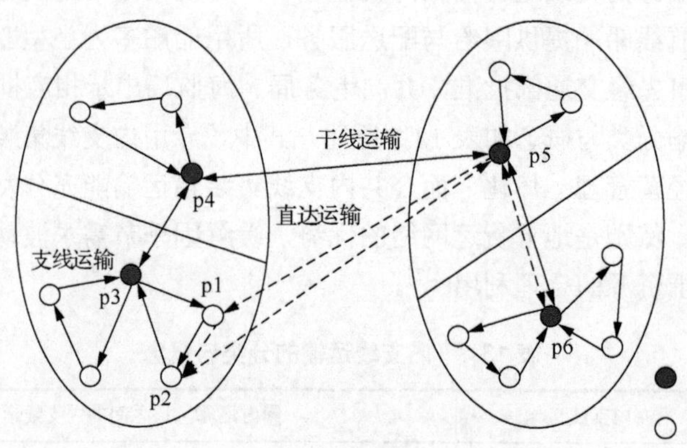

图 13.1　基本的轴辐式航运网络图

枢纽港间形成干线运输，支线港-支线港、支线港-枢纽港间形成支线运输。货物通过支线网络进行集疏运，枢纽港则作为转运中心，承接后续干线运输。相较于点对点和多港挂靠模式，轴辐式航运网络具有以下特点：①港口覆盖面大；②船舶装载率高；③中转运输。

13.1.2　班轮支线航运闭环管控系统

1. 支线航运网络设计优化

支线航运网络直接影响航运企业的运输效率及质量，一定程度上制约着国际航运企业的发展。支线航运网络的优化，不仅要提升其服务水平，满足区域范围内枢纽港与支线港的货运需求，更重要的是如何在运力有限的条件下，高效完成支线港与干线船舶间货物转移及枢纽港货物的集散运输，促进支线航运在区域范围内形成一个有效的喂给网络[238]。

区域支线航运网络设计过程主要包括枢纽港定位、航线规划、船队规划、航线配船及船舶调度 5 个方面。

（1）区域枢纽港主要承担区域内货物集散的功能。以出口为例，将本区域内其他支线港待出口的集装箱通过支线航线运输到枢纽港，再由枢纽港经干线转运至世界各地的目的港。故区域枢纽港应是该区域范围内影响最大、辐射最广、功能最齐全的港口，其定位主要取决于港口集疏运能力、腹地经济实力、区域枢纽港远洋航班密度、枢纽港服务水平及国家政策等。

（2）航线规划设计是依据一定时期内货源地与需求地之间贸易货流或客流量，对船舶运行路线及沿途挂靠港口顺序做出的计划安排。班轮运输航线的设计、调整及优化是一个多目标、多变量的复杂决策问题，主要包括确定船舶类型、选取挂靠港口、安排港口顺序及确定班轮航行周期等。由于不同目标之间的差异性，产生了多种可行的运输方案，船舶公司可通过方案比选、权衡、测算和评估，最终确定最优航线设计方案。除上述因素之外，在进行支线航线设计时仍须依据**支线服务干线**的原则，充分考虑中转时间与运输成本等因素。

（3）船队规划的关键是确定船队规模及组成结构，主要包括不同年份船队的船型结构、各船型数量、应淘汰船型及其数量、应增加船型及其数量等[239]。此外，政治环境、经济发展、社会外部环境、航运企业自身实力与发展目标、航运市场需求、船舶营运的技术经济性能及航运相关市场等因素均对船队规划具有直接影响[240]。

（4）航线配船是指在满足技术、经济条件下，将班轮船队中不同类型的运输船舶合理配置到各条航线上，使船队获得最大经济效益[241]。如何在运量相同的情况下合理配置船舶使总运营成本最小是航线配船的主要研究内容。

（5）船舶调度是航运企业对近期运输生产任务的组织和实施规划，即为每艘船舶制定合理的航行路线、挂靠港口、运输任务及运行时刻表。根据规划任务的不同，可分为**计划调度**和**值班调度**。计划调度负责编制船舶运输计划、船舶配载等工作；值班调度要求工作人员实时掌握船舶的作业状态，处理船舶运行中发生的各种问题。

2. 支线航运网络优化决策支持系统

航运网络设计在决策过程中涉及的关键因素、控制变量及条件约束繁多，是一项复杂的系统优化工作。管理人员可根据自身实践经验得到几种可行方案，例如不同区域枢纽港的选取和航线设计方案。但在这些方案中，哪种方案经济效益最好？相关因素的改变对每种方案会产生多大的影响？对于诸如此类的问题，答案只能借以大量的历史运营数据进行计算分析得到。

图 13.2 为班轮公司现有的航运网络规划体系，其中航线设计、船队规划及船期设计等是相互独立的工作，层级之间以自上而下的方式传递信息，处于彼此割裂的状态[242]，且在制定决策过程中，由于缺乏适用性较强的数学模型支撑，需依个人工作经验做出主观判断。然而在船舶运输过程中，层级工作间存在着紧密联

系，如何科学优化船舶运输航线及配船工作，降低运营船队规模，进而缩减运营费用与固定成本的支出？

指标优化问题是航运企业运营管理的核心，反映了一家企业生产与管理的综合能力水平。其中，航线设计指标是计算生产能力、编制生产计划的基本依据，与企业的服务质量、生产效率及成本具有密切联系。目前，航运企业普遍存在着管理决策层与计划调度执行层相互脱节的现象：在编制计划方面，凭以往经验制订的生产计划指标过于保守，缺乏对生产能力的预估；在计划分解下达方面，凭经验进行主观性计划分解，其作业指导具有模糊性；在组织和指挥生产等方面，由经验丰富的调度员和作业长制订生产计划与发出调度指令，以人工主观决策为核心，不能实时反馈货源的变化情况。在面对突发状况时，这种凭人工经验进行调度的方式使各部门局限于内部计划完成情况，最终易导致作业工序脱节。

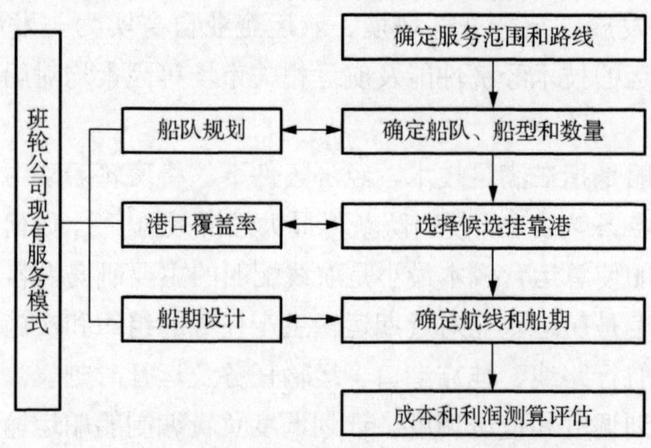

图 13.2　班轮运输现有航线网络规划流程图

本章基于“港 CPS”三层结构，运用“信息流”闭环以及“CPS+互联网”平台等相关理论与方法（同第 4 章逻辑）[106-110]，构建敏捷化航运企业管理决策体系，由此确定区域支线航运网络设计的主要内容，如图 13.3 所示。

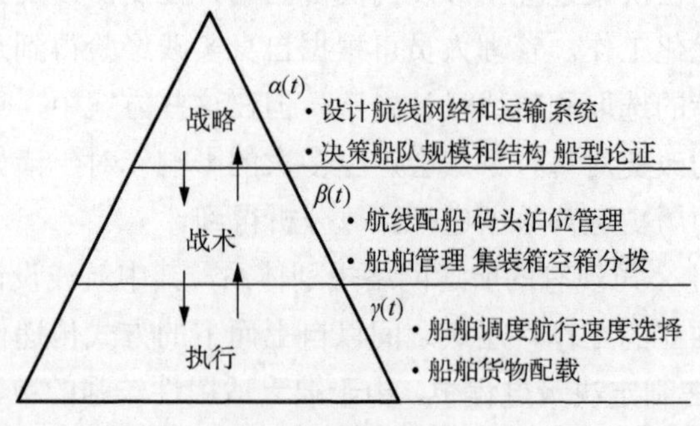

图 13.3　基于 AMR 结构的集装箱班轮运输管理决策体系

航运企业管理决策按照决策期限可划分为**战略层**$\alpha(t)$、**战术层**$\beta(t)$和**执行层**$\gamma(t)$[243]。其中，战略层规划指标$\alpha(t)$包括区域港口规模与层次划分、航线网络设计、船队规模及结构决策等；战术层计划指标$\beta(t)$包括航线配船、集装箱码头泊位管理及集装箱空箱分拨管理等；执行层作业指标$\gamma(t)$包括船舶货物配载、船舶调度及航速选择等。上层指标为下层指标提供指导，下层指标向上层指标提供**实时信息反馈补偿**，形成**信息流闭环**的航运企业管理决策体系。

因此，为提高航运管理者对目标运输网络的认知，提升航运企业现代化管理水平，本章 13.1 节基于图 13.3（类似图 3.6）中航运企业管理的战略、战术和执行三层结构及"港 CPS+互联网"（图 13.4，同理图 3.7/图 4.4）确定支线航运网络决策支持系统的内部功能，主要包括：**航线与船队规划系统、航线配船系统及船舶调度系统**。

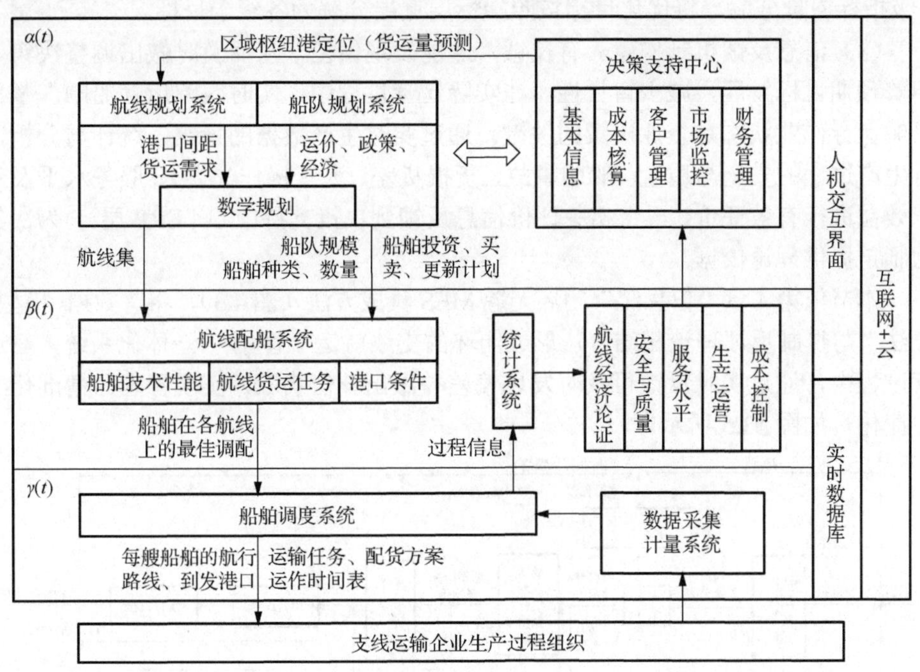

图 13.4　基于"港 CPS+互联网"支线航运网络优化决策支持系统

主要工作有以下几点。

（1）基础信息录入与分析。基础信息的调查可分为港口、货物、船舶三大要素。港口信息包括：港口条件（港口与航道自然条件、港口建设现状、港口发展趋势）、港口间航距、远洋航线密度及干线枢纽港航线。货源信息包括：腹地货源、区域枢纽港与支线港货运需求量、货流情况（各阶段支线集装箱货流量与流向）、运价及燃料价格；船舶信息包括：支线运输企业自身实力、现有支线船舶状况、航运市场、船舶市场及各相关运输企业之间的竞争情况。

（2）基于可控过程变量的指标递阶优化模型研究。本章 13.1 节从过程控制的角度出发，以计划调度为主线、成本控制为**核心**，将航运企业运营指标递阶分解为“**战略层综合指标 $\alpha(t)$ →战术层计划指标 $\beta(t)$ →执行层作业指标 $\gamma(t)$** ”，即将航运企业战略层综合指标 $\alpha(t)$ 分解为战术层航线配船系统的各项计划指标 $\beta(t)$，再将 $\beta(t)$ 分解为操作层各项运作指标 $\gamma(t)$，最后 $\gamma(t)$ 又分解为反馈控制回路的输出 $y(t)$ [69,106,120-122]。通过将 3 层级有机结合建立起对应关系，使综合指标转化为生产现场可控指标，实现优化指标控制的可操作性。在此基础上，形成了一个适应生产环境不确定性的高质量“管-控”一体化系统，避免企业计划与调度脱节、管理人员凭经验对生产运营进行模糊指导的弊端。与第 4 章 4.4 节（图 4.5）同理，3 级指标递阶分解。将优化目标按照指标层逐层分解为各级子目标。

（3）信息反馈机制构建。有反馈，才能发现偏差，从而及时做出调整决策，朝着预期目标发展，减少盲目性。在实际运营过程中，实时跟踪运营船舶，掌握船舶运行作业状态是企业决策的关键。通过实时生产数据的采集、统计与分析，对生产过程的安全与质量（船舶事故、货损货差、人工操作失误）、服务水平及生产效益进行有效评价，再将相关评价信息反馈到决策支持中心（ERP 层），为决策的制定提供理论依据。

本节依第 4 章“信息流”闭环无缝 MES 集成方法（图 4.3），将“数据+模型+算法”与控制反馈理论相结合，形成闭环的支线航运“管-控”一体化系统，在运营过程中，通过实时反馈可及时发现偏差并做出补偿响应，实现管理的精准化与敏捷化，如图 13.5 所示。

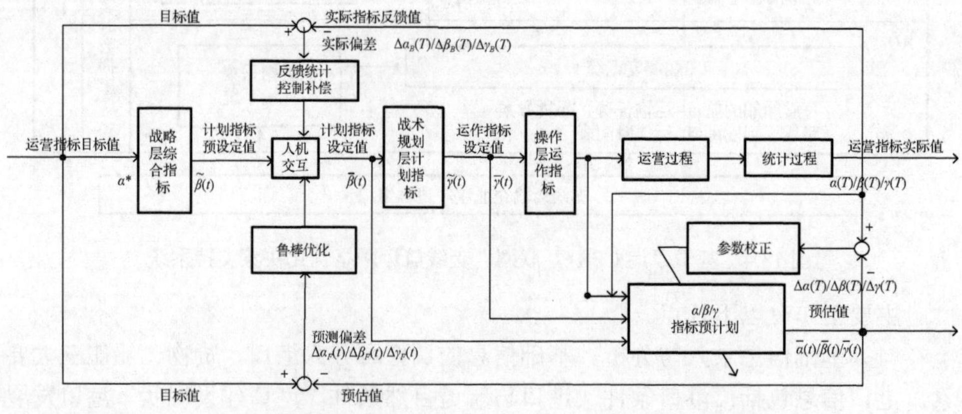

图 13.5（同理图 4.3） 基于鲁棒优化的“管-控”一体化系统

13.1.3　支线班轮航运网络设计的不确定环境

1. 影响内支线班轮航线优化的因素

对班轮公司而言，影响内支线班轮航线优化结果的因素分为内部因素和外部因素。内部因素源于企业自身，包括管理因素与船舶因素；外部因素根植于企业外部且不受企业控制，包括市场因素与港口因素。

（1）管理因素。班轮公司管理决策包括规划船队、设计航线及设置船期等工作。各工作间相互独立，层级间由上而下进行信息传达，彼此间处于分离的状态，但在船舶实际的运营过程中，各工作间相互依存。现有关于航线优化的研究主要是在研究航线挂靠顺序的同时，进行航线配船，第 13.1 节在建模过程中亦采用此种方法[244]。

（2）船舶因素。航线选择受船舶吃水深度、载重量、船龄、设备水平、燃油消耗等与成本以及适航相关的船舶参数等影响。船舶的尺度需要满足其所挂靠港口的航道水深、泊位水深、码头和船闸的尺度等要求；船舶的性能应满足航线班期要求；船舶的结构需要适应航线货物、港口装卸条件的要求。

（3）市场因素。一方面，国际贸易市场发展形势决定了海运进出口集装箱的货运需求总量。另一方面，公路、铁路等可替代性运输方式以及科技水平的快速发展也对支线港的货运需求产生了一定冲击。此外，燃油成本约占运输成本的 40%，其价格直接影响海运成本。为保护水域环境，国际海运市场呼吁航运企业使用清洁燃油，但考虑到企业运营效益，清洁燃油相对更高的价格，势必会对已有的航线结构带来冲击。因此，为减小市场不利因素的影响，本节在建模过程中考虑了市场因素中的货运需求与燃油价格的不确定性。

（4）港口因素。相比枢纽港，支线港规模较小、基础设施相对落后，且人员管理水平、专业素养、清舱等业务能力专业化程度相对较低。因此，支线港在进行装卸操作时会更加费时费力。而港口工作效率对船舶的总在港时间具有直接影响，为确保模型科学性，第 13.1 节依据实际情况，对各港口单位作业速度及船舶进出港等泊时间分别进行设定。

2. 不确定性因素分析

不确定性决策指在未获得充足、确定的信息的情况下，必须提前做出的决策。不确定性因素会增加企业经营战略的风险。明确其类型和来源，有利于提升企业决策可用性，降低风险。本章 13.1 节所考虑的不确定性因素主要是由市场变化带来的货运需求和燃油价格的不确定性。

（1）货运需求不确定性。内支线班轮航线设计基于供需关系建立。货运需求是影响内支线航线网络布局优化的关键因素：一方面，国际贸易市场发展的好坏，影响着集装箱海运的货运需求量；另一方面，枢纽港经济腹地的集装箱运输需求较大，且享有各个支线港的货量支持，但各支线港货运需求的稳定性较差。合理的支线网络布局能够增加客户满意度，增强运营过程中的稳定性，减小货运需求波动对利润的影响[245]。

（2）燃油价格不确定性。1861 年至今，石油价格（折现价）上涨了约 10 倍，其间波动频繁并出现数次剧烈波动期。石油作为燃料油的原材料，使得燃油的价格起伏巨大。燃油市场的涨落常导致航运公司现金流的严重不稳定。在燃油价格过高时，燃油成本可占船舶总运营成本的 50%～60%。现有研究表明，燃油消耗量与船型、航速有关。根据德国劳埃德船级社统计，载容量为 5000 标准箱（tuenty equivalent unit，TEU）的集装箱船舶，在分别以航速 20kn 和航速 22kn 航行时消耗燃油量相差 35t，载容量为 6500TEU 船舶则相差 41t。国际燃油价格决定消耗相同燃油量时产生的燃油成本。燃油价格通过影响船舶的最优航速，间接影响了航线总航行时间[241]。因此，面对燃油价格变动，适宜的船型和航速能降低燃油成本上涨带来的影响，故航线设计时需要考虑燃油价格波动。

同时，船舶所用燃油按黏度与含硫量等可划分为：重质燃料油（重油）和轻质燃料油（轻油）。重油黏度大、含硫量高、价格低，通常用于大功率中低速柴油机。轻油黏度小、含硫量低、燃烧性好、做工稳定，常用于高速机，在行驶过程中通常需进行轻重油转换，但是轻油价格远高于重油价格。另外，燃油是有机碳氢化合物，黏度过高会因燃烧不充分导致产生较多有害气体。考虑环保因素，部分港口和区域通过禁用重油限制碳排放量，故在该类地区必须要使用轻油。因此，对燃油价格波动现象的分析要考虑重油和轻油两方面的价格变化情况。

3. 不确定性处理方法

受不确定性因素影响，有时所建优化模型的结构和参数可能使最优解与关键约束背离，导致所得到的最优方案失去意义。常用的不确定性因素处理方法主要包括：灵敏度分析法、随机规划法、模糊规划法、鲁棒优化法。灵敏度分析法属于**事后分析**，通过分析参数变化对最优解的影响与保持最优解下参数的变化范围，评判参数变化对模型性能的影响，但对模型中参数不确定性的处理无显著作用。而随机规划法、模糊规划法、鲁棒优化法属于**事前分析**，即在航线计划阶段，通过对不确定性因素进行量化描述，将参数不确定性考虑进模型中。

（1）灵敏度分析法。是模型参数化与模型校正过程中的常用工具，主要包括全局灵敏度分析和局部灵敏度分析两部分。全局灵敏度分析与局部灵敏度分析的差异主要在于：各个随机参数都能够在其定义域内进行改变；各个参数对系统输出结果的影响都是全局的，即所有参数共同变化的结果导致系统输出结果的改变；可以分析参数之间存在的相互作用。

（2）随机规划法。1955 年美国经济学家乔治·丹齐格（George B. Dantzig）在线性规划模型基础上提出包含目标函数与约束函数的随机规划模型，可通过引入随机变量以应对不确定因素[246]。因随机变量存在于目标函数或约束函数中，按其位置不同可规划分类，如表 13.2 所示。

表 13.2　随机规划分类

随机变量位置	类别		特点
处于目标函数	E-模型		以效益函数的期望值最大为目标
	P-模型		以追求效益函数大于某置信水平的概率最大化为目标
处于约束中	被动型	分布问题	需要在观察到随机变量的实现后，做出决策
	主动型	两阶段带补偿	第一阶段基于一个确定事件进行决策，第二阶段对不确定事件进行补偿
		机会约束	在一定置信水平下满足约束条件

（3）模糊规划法。Zadeh 的模糊集理论为模糊数学的发展确立了基础[123]。该理论突破了经典集合论，不再要求集合的隶属关系一定是已知的，即隶属关系打破了必须确定的局限。模糊规划以获得精确的模糊隶属度函数为前提。与随机规划存在相同的问题，二者基于概率，需获取大量关于不确定参数的信息。但在实际工程应用中获取这些信息并对其进行分析，往往非常困难且成本很高。若仅利用有限数据样本和专家经验来明确隶属度函数，又会使求解结果存在较大误差。因此，决策者在利用模糊规划时很难兼顾成本与精确度。

（4）鲁棒优化法。鲁棒优化法（robust optimization）源自鲁棒控制理论，但两者又存在差异。鲁棒优化法主要解决运筹学领域问题；而鲁棒控制理论则是解决工程领域问题。因此，本节利用鲁棒优化法构建内支线班轮航线模型，寻求对所有不确定输入都具有良好性能的解[238,244]。相较于随机规划与模糊优化，随机规划未加入罚函数，仅优化了目标函数值，难以保证解的稳定性，决策者面临风险的可能性更高；模糊规划大多针对模糊线性规划和多目标规划模型，求解过程中需将模型转化为清晰模型。而鲁棒优化法利用惩罚系数、遗憾值来约束解的变化，罚函数的引入使控制约束中的不确定性可以被打破。

在对不确定参数处理方面，随机优化基于随机变量，假设不确定性参数的概率分布明确；模糊规划则利用模糊集与模糊数处理不确定性参数，假定精确的模糊隶属度函数可以得到。然而实际中常常由于信息获取难且成本较高，决策者通常只能通过有限的样本数据和经验来确定概率分布函数与隶属度函数，但概率分布函数与隶属度函数如果不够精确可能造成所求解结果存在较大误差。鲁棒优化法可很好地规避上述方法的缺陷，其使用区间分析法或情景分析法来描述不确定性参数，无须确定不确定参数的分布。由于区间分析法不能解决高维问题，且不考虑变量间的相关性，故本节基于情景分析法构建鲁棒优化模型来描述参数的不确定性[244]。

为描述不确定性，定义情景集Ω，定量描述各不确定性参数及其发生概率；定量描述可通过内外环境评估、历史数据分析、预测而得到；对于任意的情景s，$\sum_{s\in\Omega} p_s = 1$。鲁棒性可体现在**解的鲁棒性**与**模型的鲁棒性**两方面。如果鲁棒模型得到的解对情景集中的任意情景均能保持或趋向最优，则称该解具有**解的鲁棒性**；如果此最优解全部可行，则认为**模型的鲁棒性**，即**解的鲁棒性**表示**解的最优性**，而**模型的鲁棒性**表示**最优解的可行性**。从目标函数的优化准则角度分析，鲁棒优化包括如下 3 种形式。

① 后悔值：在具有后悔值的模型中，对任意情景s，后悔值用于度量鲁棒解和情景s下最优解间的差异。后悔值可通过绝对差值或相对百分比描述，通常采用百分比表示，如式（13.1）所示。

$$\frac{Z_s(X) - Z_s^*}{Z_s^*} = \lambda \tag{13.1}$$

式中，$Z_s(X)$表示情景s下鲁棒解X所对应的目标函数值；Z_s^*表示情景s下的最优解；λ为遗憾值限定系数，表示决策者风险偏好程度，通过动态调整遗憾值限定系数可控制系统的鲁棒水平，其值大于等于 0，越趋近于 0，说明决策者所持态度越保守。由式（13.1）可知，可能存在多个可行的鲁棒解，决策过程是要找到性能最优的鲁棒解。定义P_s为情景s发生的概率，$D(s)$为情景s下的可行解解集，因此可得式（13.2）目标模型。该式为面对各个情景，找到满足遗憾值约束的最优鲁棒解。

$$\begin{aligned} &\min \sum_{s\in\Omega} P_s Z_s(X) \\ \text{s.t.}\quad & Z_s(X) \leqslant (1+\lambda) Z_s^* \\ & X \in \bigcap_{s\in\Omega} D(s) \end{aligned} \tag{13.2}$$

② 最差情景：“小中取大”或“大中取小”。以求最大化问题为例，可得模型式（13.3），最差情景模型表示在最差情景中寻求最优的目标函数值。该种模型的准线是基于在不确定情景集上解的最坏表现，其存在极端保守的特性。

$$\begin{aligned} &\max(\min_{s\in\Omega} Z_s(X)) \\ \text{s.t.}\quad & X \in \bigcap_{s\in\Omega} D(s) \end{aligned} \tag{13.3}$$

③ 松弛度量：该类模型通过引入松弛变量来放松部分硬约束，再通过使用罚函数，控制松弛变量的大小。模型如式（13.4）～式（13.7）所示。

$$\min \sigma(x, y_1, y_2, \cdots, y_s) + \omega\xi(z_1, z_2, \cdots, z_s) \tag{13.4}$$

$$\text{s.t.}\quad Ax \leqslant b \tag{13.5}$$

$$B_s x + C_s y_s \leqslant e_s + z_s, \quad \forall s \in \Omega \tag{13.6}$$

$$x, y \geqslant 0 \tag{13.7}$$

其中，目标函数式（13.4）中 x 为不受不确定情景影响的设计变量；$y_1, y_2, \cdots, y_s$ 为受不确定情景 s 影响的可调整的控制变量；z_s 为松弛变量；$\sigma(\cdot)$ 为衡量解的鲁棒性；$\xi(\cdot)$ 为度量模型的鲁棒性，即由于某些情景下控制约束被打破所产生的惩罚成本；ω 为加权系数，用于衡量模型鲁棒性与解鲁棒性的相对重要性。由于对于任意的情景 s 而言，最优性和可行性不能完全等价兼顾，因而需决策者在**解的鲁棒性与模型的鲁棒性**间进行均衡，故设置加权系数 ω。同时，该模式下约束分为设计约束和控制约束，改善了极端保守性。其中，约束式（13.5）中只包含设计变量 x，为不受不确定性参数波动影响的设计约束。约束式（13.6）中既包含设计变量 x 又包含控制变量 y_s，为受不确定性参数影响的控制约束。约束式（13.7）为非负约束。

第 13.1 节鲁棒优化模型采用离散情景方法描述不确定性，以松弛度量作为目标函数的优化准则，平衡解与模型二者的鲁棒性，寻求稳健的内支线班轮航线。

13.1.4　支线班轮航线鲁棒优化模型

就班轮公司而言，船舶大型化、运营联盟化及经营网络化的发展趋势能够有效降低海上单位运输成本。同时，船舶运输的规模经济效益也将带来干、支线集装箱运输的不断发展与分化，轴辐式海运网络的应用会更加广泛。轴辐式海运网络将港口分为枢纽港和喂给港。枢纽港间以大型船舶为主形成干线运输；喂给港与枢纽港间则以中小型船舶为主形成支线航运。作为内陆与国际干线运输的衔接，支线班轮运输系统承担着国际货物在内陆地区的集疏运服务，直接影响着干线运输能否顺利进行。因此，在航线设计阶段，合理优化内支线航线是其后续顺利运营的保障。优化方案的选择既直接决定了班轮公司的运营效益，又间接影响了海上运输整体的质量与效率，是增强班轮公司竞争力并稳定市场份额的关键。

货运需求是影响支线班轮航线选择的关键因素。同时，国际燃油价格决定着燃油成本的高低，影响着班轮公司现金流的稳定性，且在运营过程中燃油价格与船舶最优航速之间存在一定的关系[247]，而航行总时间的长短由航速决定，这将间接影响班轮航线的选择。而货运需求与燃油价格的不断浮动，将会大大增加支线班轮运输网络的不确定性风险，导致运输延迟、网络总成本变化甚至运输决策失效等情况的频繁发生。因此，在航线设计阶段，构建合理的支线班轮航线优化模型，并利用定量方法将货运需求与燃油价格体现在模型里，对降低决策风险与稳定企业收益具有实际意义。

1. 模型假设及参变量定义

考虑航线易受航运市场货运需求变化及国际燃油价格波动的影响，为优化不确定环境下班轮支线航运企业的航线网络，第 13.1 节基于轴辐式海运网络，利用鲁棒控制的思想，构建了支线班轮航线设计鲁棒优化模型[244]，并从轴辐式海运网络特点、集装箱流动形式及定量描述不确定性 3 方面出发，做出以下假设：枢纽港确定且唯一，各支线港仅被访问一次，各船舶从枢纽港出发，经由若干支线港后，最终返回枢纽港；支线港进、出港箱量已知，集装箱在枢纽港与支线港间流动；各情景发生概率已知。

参变量定义：G 为港口集，$i, j\in G$；V 为船舶集，$k\in V$；d_{ij} 为港口 i 至港口 j 的距离（n mile）；Ω 为情景集，$s\in \Omega$；C_s 为情景 s 下的运输总成本（元）；C_s^F 为情景 s 下的固定成本（元）；C_s^V 为情景 s 下的变动成本（元）；C_k^f 为船舶 k 的单位固定成本（元/d）；C_s^H 为情景 s 下的重油成本（元）；C_s^L 为情景 s 下的轻油成本（元）；d_i^s 为情景 s 下港口 i 的进港箱量（TEU）；q_i^s 为情景 s 下港口 i 的出港箱量（TEU/h）；t_0 为枢纽港的作业速度（TEU/h）；t_i 为港口 i 的平均作业速度（TEU/h）；f_i 为准备离开港口 i 及靠港等待时间（h）；T_k 为船舶单航次的最大航线时间（h）；r_s 为情景 s 下的重油价格（元/kg）；r_s' 为情景 s 下的轻油价格（元/kg）；D^H 为船舶重油耗量率［g/（kW·h)］；D^L 为船舶轻油耗量率［g/（kW·h)］；p_s 为情景 s 发生的概率；P_k 为船舶 k 的主机功率（kW）；u_k 为船舶 k 港口使用费（元）；Δ_k 为船舶 k 排水量（t）；M_k 为船舶 k 海军系数。$X_{ijk}=\begin{cases}1, \text{船舶}k\text{从港口}i\text{至港口}j\\0, \text{其他}\end{cases}$，$\forall i, j\in G$，$\forall k\in V$；$\mathrm{SM}_k$ 为船舶 k 的行驶里程（n mile）；STAP_k^s 为情景 s 下船舶 k 的在港停留时间（d）；z_s 为情景 s 下装载量的松弛变量；v_k^s 为情景 s 下船舶 k 的航速（kn）。

2. 支线集装箱班轮航线成本构成

班轮公司的收益等于业务收入与营运成本之差。其中，业务收入取决于运价与运量，两者主要由市场及企业所占市场份额所决定，难以变更。因而通过降低运营成本提高收益是一种行之有效的方式，这也是目前大多数研究航线优化的学者所认同的一种方法。

对任意情景 s，航线总运营成本 C_s 可分为固定成本 C_s^F 和变动成本 C_s^V，如式（13.8）所示。

$$C_s = C_s^F + C_s^V \tag{13.8}$$

（1）固定成本 C_s^F 为情景 s 下保持适航状态所需的费用，如固定资产损耗、保险费、船员工及维护成本等。主要与航行日数、船舶数量及型号有关，如式（13.9）所示。

$$C_s^F = \sum_{k\in V} C_k^f \left(\frac{\mathrm{SM}_k}{24v_k^s} + \mathrm{STAP}_k^s\right) \tag{13.9}$$

式中，$\frac{\mathrm{SM}_k}{24v_k^s}$ 表示情景 s 下船舶 k 的总在航时间，$\left(\frac{\mathrm{SM}_k}{24v_k^s} + \mathrm{STAP}_k^s\right)$ 表示情景 s 下船舶 k 的总航行时间（总航行时间=总在航时间+总在港停留时间）。

式（13.10）表示情景 s 下船舶 k 的总在港停留时间：

$$\mathrm{STAP}_k^s = \sum_{i\in G}\sum_{j\in G}\left\{\frac{\left[\frac{(d_i^s + q_i^s)}{t_i} + f_i\right]X_{ijk}}{24} + \frac{\sum_{j\in G}\left(\frac{d_j^s}{t_0} + f_0\right)X_{0jk}}{24} + \frac{\sum_{i\in G}\left(\frac{q_i^s}{t_0} + f_0\right)X_{i0k}}{24}\right\}, \quad \forall k \in V \tag{13.10}$$

式中，$\frac{\left[\frac{(d_i^s + q_i^s)}{t_i} + f_i\right]X_{ijk}}{24}$ 表示船舶 k 在其所访问的支线港处的停留时间；$\frac{\sum_{j\in G}\left(\frac{d_j^s}{t_0} + f_0\right)X_{0jk}}{24}$ 表示从枢纽港出发的船舶 k 在枢纽港的停留时间；$\frac{\sum_{i\in G}\left(\frac{q_i^s}{t_0} + f_0\right)X_{i0k}}{24}$ 表示返回枢纽的船舶 k 在枢纽港处的停留时间。

式（13.11）表示船舶 k 的行驶里程：

$$\mathrm{SM}_k = \sum_{i\in G}\sum_{j\in G} X_{ijk} d_{ij}, \quad \forall k \in V \tag{13.11}$$

（2）变动成本 C_s^V 为情景 s 下主要随着货量、燃油价格和船舶所访问的港口发生改变的费用，包括情景 s 下燃油成本 C_s^{Fuel} 与港口使用费 C_s^{port}，如式（13.12）所示。考虑到船舶需进行轻重油转换，式（13.13）为情景 s 下的燃油成本，包括重油、轻油成本 2 部分。船舶航速影响燃油消耗速率，据我国《运输船舶燃油消耗量 第 1 部分：海洋船舶计算方法》（GB/T 7187.1—2021），式（13.14）至式（13.16）参考 Koichi Shintani 等所采用燃油成本计算公式[248]。式（13.14）为情景 s 下的重油成本，对任意船舶 k 而言，产生重油成本为 $\frac{\mathrm{SM}_k}{v_k^s} P_k D^H r_s$；其中，$\frac{\mathrm{SM}_k}{v_k^s}$ 为情景 s 下船舶 k 航行时间（h）。同理，式（13.15）为情景 s 下轻油成本。式（13.16）为经典主机功率计算公式。式（13.17）为情景 s 下港口使用费用，其与所用船型和所访问的港口有关。

$$C_s^V = C_s^{\text{Fuel}} + C_s^{\text{port}} \tag{13.12}$$

$$C_s^{\text{Fuel}} = C_s^H + C_s^L \tag{13.13}$$

$$C_s^H = \sum_{k\in V} \frac{\text{SM}_k}{v_k^s} P_k D^H r_s \tag{13.14}$$

$$C_s^L = \sum_{k\in V} \frac{\text{SM}_k}{v_k} P_k D^L r_s' \tag{13.15}$$

$$P_k = \frac{\Delta_k^{2/3} v_k^{s^3}}{M_k}, \qquad \forall k \in V \tag{13.16}$$

$$C_s^{\text{port}} = \sum_{k\in V}\sum_{i\in G}\sum_{j\in G} u_k X_{ijk} \tag{13.17}$$

（3）综上，情景 s 下的总运营成本，如式（13.18）所示。

$$C_s(X_{ijk}) = \sum_{k\in V} C_k^f \{ \frac{\sum_{i\in G}\sum_{j\in G} X_{ijk} d_{ij}}{v_k^s} + \sum_{i\in G}\sum_{j\in G} [\frac{(d_i^s + q_i^s)}{t_i} i + f_i] X_{ijk} + \sum_{j\in G} (\frac{d_j^s}{t_0} + f_0) X_{0jk} + \sum_{i\in G} (\frac{q_i^s}{t_0} + f_0) X_{i0k} \}$$
$$/24 + \sum_{k\in V} [\frac{\sum_{i\in G}\sum_{j\in G} X_{ijk} d_{ij}}{v_k^s} P_k (D^H r_s + D^L r_s')] + \sum_{k\in V}\sum_{i\in G}\sum_{j\in G} u_k X_{ijk} \tag{13.18}$$

针对不确定性参数，第 13.1 节采用离散情景方法 $\Omega = \{1,2,\cdots,s\}$ 进行描述，且 $\sum_{s\in\Omega} p_s = 1$。决策过程即寻性能最佳鲁棒解，为平衡解的鲁棒性与模型的鲁棒性，第 13.1 节以松弛度量作为目标函数优化准则，结合式（13.18）可得支线班轮航线鲁棒优化模型目标函数式（13.9）。

$$\min \sum_{s\in\Omega} p_s C_s(X_{ijk}) + \omega \sum_{s\in\Omega} p_s z_s \tag{13.19}$$

式中，$\sum_{s\in\Omega} p_s C_s(X_{ijk})$ 用来度量解的鲁棒性；ω 为加权系数。由于第 13.1 节中 z_s 反映情景 s 下装载量的松弛变量，所以 ω 体现损失单位运量造成的班轮公司损失的价值。因而，$\omega \sum_{s\in\Omega} p_s z_s$ 为惩罚函数，用来衡量由于某些情景下装载量约束被打破所产生的惩罚成本。

3. 模型约束

针对支线班轮航运网络相关性强的特点，通过设置各船舶到港时间窗来实现支线与干线的配合，但由于不同货物的到港时间要求不同，难以设置统一的时间窗。通常为使货物按时装上干线船舶，货主会选择提前将货物运至枢纽港，并进行短暂堆存直至装上干线船舶离港。因此，第 13.1 节不再将船舶到港时间窗作为硬性约束，转而根据航线的集装箱运输时间与价格，计算货主选择该航线的固定效用，以确定最长时间限制。在求解过程中，利用所构建的目标函数，并设置最大航行时间限制，能够自动淘汰运输时间过长、成本过高的劣质规划方案[244]。

鲁棒优化下情景变动会对部分约束产生影响，有的约束有可能不能再被满足。故根据是否受不确定因素的影响，约束可被分为**设计约束与控制约束**。

（1）设计约束，是指不受不确定性参数影响的约束。第 13.1 节的设计约束主要是针对船舶的路径约束。其中，式（13.20）、式（13.21）保证各支线港仅被 1 艘船舶访问；式（13.22）保证进、出各支线港船舶数量相等，确保各支线港驶入的船舶最后都驶出；式（13.23）为船舶均从枢纽港出发；式（13.24）代表船舶最后均返回至枢纽港。

$$\sum_{k\in V}\sum_{i\in G}X_{ijk}=1,\ \forall j\in G, j\neq 0 \tag{13.20}$$

$$\sum_{k\in V}\sum_{j\in G}X_{ijk}=1,\ \forall i\in G, i\neq 0 \tag{13.21}$$

$$\sum_{j\in G}X_{ijk}-\sum_{j\in G}X_{jik}=0,\ \forall k\in V, i\in G \tag{13.22}$$

$$\sum_{\substack{j\in G\\ j\neq 0}}X_{0jk}=1,\ \forall k\in V \tag{13.23}$$

$$\sum_{\substack{i\in G\\ i\neq 0}}X_{i0k}=1,\ \forall k\in V \tag{13.24}$$

（2）控制约束，即受不确定性参数影响的约束。在实际船舶运营中，当燃油价格发生变动，船舶公司通常会通过调节航速来控制成本。故为削弱燃油价格波动对运营总成本的影响，同时符合航线设计完成后的运营实际，第 13.1 节通过总成本关于航速的偏导函数，确定不同燃油价格下对应的最佳航速。

对于 $\forall k\in V$，情景 s 下船舶 k 所对应的运营成本，如式（13.25）所示。

$$C_s(X_{ijk})=C_k^f\left(\frac{\mathrm{SM}_k}{24v_k^s}+\mathrm{STAP}_k^s\right)+\mathrm{SM}_k\frac{\Delta_k^{2/3}v_k^{s^2}}{M_k}(D^H r_s+D^L r_s')+\sum_{i\in G}\sum_{j\in G}u_k X_{ijk},\quad \forall k\in V \tag{13.25}$$

在情景 s 下船舶 k 的运营成本与航速 v_k^s 呈非线性相关，若要求得最佳航速，即需求出其极小值点，对式（13.25）求偏导可得式（13.26）。

$$\frac{\partial C_s}{\partial v_k^s}=\frac{C_k^f\mathrm{SM}_k}{-24v_k^{s^2}}+\frac{2\mathrm{SM}_k\Delta_k^{2/3}v_k^s}{M_k}(D_k^H r_s+D_k^L r_s'),\qquad \forall k\in V \tag{13.26}$$

令偏导 $\dfrac{\partial C_s}{\partial v_k^s}=0$，即可求得燃油价格变动对运营成本影响最小的最佳航速，如式（13.27）所示。

$$v_k^* = \left(\frac{C_k^f M_k}{48(D^H r + D^L r')\Delta^{2/3}}\right)^{1/3} \tag{13.27}$$

由式（13.27）可知，航速变换与决策变量 X_{ijk} 无关，与船舶自身的排水量、海军系数、燃油消耗速率、每日固定费用及燃油价格有关。

船舶的总航行时间由航速决定，而通过上述分析可知航速会受到燃油价格波动的影响，故时间约束，即约束式（13.28）～式（13.31）会受到情景变动的影响，即不确定性参数变化的影响。同时，由于第 13.1 节考虑集装箱货运需求的不确定性，引入了装载量的松弛变量，故装载量约束，即约束式（13.32）～式（13.38），也会受不确定参数变化的影响。

$$T_0 = \frac{\sum_{j\in G} \frac{d_j^s}{t_0} X_{0jk}}{24} + f_0, \quad \forall k \in V \tag{13.28}$$

$$\frac{\mathrm{SM}_k}{24 v_k^s} + \mathrm{STAP}_k^s \leqslant T_k, \quad \forall k \in V \tag{13.29}$$

$$T_j \leqslant T_i + \frac{X_{ijk} d_{ij}}{24 v_k^s} + \frac{\left[\frac{(d_i^s + q_i^s)}{t_h} + f_i\right] X_{ijk}}{24} - (1 - X_{ijk}) T_k, \quad \forall i, j \in G, k \in V \tag{13.30}$$

$$T_j \geqslant T_i + \frac{X_{ijk} d_{ij}}{24 v_k^s} + \frac{\left[\frac{(d_i^s + q_i^s)}{t_h} + f_i\right] X_{ijk}}{24} + (1 - X_{ijk}) T_k, \quad \forall i, j \in G, k \in V \tag{13.31}$$

$$\sum_{i\in G}\sum_{j\in G} d_i^s X_{ijk} = l_{0k}, \quad \forall k \in V, s \in \Omega \tag{13.32}$$

$$l_{0k}^s \leqslant Q_k + z_s, \quad \forall k \in V, s \in \Omega \tag{13.33}$$

$$\sum_{i\in G}\sum_{j\in G} q_i^s X_{ijk} \leqslant Q_k + z_s, \quad \forall k \in V, s \in \Omega \tag{13.34}$$

$$(l_{0k} - d_i^s + q_i^s) X_{0ik} = l_{ik}^s, \quad \forall i \in G, k \in V, s \in \Omega \tag{13.35}$$

$$l_{ik}^s \leqslant Q_k + z_s, \quad \forall i \in G, k \in V, s \in \Omega \tag{13.36}$$

$$(l_{ik}^s - d_j^s + q_j^s) X_{ijk} = l_{jk}^s, \quad \forall j \in G, k \in V, s \in \Omega \tag{13.37}$$

$$l_{jk} \leqslant Q_k + z_s, \quad \forall j \in G, k \in V, s \in \Omega \tag{13.38}$$

其中，约束式（13.28）为情景 s 下从枢纽港出发的船 k 的离港时间；式（13.29）为情景 s 下船 k 的总航行时间不能超过最长时间限制；式（13.30）、式（13.31）均是对 T_j 的设定，当且仅当 X_{ijk}=1 时 T_j 才有意义，通过这 2 个约束以保证情景 s 下船 k 航行时间的连续性。针对支线适合中小型船靠泊的特点，式（13.32）为情景 s 下船 k 出发时装载的集装箱量；式（13.33）为式（13.32）的装载量限制；式（13.34）为情景 s 下船 k 返回枢纽港时的装载量限制；式（13.35）为情景 s 下从枢纽港至支线港 i 的船舶 k 装载的集装箱量；式（13.36）为式（13.35）的装载量限制；式（13.37）为情景 s 下船 k 从支线港 i 至支线港 j 装载的集装箱量；式（13.38）为式（13.37）的装载量限制。

13.1.5　改进的 TS 算法

Brouer 等[249]已证明班轮航线网络规划属于 NP 难问题，第 13.1 节研究在不确定环境下的支线班轮航线鲁棒优化问题，是班轮航线网络规划问题的延伸，亦属于 NP 难问题。同时，鲁棒优化模型相比于确定性模型增大了解的搜索空间和搜寻难度，传统算法已无法满足该问题的求解。目前，群智能算法因其适用性强而被广泛应用于解决鲁棒优化问题，但算法普遍存在易陷入局部最优的缺陷。

Fred Glover 于 1986 年首次提出的 TS 算法是对局部领域搜索的扩展与延伸，可应用于全局逐步寻优，迄今为止 TS 算法被广泛应用于组合优化、生产调度等领域。TS 算法通过引入禁忌表和相应的禁忌准则避免迂回搜索，并通过设计特赦准则来赦免某些被禁忌的优良状态，进而确保解邻域空间的多样性，增强有效探索，从而寻求全局最优解。TS 算法作为现代启发式算法，具有良好的全局寻优能力，且禁忌表的存在使得算法在搜寻到最优解的同时避免陷入循环迭代[250]，增加了算法的寻优能力与寻优效率，适合于本节所建模型的求解。但 TS 算法对初始解依赖度较高，初始解的质量关系到搜索到的最优解的质量与效率；同时，作为局部邻域搜索的扩展，TS 算法的邻域变换规则决定着邻域解的分布与质量；若变换规则选取不当，不仅影响算法爬山能力，而且还影响跳出局部最优的能力。故本节对初始解和邻域变换规则进行改进。

由于鲁棒优化采用离散情景方法描述不确定性，且决策过程是寻求性能最佳的鲁棒解，即对各个情景都较优的解。考虑到仅仅寻求鲁棒优化解不能直观地对比分析出鲁棒优化后产生的支线班轮航线具有哪些特性。故第 13.1.4 节求解了各个情景下的确定解，并与鲁棒解进行比较分析。对 $\forall s \in \Omega$，当 s 确定时，不确定性问题即转化为确定性问题。为验证鲁棒解的性能，本节基于改进的 TS 算法，将算法分 2 部分：①针对确定性问题寻求确定情景下的最优解；②针对不确定性问题在不确定情景下进行寻优[244]。

1. 求解确定解

当情景 s 确定后，情景 s 发生的概率为 1，即 P_s=1，则其他情景发生的概率为 0。通过参数设定将不确定性问题转化为确定性问题。此时确定情景下相应控制约束将变为设计约束，所以 z_s=0，故针对确定性问题不需考虑惩罚成本，因而以式（13.18）总运营成本作为评价函数。

（1）解的编码。因用 0-1 编码方式不能有效区分各个港口，故第 13.1 节采用数字序列代表具有实际意义的港口序列，通过赋予各港口独有的编号，以区分各航线具体访问的港口及访问顺序。如以 0 代表枢纽港，1～10 代表 10 个不同的支线港。数字序列 0-1-5-4-0-0-3-7-2-0-0-6-0-0-2-8-9-10-0 表示解 X，其意义为该轴辐式网络中包含如下 4 条航线。

航线 1：0-1-5-4-0，船舶从枢纽港出发依次访问支线港 1-5-4 后返回枢纽港。

航线 2：0-3-7-2-0，船舶从枢纽港出发依次访问支线港 3-7-2 后返回枢纽港。

航线 3：0-6-0，船舶从枢纽港出发访问支线港 6 后返回枢纽港。

航线 4：0-2-8-9-10-0，船舶从枢纽港出发依次访问支线港 2-8-9-10 后返回枢纽港。

同时，第 13.1 节构建的模型中包含多种船型，且航线确定之后开始进行船舶配备[244]。在确定情景下，容量越大的船涉及的各项成本自然也越高，因而各航线在满足设计约束前提下以容量最小为准则进行船舶配备。

（2）初始解构建。构建方法主要有插入法、最近邻域法、C-W 节约法（Clarke-Wright saving algorithm）及扫描法等。其中插入法又称“最远插入法”由 Mole 和 Jameson 于 1976 年所提出，用于求解车辆路径问题（vehicle routing problem，VRP）[251]，该方法具备最近邻域法与 C-W 节约法的优点，在寻找插入位置的同时，完成元素的移动，常用来产生高质量的初始解，从而提高了算法效率。故第 13.1 节运用插入法代替随机法产生初始解。

（3）邻域变换规则。主要用于生成邻域解。优良的邻域变化规则能使邻域解的分布与质量更好。常用的邻域变化规则可归结为节点变换法、节线变换法 2 类。常用的节点交换法有 Swap 变换法和 λ-interchange 变换法；常用节线变换法有 *k-opt* 变换和 *or-op*t 变换法。Swap 变换法可用于路径间或路径内交换，该变换法选取不同 2 个节点，若符合约束条件则交换 2 点。λ-interchange 变换法，指在 2 条路径中分别抽取用于交换的节点，且数目不大于 λ，常用于线路间解的改善。λ 通常取 2，此时可形成 5 种领域变换(0,1)(0,2)(1,1)(1,2)以及(2,2)。以(0,1)为例，其表示第 1 条路径不选择节点插入到第 2 条路径中，第 2 条路径中选择 1 个节点插入到第 1 条路径中。类似的(1,2)则表示从第 1 条路径中选择 1 个节点插入到第 2 条路径中，从第 2 条路径中选择 2 个节点插入到第 1 条路径中。*k-opt* 变换法，可用于**线路间**或**线路内**解的改善，指用 k 条新弧代替移去的 k 条弧，通过弧的变换，生成新的领域解，k 常取 2 或 3。以 2-*opt* 线路内为例，其主要思想是随机选择 2 个弧 $(i, i+1)$ 与 $(j, j+1)$，将其用 $(i, j)(i+1, j+1)$ 代替。但此方法需考虑由于弧 $(i, i+1)$ 与 $(j, j+1)$ 交换带来某些节线方向的反转。1976 年，Orloff 提出 *or-opt* 变换法，该法与 *k-opt* 变换法相似，但不会造成某些节线方向反转，减轻运算负担。该算法将路径中的单点、连续 2 点或连续 3 点插入至该路径中的其他位置。

为增强算法的爬山与跳出局优的能力，本节兼顾线路内与线路间解的寻优策略，生成邻域变换规则。同时考虑到支线船只单航次访问的港口数量通常不超过 5 个。故为保证领域解的质量又兼顾领域解生成的效率，本节在线路内采用 *or-opt* 交换法，线路间采用 λ-interchange 变换法中的(1,0)与(1,1)变换规则。

（4）禁忌表。可以避免迂回搜索。禁忌表设置的好坏直接影响所求得解的质量。禁忌表的设计可归结为 2 个问题：禁忌对象选择和禁忌长度选择。为节省计算机存储空间，减少运算时间，禁忌对象一般为移动属性。故本章 13.1 节以解的向量分量为禁忌对象的禁忌表，如表 13.3 所示。

表 13.3　禁忌对象

交换方法	禁忌对象
or-opt	$(i, j, j+1)$
1-0 交换	(l_i, i, l_j)
1-1 交换	(l_i, i, l_j, j)

其中，i, j 表示港口 i 与港口 j。在 or-*opt* 交换法下港口 i, j 属于同一路径。在 1-0 与 1-1 交换法下，l_i 表示包含 i 港口的路径，l_j 表示包含 j 港口的路径，且 $l_i \neq l_j$。

禁忌对象在禁忌表中的禁忌时间由禁忌长度决定。禁忌长度影响着搜索过程。当禁忌长度过短时，容易造成循环搜索；过长时则会造成对禁忌对象过度的约束。如何有效的设计禁忌长度，目前还没有定论。故第 13.1 节采用业界常用的方法，对以上 3 类禁忌对象均设禁忌长度为 $\text{length} = \sqrt{n}$，其中 n 为问题中的节点数。

（5）特赦规则。在某些情况下，禁忌候选解可能优于当前解，为避免对其误禁，故引入特赦准则解禁该禁忌对象。第 13.1 节采用基于评价值的特赦规则，即当出现一个解 X' 的评价值与已出现的最好解 X^{best} 的评价值相比时 $E(X') < E(X^{\text{best}})$，即使从 X^{best} 到 X' 的变化是被禁忌的，此时也可以解禁。

（6）终止规则。采用常用的双重终止规则设定终止条件，即当总迭代次数达到某一充分大的数 N，或者在某一给定的步数 K 内最优解没有改进时，则算法终止。

综上，确定情景下改进的 TS 算法的流程，如图 13.6 所示。

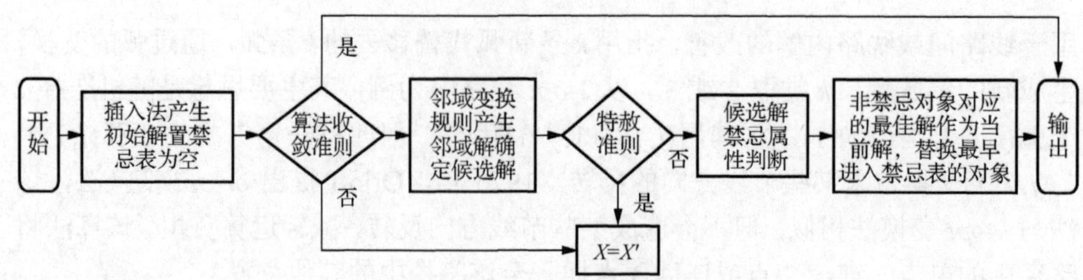

图 13.6　改进禁忌搜索算法流程

2. 求解鲁棒解

因不确定情景下引入松弛变量 z_s，故允许装载量约束和时间约束被打破。因船舶路径约束为设计约束，不受不确定性环境影响，即松弛变量 z_s 不对船舶路径产生影响，故在不确定情景下算法设计只需在第 13.1.5 节求解确定解的基础上对评价函数和船型配备原则做出改变即可。

针对不确定情景，以式（13.19）为评价函数。各航线船舶的配备依据运营成本与惩罚成本最小为原则。而不确定情景下，以任一航线为例，其船舶的配备过程如图 13.7 所示。

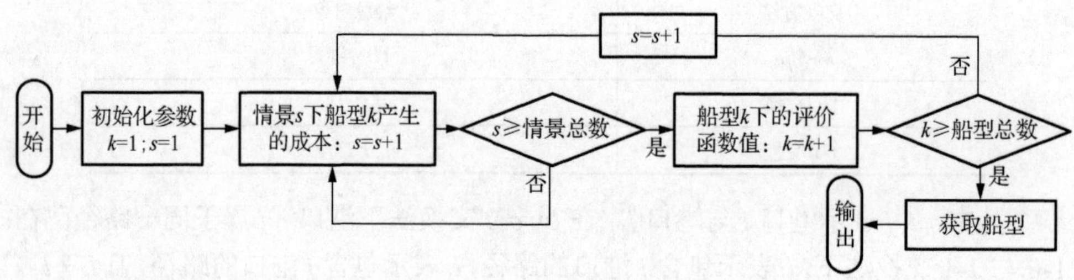

图 13.7　适配船型选择流程图

13.1.6　算例分析

1. 算例描述与运算

以 A 班轮公司为研究对象，目前该班轮公司的内支线服务网络基本覆盖环渤海各主要港口。其中，大连港位居西北太平洋的中枢，是亚欧大陆桥的终端，从大连港发出的货物可以横贯欧亚。同时，大连也是东北亚经济圈的中心，“陆上丝绸之路”“海上丝绸之路”的重要交会点，大连港作为东北亚和欧美等地相互转运最快捷的港口，是该区域面向世界的重要海上门户[252]。故第 13.1 节以大连港为枢纽港，研究其周围内支线班轮航线。采用 0～10 的顺序编号区分各个港口，其中，以标号 0 表示枢纽港——大连港；以顺序标号 1～10 分别表示锦州、营口、丹东、秦皇岛、莱州港、黄骅、威海、烟台、龙口、潍坊等支线港口。航线运营时间以周为单位。根据市场现有航线与各航线的固定效用，计算各航线的货主选择比例，继而确定所规划航线的货运需求量，并依市场预测确定货运需求未来可能出现的波动。第 13.1 节涉及的参数如表 13.4～表 13.6 所示。重油与轻油消耗速率（DH、DL）分别为 172g/（kW·h）与 5g/（kW·h）。

表 13.4　船舶参数

船容量 Q_k /TEU	船固定成本 C^f /（元/d）	排水量 $\Delta k / t$	海军系数 M_k	港口费 u_k
260	15000	6579	215	5500
432	17500	10886	220	6000
633	22867	15192	240	7500
725	26300	18254	245	8500
991	32400	24503	257	10000

表 13.5　各港口作业速度及进出港等泊时间

港口	大连	锦州	营口	丹东	秦皇岛	莱州港	黄骅	威海	烟台	龙口	潍坊
t_i	140	100	100	100	80	80	100	90	100	90	90
f_i	2.5	2.6	2.5	2.5	2.4	2.4	2.6	2.7	2.5	2.6	2.6

表 13.6　港口间距离

港口	大连	锦州	营口	丹东	秦皇岛	莱州港	黄骅	威海	烟台	龙口	潍坊
大连	0	123	169	128	129	124	205	84	87	106	170
锦州	123	0	53	311	106	237	269	248	224	190	265
营口	169	53	0	305	113	214	232	238	227	183	237
丹东	128	311	305	0	298	269	335	172	195	252	301
秦皇岛	129	106	113	298	0	154	142	196	172	146	189
莱州港	124	237	214	269	154	0	142	171	162	30	53
黄骅	205	269	232	335	142	142	0	234	214	158	144
威海	84	248	238	172	196	171	234	0	39	131	230
烟台	87	224	227	195	172	162	214	39	0	127	227
龙口	106	190	183	252	146	30	158	131	127	0	70
潍坊	170	265	237	301	189	53	144	230	227	70	0

为减少主观设定带来的误差，第 13.1 节利用 ω 体现单位损失运量的价值，并通过装载损失运量所能产生的收入反映惩罚成本的大小。以平均运价为基准，设

定 ω=1852.04 元/TEU，进而计算出惩罚成本 $\omega\sum_{s\in\Omega}p_s z_s$，依据万得（Wind）信息网提供的数据分析 2015～2018 年环渤海地区的集装箱运价，如图 13.8 所示。

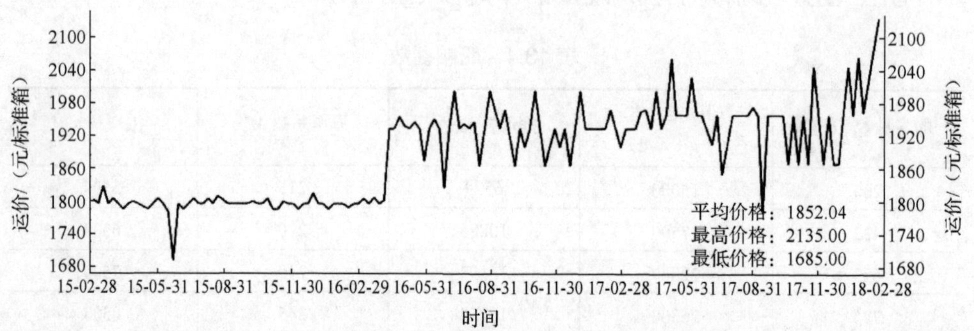

图 13.8　2015～2018 年环渤海地区集装箱运价

航运市场中货运需求上下波动是一种常态，班轮公司可通过关注各方市场预测，确定货运需求总量以及变化幅度。第 13.1 节设定货运需求总量及变化幅度，如表 13.7 所示，并以决策者对需求变化持积极、保守及消极的态度，改变各需求变化发生的概率。当决策者持积极态度时，设需求变化为 5%、0%、−5%发生的概率分别为 0.5、0.2、0.3；当决策者持保守态度时，设对应各需求变化发生的概率分别为 0.2、0.5、0.3；当决策者持消极态度时，设对应各需求变化发生的概率分别为 0.2、0.3、0.5。燃油市场受国际原油价格、天气、政府政策、石油输出国组织（Organization of the Petroleum Exporting Countries，OPEC）与国际能源署（International Energy Agency，IEA）的市场干预等因素影响。燃油价格会随市场变化，不受企业自身控制。

表 13.7　集装箱吞吐量变化　　单位：TEU/周

需求变化	进出港量	锦州	营口	丹东	秦皇岛	莱州	黄骅	威海	烟台	龙口	潍坊
+5%	进港量 d_i	232	221	163	305	309	47	119	79	258	37
	出港量 q_i	281	114	298	85	196	171	204	108	50	118
0	进港量 d_i	220	209	154	289	293	44	113	72	245	35
	出港量 q_i	266	108	268	90	186	162	193	102	47	112
−5%	进港量 d_i	209	198	146	274	278	41	107	68	232	33
	出港量 q_i	252	102	254	85	176	153	183	96	44	106

第 13.1 节以普通成本与高额成本对船舶燃油价格进行划分，并假设两者发生的概率分别为 0.6、0.4，如表 13.8 所示，且在各自区间服从均匀分布。燃油价格和货运需求同时波动，形成 6 种可能的情景，如表 13.9 所示。

表 13.8　燃油单位成本　　单位：元/t

成本	重油	轻油
普通成本	[4256,4700]	[6300,7100]
高额成本	[4700,5100]	[7100,8150]

表 13.9　燃油成本 6 种情景

成本	5%变化	0%变化	–5%变化
普通成本	1	2	3
高额成本	4	5	6

2. 结果分析

利用本节所设计的改进的 TS，借助 MATLAB 2014a 软件进行求解，得到不同情景与不同决策偏好下的最优航线方案及对应船型，如表 13.10 所示。以市场需求上涨且燃油价格高昂为例，即在情景 4 下，最优方案为使用 3 艘容量为 633TEU 的船舶分别从枢纽港出发依次访问支线港“9→5→10”“2→1”“7→3→8”后返回枢纽港，使用 1 艘容量为 432TEU 的船舶从枢纽港出发依次访问支线港“4→6”后返回枢纽港。通过表 13.10 可知不同情景 s 下，优化结果呈现出较大的差异。当内支线轴辐式网络中的货运需求及燃油价格波动时，网络内航线总数量（船队规模）、船型配备、各船舶访问的港口以及访问顺序均发生变动。同时，从表 13.10 还可知，从积极、保守、消极 3 方面分析考虑决策者偏好鲁棒优化结果的影响，不同决策偏好下所得的鲁棒解不尽相同。

为探寻鲁棒解与各情景下的确定解之间的差异以及不同决策偏好对鲁棒优化结果产生的影响，本节进一步定量分析表 13.10 中不同优化结果间的具体区别，通过分析表 13.10 中不同优化结果在不同情景下所产生的实际成本（运输成本与惩罚成本），以对确定解与鲁棒解的性能进行衡量，直观呈现出各优化方案的优劣，结果见表 13.11。

表 13.10　不同情景下的最优值

情景		最优航线方案及对应船型				
情景 1	航线	0-4-1-0	0-5-0	0-9-10-6-0	0-3-0	0-2-8-7-0
	船型	633	432	432	432	432
情景 2	航线	0-9-10-6-8-0	0-3-0	0-4-2-1-0	0-5-7-0	
	船型	432	432	724	432	
情景 3	航线	0-8-7-0	0-4-2-1-0	0-9-5-10-6-0	0-3-0	
	船型	432	724	633	260	
情景 4	航线	0-9-5-10-0	0-2-1-0	0-7-3-8-0	0-4-6-0	
	船型	633	633	633	432	
情景 5	航线	0-4-6-10-0	0-3-7-8-0	0-9-5-0	0-2-1-0	
	船型	432	633	633	432	
情景 6	航线	0-4-6-10-0	0-9-5-0	0-1-2-8-7-0	0-3-0	
	船型	432	633	633	260	
积极态度的鲁棒解	航线	0-5-8-0	0-3-0	0-9-10-6-0	0-4-7-0	0-2-1-0
	船型	432	432	432	432	432
保守态度的鲁棒解	航线	0-4-6-8-0	0-3-0	0-5-10-9-7-0	0-2-1-0	
	船型	432	432	724	432	
消极态度的鲁棒解	航线	0-8-3-0	0-9-0	0-2-1-0	0-5-7-0	0-4-6-10-0
	船型	432	260	432	432	432

表 13.11　不同情景下各解产生的成本

解	情景 1	情景 2	情景 3	情景 4	情景 5	情景 6
X_1	589672	587067	582285	600166	595214	593602
X_2	642763	555400	550929	655651	567071	563321
X_3	700120	571754	527692	710036	582075	545470
X_4	589736	583813	580205	591149	588858	585016
X_5	627209	556137	546265	638920	560041	554254
X_6	747317	646730	538076	756562	657620	543063
Y_1	591122	559109	550702	602201	569783	561330
Y_2	599402	557122	550086	607038	565109	563542
Y_3	594113	563040	549026	604166	573324	561084

其中，$X_1 \sim X_6$ 表示情景 1～6 下的最优解，$Y_1 \sim Y_3$ 表示 3 种决策偏好下的鲁棒解。由表 13.11 可知，当货运需求或燃油价格发生波动时，基于确定性情景所产生的优化方案适用性较差。如解 X_6 为情景 6 下的最优解，最优值为 543063 元。但其在情景 1 下的成本达到 747317 元，实际成本与最优值之间的偏差达到了 204254 元，波动太大，说明该方案稳定性欠佳。而鲁棒解 Y_1 在情景 1 下成本为 591122 元，虽表现力比情景 1 下的最优解差，但其与情景 1 下的最优解间仅相差 1450 元，方案优化结果较为稳定。

对比分析可知，确定情景下求得最优解的适用性较差。虽所得航线网络方案对于该确定情景是最优的，但当货运需求或燃油价格发生波动时，其实际产生的成本可能与最优值间存在较大偏差。这说明确定解的适用性不强，航线易受影响。相较于各情景下的最优解，鲁棒优化模型所得到的最优航线方案虽较为保守，但其对各种情景均可行，能够保证 $\forall s \in \Omega$ 的鲁棒解都是较优的。同时与各情景下能达到的最优解之间的偏差均保持在相对小的范围内，这能够保证 $\forall s \in \Omega$，所得鲁棒优化方案都是较优的。其有助于班轮公司降低需求和燃油价格等不确定性因素对航运方案可行性的影响，从而保持航线的稳定性。

同时，不同的决策偏好得出了不同的鲁棒优化方案。Y_1 由于侧重于货运需求上涨，所以其在情景 1 与情景 4 下的表现力较优；同理，Y_2 和 Y_3 结果类似。此外，通过计算分析各鲁棒方案对应的平均运营成本可知，Y_3 所对应的平均运营成本相对较高，其主要是由于企业持有对未来货运需求将会下跌的消极态度。这就导致了航线配船过于保守，造成平均甩箱量相对较高。同时，进一步说明在当前运价市场下不适宜采用消极的决策偏好。

第 13.1 节从支线航运系统整体出发，探索“全局→局部→瓶颈点”的集成优化方案，以“信息流”闭环驱动，实现相关业务链的纵向集成。首先，从系统的角度出发，借鉴三层 AMR 结构，建立了支线航运网络优化决策支持系统；其次，针对不确定环境下支线航运企业的航线设计问题，将**建模**、**控制**及**反馈相集成**，构建基于鲁棒优化的**闭环回路控制系统**；最后，以鲁棒优化（点）为主要研究方法，在满足港口服务时间限制及船舶容量限制的条件下，建立基于鲁棒策略的支线班轮航线优化模型。由改进的禁忌搜索算法求解可知，所求得的鲁棒解相对保守，能有效应对情景变化对支线航线的影响，规避支线航线设计决策的风险。

13.2 班轮靠泊集装箱码头岸桥与集卡作业集成调度优化

2021 年上海港集装箱吞吐量突破 4703.3 万 TEU，同比增长约 8.1%，再次刷新世界记录，连续 12 年坐稳世界集装箱第一大港的位置。港口吞吐量的快速增加和船舶的大型化发展，导致船舶在港作业时间越来越长，据统计集装箱船舶在保持经济航速航行的基础上，大约有60%的时间停靠在集装箱码头，船舶在港停靠时间已成为影响船舶运输效率的关键因素[253]。因此，如何提高班轮靠泊后集装箱码头的作业效率以减少船舶在港时间？

目前，港口提高自身作业效率的手段主要有增加设备（尤指岸桥）投入、使用新型箱吊及采用同贝同步模式等。相比于增加或更换设备造成的高昂成本，同贝同步模式能够实现资源复用，使岸桥与集卡在一个循环过程中实现双向重载（双循环），在降低回程空驶率的同时提高作业效率，但受船舶配积载计划以及舱盖板的限制，岸桥无法一直进行高效的双循环装卸操作，与岸桥装卸衔接的集卡也无法一直实现双向重载运输。

因此，班轮靠泊后，为提高集装箱码头岸桥与集卡的双循环作业次数，第13.2节基于同贝同步模式构建岸桥与集卡两阶段集成优化模型[254]：第一阶段建立满足舱盖板约束与作业循环次数最小的岸桥装卸序列优化模型，并设计矩阵编码的GA算法进行求解；基于第一阶段，第二阶段集成建立满足重载约束与作业时间最短的集卡运输路径优化模型，并利用矢量矩浓度的免疫GA求解。分析验证表明，基于同贝同步模式的岸桥与集卡集成优化能够进一步降低岸桥与集卡的空载率，实现配置优化与资源复用，在提高码头作业效率的同时，减少船舶在港时间。

13.2.1　相关理论基础

1. 集装箱码头作业全流程简介

集装箱码头专门用于集装箱装卸作业，以船舶靠泊为起点，依次经过岸桥装卸船、内集卡水平运输及场桥收发箱3个作业环节[255]，如图13.9所示。

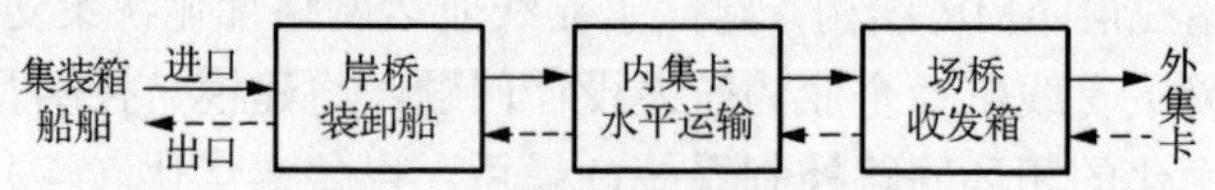

图13.9　集装箱码头作业环节

（1）岸边装卸作业环节。主要由岸桥负责来往进出口船舶的装卸任务。2个岸桥进行装卸操作时应间隔一定距离，不能相互交叉，以免发生碰撞[256]。因岸桥的型号、数量配置等直接决定装卸集装箱的速度，连带后续运输、堆存等环节，从而影响船舶离港时间，故船舶公司通常根据岸桥作业能力衡量整个码头服务水平[257]。根据码头作业集装箱的流向及岸桥装卸方向不同，该环节主要分为卸船作业流程和装船作业流程，具体操作如图13.10和图13.11所示。

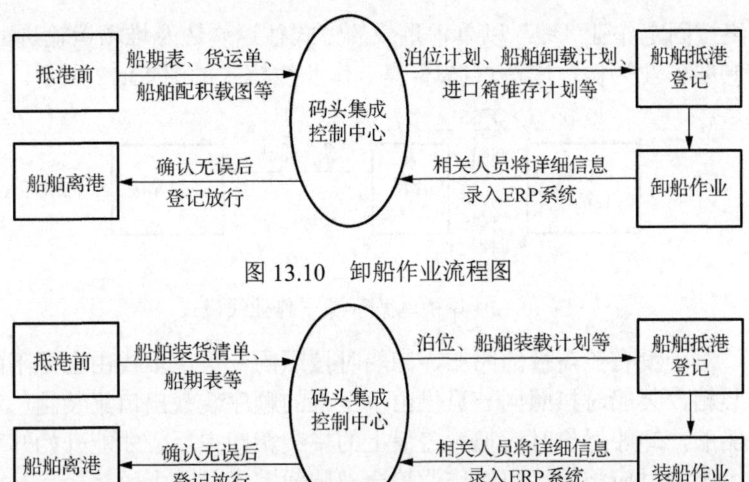

图 13.10　卸船作业流程图

图 13.11　装船作业流程图

（2）水平运输作业环节。主要由车辆完成作业箱在岸桥与场桥之间的往返运输。在众多码头运输设备中，集卡数量最多也最灵活，其设备数量、运输速度及路径等决定了集装箱在码头内部的运输效率，从而影响岸边与堆场 2 个作业环节。其中，集卡调度模式与行驶路径决定其运输能力与作业时间，故现有集卡优化中着重考虑这两方面。

（3）堆场作业环节。与码头卸船、提箱、集港、装船等业务密切相关，主要使用轮胎式、轨道式龙门起重机，简称场桥。场桥主要负责将水平运输设备运来的进口集装箱堆至箱区的指定箱位，或是将待装船的出口集装箱由指定箱位装至水平运输设备，除此之外还承担着堆箱、倒箱等任务[258]。堆场中的堆存方式分为单独堆存和混合堆存两种：单独堆存是将进出口箱各自分开存放；混合堆存是指同一箱区将进口箱与出口箱混合堆存，此方式能够极大地减少车辆空载时间，故受到广泛运用。

2. *岸桥-集卡作业模式*

不同作业模式体现出码头作业管理水准，提高码头作业管理与服务水平是减少港口成本支出、增强作业能力的有效途径。如何根据船舶的作业量配备岸桥、集卡等设备数量，如何规划船舶装卸方式以及集卡运输路径优化等？以贝位为最小作业单元，根据岸桥装卸作业方式以及集卡行驶路径，可将码头现行**岸桥-集卡**作业模式分为 3 种：**岸桥单循环-集卡作业线**、**岸桥单循环-集卡作业面**以及**同贝同步模式**。

（1）岸桥单循环-集卡作业“线”模式。岸桥采用单循环装卸集装箱，在 1 个循环中只卸/装载 1 个集装箱；在此期间，多个集卡固定搭配成 1 组服务于固定的岸桥，始终按固定作业“线”以单程重载的方式往返岸边及堆场运输进、出口箱。以集装箱卸船作业为例，岸桥单循环-集卡作业线模式如图 13.12 所示。

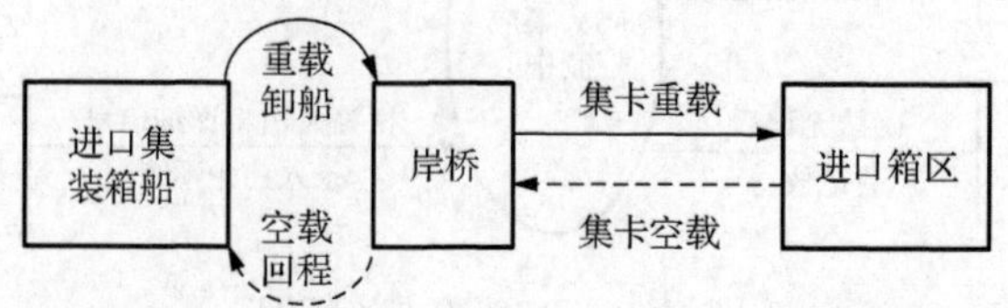

图 13.12　岸桥单循环-集卡作业线模式

其中，对于没有舱盖板的船舶，卸船时按照同一贝位堆栈由上至下的顺序卸载进口集装箱，装船时按照同一贝位由下至上的顺序装载出口集装箱。对于含有舱盖板的船舶，卸船操作时应把舱盖板上的集装箱卸完后，才能开始卸载甲板下的进口箱；装船时应把船舱内的作业箱全部装载完毕并盖上舱盖板后，才能装载上面的出口箱[259]。该模式下岸桥与集卡 1 次单循环作业 1 个集装箱，空载率为 50%，设备资源占用多且利用率低，导致码头作业成本高。

（2）岸桥单循环-集卡作业“面”模式。岸桥仍以单循环单程空载的方式装卸集装箱，成组集卡不再服务于固定的岸桥，而是按照整体优化的思想为码头的所有岸桥服务。集卡作业“面”主要面向前沿岸桥与堆场 2 个部分，前部分指同 1 组集卡为 2 个以上的岸桥负责水平运输作业，且在运输时从 1 个执行装船操作的岸桥前往另 1 个执行卸船作业的岸桥，在进出码头前沿时均是重载运输；后部分指集卡装载作业箱重进重出堆场的情形，在将进口箱运输至所在堆场后空载前往出口箱所在的箱区，并将出口箱水平搬运至岸边。岸桥单循环-集卡作业面模式，如图 13.13 所示。

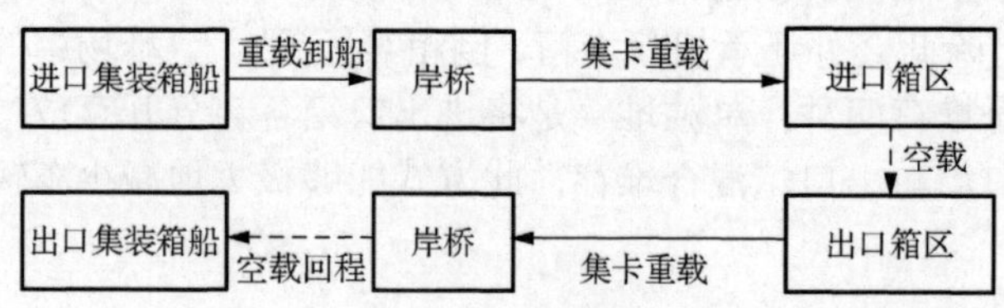

图 13.13　岸桥单循环-集卡作业面模式

通过以上作业过程可知，岸桥单循环-集卡作业面模式下的装船与卸船作业能够相互联系，具体表现为：集卡在 1 次双循环运输中，将某个岸桥卸下的进口箱运输至堆场后，回程承担另一岸桥的出口箱运输任务，一来一回分别协助岸桥完成卸船作业和装船作业。因此，应用此种模式能够将进口箱船舶与出口箱船舶的装卸作业同时进行，通过集卡“重进重出”堆场，提高集卡运输负荷与作业效率，降低空载次数并减少运输能耗。但该模式仍存在如下缺陷：岸桥始终是单循环作业，空载率仍旧较高；集卡在 2 个进出口箱区仍为空载行驶；为减少集卡在卸船与装船岸桥之间的运输时间，通常安排待卸和待装船舶靠泊在相邻泊位，但由于船舶到港时间和进出口箱量往往不一致，故该模式应用受到诸多制约。

（3）同贝同步作业模式。即岸桥双循环-集卡作业面模式，主要指岸桥在装卸集装箱时采用双循环重载的方式，具体如图 13.14 所示。

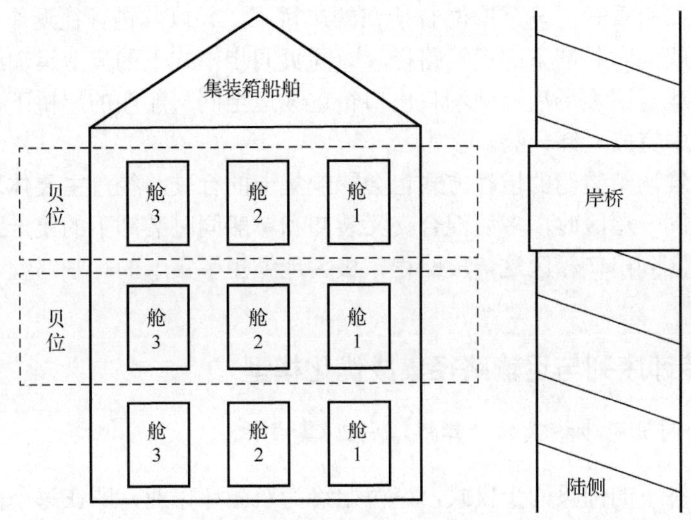

图 13.14　集装箱船结构图

将集卡运输的出口箱卸到船舶贝位内指定船舱后，回程按照卸载序列从同贝位内将 1 个进口集装箱卸到集卡上，实现边装边卸；集卡同样采用“重进重出”的方式进出堆场，在将进口箱水平搬运至指定箱区后，立即进入出口箱所在的箱区，并将出口箱水平搬运至岸边。应用该模式能够大大减少岸桥与集卡的作业循环次数，降低设备作业成本，符合现代码头高吞吐量、低能耗、高效率的目标。在同贝同步模式下，船舶装卸以贝位为岸桥的最小作业单元，每个贝位包含 2～3 个船舱。按照传统作业顺序，岸桥在每个贝位内均依照船舶靠岸一侧由内至外的顺序依次卸载或装载作业，即按照“舱 1-舱 2-舱 3”的顺序进行同贝同步作业。

3. 集卡路径优化问题

集卡路径优化属于 Dantzig 等[260]在 1959 年提出的车辆路径问题（vehicle routing problem，VRP），但是与传统的 VRP 不同，码头集卡所载货物为集装箱，有 20 英尺、40 英尺等大小，其体积大、标准化的特点使 1 辆集卡通常每次只运输 1 个或 2 个标准箱，且不会存在前往多个箱区拼箱货的情形。

根据集卡作业方法的不同，可将码头的集卡运输路径分为以下 3 种。

（1）单船独立装卸下的运输路径，即**岸桥单循环-集卡作业线**模式下的集卡运输路径。进口作业时，集卡重载运输作业箱至堆场箱区后空车返回码头前沿；出口作业时，集卡重载运输作业箱到码头前沿后空车返回堆场。

（2）多船混合交叉装卸下的运输路径，即**岸桥单循环-集卡作业面**模式下的集卡运输路径。主要表现为：集卡从泊位 A 的岸桥下将进口箱运至堆场，返回码头前沿时将出口箱重载运输至泊位 B 所在的岸桥下，并以此进行往返作业。

（3）单船同时装卸下的运输路径，即**同贝同步**模式下的集卡运输路径：集卡将进口箱重载运至堆场后，回程将出口箱重载运至同一船舶的岸桥下，使其在 1 个作业循环中完成一卸一装。

另外，堆场集装箱的堆存方式也会影响集卡的行驶路径，主要体现在集装箱混合堆存在同一箱区时，多船混合交叉装卸和单船同时装卸下的集卡路径将会缩短由进口箱区到出口箱区这一段路程，极大地缩短了集卡的行驶路程，提高了运输效率。

13.2.2　装卸序列与运输路径集成优化模型

1. 基于同贝同步模式的“岸桥-集卡”集成作业

理想状态下的同贝同步模式，岸桥始终为双循环作业，即在每个循环中分别完成 1 个进口箱的卸载与 1 个出口箱的装载作业[261]。但实际上，船舶结构以及堆栈中集装箱的堆码数量影响了岸桥的双循环作业，使其作业循环数有所增加，同样增加了集卡的运输次数。根据图 13.15（a），贝位内每个船舱中的舱盖板将集装箱堆栈分为甲板上、下 2 个部分，每个集装箱堆栈由若干个集装箱上下堆码而成。故同贝同步模式下的岸桥与集卡作业受到舱盖板及其堆码方式的影响：每个集装箱堆栈只有全部卸载完成后才能进行装载堆码；舱盖板上的集装箱全部卸载完毕后才能卸载舱盖板下面的集装箱；舱盖板下集装箱全部装载完毕后才能装载舱盖板上面的集装箱。

以传统顺序采用同贝同步模式作业图［图 13.15（a）］中的贝位，岸桥与集卡作业过程如下。

（1）岸桥首先针对舱 1 进行单循环卸载操作，依次按照堆栈 1—3 的顺序作业，然后打开舱盖板继续单循环卸载堆栈 4 中的作业箱。在此期间，集卡以单程重载的方式将进口集装箱运输到其所在堆场。其作业过程与**岸桥单循环-集卡作业线模式**中的卸箱过程一致，岸桥与集卡均单程重载，具体如图 13.15（b）所示。

（2）将舱内集装箱堆栈进行 [装—卸] 匹配：[4—5]、[5—6]、[6—7]；盖上舱盖板，继续将舱 1 甲板上的堆栈与舱 2 堆栈进行匹配：[1—8]、[2—9]、[3—10]；此时，舱 2 的舱盖板已经打开，继续将堆栈 [10—11]、[11—12] 进行匹配。

（3）岸桥与集卡按照步骤（2）的顺序对所匹配堆栈进行双循环重载作业，具体作业过程为**岸桥双循环-集卡双循环**模式，如图 13.15（c）所示。以双循环装卸堆栈 [4—5] 为例：①集卡从混合堆场将出口箱 4.3 水平运输至岸桥下；②岸桥完成将出口箱 4.3 装载到船上的作业，回程时完成进口箱 5.1 的卸载操作并将其卸载到指定集卡；③该集卡等待集装箱 5.1 卸下后，将其运输到堆场所在箱区；④继续依次作业集装箱 [4.2—5.2] 和 [4.1—5.3]，直至装载完堆栈 4，卸载完堆栈 5。

（4）由于所有堆栈均已卸载完毕，舱 2 的剩余堆栈无法进行 [装—卸] 匹配，因此岸桥对堆栈 12-7-8-9 采取单循环装载操作，集卡单程重载将相应出口箱运至堆场。其作业与岸桥单循环-集卡作业线中的装箱过程一致，如图 13.15（d）所示。

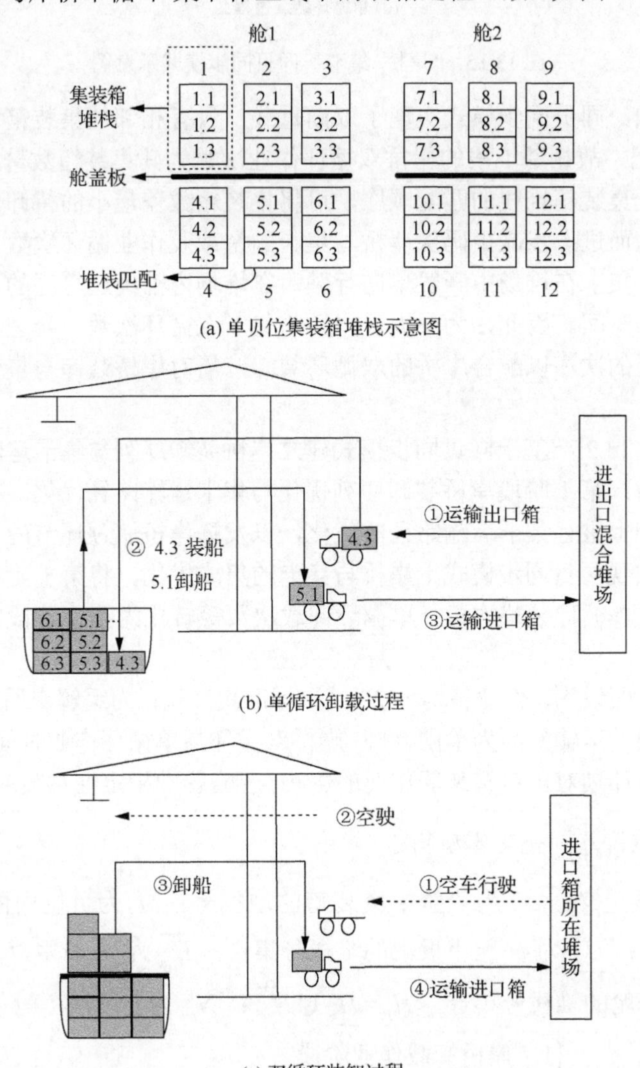

(a) 单贝位集装箱堆栈示意图

(b) 单循环卸载过程

(c) 双循环装卸过程

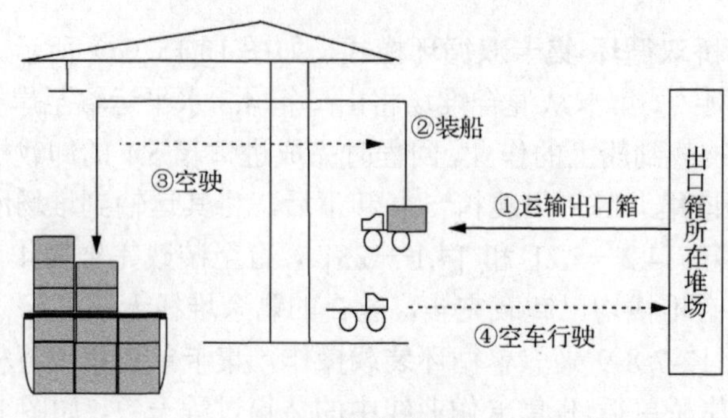

(d) 单循环装载过程

图 13.15 “岸桥-集卡”同贝同步模式示意图

由此可知：同贝同步模式实现了双向重载；只有相邻的集装箱堆栈才能进行[装一卸] 匹配，故相邻堆栈的岸桥双循环作业次数为其集装箱数量差的绝对值。本节通过打乱集装箱堆栈的匹配顺序，可将集装箱数差最小的待卸与待装堆栈匹配到一起，从而进一步减少码头岸桥与集卡的空载及作业循环次数。此外，为缓解交通拥堵，集卡在堆场中一般单向行驶，在堆场内部经过箱区的不同次序将产生不同的运输时间。因此，为最大化岸桥与集卡双循环次数，合理规划集卡到达堆场不同箱区的次序以配合岸桥的双循环装卸，需对岸桥装卸与集卡运输路径进行协同优化。

综上，第 13.2 节基于同贝同步模式建立岸桥装卸序列与集卡运输路径两阶段集成优化模型：第 1 阶段岸桥装卸序列优化与集卡运输路径优化。在岸桥装卸序列优化的基础上进行集卡运输路径的优化，以发挥岸桥瓶颈环节的决定性作用。第 2 阶段为实现同贝同步模式下岸桥与集卡的集成优化，将第 1 阶段求解的双循环装卸次数、单循环装载次数、单循环卸载次数等转化为第 2 阶段的重载约束、双循环运输等。

模型条件假设为：作业箱均为 20 英尺标准集装箱；为缓解交通拥堵，集卡在岸边及堆场间的运输始终为单向行驶；岸桥双循环与单循环作业时间均为固定值；考虑船舶配载计划对出口箱装船作业的影响；忽略船舶稳定性对装卸作业的影响。

2. 岸桥装卸序列优化模型构建

（1）参数定义：i, j 为船舱中集装箱的堆栈号；M 为贝位内的船舱数量，$m=1,2,\cdots,M$；$\underline{H_m}$ 为 m 舱甲板上的堆栈号集合；$\overline{H_m}$ 为 m 舱甲板下的堆栈号集合；H_m 为 m 舱的堆栈号集合，$H_m=\underline{H_m}\cup\overline{H_m}$；$N_{mi}^k$ 为 k 阶段，舱 m 中栈 i 需作业的集装箱量；$k=\begin{cases}1, & \text{岸桥卸载作业阶段}\\ 2, & \text{岸桥装载作业阶段}\end{cases}$。

（2）决策变量：P_i^k 为 k 阶段，岸桥作业栈 i 的循环次数；S_i^k 为 k 阶段，岸桥作业 i 栈前的循环次数；C_m^k 为 k 阶段，岸桥完成舱 m 的单循环次数；$y_{ij}^k=\begin{cases}1, & k\text{阶段，栈}i\text{为栈}j\text{的紧前作业}\\0, & \text{其他}\end{cases}$。

（3）目标函数：岸桥装卸序列优化模型的总目标为极小化岸桥的总作业循环次数，其总作业循环次数主要包括 3 个部分：岸桥双循环次数 XX、单循环卸载次数 U 以及单循环装载次数 V。由于岸桥 1 次只能卸载或装载 1 个集装箱，所以总卸箱量、总装箱量即为岸桥的总卸载次数与总装载次数。岸桥双循环次数 XX 即为总卸箱量减去单循环卸载次数；单循环装载次数 V 即为总装箱量减去双循环次数 XX。XX、U、V 之间的关系分别如式（13.39）、式（13.40）、式（13.41）所示。

$$XX=\sum_{m=1}^{M}\left(\sum_{i=1}^{H_m}N_{mi}^1-C_m^1\right) \tag{13.39}$$

$$U=\sum_{m=1}^{M}C_m^1=\sum_{m=1}^{M}\sum_{i=1}^{H_m}N_{mi}^1-XX \tag{13.40}$$

$$V=\sum_{m=1}^{M}C_m^2=\sum_{m=1}^{M}\sum_{i=1}^{H_m}N_{mi}^2-XX \tag{13.41}$$

因此，目标函数可以归纳为

$$\begin{aligned}\min N&=XX+U+V\\&=\left(\sum_{m=1}^{M}\sum_{i=1}^{H_m}N_{mi}^1-\sum_{m=1}^{M}C_m^1\right)+\sum_{m=1}^{M}C_m^1+\left(\sum_{m=1}^{M}\sum_{i=1}^{H_m}N_{mi}^2-XX\right)\\&=\sum_{m=1}^{M}\sum_{i=1}^{H_m}N_{mi}^1+\sum_{m=1}^{M}\sum_{i=1}^{H_m}N_{mi}^2-\left(\sum_{m=1}^{M}\sum_{i=1}^{H_m}N_{mi}^1-\sum_{m=1}^{M}C_m^1\right)\\&=\sum_{m=1}^{M}\left(\sum_{i=1}^{H_m}N_{mi}^2+C_m^1\right)\end{aligned} \tag{13.42}$$

（4）约束条件：

$$S_i^k\geqslant 0, i\in H_m, k=1,2 \tag{13.43}$$

$$C_m^k\leqslant\sum_{i=1}^{H_m}N_{mi}^k, m=1,2,\cdots,M, k=1,2 \tag{13.44}$$

$$P_i^k\leqslant N_{mi}^k, i\in H_m, m=1,2,\cdots,M, k=1,2 \tag{13.45}$$

$$S_i^1+P_i^1\leqslant S_j^1, i\in \underline{H_m}, j\in \overline{H_m} \tag{13.46}$$

$$S_j^2+P_j^2\leqslant S_i^2, i\in \underline{H_m}, j\in \overline{H_m} \tag{13.47}$$

$$S_i^1+P_i^1\leqslant S_i^2, i\in H_m, H_m=\underline{H_m}\cup\overline{H_m} \tag{13.48}$$

$$S_i^k + P_i^k - S_j^k \leqslant M\left(1 - y_{ij}^k\right), \quad i,j \in H_m, k = 1,2 \tag{13.49}$$

其中，①岸桥作业约束式（13.43）为在装卸每个集装箱堆栈前，岸桥的作业量都不应该小于 0。②船舱作业约束式（13.44）、式（13.45）为岸桥在整个船舱中以单循环方式作业的集装箱数量应限制在整个船舱所含集装箱总量之内；岸桥对每个集装箱堆栈的卸载/装载操作次数应小于该堆栈的卸/装箱量。③舱盖板约束式（13.46）、式（13.47）为舱上堆栈卸完后才能进行舱下堆栈的作业；舱下堆栈装完后才能进行舱上堆栈的装载作业。④堆栈先后顺序约束式（13.48）、式（13.49）为岸桥作业同一集装箱堆栈时须遵循先卸后装顺序；岸桥在同一船舱中只有前一堆栈全部卸载/装载完后才能进行下一堆栈的卸载/装载操作。

3. 集卡运输路径优化模型构建

（1）参数定义：a 为进口集装箱所在的堆场号；b 为出口集装箱所在的堆场号；n 为堆场数，$a,b=1,2,\cdots,n$；t_1 为单循环装卸下，岸桥单位作业时间；t_2 为双循环装卸下，岸桥的单位作业时间；t_3 为场桥的单位作业时间；t_{oa} 为进口箱从岸边运到堆场 a 的重载时间；t_{bo} 为出口箱从堆场 b 运到岸边的重载时间；t_{ao} 为集卡从堆场 a 到岸边的空载时间；t_{ob} 为集卡从岸边到堆场 b 的空载时间；t_{ab} 为集卡从堆场 a 到堆场 b 的空载时间；U 为上一阶段岸桥单循环卸载次数；V 为上一阶段岸桥单循环装载次数；XX 为上一阶段岸桥双循环装卸次数；UL_a、L_a 为第 a 个堆场的卸箱量和装箱量。

（2）决策变量：X_a 为岸桥单循环卸载时，集卡单程运输进口箱到堆场第 a 个箱区的次数；X_b 为岸桥单循环卸载时，集卡单程运输出口箱到堆场第 b 个箱区的次数；Y_{oa} 为岸桥双循环装卸时，集卡从岸边到堆场 a 重载运输进口箱的次数；Y_{bo} 为岸桥双循环装卸时，集卡从堆场 b 到岸边重载运输出口箱的次数；Z_{ab} 为岸桥双循环装卸时，集卡从堆场 a 到堆场 b 的空载次数。

（3）目标函数：总目标为极小化集卡总作业时间，包括集卡在码头前沿与后方堆场处的等待时间以及水平行驶时间，如式（13.50）所示。

$$\begin{aligned}\min T=&\left(\sum_{a=1}^{n} X_a + \sum_{b=1}^{n} X_b\right)(t_1+t_3) + \sum_{a=1}^{n} Y_{oa}(2t_3+t_2) + \sum_{a=1}^{n} X_a\left(t_{oa}+t_{ao}\right)\\ &+\sum_{b=1}^{n} X_b\left(t_{bo}+t_{ob}\right) + \sum_{a=1}^{n} Y_{oa}t_{oa} + \sum_{a=1}^{n}\sum_{b=1}^{n} Z_{ab}t_{ab} + \sum_{b=1}^{n} Y_{bo}t_{bo}\end{aligned} \tag{13.50}$$

集卡的等待时间 T_1 各项即为岸桥与场桥的装卸时间，分为单循环和双循环两个部分，如式（13.51）所示；集卡的水平行驶时间 T_2 即为集卡在岸桥单循环与双循环装卸下的水平行驶时间，主要是单程运输进口箱的重载与空载时间、单程运输出口箱的重载与空载时间、双循环运输进口箱的重载时间、从进口箱所在位置到出口箱所在位置的空载时间以及双循环运输出口箱的重载时间，如式（13.52）所示。

$$T_1=\left(\sum_{a=1}^{n}X_a+\sum_{b=1}^{n}X_b\right)(t_1+t_3)+\sum_{a=1}^{n}X_{oa}(2t_3+t_2) \tag{13.51}$$

$$T_2=\sum_{a=1}^{n}X_a\left(t_{oa}+t_{ao}\right)+\sum_{b=1}^{n}X_b\left(t_{bo}+t_{ob}\right)+\sum_{a=1}^{n}Y_{oa}t_{oa}+\sum_{a=1}^{n}\sum_{b=1}^{n}Z_{ab}t_{ab}+\sum_{b=1}^{n}Y_{bo}t_{bo} \tag{13.52}$$

（4）约束条件：第 1 阶段岸桥按照优化后的作业序列依次完成装卸作业，由于集卡需承担岸桥装卸集装箱的运输任务，岸桥的双循环次数 XX 、单循环卸载次数 U 与单循环装载次数 V ，可对应转化为第 2 阶段集卡的双循环运输次数、单程运输进口箱次数以及单程运输出口箱次数。第 1 阶段优化结果对第 2 阶段模型的约束如下。

第一，重载约束。利用第 1 阶段的 XX 、 U 和 V 对集卡进出每个箱区的次数进行限制，主要表现为集卡的重载约束，分别如式（13.53）～式（13.55）所示。

$$\sum_{a=1}^{n}X_a=U \tag{13.53}$$

$$\sum_{b=1}^{n}X_b=V \tag{13.54}$$

$$\sum_{a=1}^{n}\sum_{b=1}^{n}Z_{ab}=XX \tag{13.55}$$

第二，堆场容量约束。由于采用进出口箱混合堆存的方式，堆场容量约束主要分为 2 部分：①集卡在各个堆场的卸箱量与装箱量不能超过单个箱区的最大容量，分别如式（13.56）与式（13.57）；②集卡在堆场每个箱区运输进口箱或出口箱的数量应该与堆场为每个贝位分配的总箱位数量一致，分别如式（13.58）与式（13.59）所示。

$$X_b+Y_{bo}\leqslant L_b,\forall b=1,2,\cdots,n \tag{13.56}$$

$$X_a+Y_{ao}\leqslant UL_a,\forall a=1,2,\cdots,n \tag{13.57}$$

$$\sum_{b=1}^{n}X_b+\sum_{b=1}^{n}Y_{bo}=\sum_{b=1}^{n}L_b \tag{13.58}$$

$$\sum_{a=1}^{n}X_a+\sum_{a=1}^{n}Y_{oa}=\sum_{a=1}^{n}UL_a \tag{13.59}$$

其中，式（13.58）表示集卡单循环运输与双循环运输进口箱的总次数应等于堆场为其安排进口箱的箱位数之和；式（13.59）表示集卡单循环运输与双循环运输出口箱的总次数应等于堆场为其安排出口箱的箱位数之和。

第三，同贝同步约束。为岸桥与集卡双循环作业时的衔接约束。岸桥边装边卸作业的集装箱与集卡重进重出堆场分别运输的集装箱一致，均为 1 个进口箱与 1 个出口箱相互搭配。故同贝同步装卸时，集卡从进口箱所在箱区到出口箱所在箱区的次数即为重进重出堆场的次数，分别如式（13.60）与式（13.61）所示。式（13.62）表示各决策变量的正整数约束。

$$\sum_{b=1}^{n} Z_{ab} = Y_{oa}, \forall a = 1,2,\cdots,n \tag{13.60}$$

$$\sum_{a=1}^{n} Z_{ab} = Y_{bo}, \forall b = 1,2,\cdots,n \tag{13.61}$$

$$X_a, X_b, Y_{oa}, Y_{bo}, Z_{ab} \in Z^{+} \tag{13.62}$$

13.2.3　两阶段集成优化模型算法设计

1. 两阶段算法

本节以 GA 为基础设计两阶段求解算法，但是 GA 在涉及大量个体计算时，其最优解依赖初始种群且随机性较大，易过早收敛而与最优解差别较大。第 1 阶段利用 GA 交叉、变异操作处理带舱盖板约束染色体的优势，并针对 GA 早熟收敛等问题，通过动态自适应策略自行修正交叉与变异概率，设计了自适应遗传算法（adaptive genetic algorithm，AGA）；第 2 阶段针对 GA 求解结果不稳定的问题，加入免疫算法（immune algorithm，IA）的抗体浓度调整种群多样性，设计了免疫遗传算法（immune genetic algorithm，IGA）。

如图 13.16 所示，两阶段集成优化模型算法流程主要的求解思路为：第 1 阶段为岸桥装卸序列优化，首先输入每个贝位内的集装箱堆栈信息，经 AGA 求解后输出优化后的岸桥同贝同步作业次数 XX（岸桥双循环装卸次数），并据此求出单循环卸载次数 U 以及单循环装载次数 V；将第 1 阶段结果转变为集卡重载约束作为第 2 阶段集卡运输路径优化的输入，经 IGA 求解后输出最优的集卡运输路径。

2. 岸桥装卸序列优化 AGA 算法

第 1 阶段模型的目标是优化岸桥的双循环作业次数。受船舶集装箱堆栈所在贝位、船舱以及舱盖板的影响，利用二进制编码计算复杂，故采用实数矩阵编码的方式将染色体长度缩短，设计了基于矩阵编码的岸桥装卸序列优化 AGA 算法，具体设计如下。

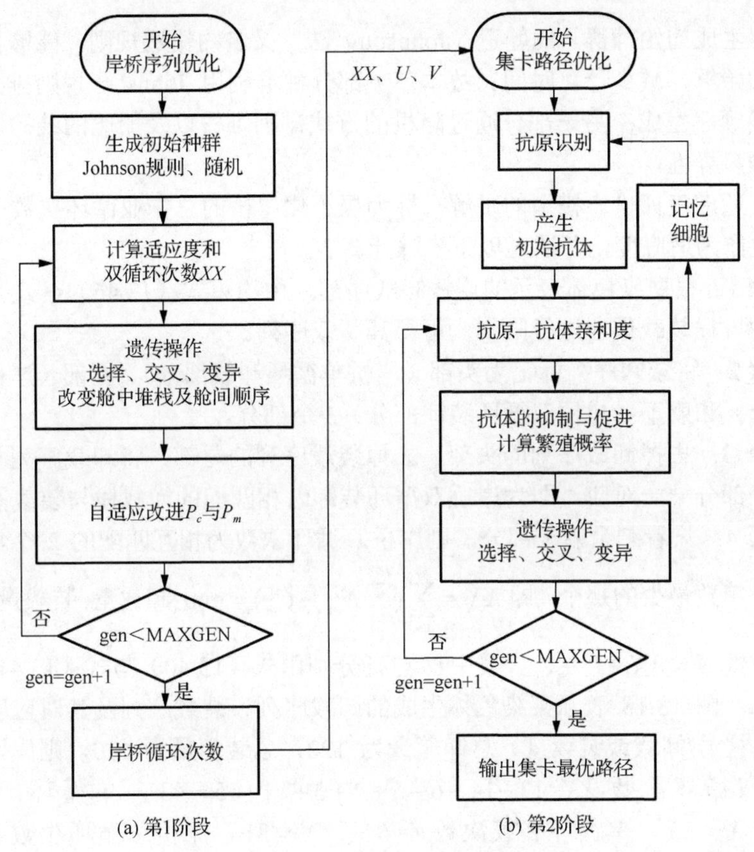

(a) 第1阶段　　(b) 第2阶段

图 13.16　两阶段算法流程图

（1）染色体编码。采用二维 10 进制编码以降低算法复杂性。如图 13.17 所示，染色体矩阵由 1 个 $P\times6$ 的二维数组构成，其中 P 表示某贝位内所含堆栈数量，通过贝位号、舱号、栈号、位置来识别贝位内的某一个集装箱堆栈，卸载量与装载量即为该堆栈的作业箱量。故矩阵中的每 1 行表示 1 个集装箱堆栈（位置 1 表示堆栈在甲板上，位置 2 表示堆栈在甲板下），矩阵的行数对应堆栈的卸载顺序。

卸载顺序	贝位号	舱号	栈号	位置	卸载量	装载量
1	1	1	1	1	6	7
2	1	1	2	1	5	5
3	1	1	3	1	7	3
4	1	1	4	2	15	12
5	1	1	5	2	17	15
…	…	…	…	…	…	…

图 13.17　AGA 的矩阵编码

（2）生成初始种群。约翰逊（Johnson）法，又名约翰逊规则，能够保证生成较好的初始解，减少计算时间。故本节一部分种群利用 Johnson 规则排列舱盖板下的堆栈顺序生成；另一部分通过随机的方式排列堆栈以及船舱的装卸顺序，以增加种群多样性。

（3）适应度评价。模型的求解目标为极小化岸桥的总作业循环次数 N，故取 N 的倒数作为适应度，并通过以下步骤计算 N。

步骤 1：根据染色体表示的堆栈卸载序列，由约束式（13.46）～式（13.48）对岸桥的堆栈装载作业进行限制，可得其装载序列。

步骤 2：将装卸序列标记为头部（岸桥单循环卸载部分）、尾部（岸桥单循环装载部分）和躯干（岸桥双循环装卸部分）3 个部分。

步骤 3：去掉卸载序列的头部，去掉装载序列的尾部，将卸载序列与装载序列的躯干部分一一对应，即为岸桥双循环装卸时相匹配的卸载栈与装载栈。

步骤 4：只看剩余躯干部分，则岸桥双循环次数为相互匹配的 2 个集装箱堆栈中所含箱数最少的那个，即 $XX=\sum_{m=1}^{M}(\sum_{i=1}^{H_m}N_{mi}^{1}-C_{m}^{1})=\min\{\text{卸载量},\text{装载量}\}$，总作业循环次数 $N=XX+U+V$，其中 U 与 V 分别由式（13.40）与式（13.41）确定。

例如，图 13.18 表示某染色体生成的卸载序列、装载序列及其对应躯干（图中数字为栈号/卸载或装载量）总卸箱量为 122，总装箱量为 110，则岸桥作业该贝位的双循环次数 $XX=13+14+6+5+4+3+14+15=43$，单循环卸载次数 $U=69-XX=26$，单循环装载次数 $V=64-XX=21$，岸桥总循环次数 $N=XX+U+V=90$。

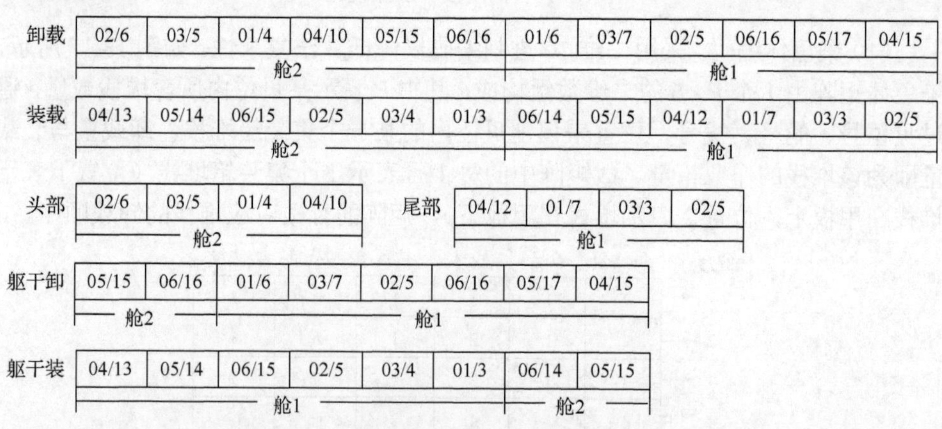

图 13.18 由某染色体生成的卸载和装载序列

（4）遗传操作。选择：采用精英保留策略，每次迭代时将父代 10%优异染色体进行保留，防止其他操作将其破坏而错过。交叉：操作时考虑舱盖板及堆栈限制，利用 PMX 和 SXX 算子，①首先选中第 1 条染色体甲板下的堆栈，然后将第 1 条染色体选中部分所属船舱和位置作为选中交叉的基因位置，在第 2 条染色体中找到对应堆栈进行交换，形成 2 个新染色体，如图 13.19 中分别将 A 和 B 对应的部分匹配后交换，从而生成 2 个新的染色体。②变异：依概率 P_m 随机改变船舱卸载顺序，直接将整个船舱所属部分整个交换，如图 13.20 所示。

贝位号	舱号	栈号	位置	卸载量	装载量	
1	1	1	1	6	7	
1	1	2	1	5	5	
1	1	3	1	7	3	
1	1	4	2	15	12	
1	1	5	2	17	15	A
1	1	6	2	16	14	
1	2	1	1	4	3	
1	2	2	1	6	5	
1	2	3	1	5	4	
1	2	4	2	10	13	
1	2	5	2	15	14	B
1	2	6	2	16	15	

	贝位号	舱号	栈号	位置	卸载量	装载量
	1	2	3	1	5	4
	1	2	1	1	4	3
	1	2	2	1	6	5
	1	2	6	2	16	15
B	1	2	5	2	15	14
	1	2	4	2	10	13
	1	1	3	1	7	3
	1	1	2	1	5	5
	1	1	1	1	6	7
	1	1	6	2	16	14
A	1	1	4	2	15	12
	1	1	5	2	17	15

交叉后

贝位号	舱号	栈号	位置	卸载量	装载量	
1	1	1	1	6	7	
1	1	2	1	5	5	
1	1	3	1	7	3	
1	1	6	2	16	14	
1	1	4	2	15	12	A
1	1	5	2	17	15	
1	2	1	1	4	3	
1	2	2	1	6	5	
1	2	3	1	5	4	
1	2	6	2	16	15	
1	2	5	2	15	14	B
1	2	4	2	10	13	

	贝位号	舱号	栈号	位置	卸载量	装载量
	1	2	3	1	5	4
	1	2	1	1	4	3
	1	2	2	1	6	5
	1	2	4	2	10	13
B	1	2	5	2	15	14
	1	2	6	2	16	15
	1	1	3	1	7	3
	1	1	2	1	5	5
	1	1	1	1	6	7
	1	1	4	2	15	12
A	1	1	5	2	17	15
	1	1	6	2	16	14

图 13.19　第 1 阶段染色体交叉示意图

贝位号	舱号	栈号	位置	卸载量	装载量	
1	1	1	1	6	7	
1	1	2	1	5	5	
1	1	3	1	7	3	
1	1	6	2	16	14	A
1	1	4	2	15	12	
1	1	5	2	17	15	
1	2	1	1	4	3	
1	2	2	1	6	5	
1	2	3	1	5	4	
1	2	6	2	16	15	B
1	2	5	2	15	14	
1	2	4	2	10	13	

变异后

	贝位号	舱号	栈号	位置	卸载量	装载量
	1	2	1	1	4	3
	1	2	2	1	6	5
	1	2	3	1	5	4
B	1	2	6	2	16	15
	1	2	5	2	15	14
	1	2	5	2	15	14
	1	1	1	1	6	7
	1	1	2	1	5	5
	1	1	3	1	7	3
A	1	1	6	2	16	14
	1	1	4	2	15	12
	1	1	5	2	17	15

图 13.20　第 1 阶段染色体变异示意图

（5）自适应策略。GA 的交叉、变异操作分别影响算法的全局、局部收敛能力，在种群进化前期，分别采用固定交叉与变异概率 P_c、P_m；在迭代后期，为防止算法过早收敛，采用自适应算子将其进行调整。其中，本节将交叉、变异概率范围确定在 $P_c \in [0.4, 0.8]$ 和 $P_m \in [0.01, 0.4]$，以方便在后期陷入局部最优时及时进行调整，具体自适应算子为式（13.63）。

$$P_c(\text{gen}) = \min P_c + \frac{(\max P_c - \min P_c)(1 + \cos(\pi \frac{\text{gen}}{\text{MAXGEN}}))}{2} \tag{13.63}$$

$$P_m(\text{gen}) = \min P_m + \frac{(\max P_m - \min P_m)(1 + \sin(\pi \frac{\text{gen}}{\text{MAXGEN}} - \frac{\pi}{2}))}{2} \tag{13.64}$$

式中，gen 为当前迭代次数；$P_c(\text{gen})$ 为第 gen 代交叉概率；$P_m(\text{gen})$ 为第 gen 代交叉概率；$\min P_c$ 为最小交叉概率；$\max P_c$ 为最大交叉概率；MAXGEN 为总迭代次数；$\min P_m$ 为最小变异概率；$\max P_m$ 为最大变异概率。

3. 集卡运输路径优化 IGA 算法

第 2 阶段的路径优化为 NP 难问题，利用启发式算法能在较短时间内求解出来。因此，利用 GA 良好的全局解空间搜索能力，同时针对 GA 容易早熟的特点，引入 IA 的浓度调节机制，设计了矢量矩浓度的集卡路径优化 IGA 算法进行求解，具体设计如下。

（1）抗体编码。采用 10 进制对抗体进行编码，抗体长度为 $2 \times n$。每个抗体包含 2 部分信息：第 1 部分为堆场单程卸载量，表示集卡从岸边运进口箱到所在箱区并空载回去的次数；第 2 部分为堆场单程装载量，表示集卡从堆场运出口箱到岸边并空载回去的次数，如图 13.21 所示。

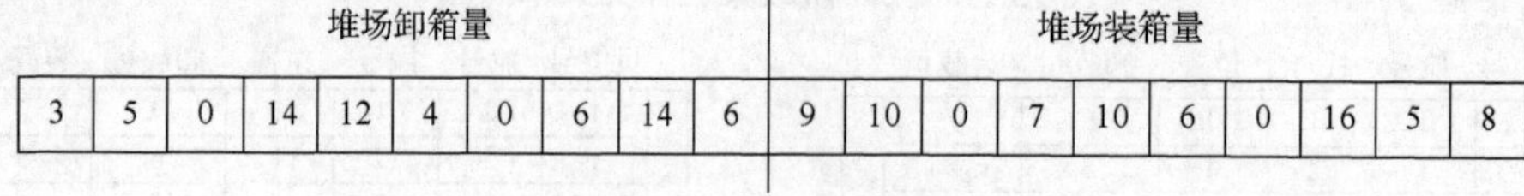

图 13.21 抗体编码示意图

（2）初始种群及适应度。自定义种群规模，集卡总作业完成时间对应于抗原，问题的解对应于抗体，适应度 $fit(i)$ 为集卡总作业完成时间的倒数，表示**抗原-抗体**亲和力。

（3）免疫策略。利用矢量距离计算抗体浓度，Y 表示抗体个数，$fit(i)$ 和 $con(i)$ 分别表示该抗体的适应度和浓度。α 表示亲和度常数，用于确定抗体适应度与浓度所占比例，一般取值为 $0.9 \leqslant \alpha \leqslant 1$。则每个抗体的浓度 $con(i)$ 和繁殖概率 $f(i)$ 表示如式（13.65）、式（13.66）。

$$con(i)=\frac{1}{\sum_{j=1}^{Y}|T(x_i)-T(x_j)|} \tag{13.65}$$

$$f(i)=(1-\alpha)\frac{con(i)}{\sum_{i=1}^{Y}con(i)}+\alpha\frac{fit(i)}{\sum_{i=1}^{Y}fit(i)} \tag{13.66}$$

（4）遗传操作。①设置记忆库 overbest=5，将抗体按亲和度降序排列，选取亲和度较高的前 3 个抗体加入记忆细胞，其余从集卡作业时间较短的抗体中选择；②利用 PMX 交叉算子，随机抽取 2 个抗体根据卸箱量与装箱量将其分成 2 个部分，每一部分随机生成 2 个数字用于确定交叉点，并分别选定 2 条抗体交叉点 a 与 b、c 与 d 之间部分进行交换，如图 13.22 所示；③根据概率 P_m 随机选定变异点 pos_1 和 pos_2，并将所选部分进行更新，如图 13.23 所示。

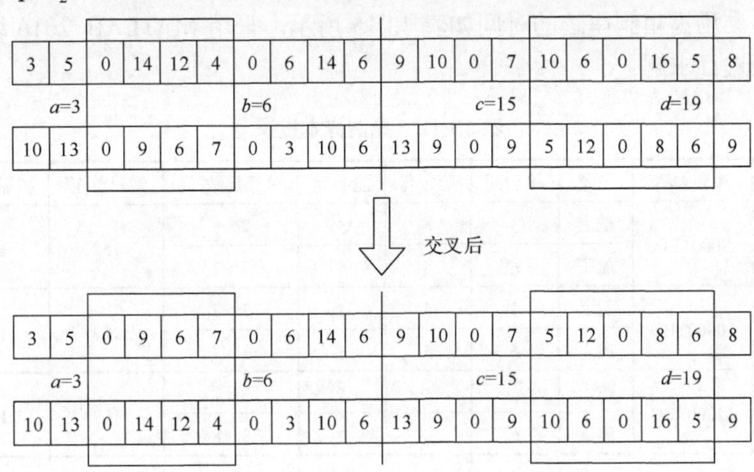

图 13.22　第 2 阶段染色体交叉示意图

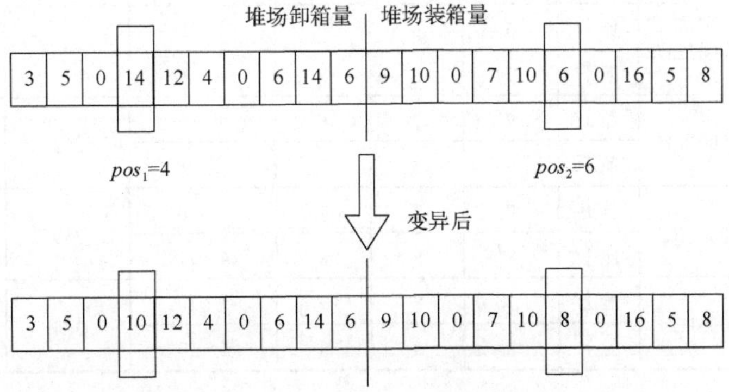

图 13.23　第 2 阶段染色体变异示意图

13.2.4 算例分析

1. 算例描述

参照集装箱船舶大小设置 8 个贝位的试验样本，如表 13.12 所示。每个贝位含有 3 个船舱，每个船舱的集装箱堆栈分为上、下两个部分。根据船舶贝位中集装箱堆栈列数的不同，舱上堆栈数量在 14～22 列之间选取，舱下堆栈数量在 16～25 列之间选取；舱上每个堆栈的集装箱堆码层数在 6～10 层，舱下每个堆栈的集装箱堆码层数在 7～11 层。假设有 10 个进出口混合堆场，各算例样本在堆场中的装载量、卸载量，如表 13.13 所示。岸桥单循环装、卸的单位时间均值 t_1 为 2min/TEU，双循环装卸的单位时间均值 t_2 为 2.5min/TEU，场桥每次作业的单位时间均值 t_3 为 2min/TEU。集卡在各箱区间的行驶时间如表 13.14 所示，单程送箱到堆场或从堆场提箱到岸边的时间如表 13.15 所示。采用 MATLAB 2016 编程，对所建模型进行求解。

表 13.12 算例样本设置

算例	船舶大小	位置	舱 1/列	舱 2/列	舱 3/列	堆码层数/层	卸船量/箱	装船量/箱
1	8000TEU	舱上	5	4	5	2～6	152	147
		舱下	6	5	5	2～7		
2	10000TEU	舱上	5	5	5	3～7	167	173
		舱下	6	5	5	3～7		
3	12000TEU	舱上	5	5	5	3～7	187	184
		舱下	6	5	7	3～8		
4	14000TEU	舱上	4	6	5	3～8	200	209
		舱下	5	7	6	3～9		
5	16000TEU	舱上	6	5	6	3～7	220	221
		舱下	7	6	7	4～8		
6	18000TEU	舱上	7	7	6	4～8	293	300
		舱下	8	8	7	4～9		
7	20000TEU	舱上	7	7	7	3～10	359	353
		舱下	8	8	8	4～11		
8	22000TEU	舱上	7	8	7	5～10	374	382
		舱下	8	9	8	6～10		

表 13.13　各堆场箱区的卸/装箱量　　单位：箱

堆场	算例							
	1	2	3	4	5	6	7	8
1	44/38	0/0	39/40	10/19	0/0	51/46	39/0	46/38
2	0/18	26/40	0/0	37/61	36/24	0/32	55/62	42/34
3	32/20	32/0	24/35	0/0	31/26	0/58	43/48	43/43
4	0/0	0/38	0/0	36/22	18/18	32/27	36/46	20/61
5	15/25	18/20	48/38	0/0	0/0	46/35	36/21	36/29
6	0/10	43/40	36/20	38/49	0/0	38/54	45/53	49/41
7	0/0	24/7	0/18	42/28	22/47	29/0	49/35	0/26
8	32/28	0/0	25/25	0/0	10/28	42/0	56/0	56/48
9	16/8	24/0	15/0	37/25	46/31	49/12	0/43	45/46
10	13/0	0/28	0/8	0/5	57/47	6/36	0/45	37/16
合计	152/147	167/173	187/184	200/209	220/221	293/300	359/353	374/382

表 13.14　堆场间运输时间　　单位：min

堆场	1	2	3	4	5	6	7	8	9	10
1	0	1	1	2	2	3	3	4	5	8
2	7	0	1	1	2	2	3	4	5	7
3	6	7	0	1	2	3	3	4	4	6
4	5	6	7	0	1	2	3	5	6	5
5	4	5	6	7	0	2	3	4	5	4
6	9	10	6	7	7	0	1	3	5	4
7	8	9	10	6	7	7	0	1	2	3
8	7	8	9	10	6	5	7	0	1	2
9	6	7	8	9	10	7	5	5	0	1
10	5	6	7	8	9	6	7	6	8	0

表 13.15　集卡岸边与堆场单程运时　　单位：min

堆场	1	2	3	4	5	6	7	8	9	10
送箱	2	3	4	5	6	3	4	5	6	7
提箱	6	2	5	4	3	8	7	6	9	10

2. 求解结果分析

（1）岸桥装卸序列优化结果。经反复试验，将种群规模设置为 30，初始交叉、变异概率分别设置为 0.6、0.03，分别求解 8 个算例并将其结果相加。在同样的初始种群、交叉及变异概率下将 GA 与 AGA 分别运行 10 次，结果如表 13.16 所示。相比于 GA，AGA 求解的岸桥作业循环次数更少，且求解结果更加稳定，10 次中有 3 次达到了最优，故使用 AGA 求解更加可靠。算法在第 32 次迭代后收敛，如图 13.24 所示。8 个算例总作业循环次数为 2397 次，具体各算例求解结果如表 13.17 所示。

表 13.16　第 1 阶段算法求解比较表

循环次数	1	2	3	4	5	6	7	8	9	10
GA	2401	2405	2400	2405	2398	2402	2404	2400	2402	2404
AGA	2401	2402	2397	2397	2398	2402	2397	2400	2400	2399

表 13.17　岸桥装卸序列优化求解结果

算例	船舱作业顺序	双循环装卸次数	单循环卸载次数	单循环装载次数	总循环数
1	2-3-1	117	35	30	182
2	2-3-1	133	34	40	207
3	2-3-1	146	41	38	225
4	2-3-1	153	47	56	256
5	2-1-3	172	48	49	269
6	3-2-1	229	64	71	364
7	2-3-1	281	78	72	431
8	2-1-3	293	81	89	463
合计	—	1524	428	445	2397

（2）集卡运输路径优化结果。算法有效性验证：为验证第 2 阶段算法的有效性，将算例 8 分别在 GA、AGA 与 IGA 下求解 10 次，采用相同的交叉、变异概率，进行 600 次迭代，以保证比较的公平性。表 13.18 的求解结果显示，利用 GA 求解时集卡的作业时间较多集中于 7600min 以上，且非常不稳定；AGA 与 IGA 的求解结果有所降低，但利用 IGA 求解的集卡作业时间更短，多次解出的作业时间也更为稳定。

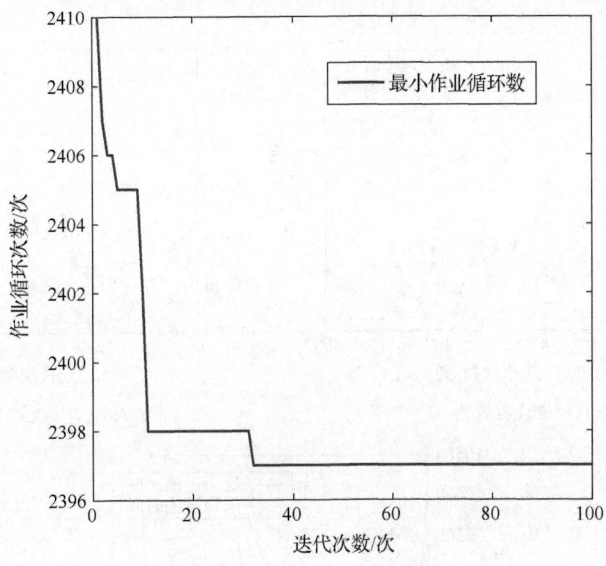

图 13.24　AGA 迭代收敛图

表 13.18　GA、AGA 与 IGA 求解作业时间结果对比　　单位：min

作业时间	1	2	3	4	5	6	7	8	9	10
GA	7551	7618	7592	7751	7611	7640	7639	7686	7690	7593
AGA	7566	7603	7641	7599	7538	7600	7566	7612	7581	7600
IGA	7478	7467	7486	7475	7505	7480	7467	7467	7478	7466

3 种不同算法的迭代收敛曲线如图 13.25 所示，所有算法均在 600 次迭代内完成。图中的平均运输时间代表所有种群运输时间的平均值，其变化范围越大表示种群多样性越好。从图 13.25（a）可以看出，使用 GA 求解时前期收敛速度较快，但在迭代后期收敛速度逐渐下降，平均运输时间的上下波动范围没有较明显的变化，种群更新能力逐渐减弱。使用 AGA 求解时，因采用自适应算子丰富了种群，迭代后期的平均运输时间出现强烈的上下波动，但其跳出局优的时间较长，在 200～500 次迭代之间一直陷入局优解，如图 13.25（b）所示。而使用 IGA 求解时，虽平均运输时间的波动范围较小且较稳定，但其不断通过抗体浓度和繁殖概率调节种群多样性，令其一直处于不断变化中，故其跳出局部最优的时间较短；且集卡作业平均时间与最短时间的距离随着迭代越来越小，最后在最短作业时间附近浮动，说明随着迭代的进行，IGA 的收敛性越来越好，如图 13.25（c）所示。故使用 IGA 所求集卡的作业时间最短，求解效果最好。

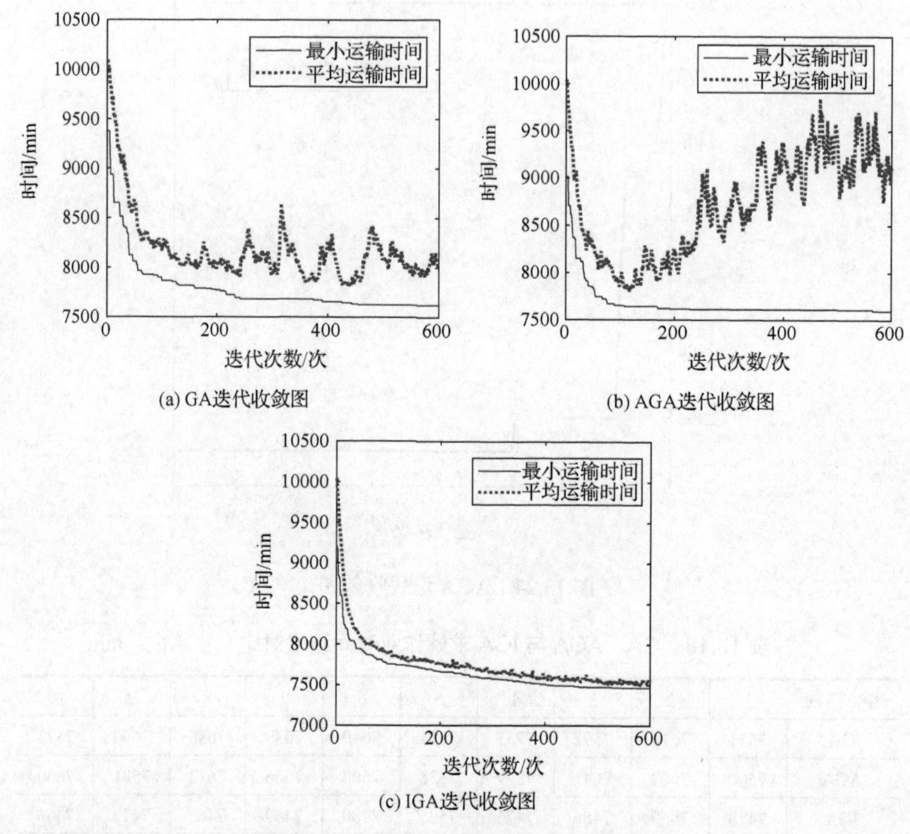

(a) GA迭代收敛图

(b) AGA迭代收敛图

(c) IGA迭代收敛图

图 13.25　GA、AGA 与 IGA 算法收敛图

（3）集卡运输路径。利用 IGA 求解的最优运输路径及运输时间如表 13.19 所示，由于算例 1～8 岸桥的作业箱数逐渐增多，需集卡运输的作业箱数也随之增多，故集卡作业时间逐渐变长。以算例 8 为例，优化后集卡总作业时间为 7467min，运输路径为 22 条，其中双循环运输路径 9 条，单循环卸载路径 6 条，单循环装载路径 7 条，具体如表 13.20 所示。其中，0→1→0 表示集卡分 11 次从码头前沿将进口箱重载运输到箱区 1，随后空载回到岸边；1→0→1 表示集卡分 3 次从箱区 1 将出口箱重载运输到码头前沿，随后空载回到堆场；0→1→1→0 表示集卡分 35 次从码头前沿将进口箱重载运输到箱区 1 后，在原地等待场桥将出口箱吊放在车上，随后重载出口箱至岸边。

表 13.19　集卡运输路径及作业时间

算例	单循环		双循环		作业时间/min
	路径/条	次数/次	路径/条	次数/次	
1	7	117	7	65	2981
2	6	133	9	74	3682
3	7	146	8	79	3659
4	7	153	9	103	3944
5	7	172	9	97	4741
6	9	229	12	135	6049
7	9	281	10	150	7450
8	9	292	13	171	7467

表 13.20　算例 8 的集卡运输路线及作业箱数

路径	运输路径	进口箱	出口箱	路径	运输路径	进口箱	出口箱
1	0→1→0	11	0	12	8→0→8	0	2
2	0→2→0	21	0	13	9→0→9	0	1
3	0→5→0	10	0	14	0→1→1→0	35	35
4	0→6→0	8	0	15	0→2→2→0	21	21
5	0→8→0	10	0	16	0→3→3→0	43	43
6	0→10→0	21	0	17	0→4→4→0	20	20
7	1→0→1	0	3	18	0→5→5→0	25	25
8	2→0→2	0	13	19	0→6→6→0	41	41
9	4→0→4	0	41	20	0→8→8→0	46	46
10	5→0→5	0	3	21	0→9→9→0	45	45
11	7→0→7	0	26	22	0→10→10→0	16	16

3. 对比分析

（1）作业循环数对比。同贝同步模式下岸桥的传统作业顺序如表 13.21 所示。每个贝位船舱均以固定顺序 1-2-3 进行装卸，各模式岸桥作业循环次数对比如表 13.22 所示。

表 13.21 同贝同步传统顺序

算例	船舱作业顺序	双循环装卸次数	单循环卸载次数	单循环装载次数	总循环数
1	1-2-3	106	46	41	193
2	1-2-3	124	43	49	216
3	1-2-3	140	47	44	231
4	1-2-3	130	70	79	279
5	1-2-3	161	59	60	280
6	1-2-3	222	71	78	371
7	1-2-3	247	112	106	465
8	1-2-3	279	95	103	477
合计	—	1409	543	560	2512

表 13.22 各作业模式下岸桥循环次数对比

算例	单循环	同贝同步		优化率
		优化前	优化后	
1	299	193	182	−35%，−6%
2	336	216	207	−36%，−4%
3	371	231	225	−38%，−3%
4	409	279	256	−32%，−8%
5	441	280	269	−37%，−4%
6	593	371	364	−37%，−2%
7	712	465	431	−35%，−9%
8	756	477	463	−37%，−3%
合计	3917	2512	2397	−36%，−5%

根据表 13.17 与表 13.22，优化后岸桥作业每个贝位的双循环次数均有所增长，总作业循环次数比传统顺序少 115 次。相比单循环作业模式，同贝同步模式下岸桥采用传统顺序装卸能够将该贝位的作业循环次数降低 36%左右，而优化后的岸桥装卸顺序可进一步降低约 5%的作业循环次数。这是因为采用同贝同步模式后，岸桥在 1 个双循环中可以作业 2 个集装箱，单次作业效率提高至 2 倍，在总作业箱量不变的情况下，作业次数会有较大降低；而优化后的岸桥装卸顺序能够尽可能地将堆码层数相差不大的堆栈进行 [装—卸] 匹配，进一步增加岸桥的双循环装卸次数，从而使总作业循环数减少。由于与采用传统顺序相比，岸桥的作业循

环数有所降低，故所建立模型与算法是有效的。

（2）重载率对比。岸桥单循环卸载或装载时，对应集卡只在进入或离开堆场时运输 1 个集装箱，而进行双循环作业时，对应集卡进、出堆场各运输 1 个集装箱。因此，不考虑集卡在多个堆场之间运输情况时，其重载率与岸桥保持一致，由集卡运输集装箱个数占总运输次数的比例决定。根据表 13.23，各作业线模式下各算例的集卡重载率始终保持在 50%，即一半运输路程为空载行驶；而同贝同步下集卡的重载率增加至 73%～83%，提升 20%以上。其中，同贝同步下岸桥采用传统顺序作业时，各算例集卡的平均重载率为 78%；而在优化岸桥装卸序列后，各算例集卡重载率均超过了 80%，且相差不大，平均重载率提升 3.75%。

（3）运输时间对比。各算例及作业模式下的集卡运输时间如表 13.24 所示。作业线模式下，由于集卡在 1 次运输循环中只作业 1 个集装箱，所以其运输时间受作业箱量的影响最大，作业箱量越多运输时间越长。同贝同步模式优化前后的运输时间虽然差别较小，但总体来说优化后的运输时间要小于优化前，这主要是因为优化后集卡的双循环次数更高，从而减少了集卡在堆场与岸边来回运输的次数。同贝同步模式优化后的各算例集卡平均运输时间比优化前减少了 85min，随着作业贝位及作业箱量的增多，采用优化后的集卡运输路径将为码头降低更多集卡能耗，节省更多成本。

表 13.23　各作业模式集卡重载率对比　　单位：%

算例	作业线	同贝同步	
		优化前	优化后
1	50	77	82
2	50	79	82
3	50	80	82
4	50	73	80
5	50	79	82
6	50	80	81
7	50	77	83
8	50	79	82
平均	50	78	81.75

表 13.24　各作业模式集卡运输时间对比

算例	作业箱数（卸/装）	作业线/min	同贝同步/min	
			优化前	优化后
1	152/147	4121	2992	2981
2	167/173	4752	3729	3682
3	187/184	5146	3720	3659
4	200/209	5622	3975	3944
5	220/221	6971	4845	4741
6	293/300	8454	6135	6049
7	359/353	9843	7671	7450
8	374/382	10850	7615	7467
平均	—	6970	5085	5000

（4）运输路径对比。由于作业线模式下集卡在每个堆场箱区单程往返运输，而不是在进入 1 个箱区后再前往下 1 个箱区，因此集装箱堆存方式对运输路径优化的影响不大，在本质上仍然等同于单独堆存的方式。同贝同步模式下由于集卡 1 次双循环运输 2 个集装箱，所以采用混合堆存的方式对集卡运输具有较大意义。以算例 8 为例，作业线模式下集卡运输路径有 19 条，小于同贝同步模式下的运输路径条数，但其运输时间比应用同贝同步模式增加了 3000 min 以上。这主要是因为作业线模式下的集卡运输均为一半重载一半空载，虽然运输路径条数较少，但实际的运输时间和空载时间更长。同贝同步模式优化前后的集卡双循环运输路径虽然是一样的，但是由于本节已将岸桥的双循环装卸顺序进行了优化，使得集卡运输受作业箱量限制。除路径 0→2→2→0 外，其余路径上运输的集装箱个数均小于或等于优化后的运输路径。各作业模式下集卡运输路径对比如表 13.25 所示。

通过上述对作业循环次数、重载率、集卡运输时间及运输路径等方面的对比，可发现相比岸桥单循环作业模式，同贝同步模式使码头作业时间更短，设备利用效率更高，在提高码头服务能力方面具有更多优势。而进一步将同贝同步模式下岸桥传统作业顺序打破并优化后，岸桥的双循环装卸次数、集卡的重载率均有进一步提高，同时路径优化使集卡的运输时间进一步减少。

表 13.25　集卡运输路径对比

路线	模式		
	作业线模式（单独堆存方式）	同贝同步模式（混合堆存方式）	
		优化前	优化后
运输路径/条	19	25	22
同贝同步路/条	0	9	9
双循环运输次数	0	243	293
双循环运输路径	无	0→1→1→0（29） 0→2→2→0（24） 0→3→3→0（40） 0→4→4→0（19） 0→5→5→0（20） 0→6→6→0（41） 0→8→8→0（45） 0→9→9→0（45） 0→10→10→0（16）	0→1→1→0（35） 0→2→2→0（21） 0→3→3→0（43） 0→4→4→0（20） 0→5→5→0（25） 0→6→6→0（41） 0→8→8→0（46） 0→9→9→0（45） 0→10→10→0（16）
运输时间	10850	7615	7467

本章是由“运输→作业线”进行关联性系统优化，即 13.2 节分析在 13.1 节班轮运输靠泊后，岸桥与集卡的多种调度模式对码头作业效率的影响，并基于同贝同步模式构建了岸桥装卸序列与集卡运输路径两阶段集成优化模型[254]。第 1 阶段，以岸桥作业循环次数最小为目标，综合考虑舱盖板、堆栈先后顺序等影响岸桥装卸的实际因素构建了岸桥装卸序列优化模型，并设计自适应 GA 求解；第 2 阶段基于第 1 阶段，针对集卡运输路径与优化后的岸桥装卸序列进行衔接的问题，以集卡运输及等待时间最短为目标构建了满足重载约束的运输路径优化模型，并设计免疫 GA 求解。经算例分析验证表明，基于同贝同步的岸桥装卸序列与集卡运输路径集成优化能够进一步降低岸桥与集卡空载率，实现资源复用与配置优化，从而提高码头作业效率，为港口带来了更多收益。对社会来说，空载次数的减少有助于推进码头节能减排，助力港口绿色可持续发展。

至此，在实现上述第 3 章～第 12 章中“CPS+互联网”企业内管控信息纵向集成、企业间端到端集成的基础上，作为“前港后厂”横向集成的制造供应链与纵向集成的港口服务供应链交会点的港口，通过本章基于轴辐式的鲁棒航线优化，构建枢纽港与支线港双向互联互通的货物运输航运网络和码头集成调度优化模型，纵向集成各类物流服务供应商（船舶公司、货代、运输公司等），为横向集成的制造供应链提供物流增值服务的同时，实现不同企业间**社会化生态圈**的**横向集成**。

结　语

经济学创新理论之父约瑟夫·熊彼特（Joseph Alois Schumpeter）认为：创新本质上是学习的创新，而一个领域的创新很可能是另外一个领域成熟技术的变形、场景的改变。自工业革命以来，制造业已成为科学与技术进步成果的主要载体，是创新的重要发源地。管理的理论起源于制造业，中国在钢铁、石化、汽车等制造业领域的自动化、信息化水平领先于服务业。故本书借鉴先进制造业智能化理论与方法，将其发展应用到“前港后厂”，以提升产业链竞争力。

提到“全自动化”码头，即无人码头、无人仓储、无人物流等，笔者不得不再次强调一下智能制造的概念：智能制造是一套复杂的技术和管理体系，并不是单存的自动化的生产方式；认为机器人换人、无人工厂、黑灯工厂就是智能制造，这些都是对智能制造的片面认知。机器人换人解决的是生产现场的体力劳动问题，无人工厂、黑灯工厂解决的是生产线的人工控制问题，但在整个控制端，终究无法替代人做出最终的决策，故并不是真正实现了智能制造。笔者所说的“全自动化”（智能化）在制造业的概念是“管-控”一体化（综合自动化），管理（业务管理决策）与生产现场（设备控制）一体了才是智能化，将业务管理与生产设备控制集成了，才是“全自动化”。

复杂科学的理论和方法将对人类的发展提供一种新思路、新方法和新途径，具有很好的应用前景——“前港后厂”实现资源复用的“绿色设计、智能制造”，增强供应链“柔韧性”开启。本书运用控制论与系统工程的思想，从系统的角度综合考虑，由宏观到微观、由定性到定量，建立具有连带关系的模型；创新性地提出**闭环控制的管理学理论**，以解决管理过程中的时变性问题。闭环管理的管控策略可推动大型企业智慧管理在决策与生产模式上的变革，促进大型企业科学化、透明化、精细化管理，推动“港-钢”“**供应-产业-价值链**”协同优化。

近代 300 多年科学技术和产业的发展，积累了一场新的变革。但本书并不能解决所有问题，而只是通过“前港后厂”给出“两业融合”“入手”的管理与供应链理论知识与技术方法的探索。

参 考 文 献

[1] 殷瑞钰. 新中国钢铁工业 70 年技术进步的成就[R]. 北京: 中国钢铁工业协会, 2019.

[2] 王国栋. 探索流程创新，促进钢铁工业绿色发展[R]. 济南: 2018 钢铁工业绿色制造发展高端论坛, 2018.

[3] 钱峰. 流程工业制造系统智能化: 人工智能与流程制造深度融合[J]. Engineering, 2019, 5(6): 980-981.

[4] 李伯虎, 柴旭东, 张霖, 等. 新一代人工智能技术引领下加快发展智能制造技术、产业与应用[J]. 中国工程科学, 2018, 20(4): 73-78.

[5] 殷瑞钰. 未来钢铁工业技术进步的战略思考[R]. 北京: 腾讯智能制造公益报告, 2020.

[6] 中国港口改革开放 40 年发展历程[J]. 中国港口, 2018(11): 15-32.

[7] 赵广华. 第四方物流与第四代港口的耦合发展研究: 以浙江为例[M]. 北京: 中国时代经济出版社, 2014.

[8] 贾大山, 徐迪. 2019 年沿海港口发展回顾与 2020 年展望[J]. 中国港口, 2020(S2): 116-126.

[9] 张明霞, 林焰, 冷阿伟. 船舶与海洋工程全生命周期的防污染控制技术[M]. 北京: 科学出版社, 2018.

[10] Huang X L, Wang Z. Should Shanghai port overemphasize rapid development to achieve the Hub port VS. Busan port?[R]. USA, TRB 95th Annual Meeting Compendium of Papers, 2016.

[11] 施欣, 袁群. 长江流域航运水污染影响与调控研究[M]. 上海: 上海交通大学出版社, 2007.

[12] Huang X L, Wang Y W, Dai X M, et al. Evaluation of port efficiency in Shanghai port and Busan port based on three-stage DEA model with environmental concerns[J]. Transport, 2020, 35(5): 454-461.

[13] 本刊编辑部. 2018 年习近平总书记关心港口发展[J]. 中国港口, 2018(12): 1-2.

[14] 星球研究所. 中国超级大港, 带给我们什么？[EB/OL](2020-08-31). https: //mp. weixin. qq. com/s/oaLQFSL2afVqstBl2x6nQg.

[15] 盟岩. 中国港口: 从全球领先的高度全面推进高质量发展[J]. 中国港口, 2018(12): 4.

[16] 李红, 王大成, 刘婷. 我国智慧港口建设中的问题及发展建议[J]. 水运管理, 2020, 42(1): 23-25.

[17] 唐立新. 物流系统的解析与优化[R]. 合肥: 2021 年第 17 届物流系统工程暨第五届管理系统工程学术研讨会, 2021.

[18] 施建军, 夏传信, 赵青霞, 等. 中国开放型经济面临的挑战与创新[J]. 管理世界, 2018, 34(12): 13-18, 193.

[19] 鲁渤, 邱伟权, 邢戬, 等. 基于“一带一路”倡议评估的中国沿海节点港口与港城发展策略研究[J]. 系统工程理论与实践, 2020, 40(6): 1627-1639.

[20] 安筱鹏. 重构: 数字化转型的逻辑[M]. 北京: 电子工业出版社, 2019.

[21] 柴天佑. 大数据与制造流程知识自动化发展战略研究[M]. 北京: 科学出版社, 2019.

[22] 唐立新. 钢铁工业中的数据分析与优化[R]. 徐州: 第 31 届中国过程控制会议, 2020.

[23] Attardi R, Bonifazi A, Torre C M. Evaluating sustainability and democracy in the development of industrial port cities: some Italian cases[J]. Sustainability, 2012, 4(11): 3042-3065.

[24] 包起帆, 罗文斌. 港口物流前沿技术研究与实践[M]. 北京: 人民交通出版社, 2009.

[25] 罗本成. 鹿特丹智慧港口建设发展模式与经验借鉴[J]. 中国港口, 2019(1): 20-23.

[26] 时健. 港口物流的创新模式——“前港后厂”: 上海港罗泾二期新港区和浦钢公司携手共建物流配送新系统[J]. 中国港口, 2008(1): 43-44.

[27] 何业钢, 孟文君. “前港后厂”新模式值得推广[J]. 中国港口, 2009(12): 5-7.

[28] 包起帆. 港口向现代服务业转型的探索与实践[J]. 水运工程, 2010(2): 6-10.

[29] 叶成. 推动“前港后厂、两头在港”港口工业新模式[J]. 财经界, 2013(4): 78.

[30] 人民网-人民视频. 山东岚桥集团董事长叶成谈“一带一路”建设与民营企业发展[EB/OL]. (2016-03-10). http://v.people.cn/n1/2016/0310/c14644-28186661.html.

[31] 爱青岛. 《加快新旧动能转换 实现转型升级发展》董家口经济区：新模式引领新发展[EB/OL]. (2017-07-08). http://lanmu.qtv.com.cn/system/2017/07/08/014424926.shtml.

[32] 中国船东网. 天津临港经济区“前港口后工厂”模式升级[EB/OL]. (2017-08-21). http://www.csoa.cn/doc/10427.jsp.

[33] 宁振波. 智能制造的本质[M]. 北京：机械工业出版社, 2021.

[34] 朱铎先, 赵敏. 机•智：从数字化车间走向智能制造[M]. 北京：机械工业出版社, 2018.

[35] 江支柱, 董宝力. 汽车精益智能物流系统实务[M]. 北京：机械工业出版社, 2018.

[36] 中国电子信息产业发展研究院. 智能制造术语解读[M]. 北京：电子工业出版社, 2018.

[37] 胡虎, 赵敏, 宁振波, 等. 三体智能革命[M]. 北京：机械工业出版社. 2016.

[38] 丁纯, 李君扬. 德国“工业 4.0 ”：内容、动因与前景及其启示[J]. 德国研究, 2014, 29(4): 49-66, 126.

[39] Harrington J. Computer Integrated Manufacturing[M]. New York: Industrial Publishing, 1973.

[40] 李伯虎. 计算机集成制造系统 CIMS 约定、标准与实施指南[M]. 北京：兵器工业出版社, 1994.

[41] 李芳芸, 柴跃廷. CIMS 环境下：集成化管理信息系统的分析、设计与实施[M]. 北京：清华大学出版社, 1996.

[42] 李伯虎, 戴国忠. CIMS 应用示范工程 10 年回顾与展望[J]. 计算机集成制造系统, 1998, 4(3): 3-9.

[43] 范玉顺. 工作流管理技术基础：实现企业业务过程重组、过程管理与过程自动化的核心技术[M]. 北京：清华大学出版社, 2001.

[44] 秦斌, 王欣. 流程工业计算机集成过程系统 CIPS[M]. 长沙：国防科技大学出版社, 2002.

[45] 吴澄. 现代集成制造系统导论：概念、方法、技术和应用[M]. 北京：清华大学出版社, 2002.

[46] 严隽薇. 现代集成制造系统概论：理念、方法、技术、设计与实施[M]. 北京：清华大学出版社, 2004.

[47] MESA. Execution-driven manufacturing management for competitive advantage[R]. Pittsburgh: MESA International White Paper Number 5, 1997.

[48] 柴天佑, 郑秉霖, 胡毅, 等. 制造执行系统的研究现状和发展趋势[J]. 控制工程, 2005, 12(6): 505-510.

[49] Williams T J. The Purdue enterprise reference architecture-A technical guide for CIM planning and implementation[J]. IFAC Proceeding Volumes, 1993, 26(2): 559-564.

[50] Swanton B. MES five years later: prelude to phase III [R]. USA: AMR Report, 1995.

[51] Jonathan G. Manufacturing execution and distributed control systems[C]. Proceedings of the Industrial Computing Conference, 1993: 335-338.

[52] Swanton B. Do we need a new model for plant systems[R]. USA: AMR Report, 1998.

[53] MESA. MESA's Next Generation Collaborative MES Model[M]. Pittsburgh: MESA International White Paper Number 8, 2004.

[54] MESA. Collaborative Manufacturing Explained[M]. Pittsburgh: MESA International White Paper, 2004.

[55] 柴天佑, 金以慧, 任德祥, 等. 基于三层结构的流程工业现代集成制造系统[J]. 控制工程, 2002(3): 1-6.

[56] 黄肖玲, 初延刚, 李慧莹, 等. 选矿制造执行系统的研究与应用[J]. 计算机集成制造系统, 2004, 10(9): 1079-1083.

[57] 孙彦广, 陈靖屏. 流程工业制造执行系统[M]. 北京：化学工业出版社, 2006.

[58] 王宏安, 荣冈, 冯梅, 等. 化工生产执行系统 MES[M]. 北京：化学工业出版社, 2007.

[59] 褚健, 荣冈. 流程工业综合自动化技术[M]. 北京：机械工业出版社, 2004.

[60] 王志新, 金寿松. 制造执行系统 MES 及应用[M]. 北京：中国电力出版社, 2006.

[61] 李清. 制造执行系统[M]. 北京：中国电力出版社, 2007.

[62] 李鹏. 浅谈 MES 系统在钢铁厂的应用[J]. 中国金属通报, 2017(8): 50-51.

[63] 索寒生, 吴蔚, 段然, 等. 石化行业 MES 发展及展望[J]. 计算机与应用化学, 2018, 35(6): 515-520.
[64] 陈鹏. 生产制造执行系统(MES)在矿山企业的应用[J]. 中国管理信息化, 2014, 17(1): 93.
[65] 沈瑾, 章熙峰, 劳立. 移动 MES 系统在半导体制造中的设计应用[J]. 制造业自动化, 2019, 41(1): 20-23.
[66] 柴天佑. 科研、开发、应用共促 MES 发展[J]. 中国制造业信息化, 2005, 34(6): 18-20.
[67] 黄肖玲. 智能选矿制造执行系统[M]. 沈阳: 辽宁大学出版社, 2006.
[68] 刘民, 吴澄. 制造过程智能优化调度算法及其应用[M]. 北京: 国防工业出版社, 2008.
[69] 黄肖玲, 柴天佑. 复杂生产过程计划调度级联模型在选矿 MES 中的应用研究[J]. 自动化学报, 2011, 37(9): 1130-1139.
[70] 桂卫华, 王成红, 谢永芳, 等. 流程工业实现跨越式发展的必由之路[J]. 中国科学基金, 2015, 29(5): 337-342.
[71] 丁进良, 杨翠娥, 陈远东, 等. 复杂工业过程智能优化决策系统的现状与展望[J]. 自动化学报, 2018, 44(11): 1931-1943.
[72] 赵敏, 宁振波. 铸魂: 软件定义制造[M]. 北京: 机械工业出版社, 2020.
[73] Zhou J, Li P, Zhou Y H, et al. Toward new-generation intelligent manufacturing[J]. Engineering, 2018, 4(1): 11-20.
[74] 邬贺铨. 认识工业互联网[J]. 网信军民融合, 2019(5): 12-13.
[75] 邓聪. 推进工业互联网新基建发展[J]. 智慧中国, 2020(6): 32-34.
[76] 《智慧工厂》编辑部. 工业互联网之于智慧工厂的核心功能[J]. 智慧工厂, 2019(9): 30-31.
[77] 《智慧工厂》编辑部. 工业互联网推动制造业的数据应用变革[J]. 智慧工厂, 2019(7): 24-25.
[78] 吴志刚, 姚磊, 袁晓庆, 等. 工业互联网平台赋能重点行业数字化转型方法论白皮书[R]. 北京: 中国电子信息产业发展研究院信息化与软件产业研究所, 2020.
[79] "新一代人工智能引领下的智能制造研究"课题组. 中国智能制造发展战略研究[J]. 中国工程科学, 2018, 20(4):1-8.
[80] 国务院发展研究中心课题组. 借鉴德国工业 4. 0 推动中国制造业转型升级[M]. 北京: 机械工业出版社, 2018.
[81] 华为公司数据管理部. 华为数据之道[M]. 北京: 机械工业出版社, 2020.
[82] 郭朝晖. 智能制造的技术与经济逻辑[J]. 中国工程科学, 2018, 20(4): 97-100.
[83] 郭朝晖. 工业互联网技术发展现状及趋势分析[J]. 自动化仪表, 2020, 41(5): 1-4, 8.
[84] 朱铎先. 传统 MES 已经过时, 智能制造呼唤新理念[J]. 智能制造, 2019(6): 20-28.
[85] 郭朝晖. 知行: 工业基因的数字化演进[M]. 北京: 机械工业出版社, 2023.
[86] 柴天佑. 工业人工智能发展趋势[R]. 青岛: 2019 年国家智能产业峰会, 2019.
[87] 于万钦. 工业互联网连什么? 怎么连? [C]. 第 17 届 MES 开发与应用专题研讨会, 上海, 2018.
[88] 陈国青, 吴刚, 顾远东, 等. 管理决策情境下大数据驱动的研究和应用挑战: 范式转变与研究方向[J]. 管理科学学报, 2018, 21(7): 1-10.
[89] 徐宗本, 冯芷艳, 郭迅华, 等. 大数据驱动的管理与决策前沿课题[J]. 管理世界, 2014(11): 158-163.
[90] 李金娜, 高溪泽, 柴天佑, 等. 数据驱动的工业过程运行优化控制[J]. 控制理论与应用, 2016, 33(12): 1584-1592.
[91] 邱国栋, 王易. "数据-智慧"决策模型: 基于大数据的理论构建研究[J]. 中国软科学, 2018(12): 17-30.
[92] Huang X L, Xue J S, Dong L J. The modeling and application of cost predication based on neural network[J]. Lecture Notes in Computer Science, Springer, 2005(3498): 939-946.
[93] Wang Y F, Huang X L, Zhao L J, et al. Observer-based robust adaptive fuzzy tracking control in robot arms[C]. 2004 8th International Conference on Control, Automation, Robotics and Vision, Kunming, 2004: 2035-2040.
[94] Huang X L, Hu K Y, Li H Y, et al. Mathematical programming model and algorithms for production planning with considering SLAB matching[C]. The Second International Conference on Machine Learning and Cybernetics, Xi'an, China, 2003: 2055-2060.

[95] Chen X Q, Wang Y F, Huang X L. Fuzzy modeling method based on data mining[C]. IEEE International Conference on Machine Learning and Cybernetics, Guangzhou, China, 2005: 1924-1930.

[96] Wang Y F, Huang X L, Zhao L J, et al. Friction compensating modeling and control based on adaptive fuzzy system[C]//. 2004 8th International Conference on Control, Automation, Robotics and Vision, Kunming, China, 2004: 2041-2045.

[97] Tang Z H, Maclennan J. 数据挖掘原理与应用[M]. 邢祝芳, 焦贤龙, 高升, 译. 北京: 清华大学出版社, 2007.

[98] 黄肖玲, 杨华龙. 大约束度卷积码快速译码方法的研究[J]. 通信学报, 2010, 43(3): 57-64.

[99] 黄肖玲, 于洪波, 赵立杰. 改进遗传算法在含调整时间调度中的应用[J]. 系统仿真学报, 2009, 21(8): 2224-2228.

[100] 黄肖玲, 杨焕熙, 魏俊秀. 基于过滤束的转移瓶颈算法在 JSSP 中的应用[J]. 计算机科学, 2009, 36(4): 254-256, 284.

[101] 汪定伟. 智能优化方法[M]. 北京: 高等教育出版社, 2007.

[102] 申海. 集群智能及其应用[M]. 北京: 科学出版社, 2019.

[103] 黄肖玲, 王雅薇, 郭杰伟, 等. “前港后厂”港口堆场作业设备调度优化研究[J]. 管理工程学报, 2020, 34(5): 145-154.

[104] Guide V D R, Jr, Van Wassenhove L N. The evolution of closed-loop supply chain research[J]. Operations Research, 2009, 57(1): 10-18.

[105] 邬贺铨. 工业互联网发力新基建[R]. 北京: 中国工业互联网研究院召开工业互联网行业应用推进会, 2020.

[106] Huang X L, Ji M J. Integrated scheduling of container terminal process based on CIMS[J]. Applied Mechanics and Materials, 2011, 63: 822-826.

[107] 黄肖玲, 赵立杰, 李慧莹, 等. 基于四维一体的调度系统研究及在选矿厂的应用[J]. 控制与决策, 2004(9): 1008-1012.

[108] Huang X L, Wang Y F, Zhao L J, et al. Contemporary integrated manufacturing system based on ERP/MES/PCS in ore dressing[C]. IEEE The 8th International Conference on Control, Automation, Robotics and Vision, Kunming, 2004: 1879-1884.

[109] Huang X L, Zhao L J, Chai T Y. Prediction model of production indexes of mineral processing in the MES[J]. Dynamics of Continuous Discrete and Impulsive Systems B, 2006, 12(13): 2061-2066.

[110] Huang X L, Liu W, Chang C G, et al. Production index setting of ore concentration material consumption by case-based reasoning[C]. IEEE The 3rd International Conference on Machine Learning and Cybernetics, Shanghai, 2004: 2393-2397.

[111] 朱铎先. CPS 之我见: 理念、本质及落地[R]. 国家工业互联网平台应用创新体验中心专题讲座, 2020.

[112] 陈长英. 港口业务与操作[M]. 北京: 电子工业出版社, 2017.

[113] 杨茅甄. 散货港口管理实务[M]. 上海: 上海人民出版社, 2010.

[114] 陈家源. 港口企业管理学[M]. 2 版. 大连: 大连海事大学出版社, 2011.

[115] 柴天佑. 生产制造全流程优化控制对控制与优化理论方法的挑战[J]. 自动化学报, 2009, 35(6): 641-649.

[116] 黄肖玲, 丁进良, 柴天佑. 面向生产指标优化的选矿过程调度研究[J]. 系统工程学报, 2006, 21(2): 136-142.

[117] Huang X L, Chai T Y. Improved particle swarm optimization for ore mixing in ore dressing[J]. Dynamics of Continuous Discrete and Impulsive Systems B, 2007, 14(1): 224-231.

[118] Huang X L, Chu Y G, Hu Y, et al. The production process management system for production indices optimization of mineral processing[C]. 16th IFAC World Congress Prague, 2005.

[119] 黄肖玲, 刘巍, 宣伟宏, 等. 改进的 RBF 神经网络在磨矿指标预测中的应用[J]. 控制工程, 2008(5): 560-563.

[120] 汪洪柳. 基于“前港后厂”的矿石码头生产计划与调度集成优化研究[D]. 大连: 大连海事大学, 2016.

[121] Huang X L, Zhang M, Sun J Q, et al. Optimizing Equipment Configuration of Handling Technology in an Ore Terminal Based on Fuzzy Rule[C]. The 13th International Conference on Natural Computation, Fuzzy Systems and Knowledge Discovery, Guilin, 2017.

[122] 高聪. 矿石码头在线调度工艺指标模糊补偿规则研究[D]. 大连: 大连海事大学, 2017.

[123] Zadeh L A. Fuzzy sets [J]. Information and Control, 1965, 8(3): 338-353.

[124] Pawlak Z. Rough sets[J]. International Journal of Computer and Information Science, 1982, 11(5): 341-356.

[125] Agrawal R Imielinski T, Swami A. Mining association rules between sets of items in large databases[C]. Acm Sigmod Record, Washington, 1993.

[126] Roddick J F, Spiliopoulou M. A survey of temporal knowledge discovery paradigms and methods[J]. IEEE Transactions on Knowledge and Data Engineering, 2012, 14(4): 750-767.

[127] 汪定伟. 汪定伟论文集[M]. 沈阳: 东北大学出版社, 2018.

[128] 梁文丽, 徐伟. 港口产业集群发展影响机理及动态演化研究[J]. 物流科技, 2020, 43(11): 83-88.

[129] Luo M F, Chen F Y, Zhang J T. Relationships among port competition, cooperation and competitiveness: A literature review[J]. Transport Policy, 2022, 118: 1-9.

[130] 黄肖玲, 贾银银, 刘进平, 等. “前港后厂”供应链“链-链”联盟利益分配[J]. 系统管理学报, 2024, 33(2): 330-340.

[131] Huang X L, Wang Y W, Guo J W, et al. “Port before Factory” mode based on symbiosis Theory[C]. The 5th International Conference on Transportation Information and Safety, Liverpool, 2019.

[132] Ehrenfeld J. Putting a spotlight on metaphors and analogies in industrial ecology[J]. Journal of Industrial Ecology, 2003, 7(1): 1-4.

[133] Tainaka K, Terazawa N, Yoshida N, et al. Spatial pattern formation in a model ecosystem: exchange between symbiosis and competition[J]. Physics Letters A, 2001, 282(6): 373-379.

[134] Aihie O. A coopetition strategy: a study of inter firm dynamics between competition and cooperation[J]. Business Strategy Series, 2010, 11(6): 343-362.

[135] Katz D, Kahn R L. The Social Psychology of Organizations[M]. Wiley: New York, 1978.

[136] Stone D L, Canedo J C, Tzafrir S. The symbiotic relation between organizations and society[J]. Journal of Managerial Psychology, 2013, 28(5): 432-451.

[137] Lewin A Y, Long C P, Carroll T N. The convolution of new organization forms[J]. Organization Science, 1999, 10(5): 535-550.

[138] 刘友金, 袁祖凤, 周静, 等. 共生理论视角下产业集群式转移演进过程机理研究[J]. 中国软科学, 2012(8): 119-129.

[139] 冯德连. 中小企业与大企业共生模式的分析[J]. 财经研究, 2000, 28(6): 35-42.

[140] 赵红, 陈绍愿, 陈荣秋. 生态智慧型企业共生体行为方式及其共生经济效益[J]. 中国管理科学, 2004, 25(6): 131-137.

[141] 李天放, 冯锋. 跨区域技术转移网络测度与治理研究: 基于共生理论视角[J]. 科学学研究, 2013, 31(5): 684-692.

[142] 吕青, 唐秋生. 港口物流与区域经济协同发展研究[J]. 水运工程, 2012(4): 67-70.

[143] 赵志耘, 杨朝峰. 创新范式的转变: 从独立创新到共生创新[J]. 中国软科学, 2015(11): 155-160.

[144] 曹勇, 李孟刚, 李刚, 等. 基于信用利差与 Logistic 回归的公司违约概率测算模型与实证研究[J]. 运筹与管理, 2016, 25(6): 209-223.

[145] Huang X L, Gao X N. Research on port cooperation game-theory based on productivity restrain[C]. The 26th Chinese Control and Decision Conference (CCDC), Changsha, 2014: 736-741.

[146] 蔡蕾, 史纪磊, 李理, 等. 基于图限制合作博弈有效分配原则的医疗联合体利益分配机制[J]. 系统管理学报, 2021, 30(2): 393-400.

[147] 郑浩. 宝武钢铁集团铁矿石运输路径优化研究[D]. 舟山: 浙江海洋大学, 2020.

[148] 董海, 齐新娜, 吴瑶. 基于改进细菌觅食算法的 AGV 作业车间多目标优化[J]. 系统工程, 2021, 39(3): 132-142.

[149] Wang X Q, Chen G, Xu S. Bi-objective green supply chain network design under disruption risk through an extended NSGA-II algorithm[J]. Cleaner Logistics and Supply Chain, 2022, 3: 1-11.

[150] 黄肖玲, 李壮壮. 基于柔性生产机制的“前港后厂”港口取料机应急调度优化[J/OL]. 中国管理科学, 2024, 32(3): 210-217.

[151] Sun W, Peng X, Wang L T, et al. Reliability-based weight reduction optimization of forearm of bucket-wheel stacker reclaimer considering multiple uncertainties[J]. Structural and Multidisciplinary Optimization, 2020, 62(5): 2765-2782.

[152] Huang X L, Ren Y T, Zhang J A, et al. Dynamic scheduling optimization of marine oil spill emergency resource[J]. Journal of Coastal Research, 2020, 107(S1): 437-442.

[153] Zakaria Z, Rahman T K A, Hassan E E. Economic load dispatch via an improved bacterial foraging optimization[C]. IEEE 8th International Power Engineering and Optimization Conference, 2014: 380-385.

[154] Jain A K, Srivastava S C, Singh S N, et al. Bacteria foraging optimization based bidding strategy under transmission congestion[J]. IEEE Systems Journal, 2015, 9(1): 141-151.

[155] 林诗洁, 董晨, 陈明志, 等. 新型群智能优化算法综述[J]. 计算机工程与应用, 2018, 54(12): 1-9.

[156] 邢晓敏, 孙奇, 张鹏宇, 等. 深度优先搜索配合菌群算法的配电网故障恢复重构研究[J]. 东北电力大学学报, 2019, 39(3): 38-43.

[157] 仇林杰, 季薇, 李汀, 等. 基于量子菌群算法的三维多输入输出下行链路传输优化方案[J]. 计算机应用, 2017, 37(S2): 15-19.

[158] 刘璐, 单梁, 戴跃伟, 等. 非线性动态自适应旋转角的量子菌群算法[J]. 控制与决策, 2017, 32(12): 2137-2144.

[159] 庞素艳, 于彩莲, 解磊. 环境保护与可持续发展[M]. 北京: 科学出版社, 2015.

[160] 李新创. 新时代钢铁工业高质量发展之路[J]. 钢铁, 2019, 54(1): 1-7.

[161] 陶学宗. 港口环境保护[M]. 上海: 上海交通大学出版社, 2018.

[162] 郭壮丽. 钢铁企业计算机管控一体化系统[J]. 电子技术与软件工程, 2019(7): 146.

[163] 王焰. 九十年代的物流发展与动态评述[J]. 物流科技, 1999(1): 3-7.

[164] 董千里, 闫柏睿. 物流业高质量发展机制的集成场认识[J]. 中国流通经济, 2020, 34(5): 8-21.

[165] 樊毓卿. 供需视角下钢铁物流资源整合模式及运作机制研究[D]. 北京: 北京交通大学, 2018.

[166] Huang X L, Chen H P, Wang Y W, et al. Research on port efficiency measurement based on three-stage cascade data envelopment analysis control strategy[C]. The 2018 International Conference on Information Science and System, Jeju, 2018: 47-49.

[167] 颜泽贤. 复杂性探索与控制论发展[J]. 自然辩证法研究, 2005, 21(6): 12-15, 20.

[168] 柴天佑. 复杂工业过程运行优化与反馈控制[J]. 自动化学报, 2013, 39(11): 1744-1757.

[169] 郑季良, 周旋. 钢铁企业绿色供应链管理协同效应评价研究[J]. 科研管理, 2017, 38(S1): 563-568.

[170] 黄肖玲, 柴天佑. 粒子群优化算法在大型选矿企业原料采购计划中的应用[J]. 自动化学报, 2009, 35(5): 632-636.

[171] 黄肖玲, 代霞梅, 纪国良, 等. 基于“前港后厂”模式的进口铁矿石采购物流成本优化[J]. 中国管理科学, 2021, 29(8): 218-228.

[172] 于宏源. 矿产资源安全与“一带一路”矿产资源风险应对[J]. 太平洋学报, 2018, 26(5): 51-62.

[173] Zhang D Z, Ni N, Lai X F, et al. Multimodal iron ore inbound logistics network design under demand uncertainty[J]. Maritime Policy Management, 2020, 48(7): 941-965.

[174] Kim B I, Koo J I, Park B S. A raw material storage yard allocation problem for a large-scale steelworks[J]. The International Journal of Advanced Manufacturing Technology, 2009, 41(9/10): 880-884.

[175] Holland J H. Genetic algorithms[J]. Scientific American, 1992: 66-72.

[176] Fonseca C M, Fleming P J. An overview of evolutionary algorithms in multiobjective optimization[J]. Evolutionary Computation, 1995, 3(1): 1-16.

[177] Tadahiko M, Hisao I, Hideo T. Multi-objective genetic algorithm and its applications to flowshop scheduling[J]. Computers & Industrial Engineering, 1996, 30(4): 957-968.

[178] Abdullah K, David W C, Alice E S. Multi-objective optimization using genetic algorithms: a tutorial[J]. Reliability Engineering and System Safety, 2006, 91(9): 992-1007.

[179] 王嵘冰, 徐红艳, 郭军. 自适应的非支配排序遗传算法[J]. 控制与决策, 2018, 33(12): 2191-2196.

[180] Dong Y, Carter C R, Dresner M E. JIT purchasing and performance: an exploratory analysis of buyer and supplier perspectives[J]. Journal of Operations Management, 2001, 19(4): 471-483.

[181] Huang X L, Zhang J A, Ren Y T, et al. Utilizing port yard resources to optimize iron ore supply-chain Cost based on “Port before Factory”[J]. Journal of Coastal Research, 2020, 106(sp1): 498-501.

[182] 魏津瑜, 陈子星, 刘倩文. 基于质量缺陷和学习效应的易腐品库存与筛选决策问题研究[J]. 工业工程与管理, 2019, 24(5): 22-31.

[183] Hsu J T, Hsu L F. An integrated vendor-buyer inventory model with imperfect items and planned back ordering[J]. International Journal of Advanced Manufacturing Technology, 2013, 68(9): 2121-2132.

[184] 宁浪, 张宏斌, 张斌. 面向 JIT 制造的零部件配送中心货位优化研究[J]. 管理科学学报, 2014, 17(11): 10-19.

[185] 施国洪, 余利娥, 陈敬贤. JIT 采购方式对供应链的碳排放影响[J]. 工业工程与管理, 2017, 22(6): 99-106.

[186] Cao Q, Schniederjans M J. A revised EMQ/JIT production-run model: an examination of inventory and production costs[J]. International Journal of Production Economics, 2004, 87(1): 83-95.

[187] Hu H, Wu Q, Zhang Z, et al. Effect of the manufacturer quality inspection policy on the supply chain decision-making and profits[J]. Advances in Production Engineering & Management 2019, 14(4): 472-482.

[188] Zhang X M, Fang W G, Pi Z Y. Interaction among information sharing, supply chain structure and performance[J]. Journal of Coastal Research, 2019, 93(S1): 870-878.

[189] Wei H R, Dong M. Import-export freight organization and optimization in the dry-port-based cross-border logistics network under the Belt and Road Initiative[J]. Computers & Industrial Engineering, 2019, 130: 472-484.

[190] 黄肖玲, 任宇婷, 张佳安, 等. 基于低碳环保因素的“前港后厂”钢铁产成品运输网络优化[J]. 运筹与管理, 2021, 30(8): 59-66.

[191] Pinto M J T, Mistage O, Bilotta P, et al. Road-rail intermodal freight transport as a strategy for climate change mitigation[J]. Environmental Development, 2018, 25: 100-110.

[192] Halim R A, Kwakkel J H, Tavasszy L A. A strategic model of port-hinterland freight distribution networks[J]. Transportation Research Part E, 2016, 95: 368-384.

[193] Inghels D, Dullaert W, Vigo D. A service network design model for multimodal municipal solid waste transport[J]. European Journal of Operational Research, 2016, 254(1): 68-79.

[194] 秦璐, 刘弘超, 孙智源. 基于正交试验的乘用车运输网络优化方法[J]. 运筹与管理, 2018, 27(12): 38-46.

[195] Roso V, Woxenius J, Lumsden K. The dry port concept: connecting container seaports with the hinterland[J]. Journal of Transport Geography, 2008, 17(5): 338-345.

[196] Tsao Y C, Linh V T. Seaport-dry port network design considering multimodal transport and carbon emissions[J]. Journal of Cleaner Production, 2018, 199: 481-492.
[197] Roberto D O D C P, Mauceri S, Carroll P, et al. A genetic algorithm for a green vehicle routing problem[J]. Electronic Notes in Discrete Mathematics, 2018, 64: 65-74.
[198] 张晓楠, 范厚明, 李剑锋. 变动补偿的多模糊选址-路径机会约束模型及算法[J]. 系统工程理论与实践, 2016, 36(2): 442-453.
[199] Yassen E T, Ayob M, Nazri M Z A, et al. An adaptive hybrid algorithm for vehicle routing problems with time windows[J]. Computers & Industrial Engineering, 2017, 113: 382-391.
[200] 马艳芳, 闫芳, 康凯, 等. 不确定同时取送货车辆路径问题及粒子群算法研究[J]. 运筹与管理, 2018, 27(12): 73-83.
[201] Zong W G, Kim J H, Loganathan G V. A new heuristic optimization algorithm: harmony search[J]. Simulation, 2001, 76(2): 60-68.
[202] 许胜才, 蔡军, 程昀, 等. 基于拓扑结构与粒子变异改进的粒子群优化算法[J]. 控制与决策, 2019, 34(2): 419-428.
[203] 杨晓琰, 郭朝先, 张雪琪. “十三五”民营企业发展回顾与“十四五”高质量发展对策[J]. 经济与管理, 2021, 35(1): 20-29.
[204] 刘惠好, 焦文妞. 国有股权参股、融资约束与民营企业金融资产投资[J]. 现代经济探讨, 2022(4): 70-82.
[205] 郭朝先, 李成禅. 新中国成立 70 年来我国民营企业发展成就及未来高质量发展策略[J]. 企业经济, 2019(9): 14-23.
[206] 许志勇, 刘宗慧, 彭芸. 中小企业资产、价值、大数据与平台融资[J]. 中国软科学, 2021(12): 154-162.
[207] 马理, 何云. “走出去”与“引进来”: 银行业对外开放的风险效应[J]. 财经科学, 2020(1): 13-28.
[208] 陈雪雯. 我国物流金融的主体、特征、运作模式和发展研究[J]. 西南金融, 2019(7): 58-67.
[209] 罗齐, 朱道立, 陈伯铭. 第三方物流服务创新: 融通仓及其运作模式初探[J]. 中国流通经济, 2002(2): 11-14.
[210] 郑鑫, 蔡晓云. 融通仓及其运作模式分析: 中小企业融资方式再创新[J]. 科技创业月刊, 2006(12): 40-41.
[211] 张凯, 董千里. 物流银行金融服务创新解除中小企业融资障碍[J]. 财经理论与实践, 2008(1): 39-42.
[212] 王子良, 侯志茹, 曹硕. 金融危机背景下商业银行开展物流金融业务的风险及防范[J]. 税务与经济, 2009(4): 46-50.
[213] 宋焱, 李伟杰. 物流金融: 出现动因、发展模式与风险防范[J]. 南方金融, 2009(12): 41-46.
[214] 飞鸿. 金融创新为物流插上翅膀: 现代物流与金融创新专家座谈纪实[J]. 物流技术与应用, 2003(11): 4-8.
[215] 吴小梅. 物流金融: 第三方物流企业的增值服务[J]. 物流工程与管理, 2009, 31(9): 7-9.
[216] 何娟, 沈迎红, 何勇. 融通仓风险评价指标体系的创建[J]. 企业经济, 2008(6): 127-129.
[217] 何娟. 基于结构方程模型的融通仓风险因素评价研究[J]. 南京社会科学, 2008(7): 30-38.
[218] 任文超. 物资“银行”的构思与操作[J]. 资本市场, 1998(5): 50-51.
[219] 于洋, 冯耕中. 物资银行业务运作模式及风险控制研究[J]. 管理评论, 2003(9): 45-50.
[220] 任文超. 从“物资银行”到“物流银行”[J]. 中国物流与采购, 2006(9): 18.
[221] 任文超. 产业资本与金融资本的融合: 谈物资“银行”的运作[J]. 中国储运, 2005(4): 26-28.
[222] Dorigo M, Gambardella L M. Ant colony system: a cooperative learning approach to the traveling salesman problem[J]. IEEE Transactions on Evolutionary Computation, 1997, 1(1): 53-66.
[223] 李京生, 王爱民, 唐承统, 等. 基于动态资源能力服务的分布式协同调度技术[J]. 计算机集成制造系统, 2012, 18(7): 1563-1574.
[224] 黄肖玲, 陈焕平, 高晓楠, 等. 需求可拆分 Milk-run 与 Supply-hub 协同的汽车零部件入厂物流优化[J]. 中国管理科学, 2022, 30(7): 59-68.

[225] 于辉, 陈飞平. 基于供应链协同的汽车制造企业入厂物流模式选择[J]. 系统工程理论与实践, 2011, 31(7): 1230-1239.

[226] 赵宗慈, 罗勇, 黄建斌. 预估21世纪全球变暖在历史上的地位[J]. 气候变化研究进展, 2022, 18(5): 637-640.

[227] 张金良, 李超. 碳排放影响下的动态配送车辆路径优化研究[J]. 中国管理科学, 2022, 30(9): 184-194.

[228] 朱玲, 吴迪. 需求可拆分的汽车零部件循环取货路径优化研究[J]. 计算机应用研究, 2013, 30(6): 1647-1651.

[229] 姚冠新, 范雪茹, 张冬梅. 基于改进变邻域搜索的多隔室车辆路径优化算法[J]. 计算机集成制造系统, 2022, 28(9): 2981-2997.

[230] 王新玉, 唐加福, 邵帅. 多车场带货物权重车辆路径问题邻域搜索算法[J]. 系统工程学报, 2020, 35(6): 806-815.

[231] 李常敏, 黎绍明, 刘素琪, 等. 低碳视角下的城市物流配送网络研究[J]. 生态经济, 2020, 36(1): 106-110.

[232] 丁莉. 中国港口滚装码头运输年鉴综述[M]//中国港口年鉴: 2018. 上海: 中国港口杂志社, 2018: 310-311.

[233] Beskovnik B, Twrdy E. Managing maritime automobile terminals: an approach toward decision-support model for higher productivity[J]. Naval Architecture and Ocean Engineering, 2011, 3(4): 233-241.

[234] Mendonca M C, Dias Q J C. “Postponement” in the logistical systems of new automobiles marketed in portugal: the brands and quality[J]. Total Quality Management & Business Excellence, 2007, 18(6): 681-696.

[235] 陈晓静, 李峰, 高自友. 应对紧急附加订单的汽车滚装堆场车位合并分配优化[J]. 系统工程理论与实践, 2018, 38(5): 1249-1262.

[236] Özkan E D, Nas S, Güler N. Capacity analysis of Ro-Ro terminals by using simulation modeling method[J]. The Asian Journal of Shipping and Logistics, 2016, 1(1): 139-147.

[237] Polat O, Günther H O. The impact of seasonal demand fluctuations on service network design of container feeder lines[J]. Journal of Transportation and Logistics, 2016(1).

[238] Huang X L, Chen H P, Liu L F, et al. Robust optimization model of feeder lines routing based on the hub port[J]. Transportation Journal, 2020, 59(3): 279-303.

[239] 谢新连. 船舶调度与船队规划方法[M]. 北京: 人民交通出版社, 2000.

[240] Arslan A N, Papageorgiou D J. Bulk ship fleet renewal and deployment under uncertainty: a multi-stage stochastic programming approach[J]. Transportation Research Part E, 2017, 97(1): 69-96.

[241] 邢玉伟, 杨华龙, 马雪菲. 差异化定价策略下的远洋洲际班轮航速与航线配船优化[J]. 系统工程理论与实践, 2018, 38(12): 3222-3234.

[242] 李振福, 史砚磊, 徐梦俏, 等. 世界集装箱海运网络层次结构研究[J]. 系统工程理论与实践, 2016, 36(4): 981-988.

[243] Huang X L, Liu L F. Hub port positioning and route planning of feeder lines for regional transportation network[J]. International Journal of Environmental and Ecological Engineering, 2014, 8(8): 2715-2722.

[244] Huang X L, Chen H P, Zhang J A, et al. Robust optimization model of container liner routes in feeder line nerwork[J]. Transport, 2024, 39(1): 13-24.

[245] Alberto S, Plum C E M, Stefan R. A branch-and-price approach to the feeder network design problem [J]. European Journal of Operational Research, 2018, 264(2): 607-622

[246] Dantzig G B. Linear programming under uncertainty[J]. Management Science, 1955, 1(3/4): 197-206.

[247] Zheng S Y, Chen S. Fleet replacement decisions under demand and fuel price uncertainties[J]. Transportation Research Part D, 2018, 60: 153-173.

[248] Shintani K, Imai A, Nishimura E, et al. The container shipping network design problem with empty container repositioning[J]. Transportation Research Part E, 2005, 43(1): 39-59.

[249] Brouer B D, Dirksen J, Pisinger D, et al. The vessel schedule recovery problem (VSRP) -AMIP model for handling disruptions in liner shipping[J]. European Journal of Operational Research, 2013, 224(2): 362-374.

[250] 李阳, 范厚明, 张晓楠, 等. 求解模糊需求车辆路径问题的两阶段变邻域禁忌搜索算法[J]. 系统工程理论与实践, 2018, 38(2): 522-531.

[251] Mole R H, Jameson S R. A Sequential route-building algorithm employing a generalised savings criterion[J]. Journal of the Operational Research Society, 1976, 27(2): 503-511.

[252] 刁秀华. 中国东北与俄罗斯远东超前发展区对接合作研究[J]. 财经问题研究, 2018(4): 116-122.

[253] Huang X L, Dai X M, Luo Y Z, et al. Design of container terminal handling system based on index forecast and economic evaluation[J]. Journal of Coastal Research, 2019, 94(S1): 377-384.

[254] 黄肖玲, 张迪, 李嘉琦, 等. 基于同贝同步的岸桥与集卡两阶段协同优化[J]. 系统工程理论与实践, 2021, 41(10): 2621-2630.

[255] 罗勋杰. 集装箱码头操作管理[M]. 2 版. 大连: 大连海事大学出版社, 2018.

[256] Shang X T, Cao J X, Ren J. A robust optimization approach to the integrated berth allocation and quay crane assignment problem[J]. Transportation Research Part E, 2016, 94(10): 44-65.

[257] Tang L X, Zhao J, Liu J Y. Modeling and solution of the joint quay crane and truck scheduling problem[J]. European Journal of Operational Research, 2014, 236(3): 978-990.

[258] Hu H, Mo J, Zhen L. Improved benders decomposition for stochastic yard template planning in container terminals[J]. Transportation Research Part C Emerging Technologies, 2021, 132(8): 103365.

[259] Chu Y L, Zhang X J, Yang Z Z. Multiple quay cranes scheduling for double cycling in container terminals[J]. PLOS ONE, 2017, 12(7): 1-19.

[260] Dantzig G B, Ramser J H. The truck dispatching problem[J]. Management Science, 1959, 6(1): 80-91.

[261] 张笑菊, 曾庆成, 王泽浩. 集装箱码头集卡配置优化的闭合排队网络模型[J]. 系统工程理论与实践, 2019, 39(2): 409-417.

后记与致谢："前港后厂"调与研之路

在本书完成之际，感慨颇深。曾几何时，作为一名忧国忧民的学者对环境保护的呼声是那么的微不足道，而今生态环境建设已列为我国重点发展战略之一，颇感欣慰。伴随着新一轮工业变革的到来，供应链、精益生产、智能制造、CPS、工业互联网等新兴生产技术及管理理念进一步被国人所认知，"赋智"成为传统制造业适应转型浪潮的主旋律。为此，本书立足"智能+绿色"，乃向海而兴，大国航路，走向深蓝！产业供应链绿色转型与健康生态可持续发展实现"制造强国、海洋强国"共建——以工程应用为研究背景，综合了控制论、模糊集理论、生物学、音乐学、机器学习、数据挖掘、计算机、互联网、ICT 等理论与技术，探索出"前港后厂"端到端集成优化方案。作为一名大学教授，殷切地期望自身的学术研究成果能与企业应用对接，做到学术与技术不分离，理论与实践不分家，对辽宁未来建设及家乡大连的"产学研用"有所建树。

回首望，本书竟是笔者"10 年钢铁+10 年港口+"之路。

2009 年 9 月，为不再留下子欲养而亲不待的遗憾，为心中之爱、肩上之责，回到故乡大连，作为人才引进到大连海事大学，进入笔者盲区的港航交通与物流科技领域，于是把不足当动力，以"学习的态度"开启了"0→走近→走进"的"趸船→前港后厂→'前港后厂'端到端集成"的探索历程。从不识"趸"字之原点，走起"在战争中学战争"的实"见"与理论之并行"躬"程。

笔者以近水楼台的大连港和国内最先进的上海港为实"见"基地；同时，恶补国内书籍与国际文献。在此期间，一篇学术论文秀外慧中的"美"深深地吸引了笔者，便冒昧电邮作者 **Anne Goodchild**，渴望访学与其交流合作。幸运地接到 Anne Goodchild 邀请函，远赴美国华盛顿大学（西雅图）土木与环境工程学院访学；而彼时的笔者是该领域的新兵，并不知晓此 **Anne Goodchild** 竟是国际上**首次提出集装箱码头双循环作业**的女士。

2011 年 8 月至 2012 年 8 月，在美国华盛顿大学访学期间，笔者扮演着教授与学生的双重角色，以教授身份不仅参加外教 **Anne Goodchild** 科研团队，又有幸加入该学院唯一的华人教授**王印海**创立的、已成为华盛顿州交通部远程科研与培训基地的智能交通应用与研究实验室（Smart Transportation Applications and Research Laboratory，STAR Lab）工作。同时，笔者以"学习的态度"成为课堂上年龄最老的新生，选修了本科与研究生的交通运输系统控制与仿真（transportation system control & simulation），交通数据管理与分析（traffic data management and analysis），货运与全球贸易（freight transportation and global trade），交通与物流（trans & logistics），基础土木工程计算（basic civil engineering computing），运输工程 I（transportation engineering I），运输工程 II（transportation engineering II）7 门课程（图 1）。刚到美国时，笔者就坦诚地告知 Anne Goodchild，自己是这个领域的新兵，原来从事钢铁自动化领域科研，恰巧 Anne Goodchild 还是美国纽柯钢厂（Nucor Steel Plant，http://www.nucor.com/）的顾问。2011 年 9 月，很欣慰在访学的第 1 个月笔者就能替 Anne 去该厂做工作（图 2）。同时，笔者也发现该钢厂不仅信息化先进且环保程度高，被称为无尘钢铁企业，这也增强了笔者对钢厂的环保意识。

图 1　老新生听 Anne Goodchild 的 transportation engineering 课程

图 2　美国纽柯钢厂外（厂内不许拍照）

2011 年 11 月，笔者跟随王印海教授一同去华盛顿州交通信号中心（Lynnwood Transit Center，www.ci.lynnwood.wa.us）工作调研，在仰望前台大屏幕的多重画面之时（图 3），更想透视幕后又有多少玄机、多少知识、多少劳动？便对后台交换机服务器设备、遥控终端甚至电路板等细心观察与咨询（图 4），因笔者本硕的 ICT 学历教育，欲知晓其“机器→软件→数据”技术的系统性。

图 3　华盛顿州交通信号中心前台大屏幕

图 4　大屏幕后台交换机服务器设备

2012 年 1 月，笔者利用寒假时间去参观访问美国国家航天局（NASA）休斯敦约翰逊航天中心（图 5），这里缔造了美国引以为傲的航天航空事业，著名的 1969 年 7 月 20 日阿波罗 11 号和“哥伦比亚”号航天飞机（图 6）都是在这里指挥飞行成功的。阿波罗载人登月工程始于1961年5月至1972年12月第6次登月成功结束，历时约11年，耗资255亿美元。在工程高峰时期，参加工程的有2万家企业、200多所大学和80多个科研机构，总人数超过30万人，是一项人类最伟大的系统工程!!!

图5 NASA控制中心

图6 “哥伦比亚”号驾驶舱

2012年2月，笔者受邀在美国国际会议做题为 *Workshop Innovation in Urban Freight* 的报告（http://depts.washington.edu/ifreight/speakers.html），与会人员几乎全部来自西方发达国家，来自亚洲只有中国台湾成功大学的教授和笔者2位。笔者的 *Dalian—the Nearest Port to the World in North China* 报告（图7），引起西方专家学者们对中国大连港的浓厚兴趣和热切关注。

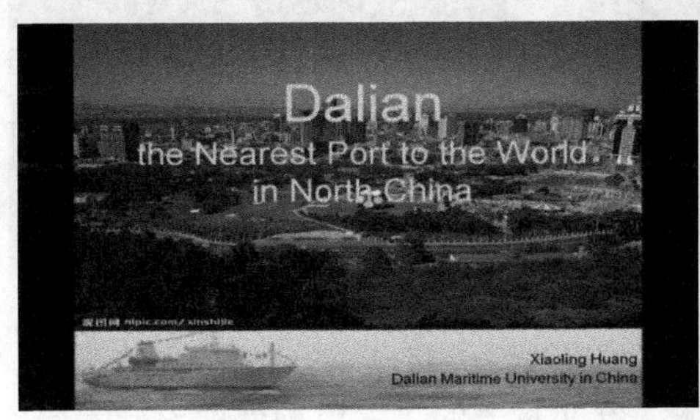

图7 报告PPT首尾两页（大连港实景）

2012年5月，作为会议工作人员参与会议主席**王印海**教授主办的 *The Pacific Northwest Transportation Consortium*（http://depts.washington.edu/pactrans/）年会。2012年3、4月，分别去西雅图港（Port of Seattle）和洛杉矶港（Port of Los Angeles）实地调研。其中，洛杉矶港是美国第一大集装箱港，且洛杉矶地区的主要工业包括钢铁、铝制品、服装、机械、木材加工、造船、罐头食品及汽车装配等。西雅图港为美国第二大集装箱港，且西雅图又是波音总部、微软总部、亚马逊总部所在地，在航天、计算机软件、电子设备、环境工程等处于领导地位。

由此，2012年5、6月，自结识波音公司 **David** 后，相对于波音博物馆，笔者更渴望去波音工厂的生产线，便请求David说，想了解世界最大的离散制造业美国波音飞机制造厂（图 8）是怎么生产出全球第一个数字化样机——波音 777（图 9）。感谢 David 提供给笔者的 VIP 待遇，遍历了工厂生产车间的各个角落，观察其精益生产线以及零部件生产物流，了解其**基于模型的系统工程**。图 10 是正在厂房中制造的飞机，绿色并不是飞机的颜色，而是飞机的保护层。David 送给笔者 3 个波音 787 的 rivet，即铆钉（图 11），而当得知彼时波音 75%的核心部分是留着自己生产的，25%的零部件外包他国生产，笔者脑海中浮现海关、物流运输，而今正是本书汽车零部件物流的对应。

图 8　美国波音飞机制造厂

图 9　波音 777 生产样机

图 10　正在厂房中制造的飞机

图 11　波音 787 的 rivet

2012 年 9 月回国之后，笔者在**包起帆**、**罗文斌**著的《港口物流前沿技术研究与实践》一书中首次看到“前港后厂”一词，同时也让笔者兴奋地在书中遇到了 PCS/DCS/PLC/SCADA、ERP 管理控制等科研“初恋”关键词；而书中的“港口在装卸生产过程中，ERP 与 DCS 没有通信联系，造成管理与控制的断层，无法形成管理与控制的闭环的问题”本质上正是国际上著名的 MES“鸿沟”问题，但港口企业对更易于实现集成优化的 AMR 三层（ERP/MES/DCS）系统并无深刻认知，而这恰是笔者在钢铁领域 10 多年耕耘的重点。回首望，2001 年，笔者有幸考入东北大学自动化中心（流程工业综合自动化国家重点实验室）师从**柴天佑**院士攻读博士学位，其间在国家 973 计划、国家 863 计划、国家自然科学基金等项目中从事基于 ERP/MES/PCS 三级 CIMS 系统架构中 MES 系统集成功能设计、智能优化算法与模型构建的理论与优化研究及钢铁厂的工程实践。并于 2006 年 4 月，出版了国家 863 高技术研究发展计划“流程工业制造执行系统集成平台及应用研究”（2002AA414610）及我国某大型钢铁选矿企业 CIMS 工程项目支持的个人第一本专著《智能选矿制造执行系统》。而这一次关于“前港后厂”的“码头与钢厂一体化”之路，也开启了笔者科研的“10 年钢铁+10 年港口+”一体化的新篇章。

2013 年 3 月，笔者撰写国家自然基金面上项目申请“‘前港后厂’MES 模糊建模与控制补偿研究”于同年 8 月获批。同年 10 月 31 日，学校科技月邀请**包起帆**高级工程师做报告（图 12），方知其是一名从码头工人成长起来的**“抓斗大王”、全国劳动模范**；同时，通过这次报告作者了解到，**早在 2004 年上海港就已践行了集装箱码头双循环作业**（图 13），而国际上一直以来公认双循环作业是 **Anne Goodchild** 于 2005 年首次提出的，这也是笔者一直耿耿于怀的，我们没能通过 SCI 在国际上发声，让全球知晓我们的**首创成果**。

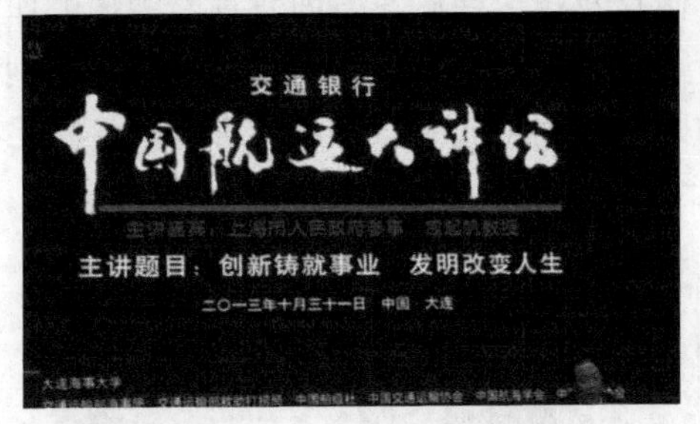

图 12 **包起帆**在海事大学东山礼堂的报告

图 13 报告后**包起帆**在交通学院的座谈会

包起帆的书给了笔者 idea，通过他发现的“实际问题”，让笔者提炼出“科学问题”；“前港后厂”把“港-钢”联合起来，这样也就使得笔者前期关于钢铁制造业的研究成果有了用武之地，前期的科研积累和以后的工作也可有效“集成”。但以往笔者主要在团队中完成管控信息由“上→下”传输的部分，并未去做由“下→上”信息反馈的研究，况且彼时仅仅针对钢铁企业内部，而今跨界“港-钢”两业还是具有挑战性的，但跨界的关联恰是与笔者渊源极深的“矿石”，故本书以矿石码头为主。

2013 年 12 月，得到大连港集装箱公司市场营销部**纪国良**经理协助，开启了大连港矿石码头调研，并有了堆场“料条”标准化零部件的思路（图 14）。感谢大连港集团矿石码头副总经理**陈晓光**、矿石码头作业部经理**张春亮**，让笔者从实地考察调研中，学到很多书本上没有的知识，健全了知识体系。他们的热情招待、勤恳朴实的工作态度，而今回味起来仍令笔者温馨满满。

图 14 大连港矿石码头调研

2014 年 8 月 15 日至 9 月 2 日，笔者将视角延伸至欧洲，因欧洲临港工业可谓“前港后厂”的鼻祖，于是前往欧洲西北部钢铁工业的中心——鹿特丹，并在世界级别的铁矿港口——鹿特丹港实地考察，了解国际先进的临港产业链，得知该港口在为德国内陆的钢铁生产商处理、储存及转运铁矿石方面发挥着突出的作用，也是废料的重要出口港。同时，笔者又去比利时安特卫普港调研，感谢比利时安特卫普港务局东亚商务经理刘国金的引荐与接待（图 15）。笔者看到该港已将炼钢后道工序、成品库、半成品库移植至港口（不让拍照），实现港口增值服务。

图 15 欧洲安特卫普、鹿特丹等港口调研

2014 年 10 月，笔者再次来到上海洋山港这个利用小洋山岛填埋而成的人工海上码头，望着对面的集装箱码头，不无感慨其好大、好壮观、好震撼（图 16）！本次调研不想走马观花，来之前已和时任上港集团工程指挥部副总指挥罗勋杰沟通，也想了解一下他关于未来无人码头的设想。

图 16　上海洋山港集装箱码头前沿

笔者来到罗总公司会议室听他的“无人自动化码头”报告（图 17），其间在拍墙上的工程总平面图时，罗总说这图已经 out 了，都开始干工程四期了。待再次感谢罗总让笔者领略建成后的洋山四期时，也让笔者见识了优秀企业家创新奋斗历程。其实，上海港具有先天不足的硬伤——铁路没有延伸至港口，可今天的上海洋山港四期已建成全球最大规模、自动化程度最高的集装箱码头。

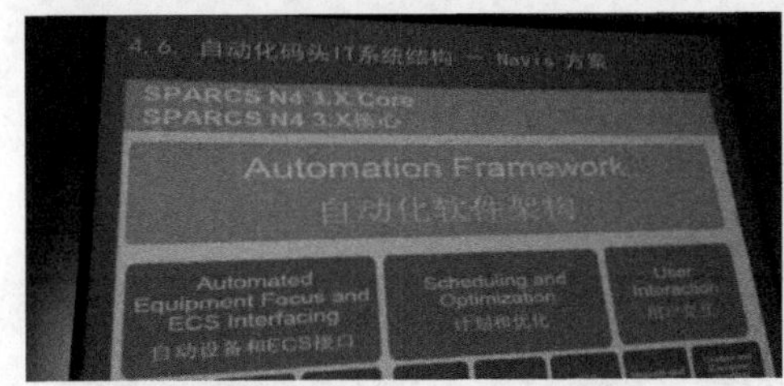

图 17　上港集团工程指挥部听罗勋杰报告与座谈会

2015 年 6 月 22 日，笔者指导的论文《“前港后厂”模式下港口供应链优化研究》获欧洲安特卫普港务局颁发的“the port of Antwerp maritime awards academic year 2014-2015 for an outstanding thesis related to shipping, logistics and supply chain”，令笔者欣慰的是笔者自造的“Port befor Factory”（前港后厂）这一英文关键词第一次走向国际。

2016 年 1 月，笔者参加第 95 届国际交通领域最具权威的顶级会议——美国科学院交通研究会（Transportation Research Board，TRB）。笔者题为《上海港应该过度强调快速发展与釜山港口争夺枢纽港口吗》（*Should Shanghai port overemphasize rapid development to achieve the hub port* VS. *Busan port*）（https://trid.trb.org/view/1392823）的报告中提出了思考，在港口大国建设中追求经济效益时，不应忽视环保的社会价值，环保要跟上建设的步伐，加强港口绿色化发展。此次，笔者被美国科学院交通研究委员会邀请为海事环境委员会委员（The Committee Member on Marine Environment of Transportation Research Board），连任至今。

说到宝钢，笔者每每都是怀着敬畏之心去宝钢调研，每一次都想看看宝钢又

"潮"到什么程度，想借鉴其先进制造技术理念运用于港口。在笔者心目中，宝钢拥有最先进的钢铁自动化生产线，是我国钢铁生产科技的领导者，宝钢有多强，国家钢铁就有多硬。2016 年 7 月，笔者穿上制服、带上钢盔，跟随着宝钢集团中央研究院自动化专业首席研究员王笑波，参观炼钢无人自动化精益生产流水线，一边听着她的讲述，一边看着那以 20 米/秒的流水速度、2 分钟就生产出来的 1 卷钢，控制精度可以使钢板厚度精细到 1 毫米，钢卷打包直接入库连续生产（图 18），笔者不禁感叹"咱们工人有力量！"能使钢铁制造如此先进，这也是本书"前港"作业"精细化→柔性化→定制化"服务"后厂"更深一步的思路所在。又因炼钢是物质化学变化，且生产有连续性，其间不能停顿下来，有一点差错就是巨量废品，这正是本书第 6 章又进一步深入堆场作业应急调度研究的原因。2014 年笔者又关注宝钢生产线外部，去参观煤堆、矿堆原料堆场，原料运输等作业工序（图 19），进一步坚定基于供应链的集成优化是"港-钢"提质增效的又一个渠道。

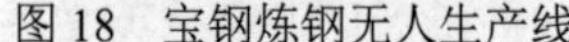

图 18　宝钢炼钢无人生产线

图 19　宝钢自主码头矿堆原料堆场

2016 年 9 月 5 日至 16 日，笔者获得欧洲比利时弗兰德斯政府港口物流奖学金，收到 APEC 港口物流研讨会邀请函，到欧洲比利时弗兰德斯市港口培训中心参加为期 2 周的港口物流培训。其间除了聆听欧洲港口专家、大学教授的系统的理论课程（例如，港口的主生产计划与港口建设规划的原则与方法、出货/入货管理流程、卡车货运和网关扩展、石油化学产品物流的概念、重型货物物流、烟草仓储与配送、物流的未来发展、西欧公路运输的发展重点、你怎么看你的国家的港口机构在未来的作用等），还有丰富的实地体验［参观安特卫普港、安特卫普港口社区系统、电子解决方案促进港口货物流动、安特卫普国际终端 PSA、安特卫普北极光仓库 PSA、国际汽车运营商终端（ICO）、安特卫普海事博物馆、安特卫普联合终端、安特卫普卷料中心等，访问 Zeebrugge 港口、Wijngaardnatie、Zuidnatie、根特港口危险货物监管、根特港口和物流园区船运等等]（图 20）。丰富的理论联系实际，给笔者又一次认知的飞跃。同时，笔者又发现根特港临港工业已形成一个完整的"两头在港"产业链。

图 20　获取证书（与其说码头前沿作业，不如说笔者更关注的是隐藏其背后的业务）

笔者一直在关注国内外的智慧港口建设，1993 年世界上第一个集装箱自动化码头在荷兰鹿特丹港正式投产。与上海港相比，鹿特丹港虽然规模小，但其在智慧港口方面的探索与实践总体处于世界领先水平。鹿特丹港积极推进"产学研用"联盟建立，引领港口向更高层次发展。联合荷兰代尔福理工大学、鹿特丹伊拉斯姆斯大学等组建了智慧港口研究中心，加强相关基础理论和前瞻性研究，为鹿特丹智慧港口建设提供技术支撑。深度剖析其智慧港口发展模式与特点，对我国智慧港口建设具有重要借鉴意义。

2018 年 4 月，笔者在由国际计算机科学与信息技术协会（International Association of Computer Science and Information Technology）主办的第一届国际信息科学与系统会议（The 1st International Conference on Information Science and System）做题为《基于三阶级联 DEA 控制策略的港口效率测量方法研究》（*Research on Port Efficiency Measurement Based on Three-stage Cascade DEA Control Strategy*）的报告，将控制论的思想运用到数据包络分析中以测度港口效率（图 21）。同时，被 International Association of Computer Science and Information Technology 邀请为会议技术委员会（Conference Technical Committee）和技术方案委员会（Technical Program Committee）委员至今。

图 21　会议报告现场

2018 年 9 月，笔者再次前往洋山四期参观集装箱自动化码头。但笔者也感到我国存在重集装箱码头自动化建设（集装箱易于标准化）而轻散杂货码头自动化的问题。事实上，散杂货的吞吐量占总体比重大大高于集装箱，是影响港口总体竞争力的关键因素。因此，深化散杂货港口的自动化、智能化改造，是进一步提升港口综合实力的关键。

2020 年这一年是人类历史上极不寻常的一年，各国同时历经人类历史上一段黑暗时期。在这艰巨的一年里，“互联网+”催生了人类学习方式与教育模式的历史性变革。在此，感谢腾讯让笔者居家通过腾讯课堂 APP 在电脑前为散落于世界各地的学生（含留学生）上课，并通过腾讯会议延续研究生的科研例会。更要感谢诸如腾讯联合同济大学、中国产业互联网发展联盟、深圳市工业互联网行业协会举办的“智能制造与工业互联网”系列公益联播等。这一年笔者和研究生们一同收看了 100 多场专家论坛、企业家经验交流会等网络直播，与时俱进，开辟了学生们对于智能制造、工业互联网等先进制造技术及理念认知，弥补管理专业学生无“技”之短板。工业 4.0 时代，是“互联网+智能”的时代，人才需求从“单专业→多学科→系统性”递进，需要培养多学科交叉人才。

另外，2020 年 4 月 2 日在腾讯视频智能制造公益讲座中惊喜收看到**殷瑞钰**院士的《未来钢铁工业技术进步的战略思考》报告，我因共鸣开心就再看回放并截屏报告图片附本书，但由于图片不清晰还有院士的现场头像不适合出版要求，就电邮他索要原图，谢谢殷院士助力满足素不相识听众的心愿（第 1 章图 1.5），落笔至此我是微笑的。在收听收看“智能制造与工业互联网”系列公益联播的过程中，工业和信息化部两化融合专家、中国航空工业集团**宁振波**研究员题为“航空工业的数字化翅膀”的报告，让笔者再现当年去美国波音飞机制造厂，好奇是怎么生产出全球第一个数字化样机——波音 777 的场景。宝钢首席研究员**郭朝晖**做了题为“工业技术软件化：从自动化到智能化”的报告，宝钢是笔者心中的钢铁“白马王子”，自动化到智能化正是笔者前行之路，线下我向**郭朝晖**请教探讨钢铁生产“端到端集成”。兰光创新科技公司董事长**朱铎先**做的“数字化转型的‘4

转 1 化'"报告中的 MES 主题让笔者有知音的激动，其 MES 智能从治"聋哑傻"开始，形象异常深刻，更要感谢我们线下交流时朱铎先纠偏了笔者对"横向集成"理解的局限（第 1 章图 1.13）。走向智能研究院执行院长**赵敏**在"软件定义制造——重新认识工业要素"报告中介绍了"软件-制造-工业"，赵总是清华大学精密仪器系计算机辅助设计专业硕士，是先工业后进入 ICT，而笔者是先学 ICT 后进入工业，我们殊途同归。报告的过程中，我们发现都有"智造"渊源，互换了我们的"智"作，成为了"智"同道合学友，从此与"才郎"为伍，笔者不再是"智造"的"科研孤儿"，践行"郎"群智能算法寻优解；同时聚类于《铸魂》《机·智》《智能制造的本质》书友交流群里，与"智造"精英"粒子群"们头脑风暴，探索数字化转型之路时，又能广泛了解多家实体企业实际发展状况，实现低成本高效率的调研成果。

疫情期间，也正是笔者废寝忘食、昼夜颠倒、边学习边写作，反复修补的创作过程，同时发现疫情下的问题，又增加了疫情时代的物流供应链的"柔韧性"研究，最终完成此版《智能+绿色"前港后厂"端到端集成》。

而今，集成是《中国制造 2025》与德国工业 4.0 的重点和难点，而德国工业 4.0 增加了跨行业的端到端集成，但目前还只是一个新理念。本书探索"前港后厂"端到端集成中，认为无论是"前港"作业，还是"后厂"生产过程，都是直观可见的，而隐藏其背后的订单、排产、物料调拨、库存、销售、供应链等业务更是数字化的需求重地。对智能化的理解不应局限于单一企业内部管控闭环管理，更要实现跨区域、跨部门乃至跨企业的大范围的集成控制与优化，是基于循环经济的一种闭环管理。正如笔者提出的"前港后厂"端到端集成，创新性提出"信息流"闭环的无缝 MES 集成方案，以及跨界"业务流"闭环管理，以此深化"前港后厂"复杂巨系统智能化的理论与应用研究。从"前港后厂"端到端集成最终驱动**社会化生态圈网状的横向集成**。

在本书的写作过程中，笔者尽可能详细地列出参考文献以尊重知识产权，但仍担心有些资料引用并没有指明出处，若有此类情况笔者表示万分的歉意，希望寻找机会给予补正说明。由于笔者的认知有限，书中难免有谬误，但笔者会管理好自己的心，坚职业之操守、守学术之道德，可以由于认知水平局限而做错，绝不会心知肚明去造假，也真诚希望各界同仁批评指正。笔者有感而发写此后记，一方面此乃本书看不见的背后的业务逻辑与工作；另一初衷是想让学生认识到，科研不是挖地沟，会有立竿见影之速效，对科研不要有巧取豪夺急功近利的无知、无畏、无羞之念，要耐得住寂寞去"烧脑"。但科研之路却让笔者有种咖啡加糖的感觉：苦中有甜，还上瘾！智能化之路很长，本书只是做了一些学术探索的工作。在本书付梓之际感谢一路走来给予笔者引领与支持的所有人士；感谢研究生团队对本书相关科研工作的付出；感谢东北大学老师的培养教育，当我成了你们时方感悟到你们脚踏实地而不故弄玄虚的职业精神；感谢东北大学自动化中心"**敬**、净、静、竞”的科研生态环境：导师柴天佑院士的“敬”业精神开启学生对科研的“敬”畏之心，歪风邪气清零的纯“净”氛围，为人才“静”心研发提供保障，“比学赶帮”跳出自我“局优”的“群智能”“竞”争“场效应”，赋“能”（钢铁工程 CIMS、MES、模型+算法）笔者，亦引领笔者坚守诚信科研。而今师兄仍畅言“真做学问，做真学问”，让笔者深刻“分类、聚类”的三观感悟。感谢导师那“学习的态度”、“在战争中学战争”的“鸣”言，与其说言传，更不如说身教，您永不倦怠身体力行的榜样力量，赋“志”笔者亦不畏艰难、持续充电、勇于前行。更欣慰的是，笔者钦佩脚踏实地的具有丰富实践经验的港口、船舶、钢铁、智能化科技公司优秀的企业家们助力笔者“空中楼阁”的学术接地气，实现与国家劳动模范“抓斗大王”包起帆的共同心愿——“前港后厂”学术理论写在祖国大地上，不再留下“双循环作业”的遗憾。